图解经济学一本通

栾振芳 —— 编著

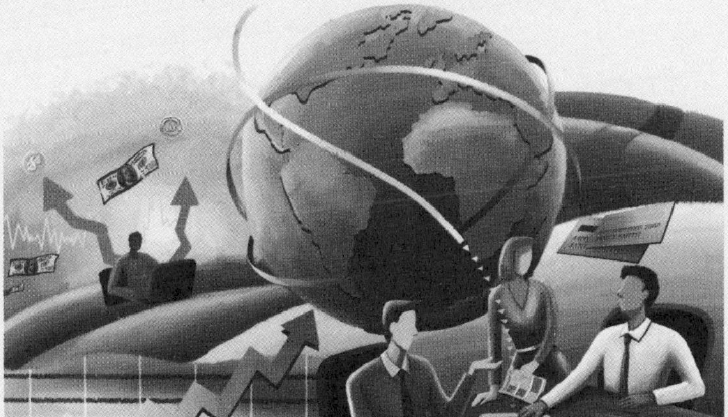

中国华侨出版社
北 京

图书在版编目（CIP）数据

图解经济学一本通 / 栾振芳编著 . —北京：中国华侨出版社，2016.12（2020.6 重印）
ISBN 978-7-5113-6573-6

Ⅰ. ①图… Ⅱ. ①栾… Ⅲ. ①经济学－通俗读物 Ⅳ. ① F0-49

中国版本图书馆 CIP 数据核字（2016）第 294745 号

图解经济学一本通

编　　著：栾振芳
责任编辑：安　吉
封面设计：李艾红
文字编辑：胡宝林
美术编辑：刘欣梅
插图绘制：圣德文化
经　　销：新华书店
开　　本：720mm × 1020mm　1/16　印张：28　字数：500 千字
印　　刷：北京德富泰印务有限公司
版　　次：2017 年 3 月第 1 版　2020 年 6 月第 2 次印刷
书　　号：ISBN 978-7-5113-6573-6
定　　价：68.00 元

中国华侨出版社　北京市朝阳区西坝河东里 77 号楼底商 5 号　邮编：100028
法律顾问：陈鹰律师事务所
发 行 部：（010）58815874　　传　　真：（010）58815857
网　　址：www.oveaschin.com　　E-mail：oveaschin@sina.com

前言

经济学是对人类各种经济活动和各种经济关系进行理论的、应用的、历史的以及有关方法的研究的各类学科的总称。随着市场经济的发展，人们的日常生活与经济学的关系已经越来越密不可分。经济大势的起伏，与每个人的生活息息相关，每个人对各种经济学现象已经不再陌生，人们正越来越切身感受到掌握经济学知识的重要性。与此同时，经济学的一些概念正在走进千家万户，经济生活中的每个参与者都应了解“CPI”“成本”“股票”等生活中的经济学词汇。

在现实中，我们的生活时刻被经济学的影子所萦绕，无论做什么都充满着经济的味道。蓦然回首之时，我们会发现经济学原来就在我们身边。经常关注各大门户网站的人，很容易就会总结出中国的热点问题，比如社会保障、住房、教育、医疗、物价、诚信、城建、就业、私有财产等问题，一口气就可以说上十来个，所有这些问题没有一个不与经济学密切相关，也没有一个不与老百姓的切身利益密切相关。而老百姓关注这些经济热点无非是想多积累点经验，以便自己面临利益博弈时，能更好地应对。

有心者也许还会注意到，我们的一举一动几乎都与经济学有着千丝万缕的联系。例如，商品价格起伏涨跌，口袋里的钞票价值增减，是买房还是炒股……而每个人的成长又何尝不充满了经济上的考虑：当我们是学生时，家长要替我们考虑是不是应该选择好一点的教育；大学毕业后，我们和家长一块儿考虑是继续读研，还是工作；工作后有了收入我们要决定该把多少用于支出，该把多少用于储蓄，该把多少用于投资；有一天有了自己的企业，我们还要考虑自己的产品该收取多高的利润；还有我们的终生大事，该娶一个什么样的老婆，该嫁一个什么样的老公，虽然感情很重要，但最终还是要综合考虑，感情和面包都需要，或者面包还更重要一点……每一件小事背后其实都有一定的经济学规律和法则可循，我们的生活已经离不开经济学。用经济学的原理来反观我们的生活，其实我们就是生活在一个经济学乐园里，人生时时皆经济，生活处处皆经济。

正当各种经济现象及经济规则在我们身边交错上演时，我们真正能全面了解经济学并能让经济学为己所用的人却为数不多。虽然作为普通老百姓不需要像经济学家那样把经济学研究作为职业，但是要更深刻地了解那些存在我们身边的、关乎我们幸福和成功的生活现象背后的本质和真相，以便让我们在面临某些问题时能够更加睿智，少投入一些沉没成本，也就是减少一些不必要的、没有任何意义和回报的浪费，不学经济学、不懂经济学是不行的。更重要的是，我们要构建起和经济学家一样的思维方式，才能游刃有余地应对庞杂生活中的一切问题，在充满复杂博弈的谈判、体力的角逐和智力的较量中获得最大的收益，成为更精明的消费者、业绩卓著的企业家乃至获得最终的人生成功。正如我国著名经济学家茅于轼先生所说的那样："经济学知识是一门每个做大事或做小事的人都需要懂得一点的学问，只有那些准备上荒岛去开荒且不与外界社会往来的人，学习经济学才会成为多余的事。"

总之，经济学所涉及的范畴既包括政策制订者如何"经国济世"的大谋略，也包括一家一户怎样打醋买盐的小计划。所以无论你是鲜衣华盖之辈，还是引车贩浆之人，经济学都与你息息相关。可以说，经济学是一门生活化的学问。懂得一些经济学知识，可以帮助你在生活中轻松地作出决策，过上有清晰思路的生活。我们天天与经济打交道，唯有了解经济学常识，善于应用一些经济学理论，才能让生活更加有声有色，有滋有味。生活处处是经济，懂经济学的人才懂生活，懂经济学才能创造更多财富。

为了帮助读者轻松、愉快、高效地全面了解经济学知识，我们特编写了这本经济学通俗读物《图解经济学一本通》，全书从宏观经济学、微观经济学的不同侧面，全面系统地讲述了经济学的基本理论知识及其在现实社会生活中的广泛应用。书中没有令人费解的图表和方程式，也没有艰深晦涩的经济学术语，而是以经济学的基本结构作为框架，以生活中的鲜活事例进行阐释，从边际效用递减、供求规律这些最基本的原理出发，全面介绍了与个人、家庭、企业、社会、世界密切相关的经济学知识，包括通货膨胀、货币与银行、利率与金融市场、经济增长、失业、国际经济学、政府与市场等经济学观点，为人们在经济学和现实生活之间搭建起一座桥梁。本书最大的特点在于，采用生活化的语言，将经济学内在的深刻原理与奥妙之处娓娓道来，让读者在快乐和享受中，迅速了解经济学的全貌，轻轻松松地获得经济学的知识，学会像经济学家一样思考，用经济学的视角和思维观察、剖析种种生活现象，指导自己的行为，解决生活中的各种难题，更快地走向成功。读过本书，你就会发现，经济学一点也不枯燥难懂，而是如此的贴近生活，如此的有趣，同时又是如此的实用。

目录

上篇　微观经济学

上篇

微观经济学

第一章

自由市场如何运转

第一节　看不见的市场之手

可口可乐如何越过了柏林的市场墙

进行经营管理多年，令老年的道格拉斯·依维斯特津津乐道的，不是在可口可乐公司多年来由默默无闻到首席执行官的奋斗史，也不是可口可乐在出现“中毒事件”后化解危机的巧妙举措，而是早年在民主德国打赢的一场漂亮的销售战役。

1989年，柏林墙倒塌前夕，还是可口可乐公司欧洲总裁的道格拉斯·依维斯特突然作出了一个惊人的决定，他将销售队伍派遣到德国柏林，让销售人员免费向民主德国赠送可口可乐。有时能够看到可口可乐的销售代表正通过柏林墙上的洞递送瓶装可乐。

道格拉斯回忆起德国发生剧变之际他在东柏林亚历山大广场散步，想看看可口可乐品牌是否得到了认可，“每到一处，我们都会问人们在喝什么饮料，他们是否喜欢可口可乐。事实上，我们甚至不用说出名字，只要比划瓶子的模样，人们便理解那是什么意思”。于是，道格拉斯决定以最快的速度向那里运送尽可能多的可乐——虽然，他们还不知道民主德国的商人将如何付款。

由于当时的东德还缺少冷藏设备，可口可乐公司给那些开始贮藏可口可乐的商人提供了免费的冰柜和冰箱，以保证可口可乐有一个良好的存储环境。通过这种方式，公司在民主德国迅速建起了业务。

考虑到民主德国当时发行的货币仍然一文不值，在世界上的其他国家相当于废纸的实际情况，从短期来看，道格拉斯·依维斯特的这个方案并不见得可以赚钱——光购买冷藏设备和支付销售人员的工资就已经是一笔较大的成本支出。然而，事实证明他作出的这个商业决策绝对是正确的：到1995年的时候，原民主德国地区可口可乐的人均消费量已经上升到原联邦德国地区的水平，经过几年的发展，民主德国很快成长成为一个巨大的商业市场。

在1989年前的阶段，柏林墙还是坚固的屹立在民主德国和联邦德国的边界上，社会主义和资本主义并存的社会形态使德国的氛围略显严肃。可口可乐却在不经意的瞬间，翻越了柏林墙坚固的墙身，进入民主德国市场。因此，从某种意义上说，正是亚当·斯密那只“看不见的手”将可口可乐送过柏林墙。当可口可乐的销售代表向民主德国递送饮料时，他们并没有摆出任何“人道主义”的姿态，也没有对那些居民的未来发表大胆宣言。他们只是在寻找商机获益——扩大全球市场、增加利润、取悦股东，这是市场经济中每个企业和个体所不停追求的。

可口可乐的这一事件显示了市场独特的运作方式：市场激励着个人为自己获取最大利益而努力，在个人努力的同时也促进了社会的发展，改善了大多数社会成员的生活水平。在对利益的追求下人们往民主德国派送可口可乐来扩展市场，通过读研深造增加个人价值，设计各种最新的发明以提高工作效率。在市场的引导下，人们变得更加积极主动，通过不断改变和对于利益最大化的不懈追求来获取属于自己的优越生活。

是什么养活了你所在的城市？有人常常会这么问。大量新鲜的金枪鱼从南太平洋的捕鱼船运往你所在城市的高档餐厅；每天你可以选择乘坐汽车、公交或者地铁，甚至是骑自行车外出上班；身边的社区超市每天上午总陈列着顾客所需的任何东西，从燕麦到新鲜的木瓜——尽管这些产品可能来自10～15个不同的国家。这些看似烦琐复杂的事情充斥着我们每天的生活。而且不仅如此，我们的生活还在不断发生着改变：我们能在一天24个小时内的任意时间购买一台电视机，这足以令人惊叹！令人感到惊奇的是，在1971年，一台25英寸的彩电需要一个普通工人174个小时的工资，而在今天，一台25英寸的彩电——质量更可靠、频道更多、接收效果更好，仅需一个普通工人大约23个小时的工资。

一个复杂的经济体每天都涉及数十亿元的交易，而绝大部分交易都不是在政府的直接干预下完成的。正是市场使我们生活有规律地存在和维系着，使我们的城市存在几十年甚至是再继续存在几百年也能够以固有的秩序灵活运转。

即使如果你认为更好、更便宜的电视机不是社会进步最好的衡量标准，那么你也许会被20世纪所发生的事情所震撼：中国人的平均寿命从47岁上升到72岁，婴儿死亡率下降了93%。一些诸如小儿麻痹症、结核病、伤寒和百日咳这样在几十年前轻易就能够夺人性命的疾病，时至今日已经为人们所控制。

传说，在“冷战”前，叶利钦到美国参观时，看到美国药店明亮的走廊两边摆满了从治疗呼吸困难到脚气的成千上万种药物，很是感叹，“这真是令人印象深刻，”叶利钦说，“不过美国是怎么做到让每个药店都储存了这些药物呢？”

与苏联不同，在美国，药店储存什么药品不是由美国政府决定。药店出售人们想要购买的产品，相应地，制药厂只生产药店想要储存的药品。苏联经济的失败在很大程度上是由于政府直接干预每件事情造成的，从伊尔库茨克工厂生产的肥皂数量到在莫斯科学习电气工程的大学生数量都得由政府决定。

最终事实证明，这种计划经济过于繁重。弗里德曼指出：“在一个自由贸易的世界里，任何交易的条件，都由参加各方协议。除非各方都相信他们能从交易中得到好处，否则就做不成交易。结果，各个方面的利益取得了协调。”所以，当一切运行正常时，自由市场能够让交易的双方都获益。

在自由竞争市场上不存在浪费或者无效率生产。因为，企业只生产那些能让世界变得更富足的产品，所以其生产出的产品成本将达到最低，并且有限的资源将被用来生产那些收益超过成本的产品。自由市场上收益远远大于成本。在自由市场下，资源能够得到最优配置，此时，市场能够将社会中有限的资源很好地转化为人们需要的产品和服务。市场不是万能的，不可否认的是市场经济也是存在诸多弊端，但事实证明，没有市场确实是万万不能的。

市场经济与计划经济

市场经济（又称为自由市场经济）是一种经济体系，在这种体系下产品和服务的生产及销售完全由自由市场的自由价格机制所引导，而不是像计划经济一般由国家所引导。具体来说，市场经济与计划经济的区别是：

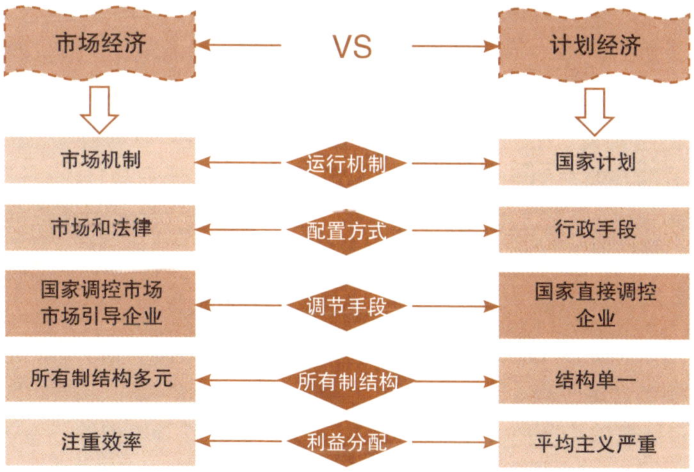

发达的市场经济是如何运转的

通俗地说，市场应被理解成买者和卖者决定价格并交换物品或劳务的机制。从艺术到污染，几乎每一样东西都存在相应的市场。市场可以是集中的，如股票市场；也可以是分散的，如房地产或劳动力市场。它甚至可以是电子化的，例如许多金融资产或服务是通过电脑进行交易的。市场的最关键特征是将买者和卖者汇集到一起，共同决定商品的价格和成交的数量。

市场经济是一部复杂而精良的机器，它通过价格和市场体系对个人和企业的各种经济活动进行协调。它也是一部传递信息的机器，能将成千上万的各不相同的个人的知识和活动汇集在一起。在没有集中的智慧或计算的情况下，它解决了一个连当今最快的超级计算机也无能为力的涉及亿万个未知变量或相关关系的生产和分配等问题。并没有人去刻意地加以管理，但是市场却一直相当成功地运行着。在市场经济中，没有一个单独的个人或组织专门负责生产、消费、分配和定价等问题。

我们通常想当然地认为经济会顺利进行。当你走进一家超级市场时，你想要的东西——面包、麦片粥、香蕉等通常都摆在货架上。你付款之后就可以将这些食品打包带走，然后美美地享用。世上还有什么事比这更简单呢?

如果稍稍想一想并仔细观察一下，你也许会对每天为你提供面包的市场机制赞叹不已。这些食物在提供给你之前可能已经经历了5个或10个环节，它们成年累月地穿越全球的每一个国家、每一个角落，先后经过农民、食品加工者、包装员、运货员、批发商及零售商等一整套链条。整个过程似乎是一个奇迹：适量的食品被生产出来，运送到合适的地点，并最终以美味可口的形式出现在餐桌上。

但真正的奇迹是：整个体系运行过程中，没有任何人进行统一指导或强制运作。成千上万的企业和消费者自发地进行交易，他们的活动和目的通过看不见的价格和市场机制得以协调。没有任何人决定生产多少鸡肉，货车运往哪里以及超级市场何时开业。然而，最终当你需要之时，食品便会出现在商店里。

如果我们仔细地观察我们的经济，就可以很容易地发现市场无时不在我们周围创造类似的奇迹，成千上万的人无须统一指导或指令性计划，自愿地生产出许许多多产品。事实上，除了极个别的例外（如军队、政府和学校），我们的大部分经济生活都是在没有政府干预的情况下进行的。这才是人类社会真正的奇迹所在。

正如凯恩斯所强调的，政治经济学的基本课题之一就是确定政府同市场的合理界限。如果我们追溯现存的界限是如何发展起来的话，那么我们对这个问题也许会有进一步的理解。在中世纪，欧洲和亚洲的不是混乱而是经济秩序。那时的经济活动太多由贵族阶层和城镇行会来指导。然而，大约两个世纪以前，政府对价格和生产方法的控制力开始日渐减少。封建主义的枷锁逐渐让位于我们称为“市场机制”或“竞争资本主义”的制度。

在既有的经济秩序下，市场经济一直在良好运转着。市场是买者与卖者们面对面讨价还价的实实在在的场所。农民将他们的产品拿到集市上或城镇里出售，在那里，满目都是黄油、乳酪、活鱼、蔬菜等大家十分熟悉的东西。今天的美国仍然有许多交易者汇聚的重要的市场。例如，小麦和玉米在芝加哥期货交易所交易，石油和白金在纽约商品交易所交易，而宝石则在纽约市的钻石区进行交易。

市场经济相比于计划经济，在价格机制上的交易以灵活见长。在市场体系中，每样东西都在价值基础上确立价格。价格代表了消费者与厂商愿意交换各自商品的条件。如果我同意以4000元的价格购入一台冰箱，这就表明该冰箱对于我的价值高于4000元，而这一价格也高于交易商眼中该冰箱的价值。这样，二手冰箱市场就决定冰箱的价格，并通过自愿交易将冰箱分配给那些对其具有最高价值的人。

对于生产者和消费者来说，价格还是一种信号。如果消费者需要更多数量的某种物品，该物品的价格就会上升，从而向生产者传递出供给不足的信号。例如，每年夏天，由于许多家庭外出旅行，汽油的需求量会大幅度上升，从而价格也会上升。较高的价位一方面刺激石油公司增加产量，另一方面抑制旅行者延长行程的愿望。

市场经济中商品的流通过程

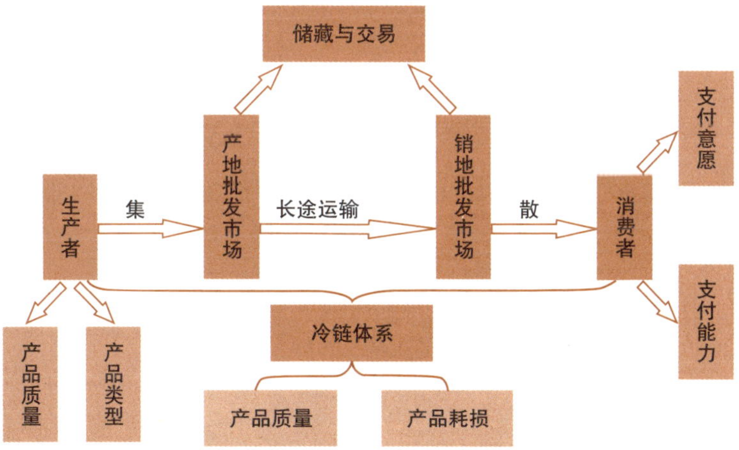

一件商品从生产到销售，最后流转到消费者的手中，这期间要经过很多的流程，而这些在市场经济中都可以自发进行，不需要提前计划。

混合效应使市场总剩余达到最大化

当经济学家提出应该主要依靠个人决策的论点时，他们的意思往往是，经济上的决策应该听任“市场支配”。市场的现代概念是买卖双方在一起交换物品这种传统村镇市场的延伸。这种传统的市场在许多发展中国家中还存在着，在大多数城市里农民还会把他们的产品带到农贸市场去出售。在现代经济中，某些交易在特定场所进行，比如股票，大多是在像纽约证券交易所、美国证券交易所和太平洋证券交易所这种场所的“股市”上进行交易。

今天，市场的概念包括任何进行交易的场合，尽管这些交易的方式与村镇市场未必相同。在百货商店和购物中心，顾客们很少讨价还价。当生产商购买所需要的原料时，他们用钱而不是其他物品进行交换。大多数物品——从照相机到布匹都不是从生产者手中直接卖给消费者，而是由生产者卖给批发商，批发商卖给零售商，零售商再卖给消费者。所有这些交易过程都包括在市场经济这个概念里。

简单说来，市场经济系通过个人（或家庭）之间和厂商之间的交易而运行，个人从厂商购买物品和服务，厂商取得投入品——各种用于生产的原料，生产产出品——它们出售的物品和服务。在考虑市场经济时，经济学家关注的是个人与厂商之间相互起作用的三大类市场。厂商出售产出品给家庭的市场统称为产品市场，或物品市场。许多厂商也出售物品给其他厂商；在这种情况下，第一家厂商的产出品就成为第二家厂商的投入品。这种交易也被认为是发生在产品市场。

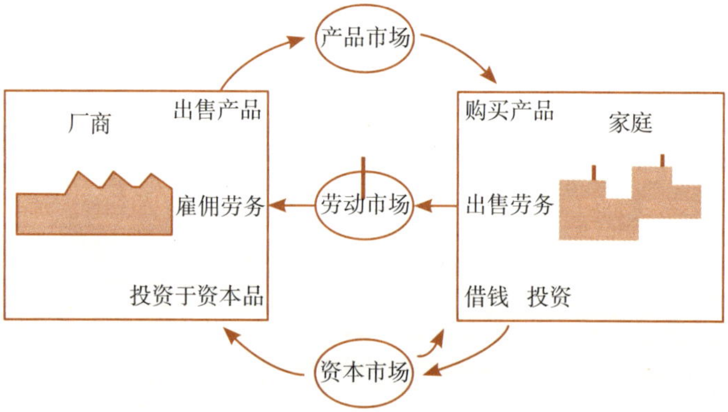

三个主要市场图

在投入方面，厂商需要（除了在产品市场购买的原料）某种劳动和机器的结合以生产它们的物品。它们在劳动市场上购买工人的劳务。它们在资本市场上取得资金用以购买投入品。传统上，经济学家还要强调第三种投入的重要性——土地，不过，在现代工业经济中土地的重要性已经是次要的。因此，为了大多数目的，我们把注意力集中在这三个主要市场上就足够了，本书也将遵循这一模式。

如上页图所示，这三个主要市场都有个人的参与。当个人购买物品或服务时，他们在产品市场上起着消费者的作用。当他们作为劳动者时，经济学家就说他们是在劳动市场上“出售劳务”。当他们购买厂商的股份或者借钱给企业时，经济学家说他们是作为投资者参与资本市场。汽车工业为我们解释怎样使以不同受众为主导的三种市场经济如何在相互协调中达到利益最大化，在其中或多或少存在政府行政

市场需求决定“生产什么”

某工厂是小五金的产地，从一开始它就根据市场需求及时调整生产方向，从而成为全国小五金市场的前沿。

市场需求，就是经济生产最大的风向标，这家工厂正是看到了在不同时期的市场需求，知道该“生产什么”，进而制订相应的生产计划，才在激烈的市场竞争中站稳脚跟。

职能的影子。

在竞争性的市场经济中，个人作出的决策反映他们自己的愿望；厂商的决策则以追求最大限度的利润为目的。为此，厂商必须生产消费者需要的产品，并且以低于其他厂商的价格进行生产。在厂商追求利润的相互竞争中，消费者在产品的种类上和价格上都得到好处。市场经济就是这样回答了如下三个问题：生产什么，以什么方式生产，以及决策是怎样作出的，而且总的说来，这些回答能够保证经济的效率。

在美国，由个人作出主要决策反映经济学家的信念，认为这种决策方式对于保持经济运行效率是适当的和必要的。但是经济学家同时也认为：政府进行某些干预也是需要的。找到公共部门与私人部门在经济上的适度平衡是经济分析的中心问题之一。

尽管市场总的来说回答了这些能够保证经济运行效率的基本经济学问题，但是在某些地方这些回答是不够的，或者说在许多人看来是不够的。当市场运行得不好的时候，或者说人们认为它运行得不好的时候，人们就转向政府。

政府在现代经济中承担着重要的角色，我们既需要理解这是一个什么样的角色，又需要理解政府为什么要从事它所从事的活动。在汽车发展的早期，乔治·塞尔登几乎可以利用政府制定的专利法改变汽车工业的发展进程。在20世纪70年代后期，政府的财政担保使克莱斯勒公司得以继续存在。政府限制日本汽车进口给汽车工会帮了大忙。但其他政府法规又可能使它受到损害，就像安全和污染方面的法规所起的作用那样。汽车工会之所以有力量在当时把工资提到高水平，其部分原因在于联邦的立法赋予它的权利。

一般说来，是美国政府建立了这样一种法律体系，使私有厂商和个人能在此体系下运作。它对企业进行管理以便保证它们不实行种族歧视或性别歧视，不误导消费者，不忽视员工的安全问题，不污染空气或水源。在有些工业部门中，政府和私有企业一样运作：政府拥有的田纳西流域管理局（TVA）是美国最大的电力生产者；政府拥有的公立学校供许多孩子上学；政府拥有的邮局一直在发送大部分的邮件。在其他情况下，比如在国防支出、公路修筑、钞票印刷上，都是由政府而不是私人部门提供物品和劳务。

然而，你也可以想象出对经济施加更直接的控制的政府。在决策权集中于政府手中的国家里，政府官员可以决定一家工厂生产什么、生产多少，可以通过法律规定工资水平。

作为信号的价格使市场运行如此良好

明确的产权给了人们从事互惠交易的权利，而经济信号会告诉人们哪些交易是互惠的，进而成为运行良好的市场另一个重要特征。经济信号是帮助人们作出更好的经济决策的任何信息。在现实世界里企业面对着数以千计的信号。例如，商情预测者认为纸板箱的销售是一个好的工业生产变化的前期指标：如果企业买了许多纸板箱，你可以确定它们会很快提高产量。

但价格无疑是市场经济中最重要的信号，因为它传递了有关他人的成本和支付意愿的重要信息。如果一本书的均衡价格是30美元，这实质上是告诉每个人：存在愿意支付30美元或更高价格的消费者，也存在成本等于或低于30美元的生产者。

市场价格给出的信号通过告诉人们是否买书或卖书来保证总剩余的最大化。如果一本书的价格是30美元，任何不愿支付30美元的消费者都知道有其他消费者愿意支付更高的价格；任何成本高于30美元的生产者都知道有其他成本更低的生产者。而且愿意支付30美元或更高价格的消费者，和成本等于或低于30美元的生产者一样，实质上都在被告知由他们来消费和生产是合适的。

特定的商品或服务的价格可以为买方和卖方提供他们所需知道的信息，以使自己的行为和别人的行为及偏好保持一致。市场价格反映了无数生产者和原料供应商的选择。它可以反映出消费者的偏好、产品的成本等与时机、位置和环境相关的信息，这些信息完全超出了任何个人或中央计划机构的理解范围。生产者能够在市场价格机制的指引下，使生产的产品取得最大的价值，进而为自己获利。

市场根据价格调节生产

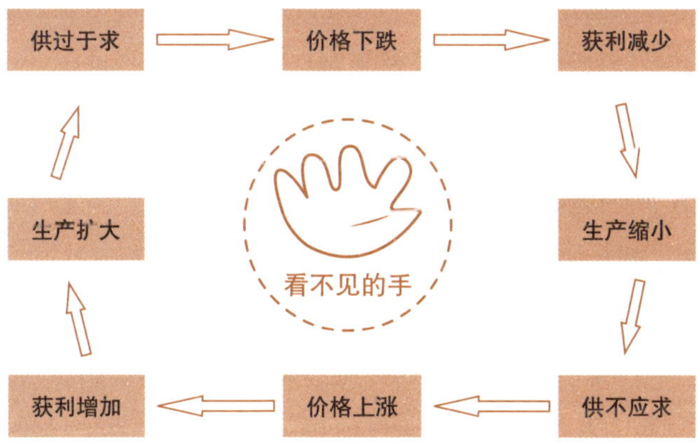

在市场经济中，产品生产的数量不需要提前计划好，根据商品的价格的变动，从而引起供求的变化，生产上根据供求变化改变生产数量。由此可见，在市场经济中，价格是一种经济信号。

有没有想过为什么你的社区里的超市总是储备刚好足量的牛奶、面包、蔬菜和其他食品，这些商品的数量几乎总是足够的但又不至于多到会出现变质和浪费？为什么你当地的市场上由世界各地生产的冰箱、汽车和CD机的供应量恰好就是消费者的需求量？市场价格这只看不见的手可以回答这些问题，因为它指引着追逐私利的个人相互合作并使他们的决策协调一致。在市场中，价格协调着生产者和消费者的决策。较高的价格趋于抑制消费者购买，同时刺激生产；较低的价格鼓励消费，同时抑制生产。价格在市场机制中起着平衡的作用。

经济学家大多假定，人和公司对与自身决策相关的成本及效益，都是依据物品的价格做出的。然而，在实践当中，即便是在做重要决策时，我们也往往信息不足。不过，对于以下各例，成本效益却暗示：在有限信息下采取行动的代价，比承担掌握充分信息所付出的代价更划算。

市场交易总发生在利益存在潜在冲突的若干参与方之间，与其说这种情况是例外，倒不如说它是规律。卖方希望买方说出自己愿意付多少钱，可买方却害怕卖方索价过高，于是尽量掩饰自己的真实意图。同样，买方希望了解自己正在考虑的产品够不够好，而知道真实情况的卖方，却不可能透露产品的缺陷。在如此局面下，决策人怎样才能掌握更多有关信息，通晓价格，作出适合自己的决策呢？

曾有这样的说法：市场上有两种买家，一种是不知道自己在做什么的人，另一种是不知道自己不知道在做什么的人。第一种买家，因为考虑到自己缺乏知识，不明白价格与质量存在的可见联系暗示着什么，有时能够限制自己的损失。卖方对产品的质量，比潜在买家了解得更多。而买家的任务，是根据卖方可见的行为，推测产品质量到底好不好，进而估量所要购买的产品值不值这个价钱。一般来说会有两种情况：买者觉得卖家定价合理，因而欣然接受卖家给出的价格；或者是，买家觉得卖家给出的价格过高，在讨价还价的基础上与卖家共同制定更加符合商品价值的价格，当双方对于价格的协商没有达到一致时，交易终止。买家继续寻找具有合适价格的商品，卖家则等待对于自己的定价满意的顾客的出现。

在大多数情况下，市场上的贸易交换通过价格的协调有条不紊地进行。但是对于由于价格信息不明，也可能导致个人在进行选择时徘徊不定。但是决策者信息不足，这也就罢了；更叫人头痛的是，现有的信息往往并非“可用的信息”。如果根据现有的信息来看，在某些场合，产品质量比表面上看要高，而在另一些场合，质量又比表面上看要低。可还有的时候，现有的信息会营造出一幅系统化的误导图像。

作为信号的价格使市场运行如此良好，那么有没有例外的出现呢？总剩余被证明是不能通过重新安排消费的方式增加的，也不能通过重新安排生产的方式增加。市场均衡时的生产水平也是使剩余最大化的适当生产水平。作为经济信号的价格是使一个竞争市场实现剩余最大化的关键因素。但在价格发出错误经济信号的情况下市场可能失灵。

当我们详细分析市场会出现怎样的情况时，我们应该记住竞争性市场的这个重要特征：作为经济信号的价格。

第一，当一个群体试图获得更多的资源而阻碍互惠交易发生时市场可能失灵；

第二，当一些行为对他人存在一些没能在市场上得到完全重视的负效应，如污染时市场可能失灵；

第三，因为一些商品在本质上不适合市场的高效经营而可能使市场失灵。

以上这三种情况都能看作价格没有给出正确信号的例子，即价格没能帮助人们作出更好的经济决策。而且正如我们不久将会发现的，经济中某个特定市场的失灵暗示着整个经济运行的情况。

看不见的手有时候真的运转不灵

一个煤矿工人的儿子问妈妈说："现在天气这样冷，你为什么不生火炉？"

妈妈答道："因为我们没有煤，你爸爸现在失业，我们没有钱买煤。"

"妈妈，爸爸为什么失业？"

"因为煤生产太多了。"

据报道，在大危机期间，许多国家大量地炸毁炼铁高炉，美国毁掉92座，英国毁掉28座，法国毁掉10座。在资本主义国家发生经济危机的时候，一方面，大量商品堆积如山，卖不出去，为了维持农产品的价格，农业资本家和大量农场主叫喊生产过剩，大量销毁"过剩"的产品，用小麦和玉米代替煤炭做燃料，把牛奶倒入密西西比河，使这条河变成"银河"，把棉花、布匹烧掉；但另一方面，日益增多的失业工人家庭正在为得不到必要的食物而犯愁。

1973年的经济危机时期，英国单是伦敦一个城市，就有10万套新房空置而卖不出去，日本的汽车库存达到100万辆以上，电视机库存超过需求量的一倍以上。同时在美国的洛杉矶、加利福尼亚州的阿特西里牛奶公司，把38000多加仑的优质鲜牛奶倒入了臭水沟。而与此形成鲜明对照的是，大量的工人失业，在业工人的实际工资急剧下降，购买能力不断丧失，生活贫困。

由此，提出一个问题：煤和牛奶是不是真的过剩？牛奶过剩为什么一定得倒掉呢？因为此时牛奶的价格太低，而农场主为了维护较高的价格，他们宁愿倒掉牛奶，等待价格回升再重新生产。

"倒牛奶"是因为市场失灵。市场是一种资源配置的好办法，市场经济比计划经济更有效率。但市场机制不是万能的，它不可能有效地调节人们经济生活的所有领域，此时就有了市场失灵。

所谓市场失灵，是指市场本身不能有效配置资源的情况，或者说市场机制的某种障碍造成配置失误或生产要素浪费性使用。1929～1932年经济大危机就是一次典型的市场失灵。1933年，整个资本主义世界工业生产下降40%，各国工业产量倒退到19世纪末的水平，世界贸易总额减少2/3，美、德、法、英共有29万家企业破产。

这场经济危机宣告了古典经济学“市场神话”的终结，“市场失灵”这一经济术语在在西方经济学界被广泛使用。市场失灵是由于某些因素的存在使得价格机制

有些问题市场解决不了

市场机制本身不能保证在所有场合都能实现资源有效配置的结果，政府在这些场合进行某种干预或调节就是必要的。

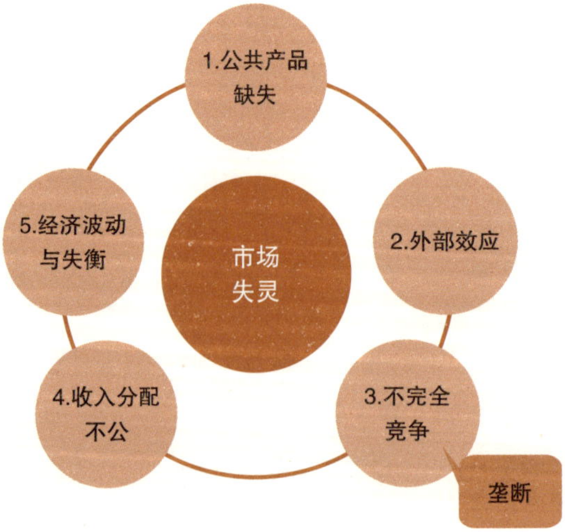

在垄断、外部性、公共品、信息不对称等方面，市场机制本身存在失效的缺陷。

在调节经济的同时也会带来许多副作用，使市场不能发挥其应有的作用，这些导致市场失灵的因素主要有：外部性、公共物品、收入分配不均等。

1.市场不能保持经济的综合平衡和稳定协调的发展

市场调节实现的经济均衡是一种事后调节并通过分散决策而完成的均衡，它往往具有相当程度的自发性和盲目性，由此产生周期性的经济波动和经济总量的失衡。在粮食生产、牲畜养殖等生产周期较长的产业部门更会发生典型的“蛛网波动”。此外，市场经济中个人的理性选择在个别产业、个别市场中可以有效地调节供求关系，但个人的理性选择的综合效果却可能导致集体性的非理性行为，如当经济发生通货膨胀时，作为理性的个人自然会作出理性的选择——增加支出购买商品，而每个人的理性选择所产生的效果便是集体的非理性选择——维持乃至加剧通货膨胀；同样，经济萧条时，也会因每个个体的理性选择减少支出而导致集体的非理性行为——维持乃至加剧经济萧条。市场主体在激烈的竞争中，为了谋求最大的利润，往往把资金投向周期短、收效快、风险小的产业，导致产业结构不合理。

2.自由放任的市场竞争最终必然会走向垄断

因为生产的边际成本决定市场价格，生产成本的水平使得市场主体在市场的竞争中处于不同地位，进而导致某些处于有利形势的企业逐渐占据垄断地位。同时为了获得规模经济效益，一些市场主体往往通过联合、合并、兼并的手段，形成对市场的垄断，从而导致对市场竞争机制的扭曲。

3.市场机制无法补偿和纠正经济外部性

外在效应是独立于市场机制之外的客观存在，它不能通过市场机制自动削弱或消除，往往需要借助市场机制之外的力量予以校正和弥补。显然，经济外在效应意味着有些市场主体可以无偿地取得外部经济性，而有些当事人蒙受外部不经济性造成的损失却得不到补偿。前者常见于经济生活中的“搭便车”现象，即消费公共教育、公用基础设施、国防建设等公共产品而不分担其成本，后者如工厂排放污染物会对附近居民或者企业造成损失，对自然资源的掠夺性开采和对生态环境的严重破坏以及司空见惯的随处抽烟等。

4.市场机制无力于组织与实现公共产品的供给

所谓公共产品，是指那些能够同时供许多人共同享用的产品和劳务，并且供给它的成本与享用它的效果，并不随享用它的人数规模的变化而变化，如公共设施、环境保护、文化科学教育、医药、卫生、外交、国防等。一个人对公共产品的消费不会导致别人对该产品的减少，于是只要有公共产品存在，大家都可以消费。这样一方面公共产品的供给固然需要成本，这种费用理应由受益者分摊，但另一方面，“它一旦被生产出来，生产者就无法决策谁来得到它”，即公共产品的供给一经形成，就无法排斥不为其付费的消费者，于是不可避免地会产生如前所述的经济外部性以及由此而出现的“搭便车者”。更严重的是，既然如此，人人都希望别人来提供公共产品，而自己坐享其成，其结果便很可能是大家都不提供公共产品。

5.市场分配机制会造成收入分配不公和贫富两极分化

一般说来，市场能促进经济效益的提高和生产力的发展，但不能自动带来社会分配结构的均衡和公正。奉行等价交换、公平竞争原则的市场分配机制却由于各地区、各部门（行业）、各单位发展的不平衡以及各人的自然禀赋、教养素质及其所处社会条件的不同，造成其收入水平的差别，产生事实上的不平等，而竞争规律往往具有强者愈强，弱者愈弱，财富越来越集中的“马太效应”，导致收入在贫富之间、发达与落后地区之间的差距越来越大。

市场调节不是万能的。首先，有些领域不能让市场来调节，有些领域不能依靠市场来调节。其次，即使在市场调节可以广泛发挥作用的领域，市场也存在着固有

政府干预经济的方式

由于市场失灵的存在，要优化资源配置，必须由政府进行干预。正因为市场会失灵，才需要政府的干预或调节。市场规律和政府调控相结合，才能有效遏制“市场失灵”现象。

政府干预经济的方式

- 经济管制：对垄断厂商的产品价格、产量、市场进入和退出条件、特殊行业的服务标准的控制等
- 社会管制：保护环境以及劳动和消费者的健康和安全

的弱点和缺陷，包括自发性、盲目性、滞后性。最后，宏观调控有利于帮助人们认识市场的弱点和缺陷，保证市场经济健康有序地发展。

市场运行依靠自由、法律还是道德

市场经济已有千年的历史，曲折的发展道路使它在经历重重磨难之后变得愈发强大，然而，当初那个一味强调市场绝对自由的亚当·斯密时代已经一去不复返，取而代之的是市场在政府监管之下的良性运转。只是人们都不禁思考一个问题：市场运行到底靠什么。自由、法律还是道德?

在市场经济中需要有公平竞争，要维护公平竞争，以保证交易秩序的正常，使每个交易人的预期不会因交易秩序的不正常而紊乱。怎样才能保证竞争的公平性，保证交易秩序的正常，以及使得交易人放心呢？要知道，市场调节是一种机制，在这种机制之下，供给的变化与需求的变化都会引起价格的上升或下降，价格水平的这种上下波动与道德无关，因为这是由客观的供求规律所引起的。但在市场上，某一具体交易行为的当事人是否具有商业道德，以及这种行为是否违背公平竞争原则，对价格的升降仍然是有影响的，市场上不乏交易人违背商业道德、欺骗对方、牟取暴利的现象。

市场的自由调节固然重要，但是事实证明在市场当中，纯粹的自由是行不通的，于1929年在美国爆发的资本主义市场的第一次大规模的经济危机是最好的印证。市场运行需要依靠市场自身的协调，也要依靠法律的强制力规范和市场个体的自我道德约束。自由、法律、道德对于经济市场的运行而言，三者缺一不可。

在现代社会中，存在着市场调节与政府调节，但两者都需要依据法律来进行。市场运行中，有法可依和有法必依是十分重要的。要知道，市场上有众多交易人，每个交易人都独立地作出选择，这些选择是分散的，因此交易人之间存在竞争。交易人就是市场主体，市场主体的行为必须规范化，他们之间的竞争必须在市场秩序正常的经济环境中进行。法律不完善，会使得每一个交易人无法作出判断，无法选择，也无法了解其他交易人可能作出的选择。法律不完善时尚且如此，那么在缺少法律（即无法可依），或法律不起作用（即有法不依，不按照法律办事）时，交易人难以作出决策就更可理解了。

法律既制止市场交易过程中一切企业和个人的非法经营与不正当竞争，又保护一切企业和个人的合法经营与正当竞争，于是企业和个人的合法权益受到保护，侵害企业和个人合法权益的行为将被追究。没有法律，市场交易一片混乱，谁都得不到好处。即使有的企业或有的个人在这场无规则的竞争中有可能占一些便宜，谁能保证他们在下一场无规则的竞争中不会输掉？在无规则的市场竞争中，赢家究竟在哪里，谁也说不清楚。所以市场调节必须依法。尽管某些法律还不完善，但只要有了法律，并依照法律，交易人就可以作出选择，交易也就能持续下去。

再以政府调节来说，政府对社会与经济的管理，政府所实行的宏观经济调节，同样需要有法律作为依据，政府行为也应当以法律作为准则。政府调节与法律的制定和实施不是对立的或可以彼此替代的。假定政府机构作为交易活动中的一方出现，如政府采购、政府雇用工作人员、政府出售资产等，政府机构必须守法，必须遵守合同的规定，并受合同的约束。政府尊重合同，就是尊重缔约的另一方的平等地位与合法权益。政府作为缔约的一方不应处于高于另一方的位置上。如果做到了这些，政府在市场经济中的行为也就规范化了。

应当指出，无论在市场调节之下还是在政府调节之下，个人道德原则（如公平原则、诚信原则）都是需要遵循的。在市场调节之下，一切竞争主体都依法平等地享有权利，平等地承担责任。每个交易人在进行交易时，都应当诚实，讲信用，守信用，杜绝欺诈行为。违背诚实信用的原则将受到法律的制裁。而在政府调节之下，当政府以社会与经济的管理者的身份出现时，政府仍然应当遵循诚实信用原则，应当取信于公众，这才能使政府的管理有效，否则公众会以种种方式来抵制政府不讲诚实信用的行为。这时，政府不能认为自己不是市场的交易者而违背诚实信用原则。至于政府机构在以合同当事人的身份出现时，政府机构作为交易的一方、合同的一方，同样应当遵循诚实信用原则，否则就会侵害其他交易人的权益。法律对于政府作为管理者与交易人都是具有约束力的。这是政府调节有效的重要保证。

在这里，特别需要指出在法律起作用的条件下加强个人道德自律的意义。在市场经济中，法律的作用在于维护市场的秩序和保障交易人或市场上每一个行为主体的合法权益。一个人，不管他从事什么工作，如果他能够时时处处以社会规范来约束自己，那么市场调节与政府调节的效应就会明显地表现出来，社会经济秩序也就能正常化。法律要求个人自律，个人自律使法律能更好地被执行。

道德自律作为行为准则表明一个人在社会上“应该做什么”“怎么做”“不应该做什么”和“不应该那么做”。个人行为不可能只受个人利益因素的影响，如果单纯追求个人利益最大化的话，个人的社会责任感、公益心和个人对公共利益、公共目标就得不到任何维护了。在市场经济条件下，加强个人的道德自律，实际上把个人对公共利益、公共目标的考虑和对个人利益、个人目标的考虑结合在一起。这是道德与法律所起作用的共通之处。

手段不是目的，法律也好，道德也好，都是维护市场良性运转的有效途径。如何协调法律规范、个人自律和市场自由运转三者之间的关系，使它们在和谐中共处发展是一个需要长期思考的问题。

市场运行依靠的因素

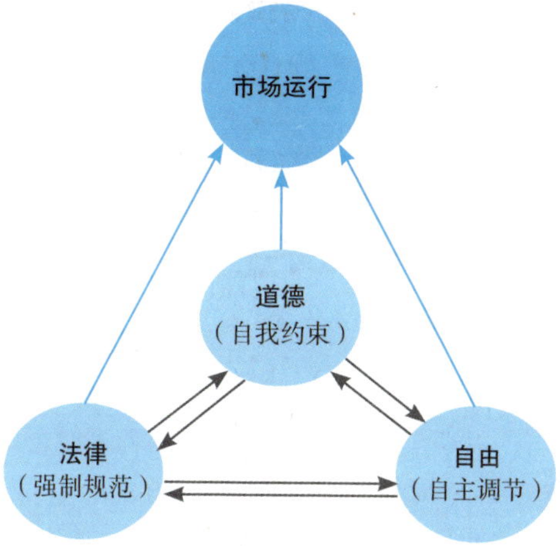

由图可见，经济市场运行的三要素是紧密配合，缺一不可的。自由因素，能确保市场发挥自主调节作用；道德因素，能要求参与的个体进行自我道德约束；法律因素，能发挥强制规范作用。

第二节　不受干扰的市场机制

在完全竞争市场上没有友好的兄弟

美国费城西部的某条街上，有两家布料商店——纽约贸易商店和美洲贸易商店，这两家店相对而开。由于同样是卖布料的商店，两家的老板间常常出现争吵，而爆发“价格战”更是家常便饭。

比如，纽约贸易商店的窗口突然挂出一个木牌，上面写着：“出售爱尔兰亚麻被单，每床价格6美元。”这时，美洲贸易商店的窗口也挂出了一块木牌：“本店被单定价仅为5.9美元！”

两个老板互不相让，不断地降价，直到最后，他们其中有一个愿意认输。这时，输掉的老板一定会当街大骂，说获胜的老板是疯子。没多久，这两个老板“事迹”就被宣扬开去，越来越多的人开始跑到这一带来买东西。因为，每次在他们的“价格大战”结束时，人们就能买到各式各样物美价廉的商品。

这样的日子一直持续了30多年……

后来，两个老板中的一个突然去世了，一周后，另一位老板以年纪大为由也退休了。而此时，一个令人意想不到的真相浮出水面：这两个平日相互咒骂的老板竟然是同胞兄弟！

两兄弟的价格战争，就像是在演双簧一样，表面上互相竞争，实际上却是在演戏！最后无论是谁获得了胜利，都能将两家店铺的商品一同抛售出去。这样精明的骗局，实在难以让人识破，难怪人们被蒙蔽了30多年。

完全竞争是指一个市场完全靠一只看不见的手即价格来调节供求。完全竞争具备两个不可缺少的因素：所提供销售的物品是完全相同的，不存在产品差别；买者和卖者都很多且规模相当，以至于没有一个买者或卖者可以影响市场价格。

例如，小麦市场就是一个很典型的完全竞争市场，有成千上万出售小麦的农民和千百万使用小麦和小麦产品的消费者。由于没有一个买者或卖者能影响小麦价格，所以，每个人都把价格作为既定的。

如果个别企业提高了自己的效率，平均成本低于社会平均成本，这种差额就成为企业的经济利润。比如在鸡蛋市场上，养鸡行业生产每斤鸡蛋的平均成本是3.2元，而鸡蛋的价格是3.3元。但如果个别企业找到一条提高母鸡下蛋率的方法，使自己的平均成本降为2.8元。市场价格并不受这单个企业平均成本的影响，仍然卖3.3元。成本低的这家企业就能得到每斤0.5元的经济利润，而其他企业仍旧只能获得每斤0.1元的利润，这多出来的0.4元的利润就得益于其生产率的提高。

我们知道，完全竞争市场在现实生活前提条件的情况下，其实很难成立。因而，完全竞争市场的效率也必须在具备了严格前提条件的情况下才会出现。

一般来说，在现实经济生活中，只有农业生产等极少数行业比较接近完全竞争市场。因为在农业生产中农户的数量多而且每个农户的生产规模一般都不大，同时，每个农户生产的农产品产量及其在整个农产品总产量中所占的比例都极小，因而，每个农户的生产和销售行为都无法影响农产品的市场价格，只能接受农产品的市场价格。如果有的农户要提高其农产品的出售价格，农产品的市场价格不会因此而提高，其最后结果只能是自己的产品卖不出去。如果农户要降低自己农产品的出售价格，农产品的市场价格也不会因此而下降，虽然该农户的农产品能以比市场价格更低的价格较快地销售出去。但是，不可避免地要遭受相应的经济损失。这样，农户降低其农产品价格的行为就显得毫无实际意义了。

如果多逛逛农贸市场，你很快就会发现，作为生活必备食品，几乎家家户户都要提个袋子或篮子去买鸡蛋，而且，卖鸡蛋的摊位也实在是很多。如果我们“理想”一下，就可以认为鸡蛋市场上有无数的买者和卖者。每个摊点的鸡蛋都大同

完全竞争性市场

完全竞争性市场的特点

- 市场上存在大量的生产者和消费者，任何一个生产者或消费者都不能影响市场价格
- 生产者所能提供的服务是无差别的
- 市场上的各种资源能够自由流动，任何人都能自由进出市场
- 不存在由于一方垄断信息而引起信息不对称

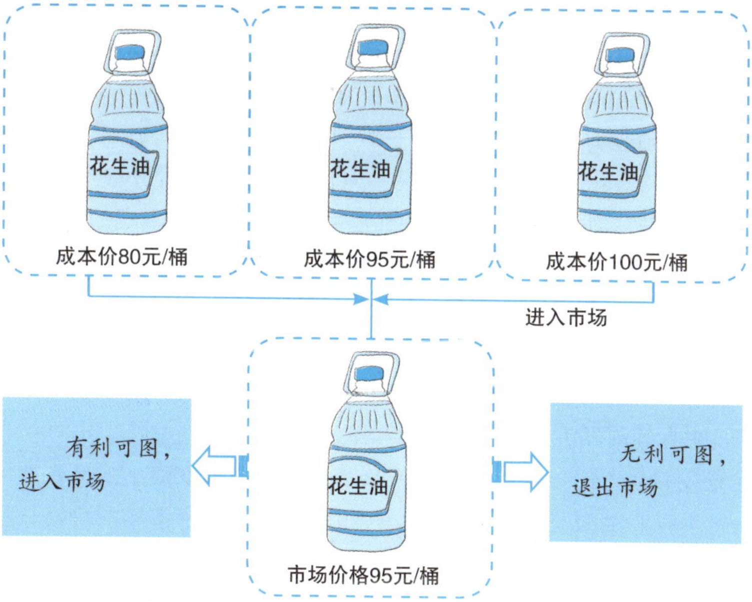

完全竞争市场下，厂商和消费者都无议价能力，只能接受市场价格，并且市场信息完全公开，参与者可自由进出市场。

小异，只要不是碎的、坏的，一般没有人去较真，硬要比较不同摊位的鸡蛋有什么区别，否则，那就真成了“鸡蛋里挑骨头”了。所以，可以看做所有的鸡蛋完全同质。

至于完全竞争市场的其他两个特征，我们可以看到买方和卖方都能自由选择进入还是退出（也就是鸡蛋买卖完全自由），至于鸡蛋市场的信息，并没有多少值得掌握，所以也可以看作人们全部了解相关信息。在这个鸡蛋市场里，各个摊位的价格都一样，而且由供需决定均衡价格。通过鸡蛋市场，我们可以更形象地理解完全竞争市场——实际上，大多数农产品市场基本上都和完全竞争市场近似。

完全竞争市场要均衡

在单个市场活动中，竞争性供给和需求的作用决定了单个市场中的价格和数量；市场需求曲线是从不同商品的边际效用中得出的；不同商品的竞争性供给曲线是由其边际成本导出的；企业计算产品的边际成本和要素的边际收益产品，然后选择投入和产出的量，以实现利润最大化。各企业的边际收益产品派生了对生产要素的需求。这些对土地、劳动或资本品的派生需求与其市场供给相互作用，从而决定租金、工资及利息率等要素的价格。要素的价格和数量决定收入，进而帮助决定对多种不同商品的需求。

这些论述都是局部均衡分析的结果。局部均衡分析的是单个市场、居民户或企业的行为，条件是将其他市场和经济的其他部分的行为视为既定的。

由于经济生活内部相互联系，因而错综复杂。1979年伊朗的一项决议如何引起世界范围内的石油价格上升，降低了对汽车的需求从而使得数以千计的钢铁工人失去了他们的工作？1990年德国的统一如何导致了德国的高利率，使得欧洲其他地区的经济产生滞胀，并导致通货危机和欧洲货币体系的破裂？这些以及其他无数的经济冲击都是来自各国经济一般均衡的相互作用。

请注意我们列出的步骤，其中每一步都合乎逻辑地推演。然而在实际生活中，究竟谁先发生呢？是否有这样一个顺序：星期一决定单个市场的价格，星期二衡量消费者偏好，星期三计算商业成本，星期四计算边际产品？显然不是。这些局部均衡过程是同时进行的。

但事情还远不仅如此。这些不同的活动并不是各自在其轨道内相互独立地进行，小心翼翼地不去妨碍其他活动。所有供给和需求、成本和偏好、要素生产率和需求的过程实际上都是一个巨大的、同时进行的、相互依赖的过程的不同方面。

循环流动。投入和产出的市场连接在一个相互依存的像一张看不见的网一样的系统之中，我们称为一般均衡。每种商品或要素都在市场上交易，供给和需求的均衡决定该商品或要素的价格和数量。这种供给和需求的结合每天发生几百万次，包括从算盘到甜面包的所有商品。

那么消费者是如何需求产品和供给要素的？事实上，家庭用他们供应要素所得的收入购买消费品；同理，企业购买要素，供给产品，用出售产品的收入支付要素收入和利润。

这样我们就看到了在各个市场中决定价格和产出的逻辑结构：（1）家庭供给要素，购买产品以实现满意最大化；（2）厂商被利润的诱惑所牵引，将其从家庭处购得的要素转化为产品，再卖给家庭。一般均衡体系的逻辑结构是很完整的。

毫无疑问，分析一般均衡系统比只分析单个市场的局部均衡分析要复杂。一般均衡体系代表了一个完整的经济，而不仅仅是其一个组成部分。它可能包括许多不同种类的劳动、机器和土地，这些都作为投入来生产几十种不同的计算机、几百种不同的汽车、几千种不同的服装，等等。它既包括移动电话通信、大学课程、迪士尼乐园的假期等服务，也包括像重型建筑设备、比萨饼和移动电话等商品。

我们怎样才能知道一个竞争性的市场经济是否有效率呢？在分析竞争经济时我们需要做哪些假定呢？我们假设所有市场都是完全竞争的，即它们都存在许多买者和卖者在激烈竞争。每种价格，不管是投入品还是产出品，都能够充分灵活地加以调整，使供给和需求在任何时点都能达到均衡。企业追求利润的最大化，而消费者选择最偏好的商品组合，每种商品都是在规模报酬不变或递减的条件下生产的。我们还假定没有污染、外部性，也没有限制进入等管制措施或破坏经济的垄断性工会等。消费者和生产者对于价格和经济机会有充分地了解。这些条件显然都是一种理想，但如果存在这样一种经济，那么它就是一种在没有任何外部性或不完全竞争阻碍的情况下，亚当·斯密的看不见的手可以充分发挥作用的那种经济。

对于这种经济，我们先讨论消费者行为和生产者行为，然后说明它们如何形成一个整体经济的均衡。首先，消费者将其收入在不同商品之间进行分配，以求获得最大程度的满足。他们所选择的商品使得所支出的1美元的边际效用都相等。

生产者利润最大化的条件是什么？在产品市场上，每个企业将制定一个产出水平使得生产的边际成本等于该商品的价格。由于这适用于每种商品和每个企业，因此每种商品竞争性的市场价格就能反映该商品的社会边际成本。

将这两方面的分析放在一起就产生了竞争性均衡的条件。对每个消费者来说，每种商品的边际效用与该商品的边际成本成比例。于是花在各种商品上的最后1美元的边际效用对每一种商品都是相等的。

理解竞争性经济的一个基本点是竞争价格反映了社会成本或稀缺性。我们刚刚提到边际成本的比率告诉我们社会将一种产品转换为另一种产品的比率。但因边际成本比率等于价格比率，所以相对价格就反映了社会的这种转换比率。正是这一重要结果——竞争价格提供了各种商品相对稀缺性的准确信号——说明了完全竞争的市场如何为分配效率作出自己的贡献。

高速公路上的均衡恢复考量

1994年，洛杉矶地区发生了一次威力巨大的地震，一些高速公路上的桥梁坍塌，对于数十万计的驾车者来说，正常的交通被完全打乱了。之后出现的一系列事件为相互影响的决策提供了一个特别典型的事例，因为当时的情况是：通勤者要决定如何赶到工作单位。

地震后带来的迫切问题是担心交通问题，因为乘车的人将要涌向其他的道路或者借助城市道路绕过不能通车的地方。政府官员和新闻节目警告说，通勤者的上班时间可能会大大延迟并且告诉他们不要做无谓的绕行，应当重新安排他们上班前后的日程，或换乘其他交通工具。

为什么市场通常能确保资源被用好？在我们学习了市场是如何运行后，我们可以给出最基本的理由：在市场经济中，在选择该消费什么和该生产什么上，每个个体有完全的自由，相互增益的机会通常会被抓住。如上例中，政府官员的警告的有效性出人意料。事实上，许多人注意到，地震之后的几天中，对于那些一直按惯常路线通勤的人来说，上班花费的时间比以前还要少。

当然，这一种情形持续了没有多久。当消息传来，道路损害实际上没有那么严重，人们纷纷放弃了并不便利的通勤方式又恢复到原来的驾车上班，交通又回到一贯的糟糕状态。在地震之后几个星期之内，出现了严重的交通堵塞；再过几个星期之后，情形稳定下来：比日常交通堵塞还要糟糕的现实足以吓怕驾车者，也防止了出现极端严重的全面交通瘫痪的噩梦成为现实。

洛杉矶交通在短时间内形成了一种新的均衡，每个通勤者在假定其他人作出选择时都作出自己能做的最好选择。

顺便说，故事到此尚未结束：由于害怕城市受到交通的严重窒息，地方政府以创纪录的速度修复了道路。在地震之后仅仅18个月内，所有的高速公路都恢复了常态，为应对下一次冲击做好准备。同样类似的情况还在超市中发生：

下午，在超市里的收银台前排起了长长的队伍，这时一个新的收银台开始使用，会发生什么呢？

第一件发生的事情当然是顾客赶快挤到新的收银台前。几分钟后，队伍平静下来。顾客做了重新调整，新的收银台前的队伍与原来收银台前的队伍一样长了。

我们怎样知道这一点？根据个人选择的原则，人们将利用机会改善自己的境遇。在排队而且拥挤的情况下，人们涌向新开设的收银台也不足为奇——这样，大大节省了时间。即使不是新开了一个收银口，当不同的队列出现人多人少的差异时，后面要排队付款的顾客会自动去人少的地方。当购物者不能通过调整队伍改善目前的状况时，情况就稳定下来了。

超市收银台前的排队问题似乎与经济中广泛的相互作用没有联系，但实际上它

市场均衡是一个动态过程

市场交易行为中，当买者愿意购买的数量正好等于卖者所愿意出售的数量时，我们称为市场均衡，但是这种均衡状态并不是一成不变的，而是一个动态变化的过程。

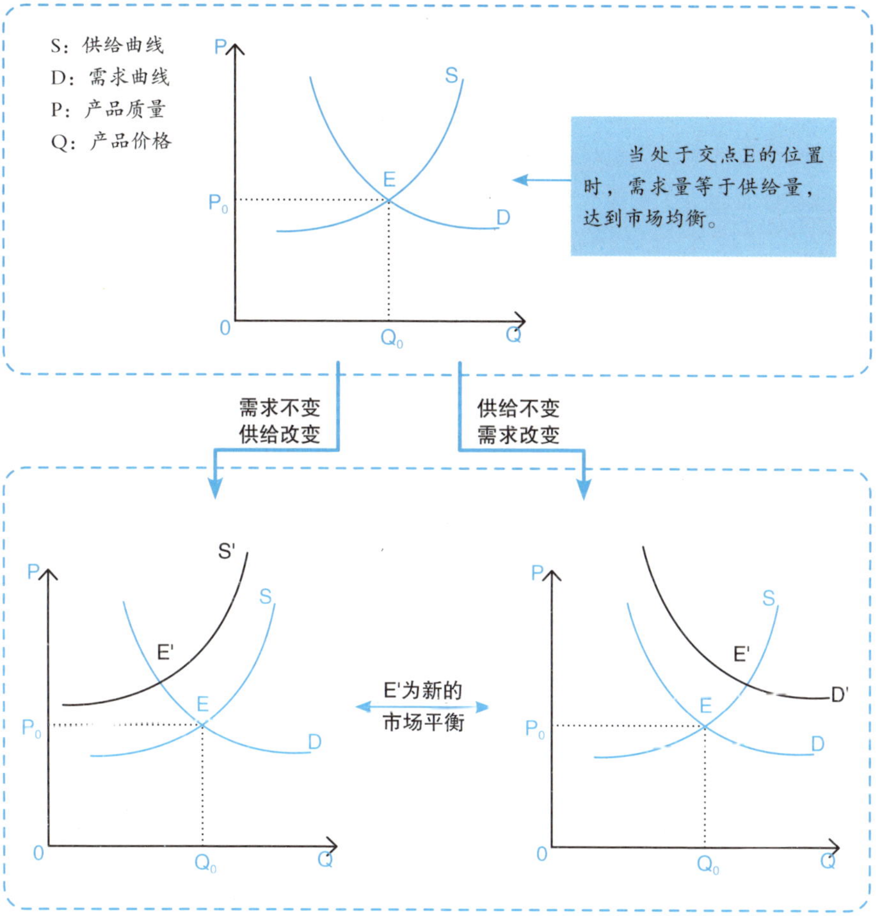

供给和需求量是一直在变动的，但是它们在变动的过程中会形成一个新的平衡。所以说市场均衡是一个动态的过程，市场均衡的形成，是由市场中的供求自发调节而形成的。

表明了一个重要的原则：当人们不能通过做其他事情使自己的状况变得更好时，就实现了经济学家们所谓的均衡，如：所有收银机前的队伍一样长。当人们做其他事情不能变得更好时的经济状况就是均衡状态。

回想一下神秘的吉菲·卢伯的故事，他通过把车子放在汽车修理厂更换机油而得到停车机会，这样一来要比在停车场停车更便宜。如果这样的机会确实存在，而人们仍然付出30美元在停车场停车，这种状况就不是均衡。这其实也暴露了这个故事并不真实。

实际上，人们会找到便宜停车的所有机会，就像人们在收银机前为了省时间抓住机会一样。在这样做的时候，他们其实已经把机会填补了。既可能是约定一个更换机油的机会非常艰难，也可能是加油的价格将上涨到没有任何吸引力的水平（除非你真的需要加油）。正像我们将看到的那样，通过价格的变化市场通常会实现均衡。在人们可以改善自己福利的机会消失之前，价格一直会升升降降。

均衡是对理解经济的相互作用非常有帮助的一个概念，因为有的时候它为厘清相互作用的复杂局面提供了一个思路。想了解超市启用一台新的收银机的时候会发生什么，如顾客会作出怎样的调整，谁将先行一步站到新的收银机前，我们不必担心预测准确与否。你需要知道的是每次作出这种变化时，总会达到一种均衡状态。

市场能够走上均衡的事实，也是我们能够据此作出预测的基础。事实上我们可以相信市场能够提供给我们最基本的生活用品。例如生活在大城市的人们知道超市的货架上总是货物充足。为什么呢？因为如果从事食品经营的商人无法把货物及时运到，就为其他的商人提供了一个大好的获利机会，就像人们纷纷拥向新的收银机前一样，食品供应商也会马上涌来。所以市场总是能保证在城市的经销商中有食品供应。用我们前面的原则看，这也使得城市的经销商成为专门的经销商——只是专注于在城里的工作，而不是生活在农场种植他们经营的食物。

但是当市场出现失灵，即市场的不平衡出现时，政府会采取适当的手段，促进市场的均衡恢复。例如前面说到的高速公路上的拥堵问题，一个开车去工作的通勤者不会想到在交通阻塞时由于他的行动加剧阻塞给他人带来的成本。对这种状况有几种可能的解决办法，如：征收道路通行费、对公共交通进行补贴、对出售给私人汽车的汽油征税。所有这些办法将会鼓励那些想驾车上班的人改用其他的办法。但是，这些措施有一个共同特征：每种办法都要依赖政府的干预。当市场无法实现有效率状态的时候，政府干涉能改善社会的福利。这就是：当市场作用不利的时候，一种设计恰当的政府政策通过改变社会资源的利用有时会把社会更进一步地推向有效率的均衡状态。

市场是增进经济福利的好方法吗

为什么我的选择会和你的选择相互影响？一个家庭可能试图满足自己的所有需要：自己丰衣足食、自娱自乐甚至自己写经济学教科书，等等。但是，如果试图这样生活的话，会非常艰难。对每个人来说，如果想极大地提高生活质量，关键是通过贸易，每个人有不同的任务，每个人都通过提供他人所需要的物品和劳务来换取他和她所需要的其他物品和劳务。

为什么我们有一个经济体而不是更多的自给自足的个人，原因就是贸易可以增进福利：通过分别从事不同的工作和贸易，两个人（或者说60亿人）每人得到的都比他们自己自给自足要多。特别要指出的是，贸易增进的福利来自于任务分工，经济学家称为专业化，这是一种不同的人参与不同的工作的情形。

专业化带来的好处，以及贸易带来的福利增进结果是亚当·斯密1776年巨著《国富论》的出发点，本书也被认为是现代经济学作为一门学科的开始。斯密的著作是从描述18世纪一家别针工厂开始的，在这家工厂中，10个工人并非完成制针从开始到最后的全过程，每个工人只完成其中的一道工序。

一个人抽铁线，一个人拉直，一个人切截，一个人削尖线的一端，一个人磨另一端，以便装上圆头。要做圆头，就需要有两三种不同的操作。装圆头，涂白色，乃至包装，都是专门的职业。这样，别针的制造分为18种操作……这10个工人每日就可制成针48000枚，即一人一日可制成针4800枚。如果他们各自独立工作，不专心于一种特殊业务，那么，他们不论是谁，绝对不能一日制造20枚针，说不定一天连一枚针也制造不出来。

这样的原则，在人们之间如何分配工作任务和进行贸易时也可以看到。当每个人专门从事一项工作并且相互之间进行贸易时，经济作为一个整体就可以生产得更多。

专业化利益是一个人选择一种职业的主要原因。成为一名医生之前要经过多年的学习和实践，成为商业性航行中的飞行员也要经过多年的学习和实践。许多医生可能成为非常出色的飞行员，许多飞行员也可能成为非常出色的医生。但是，相对于专门从事医生或飞行员的专业人士来说，任何人不可能决定同时在两个职业中都像从事一种那样优秀，所以当每个人专门从事自己专业领域的时候，每个人就获得了自己的优势。

市场使得医生和飞行员各自从事自己的专业成为可能。因为商业飞行员和医生服务都存在于市场之中，所以医生知道他能够得到飞行服务，而飞行员也知道自己能找到医生。一个人知道他们能够在市场中找到他们需要的产品和劳务，他们将愿意放弃自给自足并愿意从事专业工作。

在市场经济中，人们要参与贸易。他们向其他人提供产品和劳务，也从其他人那里获得产品和劳务。贸易可以增进福利：相对于自给自足情形，人们通过贸易得到更多。产出的增加源于专业化：每个人只专注于自己擅长的工作。

市场分工可以提高效率

分工可以使工人的业务变得相对简单单一，从而提升工人的熟练程度，工作效率自然得到提高。

节省人们在转换不同的工作之间的适应时间，从而提升工作效率。

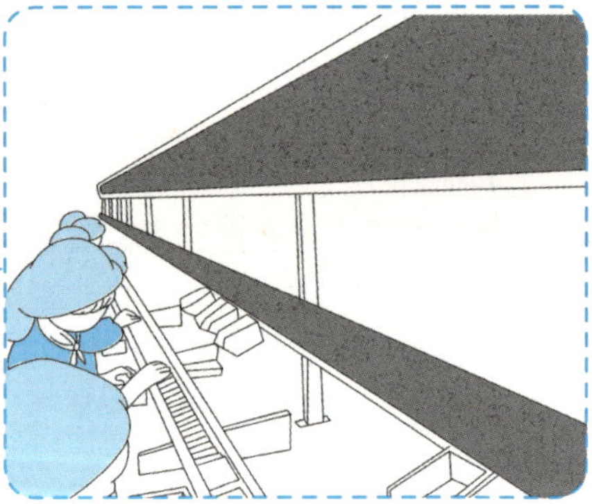

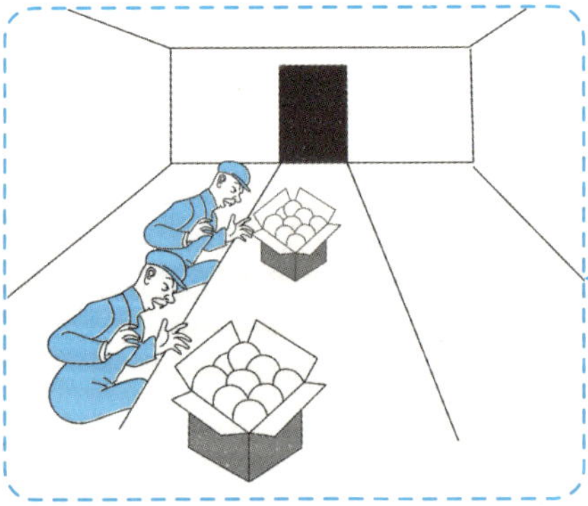

分工有利于适当利用机械，可以精简劳动提高效率。

人把注意力倾注在单一目标上，比分散在多个目标上能更快更轻易地找出达到目的的捷径。分工能够使每个人的全部注意力自然集中于某一简单事物上。

第二章

供给与需求的神奇力量

第一节　奇妙的供需

需求和供应，两者同样很重要

著名经济学家萨缪尔森在其史上最畅销的教科书《经济学》上这样写道：“你甚至可以把一只鹦鹉培养成一位训练有素的经济学家，只需教会它两个单词——‘供给’和‘需求’。”萨缪尔森用夸张的语言说明了供给和需求这两个概念在经济学上多么重要，说明供求分析方法就是经济学上的根本方法。

在西方经济学里，一种商品的供给是指生产者在一定时期内在各种可能的价格水平愿意而且能够出售的该商品的数量，而一种商品的需求是指消费者在一定时期内在各种可能的价格水平愿意而且能够购买的该商品的数量。因此供给是站在商品的生产者的角度，而需求则是站在商品的消费者的角度，不过这种界限并不是绝对的，有时候一个商品的消费者也是该商品的供给者。在西方经济学中，无论是商品的供给还是需求都是自愿的且都是有能力实现的，因此供给和需求都是有效的，称为有效供给和有效需求。

供给是在一定的时期，在一既定的价格水平下，生产者愿意并且能够生产的商品数量。生产者又叫“企业”，是指能独立作出生产经营决策的经济单位。供给需要有两个要件：第一，企业愿意生产，在假定企业的行为是获取利润的条件下，供给的数量取决于利润的多少。这意味着企业总是愿意生产价格最高、成本最低的产品；第二，企业的生产能力，这大致取决于企业的技术装备和资源的稀缺程度。两个要件缺一不可，它们共同组成有效供给。

这一点和我们日常生活中的相关概念是有所区别的。我们日常生活中往往把需求称为需要，而且往往不考虑自己的支付能力，我们可以把这种需求称为潜在需求。比如，尽管你手头没有那么多现金，但是你确实需要一套房子，这种需要就是潜在需求。在一定条件下，潜在需求会转化为有效需求的，比如当你有了实力之后，你就把住房的潜在需求转化为了有效需求。但有些需要是永远不会实现的，比如“真的好想再活500年”“但愿人长久，千里共婵娟”，等等，这种需求不切实际，我们通常称为奢求。

供给也是如此。我们生活中一般用“提供”或“供应”或其他更加感性的词汇而很少用干巴巴的“供给”，比如我们耳熟能详的《简·爱》中的经典台词：“假如上帝赋予我财富与美貌，我一定会让你难以离开我，正如我此刻无法离开你一样。”我们需要财富和美丽，但是上帝并非向每个人都提供这份厚礼。还有痞子蔡《第一次亲密接触》中的台词：“如果我有一千万，我就能买一栋房子。我有一千万吗？没有。所以我仍然没有房子。”我们都想给自己的爱人提供一个温暖的家，但是在房价节节攀升的今天，谈何容易！所以我们日常说的供给往往是“我想给你”“我一定给你”而不是“我能给你”的意思，这和经济学里“我能给你”的供给不一样。

作为生产者，我们在资金一定的情况下安排我们的生产供给以便得到最大的利润或收益，所以我们在生产商品时总是思前想后举棋不定；作为消费者，我们在收入一定的情况下安排我们的消费需求以便得到最大的享受或满足（经济学上称为最大效用），所以我们在购买商品时总是货比三家，寻找物美价廉的商品。

我们的一生总在需求着什么，同时也在供给着什么，所以需求和供给就构成了人类生活的主要内容，如此说来，经济学将需求和供给列为自己研究的主要内容和主要方法恰恰是它被视为社会科学皇冠上的明珠的原因所在。

实践表明，需求和供给不但对经济学家很重要，对我们普通老百姓来说也很重要，对商品提供者的企业家来说尤其重要。可以毫不夸张地说，谁把握住了消费者的需求（或潜在需求）并能适时提供满足该需求的产品，谁就能收获财富、荣誉和地位，当然谁能够牛到创造需求的地步，那他就是商界的国王。

美国苹果公司在2010年3月推出平板电脑iPad，上市仅仅80天就已经售出超过300万部，这一数字再次刷新了历史纪录。2010年5月底，苹果公司市值一跃超越微软而成为全球市值最大的科技企业。

苹果公司之所以取得如此辉煌的成功，乃是因为公司老板乔布斯抓住了消费者对平板电脑的潜在需求（这里的潜在需求是指消费者对某商品存在着强烈的需求但该商品还不存在）而且在别人之前率先生产并向消费者提供了该产品。曾被自己创办的公司扫地出门的乔布斯之所以东山再起大获成功，原因在于乔布斯深谙产品开发营销策略：激发消费者的内心欲望，不仅满足需求，更要创造需求；终极目标是超越“需求”，成为“想要”！

经济学中古诺模型的创造者是法国经济学家古诺，他最早把微积分引入到经济学中，他在1838年出版的《财富原理的数学原理研究》是最早运用微积分研究经济学的名著，但古诺的数理经济学的思想在他生前备受冷落，他的《财富原理的数学原理研究》只卖出去3本，其中2本还是他的朋友碍于情面买的，他的理论直到100年后才得到应有的重视。这个例子说明，当市场对某一商品（比如本例中的图书《财富原理的数学原理研究》）的需求还很微弱的时候，你提前供给该商品就会面临兵败滑铁卢的危险。当然，当市场需求已被充分挖掘之后，你再供给该商品，也会面临同样的风险。

供需的变化与市场环境的变化也息息相关。例如：当“非典”袭击中国的时候，全国食醋、消毒液、药用口罩的价格都上升了，一些日用品也成了普通消费者的抢购对象，这主要是因为突如其来的“非典”病毒造成了消费者对这些物品需求的剧增。只要你带着需求和供给的眼镜去仔细观察身边的人和事，一切就会豁然开朗了。

影响供给与需求的因素

供给是指在某一特定时期内，经营者在一定价格条件下愿意并可能出售的产品量。其中包括新提供的商品和已有的存货。

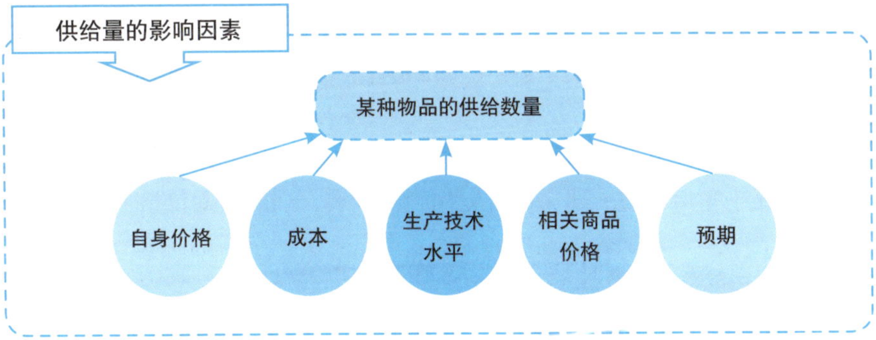

需求是指消费者在一定价格条件下对商品的需要量。

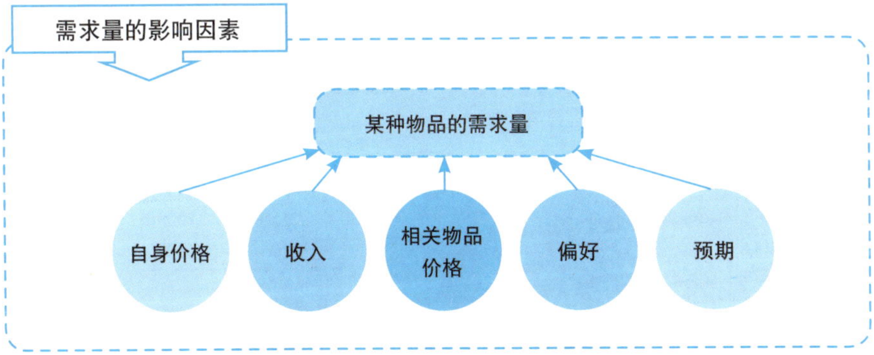

从卡恩退役看需求曲线

德国著名的足球门将，奥利弗·罗尔夫·卡恩突然宣布自己即将退役，而2008年9月2日慕尼黑安联球场进行的拜仁慕尼黑和德国国家队的比赛将是他在德国的最后一场比赛。如果你作为他忠实的球迷，要想得到比赛的球票无非有两种方法：

（1）到售票处购买一张季度票或者单一比赛门票。

（2）从“黄牛”手中买到一张门票。

可是实际情况是，人们在知道这场比赛是卡恩的退役之战时，可能会蜂拥而至，很可能你会选择从“黄牛”手中购票。倒票并不总是合法的，但通常是有利可图的。“黄牛”可能在售票处买票，然后把这些票以更高的价格卖给那些在最后一刻决定观看比赛的人。

有时候赛事出人意料地“冷门”的话，“黄牛”就会遭受损失；而当一场赛事会出人意料地“热门”，“黄牛”手里的票能卖个好价钱。很显然，卡恩的退役赛为囤积了不少票的“黄牛”迎来了一个天赐良机。

你可以想象，几乎每一个还没买到票的球迷都想去看卡恩的告别赛，但是其中多数人都不愿意为之花上相当于正常票价四五倍的钱。简言之，想要购买门票或者其他任何商品的人的数目取决于价格。价格越高，愿意购买的人越少；价格越低，愿意购买的人越多。

“有多少人想买票去看卡恩的告别球赛？”这个问题的答案取决于门票的价格。如果你还不知道价格，那么你可以先画一张表，列出不同价格上愿意买票的人数。这样的表叫作“需求表”。根据这个表可以画出一条需求曲线——供给和需求模型的关键组成部分之一。

需求表表示的是在不同价格水平上消费者对某种产品或服务愿意购买的数量。下图的右边部分是假设的足球比赛门票的需求表。

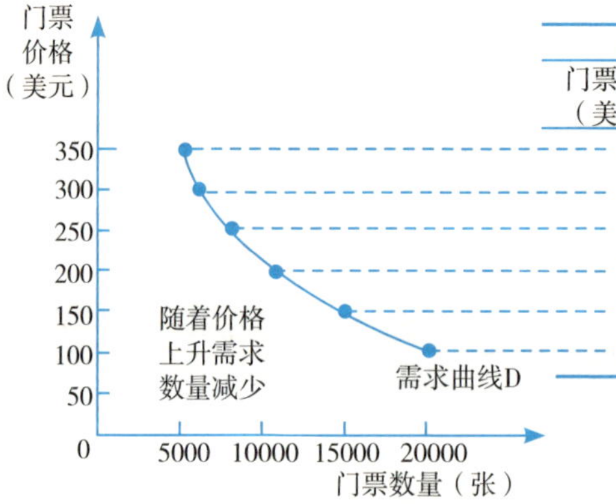

门票的需求表

门票价格（美元）	门票的需求数量（张）
350	5000
300	6000
250	8000
200	11000
150	15000
100	20000

需求表和需求曲线

根据门票的需求表中的条目可以画出相应的需求曲线，后者表示了一种商品的消费者在任一给定价格上愿意购买的数量。需求曲线和需求表都反映了需求规律：价格上升导致需求数量下降；类似地，价格下降导致需求数量上升。因此需求曲线向下倾斜。

根据这个表，如果“黄牛”要价和门票的面值差不多时（100美元），那么将有20000人愿意买；如果要150美元的话，有些球迷就会认定票价过高，那么就只有15000人愿意买。如果价格进一步上升到200美元，想买票的人就更少了，以此类推。所以票价越高，想买票的人越少。换言之，随着价格上升，门票的需求量将下降。

上页图中的曲线形象地展示了需求表里的信息，纵轴表示门票的价格，横轴表示门票的数量。曲线上的每个点都对应着表里的一个条目。把这些点连接起来的曲线就是一条需求曲线。需求曲线就是需求表的图形表达形式，也就是另一种表示在任意给定价格下消费者愿意购买的产品或服务的数量的方式。

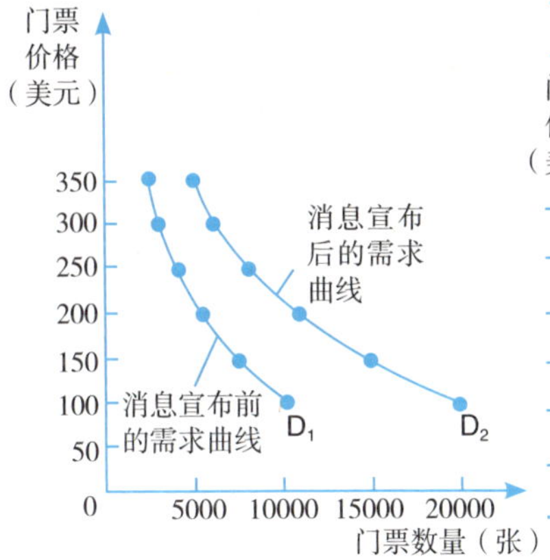

门票的需求表		
门票价格（美元）	门票的需求数量（张）	
	消息宣布前	消息宣布后
350	2500	5000
300	3000	6000
250	4000	8000
200	5500	11000
150	7500	15000
100	10000	20000

需求的增加

假设“黄牛”每张票收取250美元。我们从上图可以看到有8000名球迷愿意支付这个价格，亦即8000就是250美元这个价格水平上的需求数量。

在真实的世界里，除了极少数例外情况，需求曲线几乎总是向下倾斜的。这些例外商品被称作“吉芬商品”。但是经济学家认为，这些例外非常罕见，以至于我们可以忽略不计。总之，在其他条件相同的情况下，商品的价格越高导致需求越少这个命题是如此可靠，以至于经济学家更愿意将其称为一种“定律”——“需求定律”。

当卡恩退役的消息被公之于众时，马上产生的效果是在任一给定价格上都将有更多的人愿意购买9月2日的比赛的门票。就是说，在每一个价格水平上，由于这个消息的宣布，需求量上升了。下图中的需求表和需求曲线表明了这一现象。

上页图给出了两个需求表。其中，第二个需求表表示的是消息宣布之后的情况，也就是“需求表和需求曲线图”中的那个需求表。但是第一个需求表表示的是消息公布之前对二手票的需求。正如你所看到的，消息宣布后愿意花350美元买票的人增加了，愿意花300美元买票的人也增加了，其他同此。所以，在每一个价格水平上，第二个需求表表示的需求量都较大。例如，在200美元这个价格上，球迷们愿意购买的门票数量从5500张上升到了11000张。

卡恩退役的消息催生了一个新的需求表，其中在任一给定价格上的需求量都要比原来的需求表里的大。上页图里的两条曲线传达了同样的信息。消息宣布后，新的需求表对应于一条新的需求曲线D_2，它位于消息宣布之前的需求曲线D_1的右方。需求曲线的移动表明了在任一给定价格上的需求量的变化，需求曲线移动到新的位置代表的就是这样一个变化。

需求的条件和需求曲线

需求包括两个条件，即消费者愿意购买和有支付能力。

满足这个两个条件才可形成有效需求。

愿意——购买欲望

能够——支付能力

· 需求：
是购买欲望和支付能力的统一

两个条件缺一都不构成需求。

需求曲线

· 需求定理

其他条件不变，需求量与价格呈反方向变动。

商品价格与需求量的关系

P↑，Q↓；
P↓，Q↑。

比如，应对能源危机，减少汽油消耗量的办法是：
提高汽油的价格

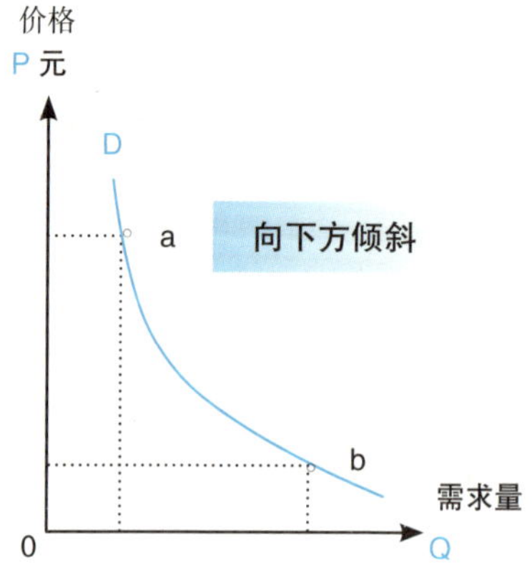

从倒卖的黄牛票认识供给曲线

有足够多的人买票，那么倒票的“黄牛”必须设法弄到门票，这就牵扯“黄牛”票源供给的问题。“黄牛”手头中的票也不是无限的，随着客人需求的增多，他们就得想方设法获得更多的票以满足顾客的需求，于是他们得增加自己手头的供货量。“黄牛”从那些决定卖出手头的门票的人那里买到门票，而这些人是否将自己手里的门票卖给“黄牛”部分地取决于“黄牛”的出价：出价越高，你就越有可能把门票卖给他。

所以正如人们愿意购买的门票的数量取决于他们需要支付的价格一样，人们愿意出售的门票的供给量取决于对门票的出价。下图表示了卡恩最后一场比赛的供给曲线。

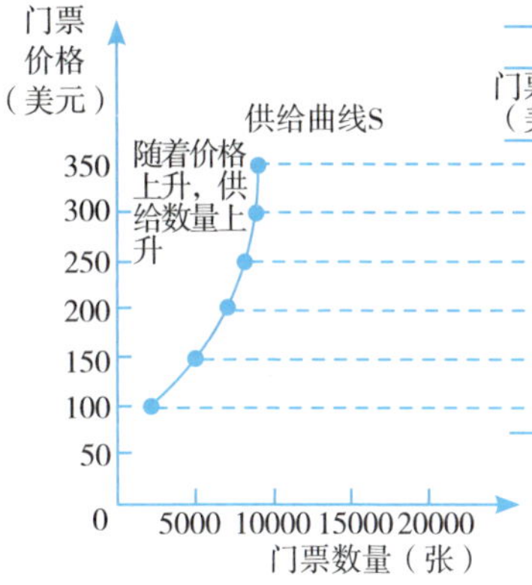

门票的供给表

门票价格（美元）	门票的供给数量（张）
350	9000
300	8500
250	8000
200	7000
150	5000
100	2000

供给表和供给曲线

根据门票的供给表可以画出相应的供给曲线，后者表示了任一给定价格上人们愿意出售的门票的数量。供给曲线和供给表反映了供给曲线通常是向上倾斜的：价格上升导致供给数量上升。

供给表和需求表相似：在这个例子中，该表表示的是买季票的人在不同价格上愿意出售的门票的数量。在100美元这个价格上，只有2000人舍得出售自己的门票。在150美元的价格上，更多的人决定放弃看比赛而用卖门票的钱来干点别的事情，这样二手票的供给量达到了5000张。如果价格涨到200美元，这个数量又会进一步上升到7000张，以此类推。

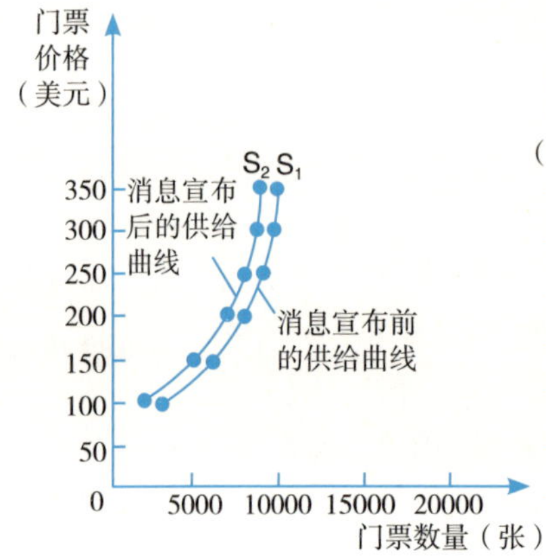

门票的供给表		
门票价格（美元）	门票的供给数量（张）	
	消息宣布前	消息宣布后
350	9800	9000
300	9500	8500
250	9000	8000
200	8800	7000
150	6000	5000
100	3000	2000

供给的减少

曲线上的每一点都代表着表里的一个条目，就像需求表能够通过需求曲线表达出来一样，供给表也能通过供给曲线来表示。在上图的显示中我们可以看出。假设“黄牛”把出价从150美元提高到200美元，人们愿意卖给他们的门票从5000张增加到了7000张。这是供给曲线的通常情况，它表明较高的价格会导致更多的供给量。此时的供给曲线通常是向右上倾斜的：出价越高，愿意把票卖给“黄牛”的人就越多，换成其他任何商品也是如此。

卡恩退役的消息一宣布，在任一价格水平上，人们将票出手的意愿立刻下降。所以在任何价格上门票的供应数量都减少了。例如在350美元这个价格上人们愿意出售的门票减少，当价格是300美元时也是如此，以此类推。上图用供给表和供给曲线的形式向我们表示了这种变化。

上图中有两条供给曲线，消息宣布后的供给表与上面“供给表和供给曲线”图中的供给表相同。第一条供给曲线表示的是消息宣布前二手票的供给。就像需求表的变化导致需求曲线移动一样，供给表的变化也会导致供给曲线的移动——在任一给定价格上供给数量的变化。如上图所示，供给曲线从消息宣布之前的S_1移动到了消息宣布之后的新位置S_2。注意S_2位于S_1的左边，这表明卡恩退役的消息宣布之后在任一给定价格上供给的数量都下降了。

卡恩退役消息的宣布导致了供给的减少，即在任一给定价格上的供给数量减少了。这一事件可以用两个供给表来表示，一个供给表是消息宣布之前的供给表，另一个供给表是消息宣布之后的供给表。供给的减少使供给曲线向左移动。

和分析需求时一样，关键的问题是区分供给曲线的移动和沿着供给曲线的移动，后者价格变化所导致的供给数量的变化。从下图中可以看出二者的不同。从A 点到B 点的移动是沿着供给曲线的移动：即由于价格的下降，供给数量沿着S_1 减少。例如，价格从250 美元下降到200 美元，这导致供给数量从9000 张减少到8000

张。但是当价格不变时，供给也有可能减少，导致供给曲线向左移动。下图中供给曲线从S_1向左移动到了S_2。

供给曲线的移动是任一给定价格上某种产品或服务的供给数量的变化。它表现为最初的供给曲线移动到一个新的位置。

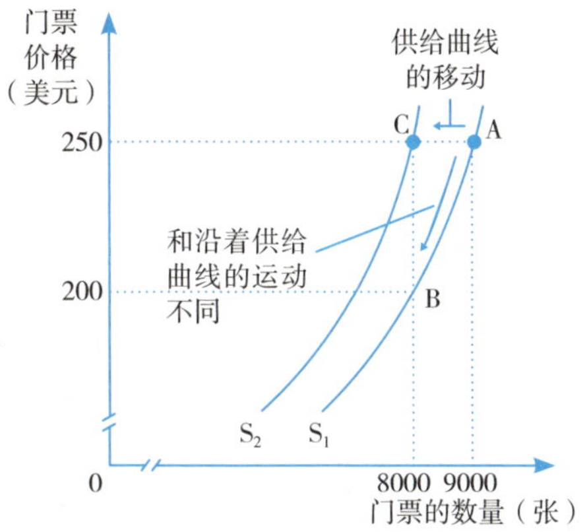

沿着供给曲线的移动和供给曲线的移动

从A点到B点的移动所导致的供给数量的下降反映的是沿着供给曲线的移动，它是商品价格下跌的结果。而从A点到C点的移动导致的供给数量的下降反映的是供给曲线的移动，它是在任一给定价格上供给数量减少的结果。

假设价格保持在250美元不变，供给数量会从S_1上A点的9000张减少为S_2上C点的8000张。

当经济学家说“供给增加”时，他们是指供给曲线向右移动。在任一给定价格上，人们愿意比以前提供更多的数量。经济学家相信供给曲线的移动主要是三种因素作用的结果。

为了进行生产，必须要有投入品，例如为了制造香草冰淇淋，你必须买香草豆、奶油、糖等。投入品就是用来生产另一种商品的任何商品。投入品和产出品一样都是有价格的。投入品价格的上升会导致生产最终产品的成本提高。一种投入品价格的下降会使最终产品的生产成本减少。所以卖方在任何价格上愿意供给的数量会增加，导致供给曲线向右移动。

任何增加供给的事件都会使供给曲线向右移动，即在任一给定价格上的供给数量增加。任何减少供给的事件都会使供给曲线向左移动，即在任一给定价格上的供给数量减少。

当经济学家谈到“技术”时，他们并不一定是说高新技术，他们的意思是人们将投入品变成有用的商品的所有方法。当更好的技术出现时，生产的成本减少——生产同样多的产品但是却花费更少的成本，供给会上升，供给曲线向右方移动。例如培育成功一种抗病能力更强的玉米，会使农场主在任一给定价格水平上愿意供应更多的玉米。

想象一下，如果你有一张9月2日比赛的门票，但是因为某种原因不能去看。你可能会想把票卖给“黄牛”，但是如果你获得一个可靠的消息说卡恩即将退役，那么你肯定认为门票的价格会飙升。所以你会把票留在手上，直到这个消息正式公布。这个例子说明了预期是怎样改变供给的：预期一种商品的价格上升会导致现在的供给减少；反之，预期一种商品的价格下降则会导致现在的供给增加。

把钱用在刀刃上的需求更有效

经济学家使用需求概念说明家庭或厂商在一定价格上所选择购买的物品或劳务的数量。关于这一点，理解的重要之处是：经济学家所关心的不仅仅是人们所想要的，而是在他们的预算约束所限定的支出和各种商品价格已知的条件下所选择购买的。当然，对经济中某种商品的需求总量也取决于价格以外的其他因素。

在任何价格下，一种物品的需求都可能随着人口（较多的婴儿导致较高的婴儿尿布的需求）、时尚（女士连衣裙的需求逐年变化）或社会潮流趋向（现在的人越来越注重养生，养生茶的需求量增大）而变化。

如果需求分析意味着对所有产品的需求进行分析的话，那么经济学家的工作将变得极为复杂。经济学家处理这种复杂、多变因素的问题的方法，是在一次中把注意力集中于一种变量，同时使所有其他因素保持不变。他们特别把注意力集中于引起需求变动的最重要的因素。在这些因素中，最受关注的因素是价格。当其他变化，例如人民收入的变化或人口结构的变化是重要的时候，经济学家把这些变化以及这些变化对价格的影响考虑进来。

苏联的资源并不贫乏，事实上它即使不是世界上资源储量最多的国家，也是世界上资源储量最丰富的国家之一。它也不缺乏受过良好教育和培训的人才，它所缺的是一种能够有效利用资源的经济体制。

正如苏联经济学家所说的一样，由于苏联的企业没有受到像资本主义企业所受到的那种财务约束，所以他们就会购买比实际需要更多的机器设备，然后再让其封尘于仓库中或放在露天任其生锈。

简而言之，苏联的企业没有任何迫使其进行节约的压力，即没有看到他们的资源在其他用途中的稀缺性和珍贵性，因为其他使用者没有像在市场经济中那样对这些资源进行投标购买。虽然这些浪费对于苏联企业的影响很小或没有任何影响，但对于苏联人民来说影响就大了，因为这将使他们只能过着比他们的技术和资源所允许的更差的生活。

如果购买这些投入需要与其他使用者进行竞争，而且企业也只有在成本低于销售收入的情况下才能存活，那么在这样的经济体中，这些经济学家所描述的这种对于投入的浪费现象就不可能持续下去。在这种以价格进行调节的资本主义体系中，对于投入的订购量就会基于实际所需，而不会取决于经理说服上级政府官员让他们得到的量。这些上级官员不可能是其管辖的所有工业和产品方面的专家，因此他们就会在某种程度上依赖于那些拥有这方面专业知识的人。中央计划者可以对企业经理告诉他们的进行怀疑，但怀疑并不等同于知识。如果资源不能得到保证，那么生产就会受阻，这就可能导致中央计划部门的人员更替。

影响需求变化的因素

在任何价格下，一种物品的需求都可能随着某些因素的改变而发生变化，总体来说，引起需求发生变化的因素有以下三点：

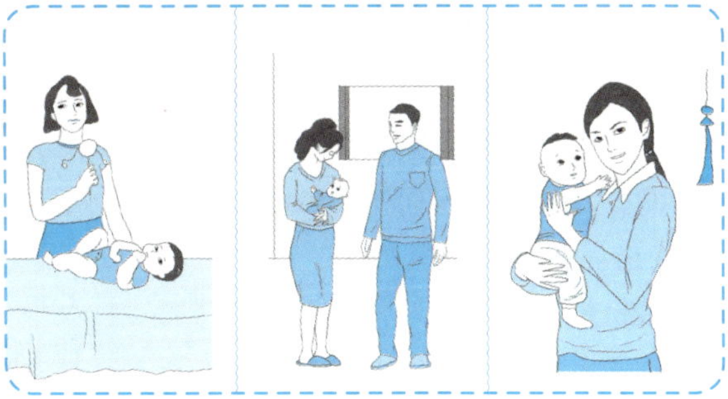

1.人口的改变，比如，较多的婴儿导致较高的婴儿尿布的需求。

2.时尚的改变，比如女士连衣裙的需求逐年变化。

3.社会潮流趋向的改变，比如现在的人越来越注重养生，养生茶的需求量增大。

其结果就是苏联经济学家所描述的对资源的过度使用。在利用价格对资源进行配置和靠政治或是官僚控制的经济体制之间存在很多差别，苏联经济与日本、德国经济之间的差别仅仅是其中一例。在世界的其他地区以及其他政治制度中，利用价格来对产品和资源进行配置的地方与那些依赖于世袭统治者、选举出的官员或指定的计划委员会来实现这些配置的地方之间同样存在相似的差异。

在20世纪60年代，当很多非洲殖民地获得民族独立时，加纳总统和邻近的科特迪瓦总统就未来几年哪一国会变得更富裕的问题打了一个有名的赌。当时，加纳不仅比科特迪瓦更富有，而且自然资源也比他们多，所以这个赌对于科特迪瓦的总统来说似乎是很欠考虑的。但是，他知道加纳将实施一个政府管理的经济，而科特迪瓦将实施的是一个更加自由的市场。到1982年，科特迪瓦在经济上就已经远远超过了加纳，其最穷的20%的人口的人均收入也比加纳的大多数人都要高。

这不应该归功于其国家或人民的任何优越性。事实上，当后来科特迪瓦的新一届政治领导经不住诱惑最终让政府在其经济上拥有了更多的控制权，而加纳则从其错误中吸取了教训，并开始放松政府管制时，这两个国家经济就颠倒过来了。现在加纳的经济开始增长，而科特迪瓦的经济则出现了下滑。

在拥有无数生产者和消费者的社会中，没有任何个人或围坐一桌的一群政府决策者可能了解到千百万的消费者各自的需求是什么，或是千百万的生产者到底要生产多少产品。在由价格调节的经济体中，没有人需要知道这些。每个生产者仅受其产品所售价格以及生产此种产品的投入的影响，而每个消费者也仅需要考虑与其自身的购买行为相关的相对较少的价格。

信息是最稀缺的资源之一，价格机制通过迫使那些对其本身特定情况最了解的人以其所具备的知识来对商品和资源进行竞价，而不是利用他们对于计划委员会、立法机关或贵族王宫中的其他人员的影响力。

均衡就是供给与需求的结合体

弗里德曼曾说：“均衡状态是这样一种状态，它一经确立，就将被维持下去。”这时市场上最稳定的价格形成了，卖苹果的和买苹果的都会以这个价格来提供或消费，所以他们最终共同决定了这个物品在市场上的价格。

当人们在购买东西杀价时，绝大多数商家都还是会和你讨价还价的。这是因为在双方的博弈中，卖衣服的商家处于为商品定价的优势地位，他通常愿意为自己的商品定个最高的价格。相反，消费者因为不知道进货价格而处于劣势。在这种情况下，消费者对商家逐利本性的怀疑，就会促使其不断地用砍价来测探商家的心理底线，进而摸清最贴近物品真实价值的价格。

均衡本来是物理学上的一个概念，指一个物体在大小相等方向相反的两个力的作用下，而暂时保持一种静止不动的状态。经济学把这个概念借用过来，作为自己分析问题的基本方法之一。

均衡理论的创始人是法国经济学家瓦尔拉斯。瓦尔拉斯的均衡理论中有一个拍卖喊价人又称“瓦尔拉斯拍卖者”，即通过对商品的竞卖，得到商品的均衡价格。在这一点上，供给量与需求量恰好相等。既不存在短缺的现象，也不存在供给过剩的现象，因此也就不存在使价格进一步变化的压力。均衡状态是买卖双方都满意并愿意接受和保持下去的状态，一种不再变动或没有必要再变动的状态。掌握均衡，目的是为了掌握价格变化的规律，商家可以依据供需均衡及时调整库存。

例如，当水果市场上存在超额供给时，水果商就会发现，他们的冷藏室中越来越装满了他们想卖而卖不出去的水果，他们对这种超额供给的反应是降低其价格，价格要一直下降到市场达到均衡时为止。

当水果市场出现超额需求时，买者不得不排长队等候购买水果，由于太多的买者抢购太少的物品，卖者可以作出的反应是提高自己的价格而不失去销售量。随着价格上升，市场又一次向均衡变动。

消费者对商品的需求以及生产者对商品的供给，其结果是消费者和生产者根据市场价格，决定愿意并且能够购买或者能够提供的商品数量，带着各自的盘算，一起进入市场。生产者与消费者在市场上共同作用，最终决定市场的均衡。

下图中，D 表示需求曲线，S 表示供给曲线。我们把供求相等的 E 点定义为均衡点，把与 E 点相对应的价格水平定义为均衡价格（P_E），即供求平衡时的价格；把与 E 点相对应的产量定义为均衡产量Q_E，即供求平衡的产量。

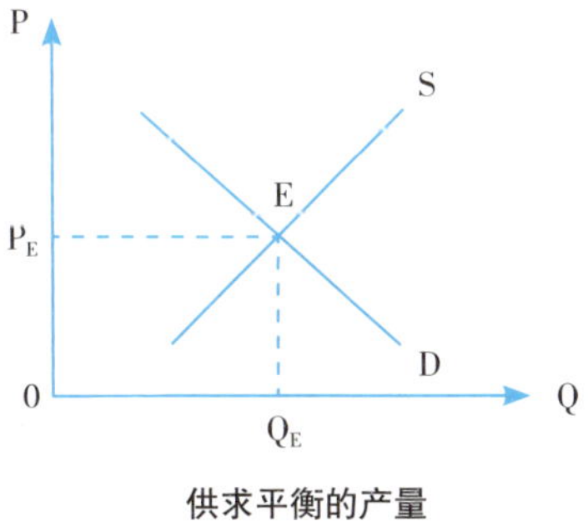

供求平衡的产量

均衡价格与均衡产量是经济学家做梦都想达到的价格和产量。因为在这一价格水平和产量条件下，市场上稀缺的资源可以达到最佳的配置，是一种理想的状态。但实际的市场价格总是与这一理想的价格相背离。当实际的市场价格与这一理想的价格相背离时，只要存在着竞争，价格就会发生变动。价格的变动会使供求关系发生变动，从而实现市场均衡。

1.当市场价格$P_1 > P_E$

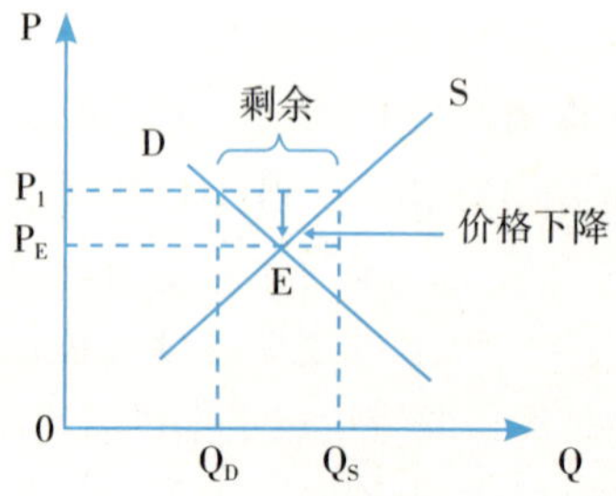

价格下降消除剩余

如图所示，此时，$Q_S > Q_D$，Q_D与Q_S的距离为供大于求的产品数量，即剩余产品的数量，如果市场是充分竞争的，剩余产品的存在必然导致价格下降，随着价格下降，需求量扩大，供给量减少，最后达到E点，所以，价格的下降可以减少市场的产品的积压，使供求保持平衡。

2.当市场价格$P_2 < P_E$

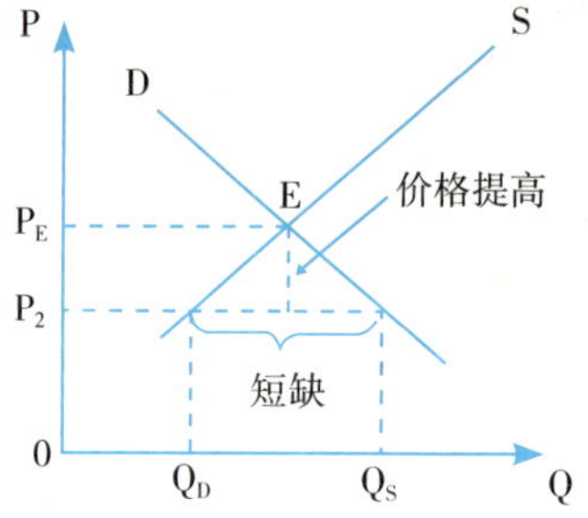

价格提高消除短缺

Q_D与Q_S的距离即为市场上存在的短缺的量（供不应求）。此时，价格的上升可以扩大生产的产量，同时抑制消费。所以价格的上升可以消除市场上的短缺现象，从而使供求保持一致。

如上图所示，当价格大于均衡价格时，出现剩余。此时企业之间的竞争使价格下降，随着价格的下降，需求增加，供给减少，最后，使两者趋于均衡。当市场价格低于均衡价格时，出现短缺，此时消费者之间的竞争使价格上升，随着价格的提高，需求减少，供给增加，最后，使两者趋于均衡。这一过程被称为是市场出清的过程，也就是经济学家经常说的价格机制。

经济学家相信，如果没有其他因素的干扰，自由竞争的状态会使价格机制调节生产和消费，有效地配置资源，让资源得到最佳利用。但是我们必须看到，在某些条件下，由供给和需求决定的价格，对经济并不一定是最有利的。

第一，从短期来看，由市场决定的价格也许是合适的，但是，从长期来看，对生产有不利的影响。如粮食大丰收，农产品过剩，价格会大幅度波动，这种波动会损害生产者的积极性。所以，短时间内的价格变动会引起供求平衡。但农产品的生产周期较长，农产品的低价将会对农业生产产生长期的不利影响，同时当农产品的需求增加后，农产品并不能迅速增加，这样就会影响经济的稳定。特别是在土地数量减少的条件下更是如此。因此，农业生产的稳定发展需要基本稳定的价格。

市场中企业的规模调整与长期均衡过程

图中字母含义：

P：产品价格　　Q：产品产量

MR：边际收益　　AR：平均收益

SMC：短期边际成本

SAC：短期平均成本

LMC：长期边际成本

LAC：长期平均成本

A、B、C、D、E为交点

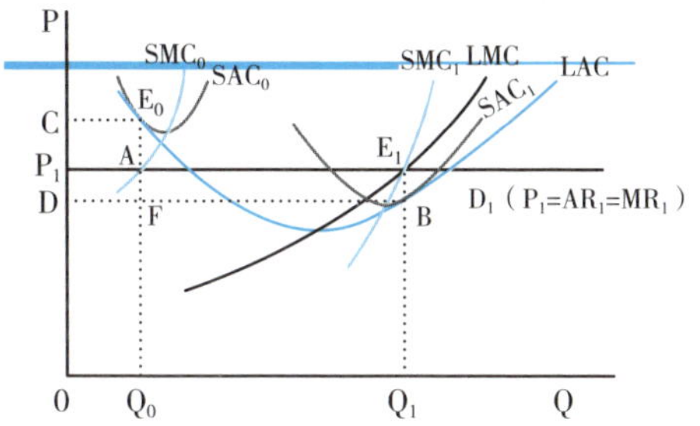

· 当价格为P_1时：短期内，厂商的均衡产量为Q_0，厂商亏损；但长期内，厂商的均衡产量为Q_1，厂商获得超额利润。

如果厂商的调整规模过大，导致整个行业供给量增加，进而引起价格下降。

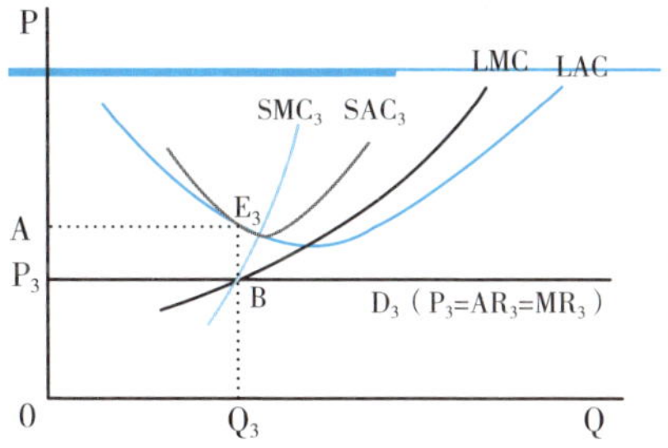

· 当价格为P_3时，厂商均衡产量为Q_3，厂商亏损，但只有在这一产量水平下，厂商亏损量才最小。

完全竞争厂商的长期均衡条件：

MR=LMC=SMC=LAC=SAC

P=AR=MR

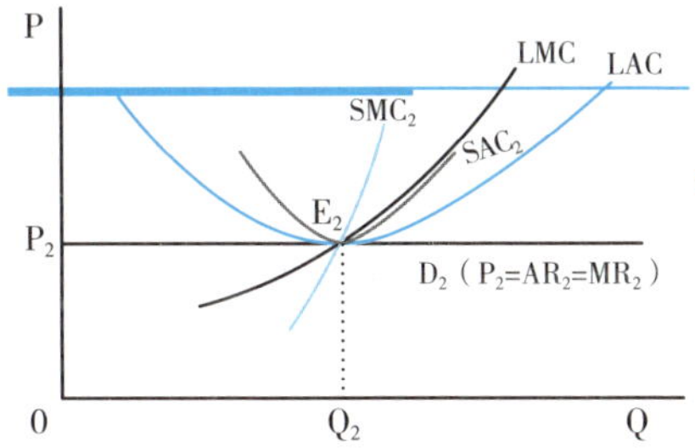

· 当价格为P_2时，厂商均衡产量为Q_2，厂商获得正常利润，从而实现产量的长期均衡。

第二，由供给和需求决定的价格有时会产生一些不利的社会影响。如某产品严重短缺时，价格就会很高。收入水平较低的人，往往无法维持最低的生活水平。很多学者曾批评过这样的社会现象：当牛奶的价格很高时，富人可以用牛奶喂狗，而穷人却喝不上牛奶。“朱门酒肉臭，路有冻死骨”，正是对这种被称为不公平现实的生动描述。所以价格机制是中性而无人性的。

薄利多销与谷贱伤农的区别

中国有句古语叫“谷贱伤农”，意思是丰收了，由于粮价下跌，农民的收入减少。其原因就在于粮食是生活必需品，需求的价格弹性小。也就是说，人们不因为粮食便宜而多吃粮食，由于丰收而造成粮价下跌，并不会使粮食需求量同比例地增加，从而使总收入减少，农民蒙受损失。

市场经济中，出现诸如把牛奶倒掉的现象，究其原因也在于农产品的需求缺乏弹性，降价不会使需求量大幅度增加，因而会减少总收益，所以企业把过剩的农产品毁掉反而会因供给的减少而维持价格，从而维持利润。

事实上，关于过剩的解释，经济学上有“绝对过剩”和“相对过剩”这两个概念。绝对过剩是指，社会生产出来的东西，在让所有需要它的人的需求都得到最大的满足之后，还有所剩余。相对过剩是指该种商品的过剩是相对于一定的时间和空间而言的，是相对于人们的购买能力的过剩。也就是说，社会的供给超过了具有购买能力的人的需求，而与此同时，还存在许多买不起该种商品的人。我们说，绝对过剩是以社会生产力的极度发展为基础的，是一种很难达到的境界，而相对过剩则是时常出现的情况。无论是发达国家，还是发展中国家，都存在相对过剩的现象。牛奶的过剩，就属于相对过剩。

香烟是需求的价格弹性较小的商品，对于吸烟上瘾的人来说，价格上涨不会减少消费，对不吸烟的人来说，香烟的价格再低他也不会消费。吸烟对本人、对社会都是不利的，因此，为限制香烟的消费，政府对香烟征收重税，但是烟厂的利润依然相当可观，因为消费者对香烟有依赖，生产者因此可以将其税负转嫁给消费者，结果香烟的税主要由消费者来承担。

家用电器是需求的价格弹性较大的商品，价格上涨会减少消费，价格下跌会增加消费。在当前买方市场的情况下，各个家电企业竞争非常激烈，如果税负转嫁给消费者，就会使价格上涨，价格上涨会减少消费，不利于提高市场占有率，因此家电产品的税负主要由生产者负担。由此得出，需求富有弹性则税负主要由生产者负担，需求缺乏弹性则税负主要由消费者负担。

我们说，物品之所以成为商品，不一定在于它本身具有多大价值，而更主要是看它是否存在一定的需求和供给。没有供给的商品是没有意义的，同样，没有需求的东西是没有价格的，因为根本没有人去花钱买它。所以，商品的价格是由需求和供给两方面共同决定的。水的需求大，但是供给也是大的，这样，需求价格弹性和供给价格弹性共同作用，导致水的价格低廉。

钻石是一种奢侈性消费品，对人们正常的生活是可有可无的，所以它的需求价格弹性很大。价格提高一点，人们就有可能放弃这种需求。由于钻石在地球上的含量极少以及开采困难，钻石的供给也是十分困难的，供给的价格弹性很小。这样一来，很大的需求价格弹性和较小的供给价格弹性，共同作用的结果就是钻石市场价相对的十分高昂。

1962年，沃尔顿在罗杰斯城创办了第一家沃尔玛折扣百货店，营业面积为1500平方米，第一年的营业额就达到70万美元，并最终于1969年10月31日成立沃尔玛百货有限公司。

沃尔顿曾经说过："亨利卖女裤，1条只卖2美元。我们从同一地点购进同样的裤子，1条卖2.5美元。我们发现，如果按亨利的卖价，裤子的销量会猛增。于是我学到了一个看似非常简单的道理：如果我用单价80美分买进东西，以1美元的价格出售。其销量竟然是以2美元出售的3倍，单从一件商品上看，我少赚了一半的钱，但我卖出了3倍的商品，总利润实际上大多了。""女裤理论"是沃尔玛营销策略的最好说明。沃尔玛的经典名言就是："薄利多销，天天平价。"

对于烟台的果农来说，最残忍的就是"丰产不丰收"。2003年，烟台苹果可以说是取得了大丰收，但果农们反而更加惆怅了。当时，烟台一等苹果的价格为每公斤2.6～2.8元，二等苹果的价格为每公斤1.6元，残次果的价格每公斤在1元以下；而2002年同期，对应的价格分别为每公斤3.6～3.8元、2.4元和2元。

在烟台，有一半以上的农民从事果品种植业，60%的乡镇以果品产业为主。2003年烟台的苹果产量比前一年翻了一番，达到400多万吨。红沟村一个果农说，他家总共有9分2厘地，全部种了苹果，今年苹果共卖了2500元。在种植过程中，用掉苹果套袋1.5万个，每个5分钱，花费750元；用掉6袋化肥，花去400元；农药花费200元。扣除这些成本和每年136元的税钱，剩余1014元。这个果农一年买粮食需要350元，菜是自家门前种的，忽略不计，不算其他生活开销，他这一年仅能剩下664元。而这笔钱连明年的种植启动金都不够。

上述两个例子就是我们常说的"薄利多销"和"谷贱伤农"。为什么在市场上，同样是价格降低，有的商品在价格下降后，会吸引大批的消费者来购买，使商家的销售收入迅速增加，实现薄利多销；而有的商品，例如农产品，价格下降后，只吸引少量的消费者前来购买，使商家的销售收入减少？其根本原因就是两种商品的需求弹性不同。

回到开头的"谷贱伤农"，本来说，农业丰收了，农民的收入应该会更高些，应该高兴才对。可是，由于全体农业的丰收，造成了粮食产量的增加，供给急剧上升，超过了需求量，粮食市场处于供大于求时，粮食的价格就会下降，农民的收入反而减少了。这是由农业生产周期性造成的。由于农产品的储存、加工、保鲜等特殊问题，农产品一般都不能存放太长时间，这样一来，在市场交易时，就给农民带来了天然的讨价还价的劣势。买方会想“反正你一定要急着卖出去，否则就会坏掉。那么你对交易的要求比我要迫切”，于是利用这种心理，拼命地压低价格。而在供给量相对过剩的情况下，农民达成交易的要求就会更迫切，价格就会被压得更低。

谷贱伤农

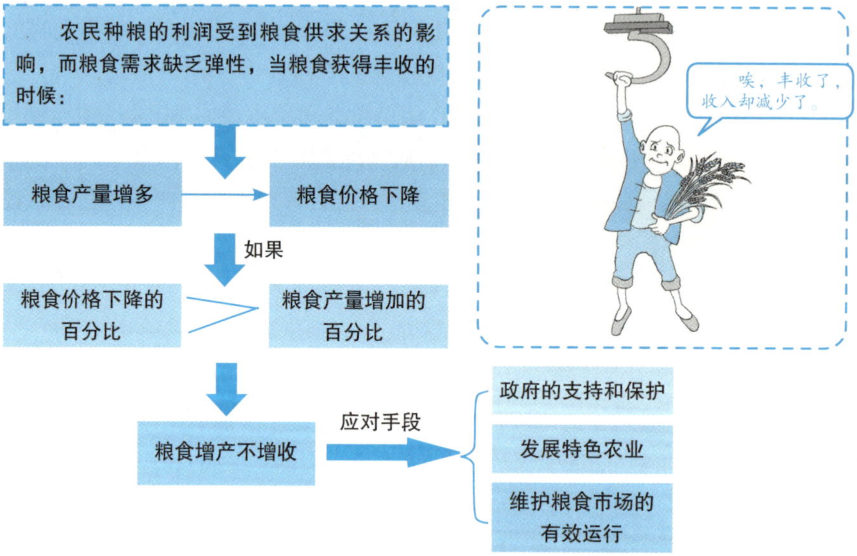

第二节　谁在决定一支铅笔的价格

价格机制是市场经济中枢

价格的种类繁多，消费品的价格是最明显的例子。但劳动力也有价格，叫作工资或薪水，借来的钱也有价格，称为利息。除了有形商品有价格外，从理发到大脑手术、从占星术到对投机黄金或大豆的建议，这些服务也有价格。价格激励着人们节约，这就是为什么在对电力和食品进行收费后，以色列的集体农场成员对这些东西的消费会减少。

价格机制，就是价格上下波动，以让市场的供给量和需求量相等的过程。只要价格机制是灵活运转的，价格可以自由地上下运动，经济中就不会有卖不出去的东西，就不会有经济萧条和失业。因为只要东西过剩，价格就必然向下运动，100块钱没人要，1块钱总有人买吧。短缺了价格就上升。当社会上出现招工难的现象时，工人的工资就会上涨。问题就在于，价格经常运转不灵，价格凝滞不动，东西卖不出去。

比如当卖铅笔的人发现人们都蜂拥来买铅笔，愿意支付比原来更高的价格的时候，他不必知道为什么人们突然对铅笔情有独钟，他只要知道价格在上涨就够了，他的反应就是向生产铅笔的人多订购，这样他就能赚更多的钱。而生产铅笔的老板也不需要知道为什么零售商突然多订购，他只要知道订购价上涨就可以了，他的反应是向木材提供商订购更多的木头，于是伐木工人发现他们更忙碌了，工资也提高了。价格之所以重要，就是因为它关乎所有人的利益。所以，价格机制是市场的中枢。

不论是奶酪、冰淇淋还是酸奶的消费者，都渴望得到某些特定数量的产品，但随着该产品数量的增加，人们渐渐不再那么热衷，最后，当达到某一点时，就会变得无所谓，甚至在需求达到饱和后不再想要继续消费。

当更多的木质纸浆被用来生产纸张时，这个原则同样适用，因此家具和棒球拍的生产者和消费者就必须相应地进行渐进式价格调整。简而言之，价格调节着资源的使用，结果使得用于一种产品生产的资源价值等同于其在其他用途上对于他人的价值。这样，一个由价格进行调节的经济体就不会出现一方面奶酪多到让人厌恶，而另一方面其他人迫切地需要更多的冰淇淋或酸奶却买不到。

虽然此种情况的出现很荒唐，但是在价格没有被作为对稀缺资源进行配置的手段的经济体中却已经发生了很多次了。在苏联人排着长队想要获得其他紧缺商品的同时，毛皮并不是唯一堆积在其仓库中的滞销商品。拥有多种用途的稀缺资源的有效配置并不仅仅是经济学家头脑中的一个抽象概念，它决定着千百万人生活的好坏。

价格传递着一个隐藏的事实：从整个社会的角度来看，任何东西的“成本”就是其在其他用途上的价值。为了得到某种稀缺资源或其制成品，一个人愿意付出的价格就成为其他人不得不承担的成本，这种“成本”就反映在了市场上。但是，不管某一社会拥有的价格制度是资本主义、社会主义、封建主义还是其他的经济制度，任何东西的实际成本都等于其在其他用途上的价值。造一座桥的实际成本就是用同样多的劳动力和原材料可以建造的其他东西的价值。这在特定的个人层面上也是一样的，即使没有涉及钱财问题。看一部电视剧或肥皂剧的成本就是用同样的时间可以做的其他事情的价值。现在那些投入的成本无法从消费者愿意支付的价格中得到回收。

毕竟，这个生产者要把那些资源从其他使用者的手中通过竞价买过来就必须比其他资源使用者支付更高的价格。一旦这些资源在生产者所投入的地方没有发挥出更大的价值，那么他就将面临亏损。生产者就只好停止用这些资源继续生产此种产品，因为如果那些生产者太过盲目或是太固执而不愿改变的话，持续的亏损将使他们濒于破产，这样一来，社会中资源浪费的现象就可以得到制止。这就是为什么从经济的角度来看亏损与获利同等重要，虽然在商场上亏损远没有获利受欢迎。

“今年夏季公寓的空房率上涨到了9.9%，这已达到了自1956年人口调查局有统计数据记录以来的最高水平。”把高价归咎于“贪欲”或把低价归功于慷慨都隐含着卖者可以根据其意志任意设定和维持价格的意思。但供求关系对价格变动的解释要比任何凭意志进行定价的行为要合理很多。当存在垄断或卡特尔时，出现比竞争市场更高的价格是可能的，但幸运的是，垄断和卡特尔仅仅是特例而非常规现象。

价格机制

所谓价格机制是通过市场价格变动与供求关系变动之间的相互联系与相互制约而发挥作用的机制。

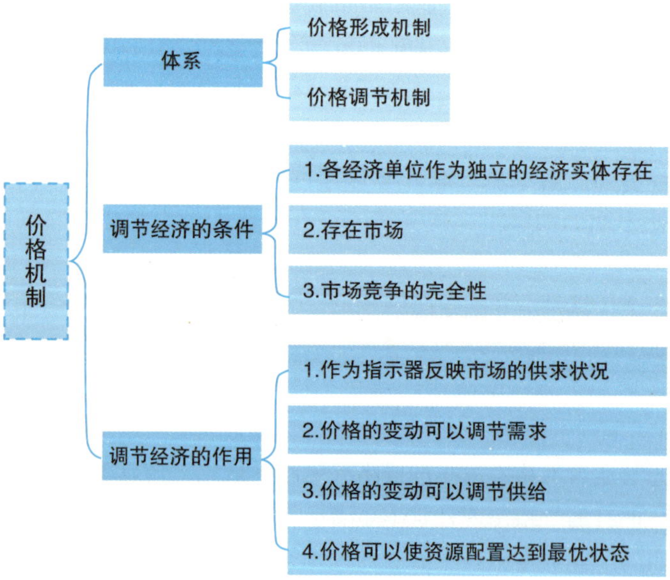

竞争是导致价格通常不可以被维持在任意水平上的关键因素。那些不肯把成本的节约反映在价格上的厂商会发现他们正把自己的客户拱手让给那些因成本减少而降价的厂商。

竞争对于一个由价格进行调节的经济体来说至关重要。它不仅迫使价格均等化，同样的还会引起资本、劳动力和其他资源流向其收益率最高的地方，直到所有的收益率都因为竞争的原因而相等为止，就如水会自动达到水平状态一样。但会达到水平状态这一事实并不意味着大西洋的表面会如镜面一样的光滑。水之所以不会在其水平状态中被冻结，还因为波浪与潮汐也是水实现其水平状态的几种方式。同样的，在一个经济体中，价格与投资回报率的均等化趋势，仅仅意味着它们之间的相对波动，会使资源从回报率较低的地方流向回报率较高的地方。

价格是检测市场的磁针

今天，市场这一概念无论是外延还是内涵都大大扩展了。比如从外国引入了超市模式，其中，沃尔玛、家乐福是最有名的。劳动力市场，如大学生招聘会，交易的不是商品，而是要素，这就是要素市场。此外还有金融市场，如股票市场（如上海证券交易所和深圳证券交易所）、期货市场、外汇市场，是现代人熟悉的。有的金融市场并没有固定的交易场所，是无形的。如国际金融市场，24小时运转不停，可它无影无形。

但是，所有这些，跟经济学家所说的市场，都不完全是一回事。

在经济学家看来，市场是一种价格形成的机制。只要价格存在，就认为市场存在。好比说，磁场是看不见的，但是，用磁针一试，就知道磁场是真正存在的。价格就像检测市场的磁针。

价格被定义为用来交换商品或劳务的尺度。当供给和需求的力量可以自由发挥作用时，价格可以衡量稀缺的程度。对经济学家来说，价格本身是非常美好的东西，因为它们传递关键性的经济信息。当一家厂商所使用的某一种资源的价格高的时候，它使厂商具有较大的积极性来节约这种资源的使用。当厂商生产的某种商品的价格高的时候，厂商愿意更多地生产这种商品，而消费者却具有积极性来减少这种商品的购买。价格以这样或那样的方式给我们的经济提供激励手段，以便有效率地使用稀缺性资源。

价格是经济参与者相互传递信息的方式。假设国家遭受了旱灾，谷物供给大幅度减少。人们必须因之而减少对谷物的消费。但是他们怎样才能了解这一点呢？假如在全国发行的报纸上刊登一篇报导，向人们报告他们不得不少吃一些谷物，它会被看到吗？如果它被看到，人们会重视它吗？人们为什么要重视它呢？人们会有重视它的积极性吗？每个家庭怎样才能知道必须减少多少消费呢？

作为代替报纸的办法，可以考虑谷物价格提高的影响。较高的价格会以既迅速又有效的方式来传递一切相关的信息。家庭不需要知道价格为什么高。他们不需要知道详细的灾情。所有他们需要知道的就是谷物较严重的短缺，而减少他们对谷物的消费是明智的。较高的价格告诉他们谷物短缺，同时，鼓励家庭节省谷物消费。

价格引起了有趣和值得思索的问题。在20世纪80年代初，洛杉矶一幢普通住房价格上涨了41%，而在密尔沃基、威斯康星一幢住房的价格仅上升了4%。这是为什么？在同一时期，洛杉矶计算机价格急剧下跌，而面包价格却上升了，只不过是以比住房价格慢得多的比率上升的。这又是为什么？

劳动的“价格”应是所支付的工资或薪金。大学教授和医生在一起读大学课程时，大学教授可能完成得更好，可是为什么医生的收入却是大学教授的3倍？对所有这些问题的简要回答是，在像美国这样的市场经济中：价格是由供给和需求决定的。价格的变化是由供给和需求的变化决定的。

经济学家以外的人在价格中所看到的东西远远超过非人性的供求力量的范围。促成法国革命的事件之一是面包价格的上涨，人们把它归咎于政府。

个人常从自身出发把他所支付的高价归罪于企业所有者。提高房租的是房东；提高汽油价格的是石油公司或加油站主；提高电影票价格的是电影院或电影制片厂的所有者。经济学家以外的人义愤填膺，认为是这些人和公司造成了提价。

经济学家则认为，这些人或公司提价是事实，但他们之所以在某一特定时间提高价格必然有其原因。无论如何，说房东、石油公司或电影院只是在某天灵机一动就决定多收费似乎是难以置信的，一定存在一些因素促使这些人和公司相信高价在昨天不是好主意，而在今天却是适宜的。

一个州所有的加油站或一个城市所有的房东，在同一时间以同样数量多收费必定存在一种原因。经济学家指出，在不同时间，同样的非人为的力量常迫使同样的房东、石油公司和电影院削减他们的价格。因此经济学家把价格看作真正原因的征兆，他们试图引导被高价激怒的人们把注意力集中在价格变动背后的供求力量上。

价格随时间而波动，时不时会出现陡升或陡降，这容易误导人们得出价格偏离了其“真实”价值的结论。但在极端条件下的极端价格也同样真实有效地反映了当时的供求关系，和一般条件下的正常价格一样。

当一个小社区的一个大雇主破产或是搬到了另一个地区或国家时，那么这个企业的很多员工就也可能决定搬走。当他们大量的房屋在同一个小地方同时出售，那些房屋的价格就很可能因为竞争而下降。但这并不意味着人们正以低于其“真实”价值的价格出售他们的房屋。就业机会的减少降低了在那个特定的社区生活的价值，而房屋的价格正是这一隐藏事实的反映。降低后的新价格反映新的实际情况正如以前的价格反映以前的情况一样。在对20世纪90年代纽约北部城市的一项调查发现，该州内其他地方以及整个国家的房价都在上涨时，被调查的那些社区的房价却在往下滑，因为那里的人口在减少。这是每个人都可以根据经济学的基本原理推测出来的。所以上升的价格并不比下降的价格更加“真实”。

需求、供给与价格的关系

需求曲线：向右下方倾斜，斜率为负值，表示商品的需求量和价格之间存在反方向变动的关系。

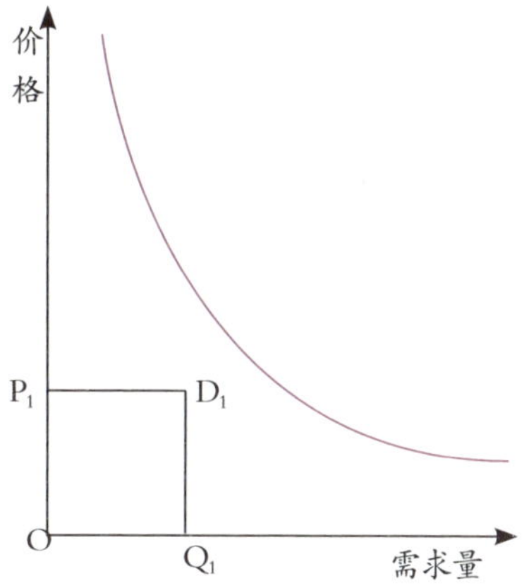

供给曲线：向右上方倾斜，斜率为正值，表示商品的供给量和价格之间存在同方向变动的关系。

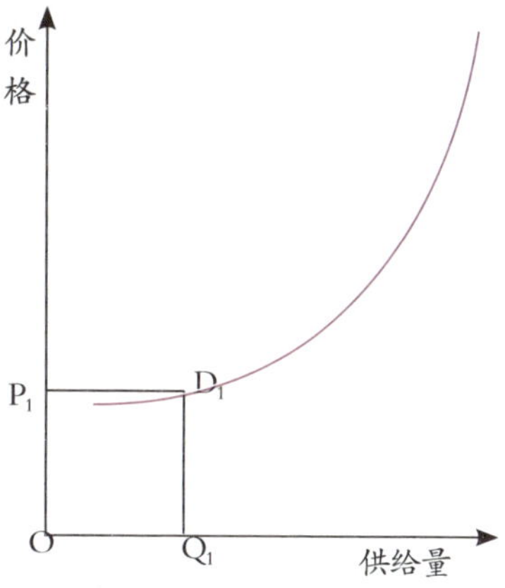

需求和供给曲线的变动与价格的关系

需求曲线向右移动	需求上升	价格	↑
需求曲线向左移动	需求下降	价格	↓
供给曲线向右移动	供求上升	价格	↓
供给曲线向左移动	供求下降	价格	↑

价格就是成本在用途上的价值

价格可以用经济学家的不带感情色彩的语言，被定义为用以交换物品或劳务而支付的东西，即价格是由供求力量决定的。亚当·斯密把我们上面所说的价格称作“交换价值”，并把它和“使用价值”的概念相区别：

“应当注意，价值一词有两个不同的意义。它有时表示特定物品的效用，有时又表示由于占有某物而取得的对他种货物的购买力。前者可以称为使用价值，后者可叫作交换价值。使用价值很大的东西，往往具有极小的交换价值，甚或没有；反之，交换价值很大的东西，往往具有极小的使用价值，甚或没有。例如，水的用途最大，但我们不能以水购买任何物品，也不会拿任何物品与水交换。反之，金刚钻石虽几乎无使用价值可言，但需有大量其他货物才能与之交换。”

价格是由供需关系决定的，反过来又会影响供给和需求。当人们更想要一样物品时，会愿意出更高的价钱。于是这个物品价格看涨，其生产商的获利会增加。现在生产该物品会比做其他更赚钱，因此已经从事那一行的人开始扩大产量，同时更多人被吸引进入那一行。随后，供应增多又导致价格下降、利润率下滑，直至其利润率跌回到其他行业的平均利润水平（考虑了相对风险）。还有的是因为那种物品的需求减少，供过于求，导致价格下跌，利润低于生产其他的物品，甚至不赚反赔。当这种情况继续下去，勉强苦撑的边际生产者（也就是效率最低或成本最高的生产者）会被迫出局。只剩下成本较低、效率最高的制造商仍在生产。那种商品的供应也会减少，或是至少供应不再增加。

这一过程容易让人认为价格是由生产成本决定的，不过，生产成本决定价格这样的理论却是不对的。价格取决于供给和需求，而需求取决于人们想要拥有某种商品的渴求程度，以及由人们用来交换的东西所决定。认为供给有一部分取决于生产成本是对的，但一种商品已经发生的生产成本却不能决定商品的价值，商品价值取决于现在发生的供需关系。对于一种商品未来生产成本和市场价位的预期，将会决定那种商品未来的生产数量，这种预期会影响未来的供给。因此，一种商品的价格与其边际生产成本总是趋于彼此相等，但并不是边际生产成本直接决定价格。

为什么对生命必不可少的水比钻石或其他奢侈品，即那些大多数人缺少也能过得去的物品的价格低？供求规律能够帮助说明这个钻石与水的难解之谜，以及许多类似的事例。在这些事例中，“使用价值”似乎与“交换价值很不相同。在需求曲线的点A上，人们对于他们生命所必需的水愿意支付较高的价格。但在超过B点以后的数量上，人们对于所增加的水几乎不再愿意支付任何代价。

世界上大多数有人居住的地方，水是容易得到的，因此，能以较低价格得到水的充分的供给。在正常情况下，水的供给曲线与需求曲线在点B的右边相交，如下图所示；因此，得到的是较低的均衡价格。当然，在沙漠中，水的供给是极其有限的，水的价格也可能升到非常高的水平。但在点B右方，人们已经有大量的水，对于一个增量，人们不再愿意支付更多。水的价格由供给曲线和需求曲线的交点决定。

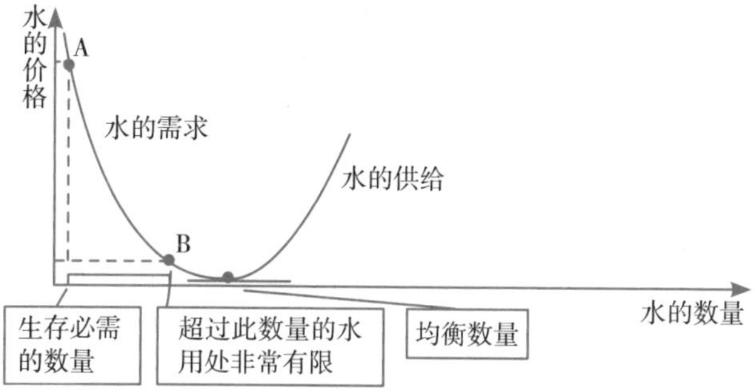

水的供给和需求

对于一个经济学家来说，钻石价格高和水的价格低的解释是对供求状况的解释，而不是钻石比水“更重要”或“更好”的深奥的哲学判断，它们不是关于使用价值的解释。与此类似，许多作家或艺术家挣不到钱，只有少数能发财，这不一定说明挣钱多的人“更好”，而只是说明供求的关系不一样。

价格与物品的边际价值即物品的一个增加单位的价值有关。水的价低不是因为水的总价值低，它显然是高的，因为没有水我们无法生存。而是因为水的边际价值，即我们对于一年中能喝到的更多一杯水所愿意支付的价值是很低的。

供给和需求分析给价格水平及其变化的研究提供了一种有系统的和合乎逻辑的框架。经济学家面对价格问题时，考虑的是需求曲线和供给曲线的形状，以及它们可能在哪儿相交。例如，为什么医生收入这样高，为什么他们的薪水相对于其他职业的人又在下降呢？

在短期中，医生的供给是相对固定的；即使培训更多的医生，它也只能是逐渐增加的。如果相对于需求来说供给是低的，那么，支付医疗服务的价格将是高的，医生的收入也将是高的。在许多年中，美国医疗协会通过控制被认可的医学院的数量，而使医生的供给量人为地限制在较低的水平。当这些约束被解除时，医学院得以扩张，高收入吸引了大量学生。近年来，医生的供给显著增加；如供求规律所指出的那样，医生的相对收入下降了。如现实生活中的其他事例一样，这里也存在一系列其他因素，可以部分地解释医生收入的变动。几乎所有这些因素都能被纳入供求的框架内加以分析、比较。

正像经济学家注意区分“价格”和“价值”这两个词一样，他们也把物品的价格（出售物品的所得）同它的成本（制造物品的费用）相区分。二者是不同的概念。生产某种物品的成本影响着厂商提供那种物品时所愿意接受的价格。生产成本的提高一般来说会引起价格的提高。虽然在一定的条件下，即在均衡时，物品的价格将等于它的生产成本，但这并不是唯一的情况。

一般来说，我们把土地当作是不能被生产的东西，因此，它的生产成本可以被认为是无限的（虽然我们也承认，也有土地被生产出来的情况，比如芝加哥把密歇根湖的一部分填上，从而扩大其湖岸面积）。但土地也有均衡价格，在均衡价格上，土地的需求与它的固定的供给相等。

波动的价格

价格波动是指商品价格围绕着价值上下波动，时而高于价值，时而低于价值。

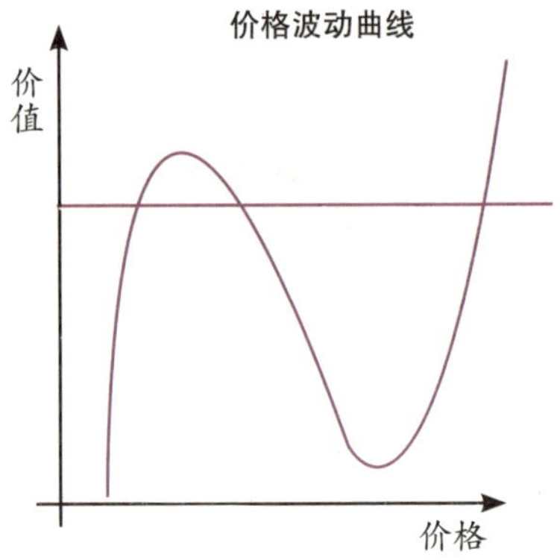

同乘一架飞机，相邻而坐票价却不相同

下次你在坐飞机时不妨问一下你邻座的人，他的机票价格是多少。这个价格可能与你所支付的价格不同，甚至相差迥异。你们乘坐同一架飞机，飞往同样的地方，吃同样的食物——然而你和你同排的人为机票支付的价格可能相差一倍。

航空业中最基本的问题是区分商务人士和私人旅行者，前者愿为机票支付高价。而后者则有严格的预算。如果航空公司对每张机票的定价相同（无论定价为多少），那么机票价格将会显示在价目表上。一个商务人士可能愿意为从芝加哥到旧金山的往返机票支付1800美元，而私人旅行者则不愿意为参加凯文表兄的婚礼而支付超过250美元的机票。如果机票价格制定过高，航空公司将失去所有进行私人旅行的旅客。相反，如果要价太低，它将失去商务人士可能愿意支付高价而带来的利润。

假如航空公司下调票价，它们能向那些原本会开车去度假的人售出一些机票，把飞机上的空位填满。可是航空公司并不想对商务旅客下调票价，因为商务旅客想要节省时间，愿意支付更高的价钱。同样航空公司也不愿意对那些用旅行费用抵税的人下调价格。那么航空公司该如何区分两类不同的顾客，然后专门对那些没有折扣票价就不会乘飞机的人打折呢？一种方法是只对那些早早就购买回程票而且在外地待的时间超过一周或在外地度周末的人提供折扣票价。商务旅客往往无法在外地逗留那么久，他们常常临时收到出差通知。这显然不是万无一失的歧视定价方式，但它成本不高，而效果却出奇的好。

你愿意为橱窗里5只小狗付多少钱？基础经济学给出了非常简单的答案——市场价格，就是整个供需情况。当生产者愿意出售的小狗数量与消费者想购买的数量相等时，价格就被确定下来。如果潜在的宠物主人比可获得的小狗数量多，那么小狗的价格将上升。有些消费者将转而购买雪貂，而一些宠物商店则会提供更多的小狗以供销售。最终，小狗的供给与需求相等。

比如说，食品店常常向出示从报纸广告上剪下来的特惠券的顾客打折。食品店为什么要这样做呢？打折是为了吸引那些热衷于买便宜货的顾客，如果没有打折，他们是不会光顾这家店的。因此，那些付账时没有出示优惠券的顾客是对价格不敏感的人，他们对便宜货不太感兴趣，所以，他们会支付更高的价格。

各种娱乐活动通常都会对孩子、学生和老年人提供折扣价格。这是活动主办方慷慨大度的表现吗？更可能的是，他们希望在不对每个人都下调价格的情况下，吸引那些对价格更为敏感的人群，多做生意。如果销售者用低成本的方法将那些需求弹性较大的人群识别出来，而且能防止他们把商品转让给需求弹性较小的人群，那么，销售者提供特惠价格的主要对象就是对商品需求弹性更大的潜在客户。

天气晴朗时，你从任何一座都市的购物商厦出来，随意溜达到附近的咖啡连锁店中，点一杯卡布其诺或摩卡，然后躺在松软的沙发里，一边惬意地品尝咖啡，一边看着满目的游人如织……一切，都如此美好。此时，如果一位经济学家过来跟你探讨咖啡屋的价格歧视，或许会让你暗暗不爽。不过，静下心想一想，或许你会有

各种各样的价格歧视

对不同人群进行的价格歧视。

利用同一产品的不同数量进行的价格歧视。

按不同时间段进行的价格歧视。

垄断厂商根据消费者对产品所要支付的最大货币量来决定其价格，并获取全部消费者剩余，又称完全价格歧视。对于商家而言，实行价格歧视的目的是为了获得较多的利润。

所收获。要知道，在星巴克，30元左右的一杯咖啡可不算便宜，不过相对于它绝佳的地理位置和不错的口感，似乎物有所值。要知道，几乎所有星巴克的房租都让人跌破眼镜，而这一切，都要从咖啡中挣回来。如果提高单价，势必导致销量下降，但如果降低单价，又很可能达不到收益目标，那又该如何？

经济学定价中有一个重要的理论“价格歧视”，简而言之，就是几乎一样的商品，让富人掏更多的钱，而让贫穷的人少掏一些钱。似乎有些不可思议，但的确，很多商家都这样做。让我们以星巴克的部分价格为例：

拿铁咖啡：26元（大杯）
卡布其诺：26元（大杯）
摩卡咖啡：29元（大杯）
美式咖啡：23元（大杯）
焦糖马奇朵：30元（大杯）

由此可见，星巴克不但提供给顾客多种选择，还尽量创造机会让顾客忽视价格问题。其实购买大杯、添加特殊口味、添加奶油或巧克力粉的咖啡，这些都用不了多少成本。虽然价格相差不太大，但远远大于所增加的成本。

其实这样做的目的之一就是，将成本差不多的产品的价格档次拉开，将对价格不敏感的客户挑选出来，设个圈套，让他们自己往里钻。当然，不可以差别过高，硬生生将对价格敏感的客户赶到对手的咖啡店里。

将对价格不敏感的客户挑选出来后，就可以在此基础上进行其他相关服务，例如适时推荐干果、红茶、果汁等其他配餐，通过优质的服务让这部分的客户成为自己的忠实顾客，才能保证自己的收益。

这种温柔的“价格歧视”行为让星巴克形成了自己坚定的顾客群，另一种“价格歧视”行为可能就更明显，例如机票，总有人坐头等舱，也总有人甚至可以拿到一折机票。头等舱更舒适的座位、更多的饮料和餐点，不足以支撑其多出的机票价格。但更便宜的机票就可以拉拢到本想坐其他交通工具出行的人们，由此可知，“价格歧视”行为让愿意支付的人付出了更多的价格，同时将自己的潜在客户也拉过来，从而实现收益最大化。

但更重要的概念在于，当你提高价格时，你的销量会下降多少；当你降低价格时，你的销量可以提高多少。把握住这个平衡，就可以实现完美定价，并将之变成一种艺术，表面看起来折扣似乎是商家的慷慨，实际上是让顾客心甘情愿地掉入商家的陷阱中。

成本加成理论：商家对定价的解释

价格不总是一成不变的，在不同的时间、地点、场合，需要对价格进行衡量和选择，只有这样才能够在市场交易中找到他们所心仪的价格。那么，觅价者如何找到他们正在寻找的价格？他们找到之后会发生什么？

觅价者首先估算边际成本和边际收益，然后试图制定价格，这个价格能让他们卖掉他们的所有产品且刚好卖掉这些产品，按照这个价格，边际收益应该超过边际成本。

企业追求利润，消费者寻求交易。议价过程的结果是，竞争过程使得边际成本与边际收益相等。边际成本和边际收益相等是市场竞争过程的结果，而不是在这个过程之前对行动者行为的假设。这听起来复杂吗？这就是净收益（即总收益减去总成本）最大化过程的逻辑。但商业企业在实际中会如此行动吗？这听起来太理论化了，像是经济学家空想出来的，现实世界的销售者对这些甚至可能不明所以。

大多数人并不认为价格是用这种方法制定的。简单的成本加成理论是对这个问题的一个常见解释。成本加成理论是指商业企业计算单位成本，再按比例加成。大多数觅价者会用成本加成理论解释各自制定价格的种种实践。他们的话值得重视，但这并非决定性的证据，很多人无法正确描述他们自己经常采用并成功实施的方式。

假设爱华德支付了1800美元的电影租赁费，电影票价定为5美元，卖500张票，每周挣300美元。一个周五的晚上，他查看了场地，对自己说："如果我把200个空座位填满，就能增加我的净收益。我要做的就是把票价降到3美元，但是这种降价只针对那些票价更高就不来看电影的人。我每周就能多挣600美元，还能多让200人欣赏到这些好电影。"

这是个好主意吗？第二周，爱华德在学校电影售票口挂出了一张新的标志牌，上面写着："票价5美元。"然后又加了一排小字，写着："不愿意付更多钱的人，票价3美元。"接着会发生什么呢？几乎所有购票者都会买3美元的票，因为如果他们花3美元就能买到票，他们都"不愿意付更多钱"。最后，爱华德只能得到2100美元的收入，这周的活动亏损100美元。这根本不是个好主意。

但是，这个主意在执行过程中的问题多于它本身的问题。如果爱华德想消除空座位的"浪费"，避免收入损失，他必须找到差别对待潜在购票者的办法，这个办法成本要够低。他必须能仅为那些只愿意付低价的人定低价票价，不向愿意付更高票价的购票者供应低价。

比如说，大多数骑自行车的人并不知道自己是如何保持自行车平衡的。假如有人问他们的看法，他们会总结说，每次在自行车往一旁倾斜的时候，他们会略微倾斜或晃动身体，以保证自行车不会翻倒。假如他们真的靠这种方式保持平衡，他们根本无法骑过一个街区。

实际上他们主要靠控制方向而不是倾斜来保持平衡。他们轻微地转动前轮，用离心力抵消倾斜的力量，他们是靠这种方式保持笔直骑行的。假如有人问他们是如

定价

定价，是市场营销学里面最重要的组成部分之一，主要研究商品和服务的价格制定和变更的策略，以求得营销效果和收益的最佳。

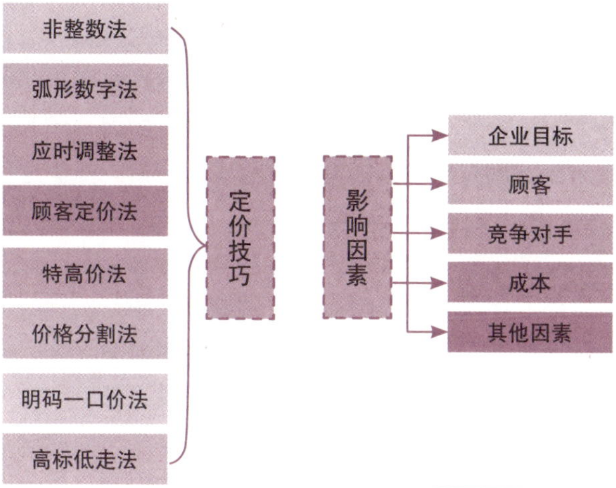

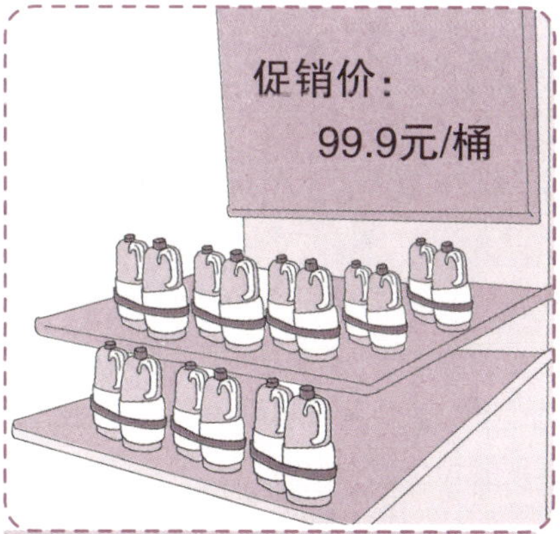

非整数法

顾客定价法

何让自行车转向的，大多数人可能会回答说靠转动前轮，可是实际上，他们是靠倾斜身体让自行车转向的。（不然，双手撒把骑车的人怎么能转向呢？）他们不“知道”自己正在做的事情，但这一事实并不妨碍他们去做这些事情。他们只靠沿着一系列曲线绕弯就能成功地控制平衡，而这些曲线的曲率与他们前进速度的平方成反比，很多人不懂数学，但仍然是骑自行车的好手。

我们有足够理由质疑成本加成理论。其中一个理由就是我们无法从中得到关于规模的任何信息。为什么选择25%的加成而不是50%的加成？为什么不同的公司按照不同的比例加成？为什么同一家公司在不同时期，对于不同产品，在卖给不同买方的时候要改变加成比例，甚至有时候在卖给同一个买方不同数量的时候也要改变加成比例？为什么有时候销售者的定价低于其单位成本呢？

另外，如果企业总是在成本上升的时候按比例提高价格，那么为什么它们不在成本上升之前提高价格呢？为什么它们在能够获得更多赢利的前景下依旧满足于较少的净收益呢？众多价格制定者总是不停抱怨他们没有赚到足够多的利润，上面的说法与这种抱怨是不相符的。我们也都知道企业有时候因为成本提高而被迫停业：可是假如每个企业都能提高价格以抵消上升的成本的话，停业这种情况是不会发生的。流行的价格制定理论显然还不够。

觅价者任务的复杂性和不确定性说明了成本加成理论的流行性。每个寻觅都要从某个地方开始。那为什么不从一项商品的批发成本和按比例的加成开始呢？这个加成要足以支付管理成本并且产生合理的利润。假如成本提高，为什么不假设竞争者的成本也提高了，想要把更高的成本传递到顾客身上呢？未来会像过去一样，从前带来过好结果的办法继续带来好结果，为什么不从这样的假设开始呢？人们可以根据增加的成本粗略地按比例提高价格，人们最终会因为竞争而被迫根据降低的成本粗略地按比例降低价格。

成本加成的办法是觅价者的一种经验法则，为人们提供觅价的基础，在人们不断寻找难以琢磨、变化多端的目标的过程中，这只是最初的估计。觅价者只把成本加成定价法当成一种觅价的技巧使用，而且在他们发现犯了错误后就不再使用了。

从密集限价令看价格管制

随着通货膨胀的进一步加深，从日化品到电煤，各领域密集遭遇“限价令”。高价当然不是什么好事，但限价其实也好不到哪里去。

限价作为一种价格管制，存在其弊端。虽然价格管制常常被使用，表面上对价格管制的呼吁是有逻辑可言的，但除非在短暂的紧急时期，大多数经济学家都反对价格管制，原因是价格管制扭曲了资源的分配。

用米尔顿·弗里德曼的话说，经济学家可能知道的不多，但他们确实知道如何制造过剩和短缺。用来防止价格高出某一特定水平的价格天花板，会造成短缺。而用来防止价格低于某一特定水平的价格地板，会造成过剩。假设对于汽车轮胎的供给和需求在现有的价格水平上达到平衡，政府却在这时设定了比现有价格更低的价格天花板。轮胎的供给量将会减少，但是轮胎的需求量却会上升。结果供不应求，货架被抢购一空。尽管一些消费者足够幸运能够以低价买到轮胎，但其他的很多人将被迫买不到轮胎。

价格管制使价格信号失灵，扭曲了资源配置，加剧了商品供不应求的局面。为解决高物价而施行的价格管制反而成了高物价的帮凶。原本当物价上涨时，就对商品的生产者发出了短缺的信号，鼓励生产者增加产出来谋取利润。于是市场的供给增多，物价会逐渐回落。所以说只有高物价才能解决高物价的问题。同理，一件商品价格的下降是因为供大于求，这就对商品的生产者发出了过剩的信号，这样市场上该商品的供给会减少，价格会回升。

从古至今，面对通胀的政府一直试图通过价格管制来限制物价。人类历史上最早的价格管制出现在罗马帝国，公元301年，罗马皇帝戴克里先为了遏制通胀颁布了《最高价格法》，对上千种商品（特别是食品）设立了最高售价。这项法令被刻在了石板上在帝国境内到处宣扬，规定凡是以高于最高限价出售商品的人一律处以死刑。

法令颁布后，由于限价让商人亏本，卖主纷纷退出市场关门大吉，商品出现了严重短缺，无论有钱没钱都无法买到商品。最终戴克里先撤销了《最高价格法》。由于法令起先被刻在石板上保存了上千年，这使不懂经济规律蛮干的戴克里先沦为了后人嘲笑的经典题材。

在价格管制上比戴克里先走得更远的，是法国大革命时期的雅各宾派领袖罗伯斯庇尔。罗伯斯庇尔上台后颁布“粮食最高限价法案”，这项法令对面包等粮食设定了最高限价。这项限价令施行后的结果和戴克里先的《最高价格法》相同，本来市场上起码还有货物供应，限价令颁布后卖主纷纷亏本关门，食品供应骤降。

但罗伯斯庇尔坚决要将限价令进行到底，他把价格管制失败的责任推到了农民头上，将士兵派到农村去，强行从那些“囤积居奇”的农民手中没收谷物，政府变成了从农民手中抢夺粮食的抢劫犯。

价格管制为何行不通呢？原因之一是很难确定，到底将价位定在什么地方才合适？于是，制定价格上限容易造成短缺，制定下限又会造成过剩。价格管制最可怕的后果还有，在通货膨胀期间，供给若得不到刺激则反而会因限价而受到抑制。有经济学常识的人都知道，价格是需求和成本的体现，如果卖房因为限价而无法获利，他们大多就只能不做生意了。

事实上，正如中央财经大学外汇储备研究中心主任李杰谈到，价格管制通常是无法对单一产业进行，而是“联动”的。如果只对粮油限价而不对大豆等原材料限价，压榨企业肯定是要亏本的，停产就是理性选择。停产了之后，市场供应减少，价格更高。要解决粮油高价又得对大豆等原材料也进行限价，大豆企业又得亏本，结果导致市场上没有大豆供应，粮油企业想开工都不行，结果是：限得越多，就有越多的企业停产，市场供应就越发减少，短缺经济就越严重。

1948～1949年出现在中国的通胀，堪称世界经济史上最严重的通胀之一，而这次通货膨胀就是价格管制而加剧通胀率的体现。1948年8月，国民政府实施了“八一九”限价，上海的批发商在官定物价公布后便停止了营业，与此同时，市物价上涨3～10倍。两个月后，严重的短缺使上海出现严重抢购潮，四大百货公司被抢购一空。

著名的“70天临时价格管制”，根本维持不下去。到了11月，“国民政府”就被迫宣布放弃限价，于是又导致了物价决堤之水“一飞冲天”。再后来，就剩下所有读过那段历史的人耳熟能详的故事了：几亿元买一袋米，走路过一条街的时间就

价格管制

价格管制是指政府根据形势和既定政策，运用行政权力直接规定某些产品的价格或价格变动幅度，并强制执行。

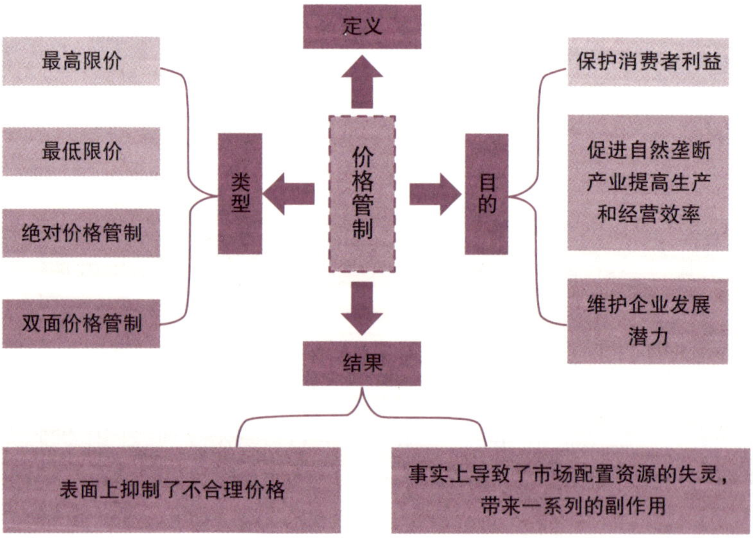

涨三次价，背一麻袋钱去买一盒火柴。

当价格管制让市场分配资源机制失灵，其他分配机制就会来代替市场机制，最常见的情况就是排长龙和配给制。价格管制虽然使商品便宜了，但也让它们短缺了。于是，为了买到商品，人们不得不排上很长时间的队，还不一定买得到。

比如，当猪肉的市价是10元/斤时，如果硬要把价格拉低到8元/斤，做猪肉生意的就会因为不能赚钱而减少供给，肉店前便会排起长龙；而为了确保更多的人能买到猪肉，政府又不得不规定每人或每家庭最多能买的猪肉量，也就是“凭票供应”。

低价买到商品的人，也被迫承担了时间、以次充好等“隐性成本”。在价格管制引发的供应短缺下，少数能买到猪肉的“幸运儿”其实也是受害者，因为时间也是有成本的。猪肉8元/斤的“限价令”表面上省下了2元，但计入价格指数的只不过是名义物价，产品质量降低、数量减少、以次充好、缺斤短两、取消服务项目、排队、走关系、为了配给行贿，等等，其实也是“真实价格”的组成。

此外，价格管制增加了整个社会的配置资源成本，几乎让所有人都沦为受害者。如果这些“隐性成本”都能换算成价格的话，猪肉的实际价格远远超过了8元/斤。至于被限价消耗掉的价值，既没有进入商家的口袋，也没有进入消费者口袋，而是白白地被耗掉。

价格管制，不论出于何种好意，都会有副作用。换言之，无论价格管制的正面价值多么巨大，副作用不可能为零。有时，副作用还会很残酷。

第三章

要素有限，生产无限

第一节 比尔·盖茨的劳动力

世界上只有一个比尔·盖茨

比尔·盖茨又开始打他们家房子的主意了。37000平方英尺的房子有一个20人座位的剧院、一个接待厅、一个可容纳28辆车的停车场和一个室内蹦床，以及各种由电脑控制的小家电，例如只有当打电话的人在房子附近时才会响的电话。他这栋在1997年就价值1亿美元的豪宅，时至今日，显然不能满足他的需要——在他看来房子已经不够大。这位著名的世界富豪现在准备将它重新装修。根据华盛顿州梅迪纳市郊规划委员会的文件，盖茨和他的妻子想为他们的孩子再增加一间卧室和一些可供玩耍和学习的地方。

在很多人还过着蜗居生活，为自己的未来打拼的时候，钱对于这位已经拥有500亿美元家产的富豪而言根本不算什么，这对于盖茨这样的人而言是有好处的。因为当钱已经不能够满足这些富人们的需求的时候，他们就会渴求通过增加其他物质上的支出来满足自己的需要，如有人拥有千万豪宅、室内蹦床和私人飞机。相比于富人，一些美国人的境况却很艰难。在美国史上最长的经济繁荣期结束之时，许多美国人还缺乏生活必需品；一些买不起房子甚至租不起房子的人只能在车站的卫生间里过夜；大约有11%的美国人还处于贫困中，5个美国儿童中有一个（大约40%的黑人儿童）身处其中。当然，美国这种情况要比1993年的15%的贫困率有很大的改善，而且总体而言，美国还是富裕的。而相关数据显示，在第三个千禧年到来之时，世界上大多数人口（大约30亿人）将极度贫困。

富有与贫穷——极为鲜明的对比，不光美国如此，世界也是如此。为什么比尔·盖茨比睡在废弃水泥管道里的人富裕那么多?

以经济学家的眼光来看，造成这种情况的主要原因在于“人力资本”。人力资本是蕴藏在个体中的技能的总和：教育、智力、魅力、创造力、工作经历和创业精神，甚至是打垒球更快的能力。如果有人夺去了你所有的东西——你的工作、你的金钱、你的家、你的财产——仅留下你穿在身上的衣服，让你留宿街头，那么，人力资本就是你剩下的一切。即使微软破产了，盖茨的财富被没收了，其他公司仍会请他当顾问、董事、首席执行官、激情演讲者；当史蒂夫·乔布斯被他所创立的苹果电脑公司解雇之后，他创立了皮克斯公司，后来苹果电脑公司又聘请他做首席

如何提升自己的人力资本

人力资本是职场的通行证，那么如何才能使自己像比尔·盖茨一样获得较高的人力资本呢？下面介绍三种有效途径：

1.通过自学提升人力资本

当今时代，知识更新周期越来越短，自学是获取新知识的主要途径。比如：学习传统书籍、利用媒体互联网。

2.通过专业培训更新技能

专业培训主要针对特殊行业的特殊技能，比如：会计、计算机、医生、设计规划等专业技术工作。

3.通过实践提升技巧

实践是最好的老师，很多的知识和能力来自于个人实践。比如运动员、科学家、企业家等。

执行总裁的职位；就算老虎·伍兹突然变得身无分文，但是如果谁借给他高尔夫球杆，他在周末前就能赢得比赛。

劳动力市场与其他任何市场没有什么区别，只是对某些才智的需求要比其他多一些。技术越是独一无二，越能给他的主人带来回报。对于真正拥有技术（并不单指严格意义上的技术，也包括其他的个人能力）的人，无论在怎样的情况下，贫困或者富有，寄人篱下或者自己创业，总是能够在复杂的市场中获得机会。在美国，谁是富有的，至少是生活舒适的？软件程序员、外科医生、原子能工程师、作家、会计、银行家和教师。有时，这些人具备与生俱来的天赋，但通常情况下，他们是通过专门的培训和教育而获得技能。

正如市场经济的其他方面一样，某项技术的价格与它的社会价值并无必然联系，只与稀缺性有关。拥有人力资本的关键就在于把自己打造成为独一无二的存在。只有当你拥有了一门独特的技术，成为“稀有物种”，才能获得自己的个人价值，从而获得认可的社会价值。亚历克斯·罗德里格斯为得克萨斯游骑兵打10年垒球可以赚2.5亿美元，因为他的击球速度超过每小时90英里，比别人更有力，也更容易打出好成绩。一个罗德里格斯就可以帮助游骑兵赢得比赛，从而带来门票、商品销售和电视转播等收入。实际上，整个地球上没有人能和他媲美。

就少数幸运者而言，他们的名气使其收入达到天文数字。比尔·考斯比这样的娱乐明星、迈克尔·乔丹这样的篮球明星、惠特尼·休斯顿这样的歌星，甚至那些为总统做顾问的学者都从他们的服务中赚取了惊人的收入。

像其他各种投资一样，从建立工厂到购买一张债券，今天用于人力资本的投资，在将来会产生回报——一个非常高的回报。学习就是一个很好的使人力资本增值的过程。调查显示，大学学费的回报率大约为10%，意思说如果你今天将钱投到大学学费中去，你有望赚回那笔钱，并且，你的年收入还会高出10%。通常而言，华尔街很少有人能作出比这更好的投资。为什么印度是世界上最穷的国家之一呢？主要是因为有35%的人口是文盲，而在10年前，这个数字是令人震惊的50%。

人力资本是企业最大的资本

为什么人力资本在现在变得如此重要？首先，人力资本与经济学中最重要的概念之一——生产率紧紧联系在一起。生产率是我们将投入转化为产出的效率。它表示在制造东西时，我们做得有多么出色。

底特律汽车工人制造一辆汽车要2000个小时，还是210个小时呢？山东的农民每亩土地上能产出3000斤玉米，还是5000斤玉米呢？生产率越高，我们就越富有。原因很简单：每天只有24个小时，在24个小时内，我们生产得越多，消费也就越多。生产率在一定程度上受到自然资源的限制——在山东青岛种小麦比在东北延边种小麦更容易——但是，在现代经济中，生产率更受科技、专业知识和技能的影响，这些都是人力资本的功能。

那么什么是人力资本投资？学生上大学时，每年要交1万美元的学费，所放弃的收入我们称为机会成本，每年为3万美元。上大学真的划算吗？有证据表明它是划算的。作为这笔很大的投资的回报，一个大学毕业生每年的收入要比一个高中毕业生多10000美元或更多，而且在过去15年中，大学教育的回报上升的幅度很大。在20世纪70年代末，一个大学生比一个有相同背景的高中毕业生工资要高45%，10年之后，工资差异扩大为85%。在现今的服务经济中，各公司处理的越来越多的是信息而不是原材料。在经济中，大学学到的技能是得到一份高薪工作的先决条件，而一个高中没毕业的学生在职业市场中一般说来处于非常严峻的不利地位。

近期数据表明，在美国，一个大学毕业的18岁男子，到65岁时大约能挣450万美元（1996年价格和收入水平计算），而他的一个仅高中毕业的同龄人大约只能挣270万美元，没能读完高中的人一生，人均仅只能挣180万美元。

人们经常提到运气在决定经济环境中的作用。但正如路易斯·帕斯特所指出的，“机会只偏爱有准备的头脑”。在一个技术日新月异的世界，教育能教人理解新的环节并从中获利。可见，人力资本对于个人发展有着极为重要的影响。而对于企业来讲，人力资本就是企业最大的资本。

在对贫穷国家工厂员工过剩原因的分析中，我们似乎可以清楚发现，首要影响因素就是工人的生产率。但要解释低工资率国家为什么会在生产中雇用过多过剩的劳动力并不是一件容易的事。孟买棉纺厂的工人工作强度较小，且往往敷衍行事。在这种情况下，为了使投资资本产出最大化，工厂主往往不得不为每台机器配备更多工人。很快管理人员发现他们工厂的员工过剩了。在随后而来的激烈的行业竞争中，很多棉纺织厂都遭受了损失。

在一个竞争性的劳动力市场，工人会根据劳动量的大小选择相应工作。对劳动量要求较高的企业需要支付更高的工资。因此，考虑到孟买工人的能力和工作意愿，孟买的企业很可能基本都选择了最优的工资-工作量组合。如果企业希望工人工作更卖力，那么它们就得支付更高的工资。

制造商很清楚，之所以给工人分配较小的工作量，主要是因为如果工人照看更多机器，那么每台机器的产出会下降。事实上，在1908年，有个制造商在对工厂委员会的证词中说道：“每台织布机只有一个人照看，这是因为，如果一个工人要照看两台织布机，那么织布机的生产能力就要损失1/4。他们会将织布机停机而不是交给照看另一台织布机的工人。”

从20世纪20年代和30年代孟买棉纺织行业的大量的经验中我们可以清楚发现，劳动力雇佣问题是最大的困难。另外，从印度工厂雇工的情况可以看出，印度工人的态度和行为的确与高工资率国家的工人存在差异。

人力资本的价值在古典经济学中虽已受到注意，但直到20世纪60年代知识经济的兴起，美国经济学家、现代人力资本理论的奠基人舒尔茨才开始真正重视人力资本在经济发展中的意义。

曾获诺贝尔经济学奖的美国著名经济学家舒尔茨指出，在半个多世纪的美国经济增长中，物资资源投资增加4.5倍，收益增加3.5倍；人力资源投资增加3.5倍，收益却增加17.5倍。据我国经济学家统计，我国增加1亿元人力资本投资，可带来次年近6亿元的GDP增加额，而每年增加1亿元物质仅能带来2亿元的GDP增加额。舒尔茨曾说，人的知识、能力、健康等人力资本的提高对经济增长的贡献远比物质、劳动力数量的增加重要得多。

全美最受尊崇的通用公司CEO杰克·韦尔奇自1981年入主通用，在短短的20年时间里，通过实施一系列人力资本管理与竞争变革，使通用这个百年老企业重新焕发出新的活力，公司排名也从世界第10位上升到第2位，成为全球最具竞争力的跨国公司，这就是人力资本的价值。

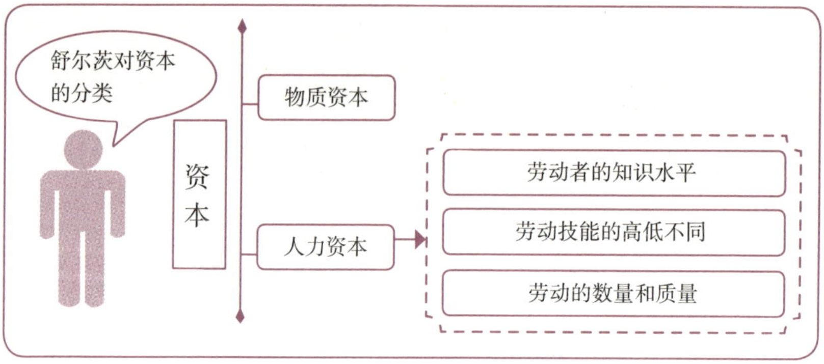

重视人力资本的管理，对一个企业来说至关重要。对于个人而言，注重人力资本的投资，才会有较高的回报。

人力资本对于个人来说十分重要：受教育的程度越高、个人经历与阅历越丰富，在其他条件相同的情况下，就会比别人更容易获得一份好工作。很多人都知道，在美国想要找一份好工作，在很大程度上会受到教育水平与经历的影响。

当工作中缺乏专业知识时，就要求我们时时刻刻增值自己的人力资本。很多人在学校里学的是基础学科，应用性不强，专业知识的短缺直接影响到当前的工作；或者，随着工作的深入，自己在专业知识方面感觉越来越吃力。如果再不及时参加培训，就会影响自己的工作信心、业绩和职业发展前景。这个时候就应该选择一个与从事职业相关的专业，赶紧充电补课，以补充自己的专业技能，从而尽快提升自己的价值，增加自身的职场竞争力。

企业的人力资本管理系统

人力资本管理是将企业中的人作为资本来进行投资与管理，并根据不断变化的人力资本市场情况和投资收益率等信息，及时调整管理措施，从而获得长期的价值回报。

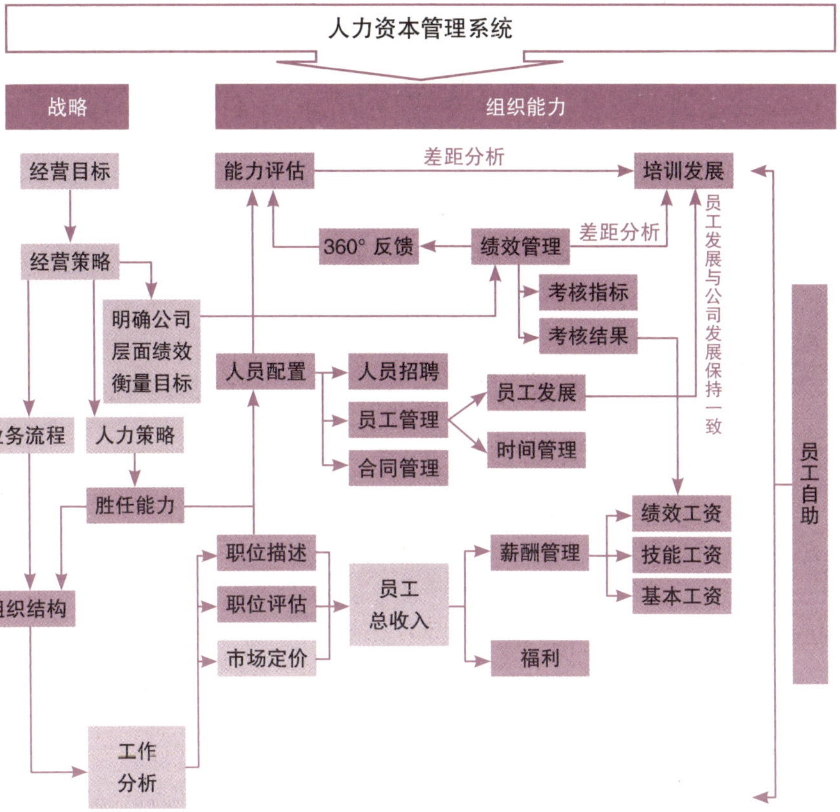

根据企业发展战略的要求，通过有计划地对人力资源的优化配置，激发员工的积极性和创造性，提高生产率和经济效益，推动企业发展，是人力资本管理的主要任务。

一般工资水平与劳动工资差异

辛迪·克劳馥，这个16岁还在路边卖玉米的小姑娘，经过自己的努力成为年收入650万美元的超级名模，《财富》杂志将她评选为20世纪收入最高的模特，但奇怪的是，对于同样的超级名模，如果是男的，不仅知名度低，而且收入也无法与女模特相比，这是为什么呢？

经济学家研究发现，就如同小麦和地租的关系一样，模特的收入与时装的销售额密切相关。在全球任何一个地方，女人花在衣服上的钱远远高于男人，这也为女装公司带来了高额的利润，为了扩大他们的品牌，女装公司自然愿意向模特支付更高的工资。但是，男人们在选择服装时往往很少关注模特的广告，因此男模特的收入就会低很多。

劳动的确是一种极为特殊的商品，因为人是有头脑、感觉和意识的动物，很多因素都能提高劳动的绩效。研究发现，如果公司将员工的工资设定到较高的水平，可以为公司带来许多潜在的好处。

美国经济学家斯蒂格利茨曾指出，“工资等高线”能够影响劳动强度，如果人们认为他们得到了公平对待，他们不仅会有工作满足感，并且能够更卖力地为雇主工作。相反，当等高线被破坏的时候，员工就会感觉到不公平，出现离职和消极怠工的情况，低工资绝不等同于廉价劳动力。

劳动不是抽象的生产要素。经济，说到底，还是一种组织体现形式：为那些既是消费者又是工作者的人服务。正是由于这个原因，我们才关心人们工作的质量和数量，失业率也才成为社会所关注的中心话题。劳动市场，也叫“劳工市场”，往往是利益争端、社会冲突和政治骚动的源泉。过去的一个世纪世人目睹了劳资双方在工资水平、工作条件和组织权力等方面的长期而又激烈的斗争。现在，妇女和少数民族也在为更好的就业机会和更加公平的工资报酬而奋争。

在分析劳动的收入时，经济学家经常考查平均实际工资（realwage），它代表1小时工作所得的实际购买力，或是除以了生活费用（指数）的货币工资，这就是所谓的一般工资水平。用这个标准来看，现在大多数国家的工资水平要比100年前好很多。以美国为例：

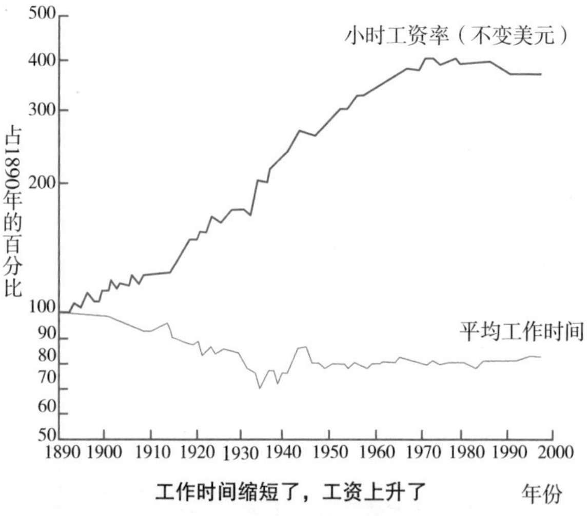

工作时间缩短了，工资上升了

图中显示的是做了通货膨胀调整之后的平均小时工资和每周平均的工作时间，可以明显看出美国劳工今天比100多年前生活得要好得多。随着技术进步和资本商品改善，美国工人的工作时间缩短，但工资却上升了。在过去20年中劳动生产率的增长放慢，实际工资的增长也放慢了。

劳工生活水平显著改善的成就几乎在每一个工业国都可以看到。西欧、日本和东亚新兴工业国的劳工在食品、服装、房屋等方面的购买力，还有健康水平和寿命等，长期以来都在稳步地提高。在欧洲和美国，这种增长始于19世纪初，它是工业革命和社会技术变革的伴随物。而在那以前，实际工资虽然不时升降，但长期看并无明显的增长。

西欧各国、日本和美国是高工资国家，而印度小时工资仅是美国的很小一部分。一般的工资水平是由供求决定的，在供求背后还有劳动、资本和资源的相对丰富程度和劳工技能以及技术等因素。所有这些因素都影响着边际生产率的高低。

地区	制造业的工资和福利（美元／每小时，1995年）
联邦德国	31.88
日本	23.66
美国	17.20
意大利	16.48
英国	13.77
韩国	3.25
墨西哥	1.51
印度	0.71

各国的一般工资水平差异巨大

这个分析也可以帮助解释为什么像韩国和泰国这样的亚洲国家的工资上升得很快。这些国家和地区将其产出的很大一部分用于教育、新资本品的投资和进口最先进的技术上。结果这些国家和地区的实际工资在过去20年中增加了1倍，而在那些投资和经济政策设计得不那么好的国家，工资水平就一直处于停滞状态。

讨论一般工资，对于比较不同国家和不同时期的工资水平很重要。不过我们还经常希望理解工资的差异问题。实际上人们的工资差别很大，普通工资就像普通人一样难以定义。汽车公司总裁一年挣400万美元，而办事员仅挣15000美元；农场工人挣12000美元；医生的收入是一个救生员的15～20倍，虽然两者的工作都是拯救生命。在同一工厂内，熟练技工每周挣500美元，而没有技术的门卫只挣200美元。妇女一周挣300美元，而同等能力的男子挣400美元。

工资差别悬殊还表现在各种不同的产业中。小型的非工会化部门，如农业、零售业的工资偏低，而在制造业中大企业支付的工资是前者的两倍。此外，在大的产业部门之间工资差异也很大，这取决于劳工的熟练程度和市场条件等因素。快餐工人的收入比医生少得多，虽然他们都提供服务。

造成工资差异的一个非常重要的原因是人力资本数量的差异。人力资本依靠教育和训练——在现代经济中至少与以厂房和机器形式体现的实物资本同样重要。不同的人“包含”人力资本的数量非常不同，具有更多数量人力资本的人一般会通过生产具有更高价格的产品来产生更大的边际产品价值。所以人力资本的差异解释了工资的实质差异。具备高水平人力资本的人，例如熟练的外科医生或工程师，通常都有很高的工资。

意识到正规教育并非人力资本的唯一来源，工作中的训练和经验也是非常重要的。这一点在1999年国家科学基金会关于男性和女性工程师收入差异的一份报告中得以证明。对男女收入差距的关注引发了这项研究：平均而言，获工程学学位的男

劳动工资差异

每个人实际收到的工资都是有所差异的，有的人一周可得4000元，有的人却只有400元。那么，影响工资水平的因素有哪些呢？

工资水平影响因素

1.劳动者个人及其家庭的生活费用
2.劳动力质量
3.工作条件
4.福利水平
5.企业的工资支付能力
6.集体谈判

强调：在市场经济条件下，在确定工资水平时，处于不同行业、部门或职业中的同类劳动者的工资水平通常需要遵守同工同酬的基本原则。

工资差异的分类

- 产业（企业）间工资差异
- 职业间工资差别
- 劳动者个人之间的工资差别
- 地区工资差异
- 年龄之间的工资差别
- 性别间工资差别

性比获同等学位的女性收入高25%。研究发现，从事工程工作的女性年龄平均比男性小，而且她们的经验比男性同事少得多。根据研究，这种年龄和经验上的差异在很大程度上解释了收入的差异。工作年限和经验上的差异能够在一定程度上解释一个值得注意的问题：在所有的种族中，任一个特定教育水平上女性的收入中位数都少于男性。

但强调这一点也很重要，即由于人力资本差异而产生的收入差异不一定“公平”。在某个社会中，非白种人的小孩通常因为居住在没有经费的学区而受很少的教育，然后因为受教育少而继续赚取低工资，而在这样的社会中也许有充分符合边际生产率理论的劳动市场，但仍有许多人认为这种收入分配结果不公平。

第二节　微软的获利资本

即便称为资本，也各有千秋

在经济学意义上，资本指的是用于生产的基本生产要素，即资金、厂房、设备、材料等物质资源。广义上，资本也可作为人类创造物质和精神财富的各种社会经济资源的总称。资本按照不同的分类方式可以被分成许多种类，如下表所示。

分类方式	资本形式	
资本存在形式	货币资本	实物资本
资本来源	外国资本	国内资本
资本用途	直接生产资本	公司间接资本
……	……	……

资本的分类众多，现在我们将各种机器与设备统称为资本。最广泛的资本分类就是把资本分为货币资本和实物资本。货币资本是指生钱的钱。首先，我们来看货币资本：

假设在你的口袋里有10元钱，拿这笔钱去买个面包来吃，这10元就只不过是10元；把面包吃进肚子里，会因为感到饱足感而心情愉快，但是经过几个小时的消化，随着面包的排泄而出，这10元也就沦落到厕所的马桶里；如果拿着这10元钱去采购面粉，做成面包拿去卖，这10元就不再只是平凡的10元而是会生钱的钱，就变成了真正意义上的货币资本；用10元钱的面粉做成面包卖15元的话，扣除10元还多出5元，这5元就是通过资本流转而获得的利润。这时候所说的资本正是货币资本。

实物资本和货币资本一样都是用来生钱的资本。例如说，有一辆休闲旅游车在你眼前。如果你只是把它当作出去游玩时的代步工具，那么这部车就只是平凡的消费品，不过就是用来消费的东西；如果这部车子是用来载送客人赚钱的，那么这部车子就不再只是消费品，而是资本——因为它在赚钱。通过此过程达到生钱的目的。

一般来说，在经济学上所指的资本是实物资本，也就是生产资料。

资本依据它的主体是谁而分成国内资本和外国资本。国内资本指的是本国人的资本，而外国资本则是指外国人的资本。外国资本又称“外资”。改革开放招商引资引进的就是“外资”。具有代表性的外国资本有“借款”与“外国人直接投资”。

简单地说，借款是指向外国借来的钱。当今非洲一些发展中国家，在发展经济时的主要资金来源就是借款。他们通过向外国借钱买铁锤和铁钉来盖工厂，工厂盖好之后，接着购买各种机器，雇用劳工，制作鞋子和衣服再加以外销。等赚了钱就开始还债，再利用多余的钱采买生活上需要的各种农产品或进口石油，改善国民物质资源贫困的现状。借款是面双刃剑，通过借款，国家可以实践自己富国的战略计划，但同时借款又意味着给国家的经济发展带来了很大的风险——外债过多对于国家的政治决策会存在一定的影响，如“经济附属”问题。同时，外债过多对于自己国家经济方针的制定存在一定的干扰。

美国或日本绝不可能无条件借钱给他国，虽然他们并不等着收利息，但会一一干预这笔钱的去处和用途。有时甚至显示出愿意借钱给对方的温和姿态，暗地里却悄悄施压，要求购买该国的机器。多数国家的实践证明，外债不是发展本国经济十分行之有效的方式。南美各国通过借款致富的策略失败，反而受制于外债，就是最好的反面教材。

外国资本投资又可以分为直接投资和间接投资。外国人的直接投资基本上以投资固定资产（直接设立工厂），以及购买基本企业股参与经营的方式。外国人间接投资并不参与经营，而是以短期利润为目的投资股票或债券。

直接生产资本是指诸如铁锤或机器等对生产有直接助益的资本。例如：不管是制作年糕专用的机器，还是料理年糕用的瓦斯炉，都是有直接收益的资本。社会间接资本则是指对生产产生间接助益的资本，像电气设备、瓦斯设备、道路等，都属于社会间接资本。

想想看，要是没有电，就得靠人工转动制作年糕的机器。这么一来，明眼的人都看得出来，一天年糕的产量会快速缩水。还有如果连瓦斯也没了，还得烧炭火来煮年糕，如此一来客人会因为店里呛鼻的烧炭味而不再上门消费。不只如此，要是道路不通，导致原料无法及时送达，就只能坐着干着急。像这样，如果社会间接资本不健全，就会影响年糕的产量。

社会间接资本虽然并没有直接的影响性，但是对于增加国内物质方面的富裕却是不可或缺的资本。如果国内的电气、道路等社会间接资本健全，那么生产所花的费用一定会减少，因此所需基本设施的成本就可以大大降低。此外，随着生产费用的减少，国内商品在国际间的竞争力相对地会提高。产品的竞争力提升了，外销订单自然就会增加。如此，社会间接资本对于商品的供给与需求来说，扮演着非常重要的角色。

资本

含义

- 1.在西方经济学理论中，资本是投入（生产资料）的一部分，投入包括：劳务、土地、资本。
- 2.从企业会计学理论来讲，资本是指所有者投入生产经营，能产生效益的资金。

分类

- 物质资本 → 指用于生产物品与劳务的设备和建筑物存量。
- 人力资本 → 指工人通过教育、培训和经验而获得的知识与技能的一个术语。
- 自然资源 → 自然界提供的生产投入。
- 技术知识 → 对生产物品与劳务的最好方法的了解。

特征

- 1.资本是能够带来剩余价值的价值。
- 2.资本是一种运动。
- 3.资本是一个历史范畴，它体现资本家剥削雇佣工人的关系，是资本主义生产方式的本质范畴。

属性

- 垫支性 → 生产者为了取得剩余价值，必须先垫付一定的货币资本用于购买各种生产要素，为剩余价值生产做准备。
- 运动性 → 不断地从流通领域进入到生产领域，再有生产领域进入到流通领域。
- 增值性 → 实现利润的最大化，增值性是资本的本质属性。

使用方法

- 流动资本 → 生产、制造或购买物品。
- 固定资本 → 改良土地、购买有用机器和工具。

无所不在的资本市场

资本市场也称“长期金融市场”“长期资金市场”，是期限在一年以上各种资金借贷和证券交易的场所。资本市场上的交易对象是一年以上的长期证券。因为在长期金融活动中，资金期限长、风险大，具有长期较稳定收入，类似于资本投入，故称为资本市场。

本质上，资本就是财富，通常形式是金钱或者实物财产。资本市场上主要有两类人：寻找资本的人以及提供资本的人。寻找资本的人通常是工商企业和政府；提供资本的人则是希望通过借出或者购买资产进而获利的人。

资本市场只是市场形态之一。市场由卖方和买方构成，有时候在现实的空间里，例如农贸市场或者大型商场，有时候在电子化的环境里。金融市场就是交易金融产品的市场。例如，货币市场是给各国货币确立相互比价的，市场参与者通过交易各种货币满足需要或者进行投机。同样，商品期货市场和资金市场也是为了满足参与买卖的双方的不同金融需要。

资本市场从出生起就伴有极大的不确定性，因而资本价格在市场中的起伏波动便是极为正常的现象：

现今的花匠会对17世纪荷兰郁金香根的价格感到惊讶。有一次郁金香的价格上升到相当于今天的16000美元。然而，郁金香的黄金时代没有持续很久，到1637年，郁金香根价格下降了90%以上。这样急剧的价格波动绝不意味着是一次历史上的怪僻之事。在1973～1980年之间，黄金价格从98美元上升到613美元，上升了525.5%；然后，1980～1985年，它下降到318美元。在1977～1980年之间，种植郁金香的农田价格上升40%，然而1980～1987年，又下降了60%。

1987年10月19日，美国股票市场上价格骤然跌落。在那一天，美国公司股票总值下降了5万亿美元，差不多下降了25%。甚至一场重要战争都没能在一天内摧毁美国资本股票的1/4。但是，不论是战争或是任何外界的事件都不足以解释1987年的下跌。

前面的需求和供给的模式如何解释这些巨大的价格波动呢？这些物品的供给曲线在这样短的间隔里肯定没有大的移动。这些物品的用途突然扩大，然后又收缩，从而使需求发生某些巨大变动，这种说法似乎也说不通。

上述事例中的物品不像蛋卷冰淇淋、报纸或任何其他主要由消费者当前的需求来决定价格的物品。黄金、土地、股票，甚至17世纪荷兰的郁金香球茎都是资产的代表物。资产具有长期的寿命，从而可以在某一日期被买来，而在另一日期被卖掉。正因为这个原因的存在，个人愿意在当前为它们支付的价格，不仅仅取决于今天的条件，即当前直接的收益或好处，而且还取决于对明天条件的某些预期。特别是，还取决于资产在未来会值多少钱，以及它们能够被卖掉的价钱。

市场中资产的价格变动会引起资产的变动

某些资产（如股票、黄金、石油和农田）的价格在1965～1990年间急剧变化。这些价格波动可以在下图中的四幅图形上看到，这些图显示了四种资产价格是怎样上升和下落的。

四种资产价格的波动

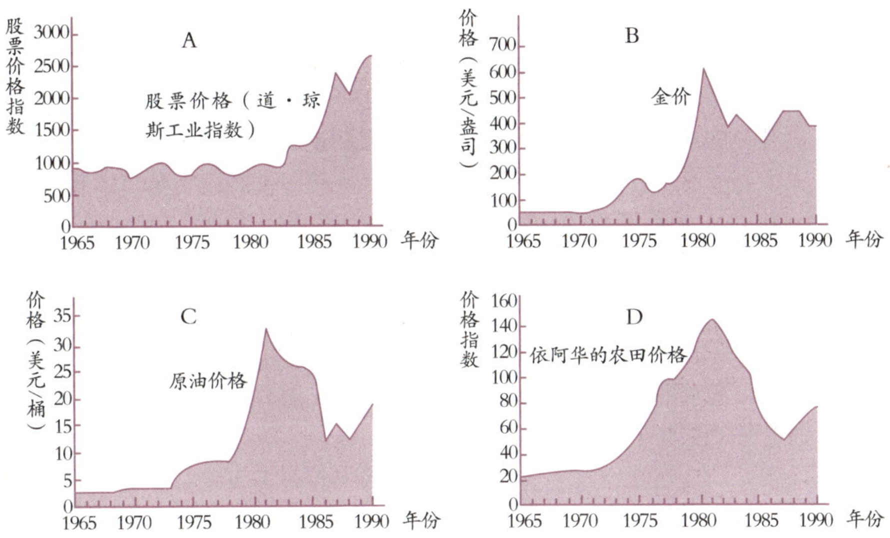

如果你在较低点购买，并在较高点出卖，你可能会发财；但如果你在较高点购买，而在较低点卖出，你可能很容易就会破产。

↓

所以说，像股票、黄金等资产的价格一旦发生改变，这些资产也会发生改变。

贴现值概念告诉我们，怎样衡量和比较所预期的将来的收益。因为某人今天愿意支付的钱的数额取决于他所相信的在将来能得到的收益的贴现值，所以，贴现值的变化会使需求曲线移动，如下图所示。

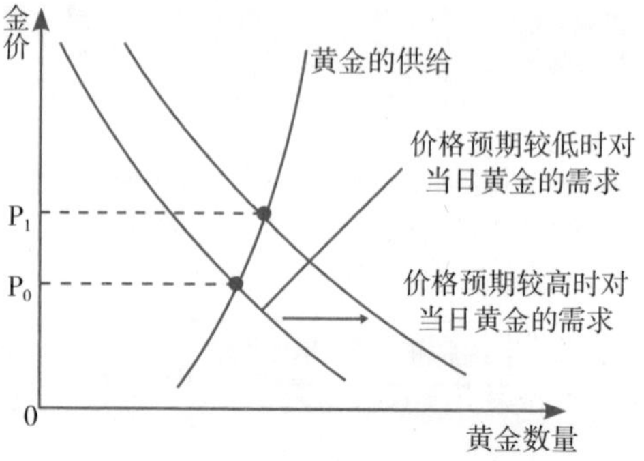

预期怎样使需求曲线移动

贴现值的变化有两方面的原因。

第一，利率的变化。利率的提高会减少你所期望在将来得到的美元的贴现值。这可以在很大程度上解释近年来股票市场的剧烈波动（虽然并不是1987年10月崩溃的解释）。例如，利率提高经常伴随股票市场上股票价格的下跌，反过来也是同样。所以，精明的投资者都试图预测利率。

第二，因为对将来价格的预期是决定个人愿意在今天支付多少的一个重要因素，所以，当人们计划出售一项资产时，这项资产预期价格的变化将会改变贴现值。这又将导致需求曲线的移动。预期可以是剧烈波动的，而这种预期的剧烈波动在很大程度上可以说明资产价格的剧烈波动。

对一项资产的价格会在将来提高的预期可以引起需求曲线向右的移动，从而提高现行价格。为了解有关将来事件的预期如何影响现行价格，我们假设存在这么一个例子：

人们突然意识到，10年后新的烟雾控制装置将使洛杉矶某些地区比现在更适于居住。结果，以未来为取向的人会认为，10年后，这些地区的地价将升到远比现在高的水平，比如说，每英亩（1英亩等于6.0720市亩）100万美元。但是，他们认为，9年后，人们肯定会看出，在短短一年内，每英亩地就将值100万美元。因此，9年后，投资者愿意为土地支付的数额将非常接近100万美元，即使在那时（9年后）烟雾还并没有被完全消除。但是，同样的这些人也会认为，8年后投资者就将认识到，在短短一年中价格将上升到几乎为100万美元的水平，并愿支付与此很接近的数额。如此向后类推，如果人们确信这些地区的土地价格在10年后会远比现在高，那么，现在它的价格上升显然是可以理解的。

因此，虽然今天人们的偏好、技术、收入和其他物品价格的变化不能说明资产价格的一些急剧变化，但是，有关将来任何这些变量的预期的变化都将在今天影响需求。资产市场是通过时间相互联系在一起的。因此，10年或15年，甚至50年后将要发生的事件或预期要发生的事件可以对今天的资本市场有着直接的影响。

土地和资本市场的均衡

在今天的市场上，人们已经创造了50亿种以上的商品，但无论是什么商品，在他们的生产中，土地、劳动、资本都是最基本的三个要素。

第一个声明生产要素的经济学家是让·巴蒂斯特·萨伊，他是19世纪初叶法国古典经济学的主要代表者，而他的一生都捍卫他对自由经济的追求，他使亚当·斯密的经济学说通俗化和系统化。年轻的萨伊曾经得到拿破仑的欣赏而进入法国财政委员会工作，但就在他的名著《政治经济学概论》出版前，拿破仑要求他修改关于关税政策的某些章节，捍卫自由经济的萨伊拒绝了拿破仑的要求，于是，在《政治经济学概论》出版的同时，萨伊被解职了。紧接着，拿破仑查封了萨伊的一切著作，禁止萨伊从事学术研究，但倔强的萨伊并未屈服，他继续回到商界，辗转欧洲大陆传播亚当·斯密的自由主义经济思想。

先研究土地市场，它是一种不能被生产出来的要素，然后我们将转向资本供求这个重要问题。资本既是经济的一种产出，也是一种投入，研究这两者将会加深我们对于市场经济的某些重要特征的了解。

劳动和土地这两个术语的含义是清楚的，但资本的定义有点棘手。经济学家用资本这个术语指生产中所用的设备与建筑物存量，经济中的资本代表现在正用于生产新物品和劳务的过去生产的物品的积累。就企业而言，资本存量包括用于爬树的梯子、用于运输苹果的卡车、用于贮藏苹果的建筑物，甚至树本身。

在劳动力资本之外，土地是实物资本中的另一巨头。对于土地，我们首先需要区分开两种价格：购买价格和租赁价格。土地或资本的购买价格是一个人为了无限期地拥有那些生产要素而支付的价格，租赁价格是一个人为了在一个有限时期内使用那些生产要素而支付的价格，这两种价格是由略有不同的经济力量决定的。

那么，是什么决定了土地与资本所有者由于他们对生产过程的贡献而赚到的回报呢？把我们对劳动市场提出的要素需求理论运用到土地和资本市场中。工资毕竟是简单的劳动租赁价格，因此，我们所知道的工资决定的许多内容可以用于土地和资本的租赁价格。

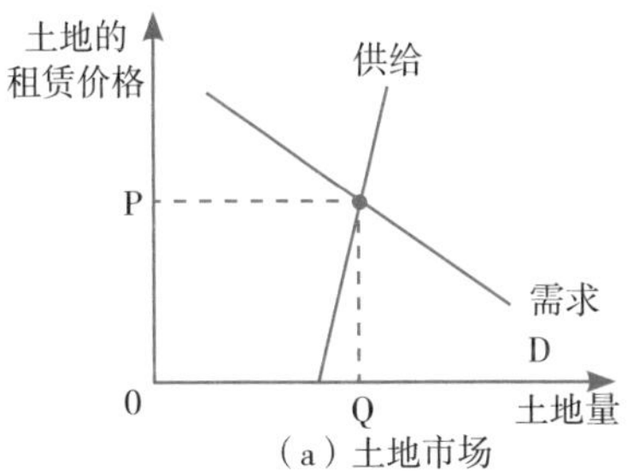

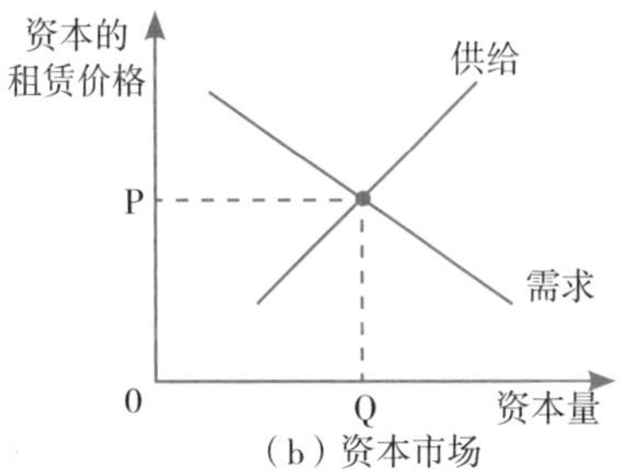

土地和资本市场

供给和需求决定了对土地所有者支付的报酬，以及对资本所有者支付的报酬，如上图所示。每种要素的需求又取决于那种要素的边际产量值。在土地市场中，土地的租赁价格，如上（a）图所示，以及资本的租赁价格，如上（b）图所示，是由供给和需求决定的。

此外，土地和资本的需求决定也与劳动的需求一样。这就是说，当生产企业决定租用多少土地和资本时，也遵循决定雇佣多少劳动同样的逻辑。无论是土地还是资本，企业会一直增加对它们的租用量，直到要素的边际产量值等于要素的价格时为止。因此，每种要素的需求曲线反映了那种要素的边际生产率。

现在我们可以解释多少收入归工人，多少收入归地主，以及多少收入归资本所有者了。只要使用生产要素的企业是竞争性的和利润最大化的，每种要素的租赁价

萨伊的三要素理论

在萨伊看来，劳动、资本、土地是一切社会生产所不可缺少的三个要素，他认为生产活动创造的不是物质，而是效用。无论是电视、飞机还是茶杯、饮料，都可以认为创造了满足我们需要的效用，而效用是评价产品价值的基础。

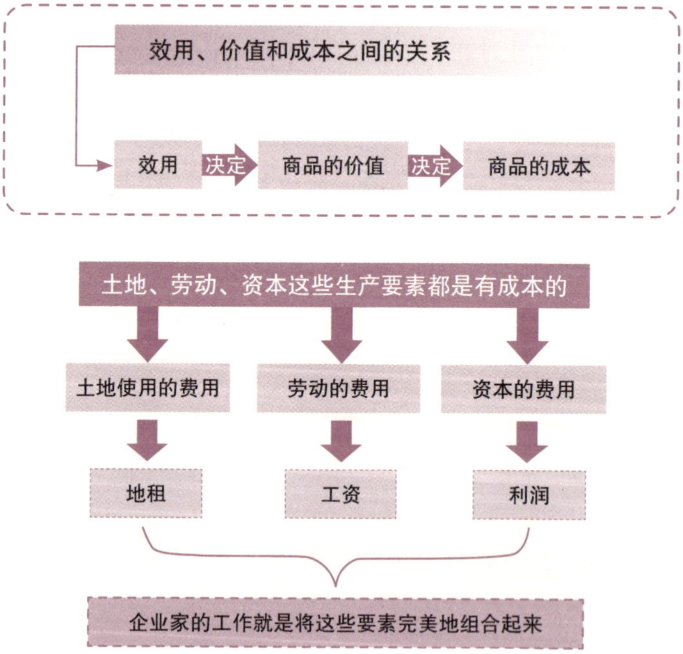

格就必须等于那种要素的边际产量值。劳动、土地和资本各自赚到了它们对生产过程边际贡献的价值。

现在考虑土地和资本的购买价格。租赁价格和购买价格显然是相关的：如果土地或资本能产生有价值的租赁收入流，买者就愿意花钱买一块土地或资本。而且，正如我们刚刚说明的，任何一个时点的均衡租赁收入等于要素的边际产量值。因此，一块土地或资本的均衡购买价格取决于边际产量的现值与预期未来会有的边际产量值。

穷国和富国的差距很大程度上来源于那种将大规模的储蓄流量以高回报资本的形式进行投资的能力。然而，一国的非人力资本远远不止工厂和设备，我们还应该计入土地、石油和矿藏等自然资源，以及像清新的空气和卫生的饮用水这样的环境资产。

美国是“资本主义”经济，这样说是指资本、土地和资产主要归私人所有。到1995年，美国的净资本存量是人均70000美元。其中68%由私人公司拥有，14%由私人拥有，19%属于政府。此外，美国财富的所有权主要是集中在那些最富的美国人手中。

在资本主义制度下，个人和私人企业拥有大部分的储蓄，拥有大部分的财富，同时也获取这些投资的大部分利润。

作为固定要素收入的租金

关于土地资本，威尔·罗杰斯曾有一句妙语：“土地是一宗好投资，因为人们不可能再将它多创造那么一丁点。”除非你决定坐在气球上经营你的公司，否则土地对任何商业活动都是最基本的生产要素。土地的基本特征是，数量固定，对价格完全缺乏弹性。

租金是对使用供给固定的生产要素所支付的报酬。在一定时期内使用土地而支付的价格称为土地的租金，有时称纯经济租金。租金以单位时间的美元数计价。在我国古代，也把租金称为“租银”，是出租者所收或承租者所付的租赁田地房屋之类的代价。《管子·轻重乙》中就有关于租金的记载——“终年之租金四万二千金”。

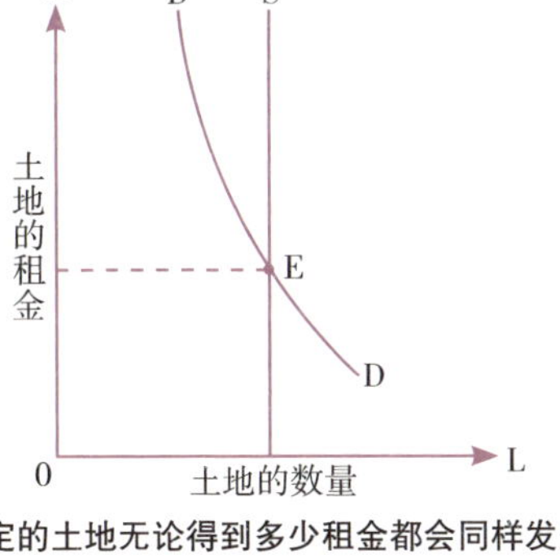

数量固定的土地无论得到多少租金都会同样发生作用

支付租金这一概念不仅适用于土地，同时也适用于任何一种供给固定的要素。例如达·芬奇的肖像画《蒙娜丽莎》就独一无二，如果你想在一个展览中展示它，你就要为这种临时使用支付租金。

就少数幸运者而言，也能够获得独特的“个人租金”。就像惠特尼·休斯顿这样的歌星，他们可以凭借自身的价值技能在服务中赚取惊人的收入。

这些有才能的人都拥有一种在当今的经济中很有价值的技能。在其有特殊才能的领域之外，他们可能只能挣到其高收入的一小部分。而且，对于工资20%甚至50%的上升或下降，他们的劳动供给也不可能作出多大反应。经济学家将其工资高于他们在次优职业中取得的收入的部分称为纯经济租金。这些收入在逻辑上等于固定数量的土地获得的租金。

完全没有供给弹性是租金的特征。我们沿供给曲线往上移到与要素需求曲线相交处就可以决定租金。除土地外，我们可将租金分析运用到石油、黄金、7英尺高的篮球运动员以及任何一种供给固定的物品中去。

土地的供给曲线完全没有弹性，即形状是垂直的，因为土地的供给是固定的。在上图中，需求和供给曲线相交于点E，土地的租金必须趋近这个价。如果租金高于均衡价格，所有厂商需要的土地数量就会少于所能供给的现存土地数量。有些土地所有者就不能将其土地租出去；他们不得不以较低的租金出租自己的土地，于是土地租金就会降下来。同理，租金也不会长时间停留在均衡水平以下。如果租金低于均衡价格，不满足租地数量的厂商会迫使要素价格回到均衡水平，只有在土地的需求量等于固定供给的竞争性价格时，市场才会处于均衡。

假定土地只能被用来种植玉米，如果对玉米的需求上升了，玉米地的需求曲线就会向右移动，租金就会上升。这说明了土地的一个重要特征，土地价值高是因为玉米价格高。这也是要素需求作为一种派生需求的很好的例子——对要素的需求是由对要素所生产的产品的需求派生出来，所以土地的价值完全是由产品的价值派生而来，反之则不成立。

在19世纪末叶，由于世界各地的人都向美国移民，美国的人口迅速增长。随着人口的增长和铁路延伸到美国西部，地租飞涨，为那些幸运的或有远见的人带来了丰厚的利润，因为他们预先购买了土地。但是美国政府却允许这些土地所有者获得非常高的非劳动所得的土地增值。占人口多数的没有土地的人对此十分不满，要求政府对土地进行征税。

一位对经济学进行了大量思考的记者亨利·乔治，在其畅销书《贫困和进步》（1879年）里集中表达了这种情绪。他认为对土地征税能够在不损害经济生产效率的情况下，改善收入分配，并且建议应该主要通过对土地征税而为政府融资，同时削减或免除其他所有对资本、劳动以及土地改进的征税。这就是著名的纯经济租金理论。尽管美国经济显然没有向单一税理念的方向走得很远，但后来很多代经济学家都重视乔治的见解。纯经济租金理论后来成为19世纪末叶单一税运动的思想基础。

国家在实施城市建设的同时，会尽量确保土地供给数量固定。而这就引出了土地税收这个概念。假设政府对所有的土地租金开始征收50%的税，但对于建筑或土地改良不征税，因为征税会影响建筑活动的规模。于是所征的税收系来自固定的农业和城市用地所带来的收入或租金。

政府对土地征税的影响

政府的征税行为给土地所有者的土地租金带来了什么样的影响呢？

征税后人们对土地的总体需求并没有改变。

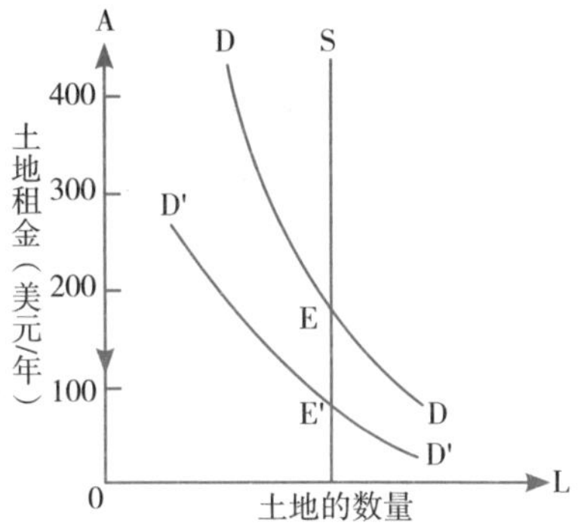

对固定数量的土地征税完全由土地所有者承担，政府取得经济租金

在左图中，当含税在内的土地价格为200美元时，人们仍然需求土地的全部固定供给。

土地供给是固定的 → 土地服务的市场租金也就完全不会变动，仍在初始的市场均衡点E。

需求和供给数量并没有变化 → 市场价格不会受税收影响，于是税收完全是从土地所有者的收入中支付的。

这对土地所有者而言的确不是一件好事，但他们也无能为力。因为他们不能改变土地的总供给，而且得到一半面包总比没有面包要好。

对此你可能想了解这种税收对经济运行效率的影响。令人吃惊的结果是，对租金征税不会引起经济扭曲或导致非效率。因为对纯经济租金征收的税不会改变任何人的经济行为：需求者没有受到影响，因为价格没有改变；供给者的行为也没有受到影响，因为土地的供给是固定的，不可能作出反应。于是，税后的经济会同税前同样地运行——土地税没有带来扭曲或非效率。

第三节　资源为王的新时代，整合生产要素

全球即将步入资源为王的新时代

在纸币脱离黄金、白银和一切实物而变成代表财富的符号之后，货币与废纸之间的界限就变得不是那么容易区分。例如，非洲国家津巴布韦近来物价飞涨，2008年3月份的通货膨胀率达到令人吃惊的100500%，当地货币的纸面价值已经低于纸的价值。而到了2008年6月份，津巴布韦的通货膨胀率急剧攀升至2200000%。但独立经济学家认为，官方通货膨胀率被严重低估。他们估计，实际通货膨胀率可能已经高达10000000%～15000000%。津巴布韦中央银行决定在2008年7月21日发行单张面额1000元的钞票。

如果说货币霸权的掠夺性是导致金融危机越来越频繁地爆发的根本原因，那么金融衍生品规模的过度扩张及以此为依托的虚拟经济规模的膨胀，则是金融危机危害性越来越大的根本原因。那么，有没有一种财富储备方式可以不受金融危机的掠夺，不仅可以在危机中保值，在未来还能有数倍的增值呢？有。那就是资源，尤其是珍贵、稀缺资源的储备。

在未来，纸币信誉的逐渐崩溃，是资源代表的财富成倍上涨的一个重要催化剂。津巴布韦的现状在暗示我们一种趋势，哪怕目前看起来尚且非常强势的货币，其强势状态只能是短暂的，而贬值趋势则是长期的和必然的。事实上，纸币的历史早已证明了这一点。纸币的发行者在最初的时候，就把基于纸币的这种掠夺性演绎得淋漓尽致。

纸币以及其衍生出来的电子货币，潜在的贬值源于货币掌控者的贪婪和不受抑制的欲望的膨胀，以及财政赤字下政府对通货膨胀税的偏好，这种状况正在给人们带来越来越大的不安全感。

实际上，在纸币贬值已是大势所趋的情况下，全球未来将逐渐步入资源为王的时代。什么是资源为王？就是以有色金属（包括黄金）、煤炭、森林等珍贵自然资源和以高科技人才与知识产品为核心，构筑起来的最安全的财富体系，这些资源既

是重要的原料，又是最强势的最值得信任的货币。谁拥有的资源（尤其珍贵、稀有资源）越多，谁就拥有更多的财富和更强的购买力。

无论何时，资源都是最靠得住的、最货真价实的货币。事实上，人类使用货币的历史就始于物物交换的时代，人们采用以物易物的方式交换自己所需要的物资。在人类历史长河中，物物交换的历史是最漫长的。随后，作为货币使用的物品逐渐被金属取代，但仍然是建立在实物基础之上的。

稀缺资源储备及其重要性

稀缺资源储备包括两个部分

自然资源

包括煤炭、石油和铟、稀土等在内的日渐稀缺的矿产资源

稀土

非自然资源

建立在高科技基础上的知识产品的研发、技术人才的培养和储备

日本
- 以知识和技术为核心构筑起资源体系
- 在世界范围内采购、囤积稀缺资源或收购、入股此类公司

弥补国内自然资源的短缺

奠定其大国基础

由此可见稀缺资源储备对于一个国家的重要性，同样地，对于一个企业也是如此。

全世界的稀缺资源由于消耗量增大正在快速减少，资源面临着枯竭的威胁，自然，其价值也会越来越大。英国石油公司（BP）在2007年6月13日公布的《世界能源统计评估》中称，如果按照现在的消费水平计算，世界上目前探明的石油储量还可供人类使用40年。但是，一些科学家却表示，统计数字中包含了许多政治因素，2011年全球对于石油的需求就已超过产出，石油枯竭将提早来临。

另一方面，用以计算这些稀缺资源价值的货币（如美元）是在持续贬值的，反映到资源的价格上，自然是上涨的。国际大宗商品的价格大都是以美元计算的，以美元报价的商品价格与美元汇率之间有着较强的负相关性：美元贬值时，商品价格上涨；而当美元升值时，商品价格下跌。比如，2002～2004年年底，美元贬值30%，黄金价格上涨57%，原油价格上涨112%，铜价格上涨116%。

以珍贵资源（比如黄金）为核心建立起来的货币体系，由于规模不可以随意无限制扩大而受到制约，不易引发通货膨胀；而以国家信用为基础构建起来的货币制度则会因滥发纸币而引发通货膨胀。资源不是货币，但是未来人们将越来越清晰地认识到，资源的购买力将远远大于目前以纸币为核心的货币体系所代表的购买力，资源不仅具有货币所具有的功能，还具有货币没有的功能。比如，资源作为工业原料的功能就是纸币所缺乏的。

将来哪个国家拥有的资源最多，哪个国家的以资源为依托的纸币就能得到更大的信誉保障。一个国家拥有的资源越多，这个国家就越主动。美国、日本等西方国家，对在本国开采资源有着非常严格的规定，外国人根本别想染指。美国早在1920年颁布的《矿产租赁法》中就规定，除非通过持有某公司的股权，否则禁止外国人享有租赁物所有权。此后的一系列法律，进一步强化了其对资源的控制和保护。

按照人们的认识，像日本这样资源匮乏的国家（其铁矿石的85%依赖海外进口），更应该喜欢铁矿石价格下跌才对。问题在于，早在多年以前，日本企业就走出去进行资源参股、收购，单就铁矿石而言，日本专门挑选储量大、铁矿石品位高、开采条件好、交通方便的矿参股或收购。

完全竞争条件下，厂商对要素的要求

为什么美国人的工资是墨西哥人的5倍？

为什么都市的地价大大高于沙漠地带？

为什么妇女的平均工资比男子平均工资低？

是什么东西在决定资本的利润率？

供给和需求只是经济学上理解问题的第一步，解决这些问题的关键是收入的边际生产率理论。我们应看到收入分配理论不过是一般价格理论的一种特例。当我们寻找劳动价格时，我们找的是工资；类似地，使用土地的价格是土地的租金。生产要素的价格是由不同要素的需求和供给之间的相互作用所决定的——就像商品的价格是由商品的供给和需求所决定的一样。这也解释了为什么不同人的收入差异如此之大？

要素需求与消费品需求还是存在差别，一般来说有两点：要素需求是派生需求；要素需求是相互依赖的需求。生产要素的需求可以用其边际产品的收入来表示。要素需求的这一重要性质，与要素的供给一起，决定了要素的价格和数量，以及由此推算的市场收入。

软件公司要为其编程人员、顾客代理和其他雇员租用办公室。同理，其他诸如比萨饼店或银行等也需要经营活动空间。在每个地区，都有一条斜率为负的办公面积的需求曲线，它将土地所有者所要求的租金与公司想要的办公面积的数量联系起来——价格越低，公司愿意租用的面积就越大。

但普通消费者的需求和企业作为投入品的需求之间却有本质差别：消费者需要计算机游戏和比萨饼等最终产品，是因为这些消费品都能直接提供快乐或效用。而像企业购买办公场地这类投入却并不是因为它们能直接提供满足；企业购买投入品是因为它用这些投入进行生产并能够从中获得收入。

在不同的消费阶段为获得满足所需要的投入组合会不相同。消费者从玩电子游戏中获得的满足决定了软件公司能卖出多少游戏软件，需要多少销售商，必须租用多少办公场地。该游戏软件越是成功，办公场地需求曲线就越向右移动。

因此，要准确地分析投入需求，必须认识到消费者需求最终决定了企业对办公场地的需求。认识这一点的意义不仅限于分析办公面积的需求。事实上，消费者需求决定所有的投入需求，包括耕地、石油、比萨饼烤炉，甚至大学教授也不外乎如此。

要素需求相互依赖，生产要靠集体努力。某种要素的生产率，如劳动，取决于能够与之相匹配的要素的数量。如果我想锯倒一棵树，只有一把锯子是没有用的，而两手空空的工人也同样不能生产价值。只有将锯子交给工人使用才能很容易地将树锯倒。

这意味着在一般情况下，我们不应该说某一种投入独自创造了产出，而应该说产出是由不同要素的相互作用所致。威廉·配第爵士曾用过这样一个形象而深刻的比喻：劳动是产品之父，而土地则是产品之母。我们不好说，生孩子是父亲重要还是母亲重要。同样，我们一般也不好说多种要素中究竟哪一种单独创造了多少产出。

由于土地、劳动和资本品在生产中的相互依赖性，使得收入的分配成为一个非常复杂的问题。设想我们不得不同时分配一个国家的所有产出，如果我们能够判定“土地”独立生产这么多，“劳动”独立生产那么多，而“机器”又单独生产了其余部分，那么分配就会很容易。在供给需求分析框架中，如果每种要素可以独自生产一定数量的产品，那么它当然能够独享自己的劳动果实。

当产品市场是完全竞争时，很容易计算出边际收益产品。在这种情况下，每一单位的工人生产的边际产品可以按产品的市场竞争价格出售。而且因为我们考虑的是完全竞争的情况，产品价格不受企业产出的影响，所以价格等于边际收益。如果我们的边际产品为10000蒲式耳，价格和边际收益为3美元，那么最后一个工人的产出的货币价值——劳动的边际收益产品——为30000美元（10000×3美元），于是在完全竞争条件下，每一工人对于企业的价值等于最后一个工人边际产品的价值；每英亩土地的价值等于土地的边际产品乘以产出的价格；对于其他各种要素可以此类推。

生产要素需求——派生需求

经济学家将生产要素需求称为派生需求。企业的投入需求由消费者对其最终产品的需求间接派生而来。这意味着当企业需要一种投入时，是因为那种投入使他们能生产一种消费者现在或将来想要的商品。例如玉米与玉米地。

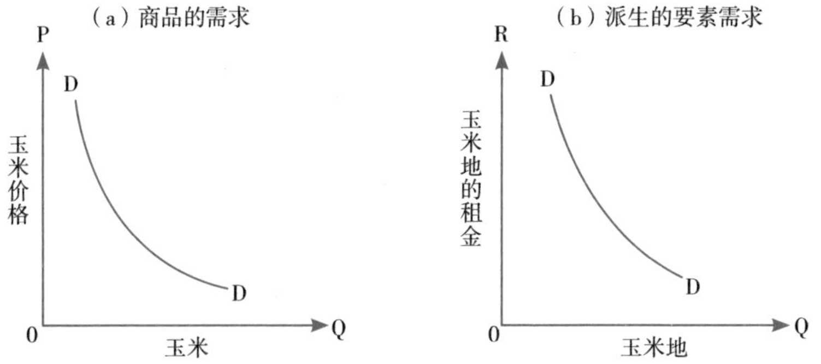

要素需求是从它们生产的产品的需求中派生而来

所以，玉米的需求曲线移动，玉米地的需求曲线也移动。如果商品的需求曲线变得没有弹性，投入的需求曲线也变得没有弹性。

为了实现目标，资源应当尽可能地有效利用

假设你选修的公共课教室过小，许多学生被迫站立或者坐在地上，而旁边的教室不仅大而且空着，不耐烦的你将会说，这里的学校管理真不合理！可是如果这时有一位经济学家站在你旁边，他会静静地说，这种情形是对资源的非有效利用。

如果资源的非有效利用是人们所不愿意看到的，那么有效利用是什么意思呢？你可能想象资源的有效利用与钱有关，可能用货币形式来衡量是一种计算方法。但在经济学上，就像在生活中一样，金钱仅仅是一种实现目的的手段。经济学家真正关心的衡量方法不是金钱而是人们的福利或幸福。经济学家指出，当一个经济达到一切机会都被利用、不损害他人福利就无法改善一部分人的福利的时候，就实现了有效率的状态。

在我们前面关于教室的事例中，很显然有一个可以改善每个人福利的方法——把上课的班级移动到那个较大的教室，这不会对该所大学中其他任何人造成伤害，但改善了上课班级中学生的状况。把课堂安排到较小的教室是对大学资源的非有效使用，而把课堂安排到较大的教室则是一种对大学资源的有效率使用。

东芝集团从产品的设计到使用后废弃都采取措施对资源进行有效利用。在产品的开发阶段，除了考虑设计的产品重量轻、经久耐用外，也必须考虑到节省资源。东芝集团以节省资源为出发点，努力开发模块化产品，使得可以只更换、修理或升级产品的局部。另外，开发出的产品应能够较为容易地解体、回收，因而其部件数量应尽量少。

此外，东芝还推进在产品上尽量利用可再生资源。2006年度，在洗衣机、数码复合机等产品上使用的塑料中约1800吨是可再生塑料。

当经济运行有效率的时候，在可被利用的资源数量给定的情况下，来自贸易的增益也可能是最大的。那么这是为什么呢？因为再也没有其他的方法通过重新配置资源在不损害其他人的情况下使其中一人的状况变好。当经济体制处在有效率状况的时候，重新配置资源使一个人状况变好只有在他人的状况变差的情况下才能实现。在关于教室的事例中，如果所有的大教室已经被使用，大学运行就处在有效率的状态。

经济政策制定者是否总是以达到应该有的经济效率为目标呢？这不一定，因为效率不是评判经济体制的唯一标准。人们也关心平等或公平的议题。所以，公平和效率之间存在着平衡取舍的问题：促进公平的政策通常以牺牲经济效率为代价，相反来说也是这样。

为了看清楚这点，考虑一下在公共停车场中为残疾人预留停车位的问题。许多人由于年龄偏大或身体残障而行走困难，因此，为他们具体地指定较近的停车位就是出于公平的考虑。然而你可能已经注意到，这中间有相当的非效率的成分。为了

总能确保适当的停车位供残疾人使用，必须预留一定数量的停车位。因此，在任何时候，供残疾人使用的车位要比需要的多。人们想要的停车位则供应不足。虽然使用供残疾人专用车位对人们的诱惑非常大，但往往因为怕吃罚单而作罢。因此，在没有停车场工作人员分配车位时，公平和效率之间的冲突就出现了，公平是指残疾人的生活得到公平待遇；效率是指确保能够改善人们福利的机会被挖掘殆尽，不能让停车场留有空位。

政策制定者应该如何处理好公平与效率之间的关系是一个难以回答的问题，同时也是政治程序的核心难题。同样地，这也不是经济学者能回答的一个疑问。对经济学家来说最重要的是：在追求社会目标的前提下总是寻求尽可能有效率使用经济资源的方法，无论那些目标是什么。

实现要素兼并整合，创造企业价值

企业要变得强大就需要通过一系列的公司兼并收购计划，使自己更加壮大。企业的生产要素并不是一成不变，在兼并过程中，无论对于兼并企业还是兼并的目标企业来说，兼并都是使生产要素内容在资本市场创造更大价值的有效途径。

企业的组织要素可以大致分为：管理能力、技术水平和投入资金资本。企业价值创造来源于生产要素进行有效整合后的生产、销售等过程的实现。而资金资本并没有专属性，作为一般等价物，可以进入任何行业，这使得不相关的混合兼并也成为可能。但在兼并中，管理能力与技术水平则在相当大的程度上具有一定的行业专属性，兼并公司除了资金外，还向目标公司投入其他生产要素。

管理能力和技术水平的行业专属性来源于企业发展过程中的日积月累，与企业发展形成的各项资产包括无形资产形成了紧密的联系，也是企业特殊的团队组合和企业精神共同作用的结果。这种专属的能力与水平在企业发展过程中起到了巨大的作用。但如果脱离了其由于历史原因造就的特定的企业环境，其价值就难以凸显出来。这种专属性的局限限制了拥有这些能力与技术的人才向外的发展空间，因为他们只有在原有的或类似的工作氛围下其自身的价值才能得以最大的体现。

而当一个企业成为行业的龙头企业时，长期的积累使得管理能力与技术水平过剩，这就决定了这些企业有向外扩张的动因与可向外转移生产要素的基础条件，而专属能力与技术的转移的局限性要求企业首先考虑的是兼并，其他兼并所倚重的不是专属的管理能力和技术力量。

2004年12月8日，联想集团正式宣布收购IBM公司PC事业部，收购范围为IBM全球的台式电脑和笔记本电脑的全部业务。联想获得IBM在个人电脑领域的全部知识产权，遍布全球160多个国家的销售网络、一万名员工，以及在为期5年内使用

“IBM”和“Think”品牌的权利。新联想总部设在美国纽约，在北京和罗利（位于美国北卡罗来纳州）设立主要运营中心。交易后，新联想以中国为主要生产基地。

联想收购1BM公司PC事业部的支出总计为17.5亿美元。兼并重组以后，新联想的股东构成中，联想控股占有46.22%的股份，IBM占有18.91%的股份，公众股占有34.87%的股份。兼并重组交易完成后，新联想的年销售额将超过120亿美元，成为继DELL和HP之后全球第三大PC厂商，成为进入世界500强的高科技制造企业。联想此举在国际化的道路上迈出了非常关键的一步。

这一被称为“蛇吞象”的行为举措，实现了两家公司的要素互补融合，给联想带来了新的发展。

那些成为兼并目标的公司在一定程度上拥有一定的生产要素，但可能由于资源的配置不合理或者还缺乏某些“内核”的东西如企业文化、有效的企业管理等原因而导致效益欠佳。企业通过被其他的企业的兼并，学习借鉴管理能力，获得更多的技术、资金支持等，以弥补自己在资源配置上的缺失。

一般来说，兼并公司总是在积累了一定的核心优势后才可能进行企业兼并行为。不管公司的管理层如何来考虑，公司所有者更关注的应该是投资回报率的高低。一旦兼并公司发出兼并的信息，目标公司也确实会予以充分的考虑。如果可以有效地将兼并公司的专属能力与技术转移到目标公司，达到企业整体效益的提高，这与投资者追求高收益的偏好是一致的，这时，目标公司也会作出积极响应。

以联想兼并IBM公司PC事业部为例，IBM必定存在一定的要素优势，才值得联想掏腰包。而事实确实如此，我们看到，IBM的业务是在全世界范围的，而联想以前的业务主要集中在国内；IBM最好的产品是高端笔记本，而联想是台式机；IBM服务的多为高端客户，而联想拥有广大的中端和低端客户；IBM在技术研发方面具有雄厚的实力，IBM在PC上积累了大量相关知识产权、技术支持和良好的商誉，而联想具有大规模生产、制造管理能力，其成本控制管理比较好；联想在国内是以渠道见长，在国内市场上拥有客户和完善的市场销售体系，而IBM在国际市场上享有极高的PC销售网络。

兼并保证了这些专属能力与技术的转移是在相关的领域中进行的，通过生产要素合理配置，专属能力和技术的价值得以更好地实现的可能性就高得多。由于经营规模的扩大，兼并的效应还可能会因为财务协同效应和进一步的分工产生生产效率的提高，引起公司的生产要素的边际收益率上升。

根据麦肯锡公司对进行并购的一些公司的新增价值的来源分析发现，在新增价值中，有60%是因为运营的改善，另外的收益增加主要有财务杠杆，占5%，市场外产业收益占11%，来自市场的正常收益为24%。由此可见，通过生产要素的重新组合产生的收益增加构成了新增收益的主要来源。

企业兼并

企业组织七要素：麦肯锡7S模型

企业的兼并就是对企业组织要素的整合，使生产、组织要素内容在资本市场创造更大价值。

企业兼并的三种形式

形式	含义	目的
横向兼并	生产或经营同一、相似产品的企业间的兼并。	迅速扩大生产规模，提高规模效益和市场占有率
纵向兼并	在生产工艺或经销上有前后关联关系、买卖关系的企业间的兼并。	提高经济协作效益
混合兼并	指一个企业对那些与自己生产的产品不同性质和种类的企业进行的并购行为。	实现多元化经营战略

核心竞争力是兼并的基础，兼并本身并不带来效益，但能够通过在兼并中增强自身核心竞争力，进而为兼并企业创造价值。兼并活动价值的创造来源于生产要素的边际效率的提高。作为兼并公司，当其各种市场要素出现剩余，只有将这些生产要素有效地进行转移到目标公司，最终达到这些生产要素的边际收益率提高才能产生价值的增长。

虽然这些生产要素在兼并公司属于过剩资源，但对目标公司却是稀缺资源，在目标公司可以发挥更大的作用。但仅仅这些还不够，因为这不能解释目标公司自身引进这些紧缺的生产要素依然效率低下。合理的解释是兼并行为在向目标公司投入生产要素的同时，还引入了一些“内在”的东西，如市场网络、企业文化，等等，而这些都是基于兼并公司已经建立的核心竞争力。

第四章

消费决策如何做到物超所值

第一节 解下惯性选择的眼罩

让所有的选择像选冰淇淋一样简单

出生于上海的旅美经济学家奚恺元曾经做过一个著名的冰淇淋实验：现在有两杯哈根达斯冰淇淋，一杯A有7盎司，装在5盎司的杯子里，看上去快要溢出来，另一杯冰淇淋B是8盎司，装在10盎司的杯子里，看上去还没装满，你愿意为哪一杯付更多的钱呢？

如果人们喜欢冰淇淋，那么8盎司要多于7盎司，如果人们喜欢杯子，那么10盎司的也要比7盎司的大。可是实验结果表明，人们反而会为少量的冰淇淋付更多的钱。这也契合了卡尼曼等心理学家所描述的：人的理性是有限的，人们在决策时，并不是考虑一个物品的真实价格，而是用某种比较评价的线索来判断。

在冰淇淋实验中，人们评价冰淇淋的标准往往不是其真实的重量，而是冰淇淋满不满的程度。实际生活中的例子更是比比皆是，麦当劳的蛋桶球冰淇淋、肯德基的薯条无不如此。商家总是利用人们的心理制造出“看上去很美”的视觉效果。

面对纷多杂乱的选择，很多人并不一定就能够很快在心中作出抉择，就是作出了选择也并非是理性的。而尤其是对于那些人们缺乏经验和相关知识的方面，因为不能很快获得反馈，他们便很难作出理想的选择，在水果和冰淇淋之间作出选择就算得上是一件难事儿了，更不用说是要他们在不同医疗方案或者不同投资方案之间作出选择。

在选择面前，很多人推崇自由主义，即便是在自己难以作出判断而别人可以很容易作出抉择的时候，他们也不喜欢别人对与自己的选择指手画脚，提出各种异议。对于选择自由的渴望，使许多崇尚自由选择的人都反对在自己进行选择时有任何形式的制度干预，他们希望相关制度能够允许自己进行自主选择。

正是基于自己存在的固有的这种想法，才会使有些人认为作为“理性经济人”的自己应当有足够而且充分的权利从尽量多选择中选出自己的最爱，相关制度应当尽量不予干涉。这种想法不单单是几个人有的观念，对于大多数的人都是如此。他这种观念的优势在于它为人们提供了一种解决诸多棘手问题的简单方法：尽量使可能的选择最多！这一点已在许多领域得到了应用，比如教育和医疗行业。

只要人们不能作出令人满意的选择，适当改变选择体系便能提高他们的生活品质。当你真正面对的是40种各不相同的处方药方案，那么在别人的建议或者帮助之下，你便可以更为轻松地作出选择。我们不仅能够通过设计相应正确合理的选择体系，还能简化选择的复杂性，使自己过得更好。事实证明，在很多情况下人们很容易便能实现这一点。

几乎所有人在任何时候都会作出对自己最为有益的选择，或者说作出至少比别人的选择更好的选择。出于这种对于最有益选择的相信，很多人害怕“一失足成千古恨”，在选择中过于慎重，生怕选错，后悔终生。就拿下面的例子来说明：

假如有一名国际象棋的初学者要与一名久经沙场的老将对决，那么这名初学者会预计自己将大败，原因便是他作出了一个对自己不利的选择，因为这一选择很容易由一些暗示促成。

实际上，我们认为，即便人们经过再三思考，也不一定能够作出对自己最有利的选择。在许多情况下，普通消费者正是扮演了这名国际象棋初学者的角色，他们不得不整日面对那些绞尽脑汁要卖东西给比自己经验老到的商家。

简单说来，人们的选择是一个经验问题，不同领域内的人对这一问题的认识也不同。但是，我们可以说，人们在一个易获得经验和信息以及易得到反馈信息的环境下能够作出较好的选择，比方说选择合适的冰淇淋口味。人们都知道自己是否喜欢巧克力、香草、咖啡或其他东西的味道。

罗琳主管某大城市学校系统的餐饮服务工作，她的服务对象是数百家学校里的数十万名学生，他们每天都在罗琳设在学校的自助餐厅里就餐。

在自己朋友的建议下，罗琳要求学校餐厅的负责人按不同的方式摆放食品。对于甜点，有的学校将其放在前排，有的学校将其放在后排，还有的学校则将其单独放在一排；在与孩子们视线齐平的高度，有的学校摆放的是炸薯条，而有的学校则摆上了胡萝卜条。

通过餐厅食品的重新摆设，罗琳所经营的许多食品的销量都发生了很大的变化，有的销量上升，有的则明显下滑，上下波动幅度达到了20%。

像罗琳一类的人就被称为“选择设计者”，选择设计者的职责便是为人们缔造出一种决策环境。尽管罗琳只是一个典型个案，但实际生活中却不乏这样的选择设计者，只是许多人并没有意识到自己的这一身份。正如罗琳自助餐厅的例子所展示的，人们的选择会受到选择设计者们设计选定因素的极大影响，即便是无意识的推动也会起到很大的作用，想必大家都遇到过很多这样的例子。

很多人错误地认为，我们可以避免对人们的选择造成影响。但是其实不然，在许多情况下，一些组织或者单位必须作出某项选择以影响别人的行为。因此，便不可避免会用助推的方式，不管是有意还是无意，而这些助推行为将会影响到人们的选择结果。

影响选择的因素

每个人每一天都在做着不同的选择，小到吃什么饭，大到选择什么样的职业，甚至是对邻国采取什么样的外交政策等。

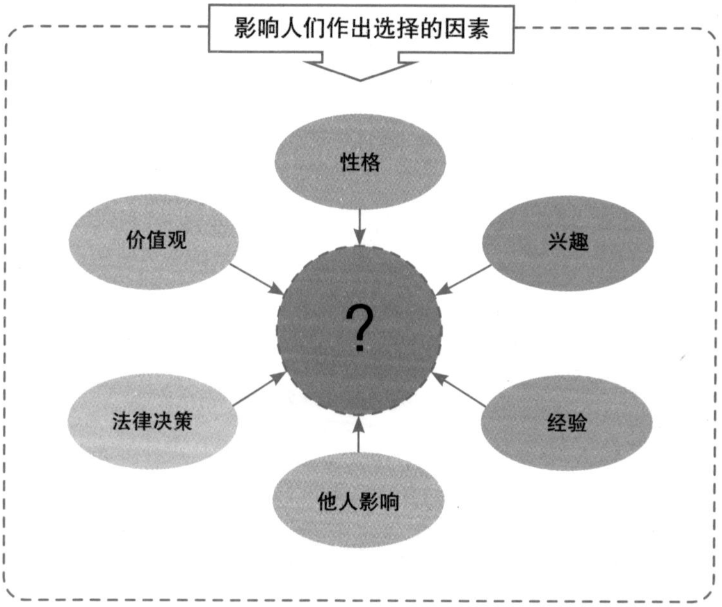

在这一点上，有些人会欣然接受私人组织，但却极力反对政府部门对选择所施加的影响，尽管它的目标直指提高国民生活水平。政府部门的确时刻都在通过自己制定的政策对一些人的选择施加影响，这些制度并不全然是不好的，大多情况下都是有章可循甚至是令行禁止的，全部拒绝这种制度的帮助并不见得是一件好事，专制主义难免包含强制的因素，但是即便对于那些崇尚自由的选择人，某些形式的温和专制主义也是可以接受的。自由选择权的存在是防止出现拙劣选择体系的最好保障，适当的温和制度安排能够帮助人们在选择面前减少徘徊不定，尽快作出适合自己的个人选择。

用科学选择帮你摆脱偏见的束缚

美国普林斯顿大学心理学教授丹尼尔·卡尼曼经过深入研究发现，人们在做选择决策时，往往不是严格估计正确的收益，而是比较容易和快速评价它的优劣。

人类的选择是一件可怕的事情，如果不是这样，那么所有人都会愿意去面对选择了。“经济人观点”认为人类的思考和选择是非常精密的行为，从而符合经济学家心目中教科书式的人类形象。不管是否研究过经济学，许多人似乎都会不自觉地倾向于认同“经济人观点”。

如果你有机会浏览经济学方面的书籍，你会知道，经济人的思维如爱因斯坦般缜密，记忆力如IBM的深蓝计算机般强大，意志力如圣雄甘地般坚韧。然而，我们平日里见到的平常百姓却不是这样。我们经常看到，他们会在进行大的除法运算时因为手边没有计算器而犯难，他们甚至会忘掉自己爱人的生日。他们根本不是什么经济人，他们是社会人。目前正在兴起的选择科学，其中包括最近40年里社会科学家所做的一项严谨的研究，这项研究对人类的许多判断和决策的合理性提出了严肃的质疑。

与经济人不同，社会人的预见经常会出现错误，比如说“计划谬误”——对于完成某些事情所耗费时间的不切实际的乐观估计的倾向。一个人很难成为一名无所不知的全能型人才，在进行个人选择时，我们不需要进行精确的预见，我们只需要做到在预见时不带任何个人偏见。也就是说，我们的预见可以出现错误，但绝不能以一种有意的方式出现系统性的错误。

如果你曾经雇用过装修工，他必定会承诺你在固定的时间内将工作又快又好地完成，可是最后的结果却往往不尽如人意。承包装修工程的那群人最后所有实际工作都远远落后于其初始计划的情况。生活中的大多数人都对此习以为常，似乎早已听说过“计划谬误”这一名词一样。

数百项研究都表明，人类的预见大都带有偏见而且不可靠，同样，人类的决策水平也并不理想。让我们再来看一个例子：作为惰性的代名词“现状偏见”，基于许多我们目前尚未弄清楚的原因，人类总是强烈倾向于迁就现状或者既定的现实。

当你买了一部新的手机时，你便会面对一系列的选择。手机越新潮，你就会面对越多的选择，从手机屏保到手机铃声再到响铃次数。在通常情况下，手机制造商都会为这些选项固定一套出厂默认设置。有研究表明，无论默认设置是什么样，许多人在实际使用中都情愿保持不变，甚至就连默认设置中噪声较大的来电铃声也懒

科学地描述可改变人们的选择

关于描述对于人们选择的影响，卡尼曼教授曾经做过这样一个实验：

假设美国正在救治一种疾病，救治对象共有600人，为此人们提出了两种不同救治方案，只是描述不同。

实验一

A：可以救活600人中的200人

B：有1/3的可能救活全部600人，2/3的可能一个也救不活。

实验结果：人们不愿意冒风险，更愿意选择方案A。

实验二

C：会使400人死亡

D：有1/3的可能无人死亡，有2/3的可能性600人全部死亡。

实验结果：死亡是一种失去，人们更愿意去冒险选择有概率的事情，因此选择方案D。

事实上，A和C，B和D本质是一样的，不同的描述方法，结果却大相径庭，人们在面对收益和损失时采用的是截然不同的心态。

经济学家认为，在可以计算的大多数情况下，人们对所损失的东西的价值估计要远远高出得到相同东西的价值估计。

得修改。

我们从这项研究中得出了两个结论。其一，永远不要低估惰性的作用；其二，惰性对于选择的影响是可以得到控制的。

面对个人选择的多样化，通过默认选项来影响个人选择是使选择者摆脱选择偏见，合理地作出个人选择的有效方式。精挑细选出来的默认选项只是帮助你进行选择的一种有效形式。如果企业或者政府官员认为某项措施能够产生更好的效果，那么他们便可以将其设定为默认选项而对决策结果施加影响。例如，在去饭店吃饭时，饭店都会有固定的菜单以供顾客选择，而不是让顾客漫无边际地想象该选择吃啥。像这种修改菜单等方式以设定默认选项，便可以对结果产生极大的影响。

目前，在世界饱受贫困、饥饿困扰的同时，肥胖也成为困扰人们生活的一大难题。就拿美国来说，美国人的肥胖发生率接近20%，有超过60%的美国人超重。大量的证据表明，肥胖会增加心脏病和糖尿病的患病概率，甚至令许多人英年早逝。很明显，挑食的人极为看重食品的口味，而对健康却毫不在乎，在他们看来，吃就是为了享受。我们不能说每一名肥胖者都难以理智地控制自己的饮食，但我们可以肯定，几乎所有的美国人都不能为自己选择合理的饮食方案。每年全球都会有50万人因肥胖死亡，如同吸烟和饮酒等行为一样，不合理的饮食也会缩短寿命。人们目前对待饮食、吸烟和饮酒的做法难以使他们保持健康。

经济人只对动机刺激感兴趣，虽然目前也存在许多愿意花钱请人帮助自己采取节制措施的烟鬼、酒鬼和暴饮暴食者。但这毕竟是少数，这就需要政府及相关的肥胖组织，在促进国民健康选择方面作出积极有益的促进，无论是在经济上开源节流，还是在公益事业上促进国民健康方面都是如此。缩小肥胖人群的饮食选择，在经济和法律上加以控制——比如，对肥胖者进行征税，禁止向肥胖者销售过高热量的快餐食品等。这对于消除肥胖者的饮食偏见能够起到积极的作用。

如果我们将动机刺激和助推双管齐下，那么我们提高人们生活品质、帮助人们解决诸多社会问题的能力便会上一个大的台阶。并且，这也并不妨碍人们进行自由选择。

别让小概率事件误导了你的选择

关于小概率事件的典型案例莫过于康奈尔大学的心理学家汤姆·吉洛维奇在其1991年的作品中写到的“二战”时期德国人轰炸伦敦时伦敦市民经历的一件事。

在德国对于伦敦进行轰炸之后，伦敦报纸曾经刊登出几幅图，其中一幅如下图所示，它显示的是德国V-1和V-2导弹攻击伦敦市中心的具体位置。

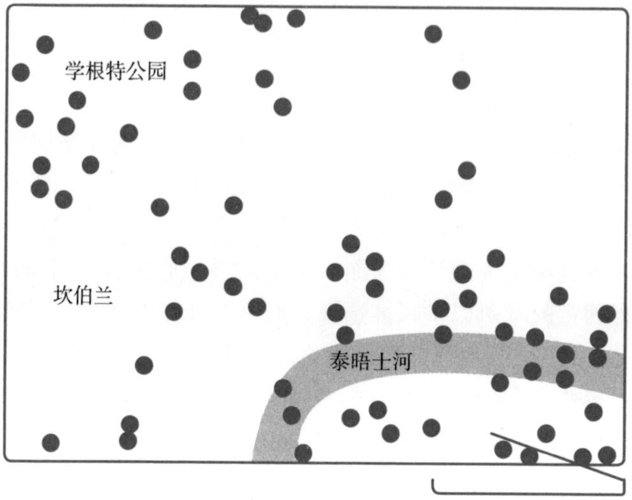

1

伦敦V-1炸弹轰炸示意图

通过图片上对于导弹着陆点的统计，你可以看到炸弹大部分都落到了泰晤士河的两岸以及图上的西北部。因此很多人得出，轰炸的地点并不是随机的，而是经过德国军方精心安排的。伦敦人因此认为德国人能够精准地控制他们导弹的落点。一些伦敦人甚至认为，图上空白的地方便是德国间谍的居住地。

实际上，伦敦人错了，德国人所能做到的只是将炸弹投到伦敦市区，至于具体炸到哪个位置便听天由命了。一项关于这些炸弹袭击分布的更为详细的统计研究表明，这些轰炸地点是随机分布的。的确，在内心中，我们将上图平均分成4部分，如下图所示，然后我们再进行一次统计，或者说不是为了统计而统计，而只是数一下每一部分遭到轰炸的次数，我们的确会发现非随机性的证据。

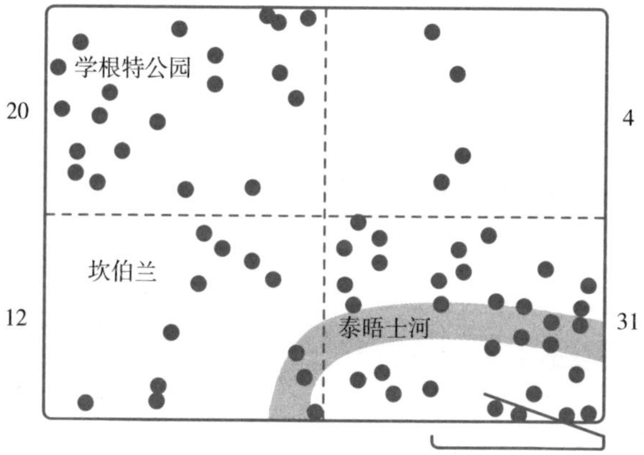

2（a）

伦敦V-1炸弹轰炸分区图（横纵分割）

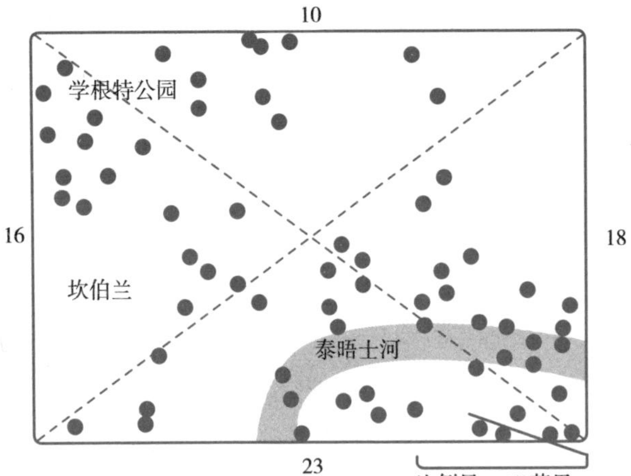

2（b）

伦敦V–1炸弹轰炸分区图（对角线分割）

但是，没有证据能够表明这种测试随机性的方法是正确的。

当我们按照图2（b）的方式再次将图1平均分成4部分，我们便无法拒绝炸弹是随机抛下的假设了。不幸的是，我们往往不会通过这样苛刻的变换测试方式来挑战自己的认识。

当相似性和出现频率发生分歧时，人们往往会产生偏见。一些小概率事件往往在此时钻了空子，最后成功地误导了你的选择。就如同逻辑学中的因果分析，表面现象就是时间的最终呈现形式，人们会根据自己的逻辑进行由结果到原因的倒推，将推导出的原因作为正确的现实来接受，而往往倒推出的原因是一种小概率事件。产生错误推导的根源就在于你固有的选择上的偏见。关于这类偏见的最为有名的一个例子是关于我们假想的一名叫作梅林的女性的判定实验：

在一项实验中，参与的实验者被告知：梅林今年31岁，未婚，性格开朗，聪明伶俐。她主修哲学专业，在学生时代，她十分关注男女不平等这一社会现象，还参加过反利用核能游行。然后，人们被要求按照发生的可能性对梅林未来可能会遇到的8种情况进行排序。

其中两个关键选项是“银行出纳员”和“热衷于女权运动的银行出纳员”。大多数人认为，相对于“银行出纳员”。梅林更有可能是一名“热衷于女权运动的银行出纳员”。

人们的错误判断来自于代表性启发：题干中对梅林的描述似乎更多的是在说“梅林是一名银行出纳员并且她热衷于女权运动”，而不是仅仅表明了“梅林是一名银行出纳员”。

从逻辑上来讲，两个事件同时发生的可能性一定不可能高过其中一个事件发生的可能性。上述实验很明显是犯了一个逻辑上的错误。因此，我们只能说，梅林是一名“银行出纳员”的可能性要高于她是一名“热衷于女权运动的银行出纳员”的可能性，因为所有“热衷于女权运动的银行出纳员”都是“银行出纳员”。

人们在参加完实验后说，他们知道正确答案。但是，总有个奇怪的思维念头在干扰着他们的选择。这种思维念头就是选择时的直觉思维系统的干扰。经验告诉我们，认知错觉有时候会很固执，以至于大部分人由于受其直觉思维系统的影响，根本不愿意去承认自己长期抱有的某种想法是错误的。

在一些十分重要的领域，人们也会出现类似的认识偏见。比如说人们对“癌症扎堆”现象的认识，很多人在自己身边出现多起癌症病例时会担心是不是癌症扎堆，进而怀疑自己也会成为癌症大军中的一员。

实际上，在一个13亿人口的国家，某些局部人口在一年内出现较高的癌症发病率是一件不可避免的事情。所谓的“癌症扎堆”现象可能只不过是一种随机的波动而已。尽管如此，人们仍认为这不可能是随随便便就能发生的。因此，他们便开始变得恐惧，有时候甚至政府部门也起了推波助澜的作用。然而，在多数情况下，人们并没有担心的必要。

解下惯性选择眼罩，拒吃过期爆米花

害怕有所改变，害怕改变引起的波动，因此不敢作出与当前截然不同的选择，这正是导致不幸的主要原因。很多人正是因为选择了安于现状，因此一般意识不到是自己选择了不幸之路。他们总是说：“我什么都没做，但不幸总是跟着我！”而这些人的另外一个典型特征就是：总为自己的选择找各种理由合理化。这种“惯性”时常会披着“满足”的外衣，让一般人无法轻易察觉。“不管别人说什么，现在这样，我就已经满足了。”

星期六早上，当我们上街随便逛时，经常会突然发现自己走在上班的路上，而不是去目的地——杂货店的方向。星期天早上，我们会按照惯例喝一杯咖啡，看一看报纸，但我们会突然想起自己约了一个朋友吃饭，而这时距离约会时间仅有一小时了。吃似乎是我们最为漫不经心的一项活动了，许多人在吃东西时，只是将眼前的东西一股脑儿塞进嘴里而已。

在许多情况下，人们会把自己设置为“自动驾驶”模式，在这一模式下，人们不会主动意识到自己究竟在做什么。而当人们面对即便是过了期的爆米花时，也依然会在惯性选择的怂恿下继续大吃下去。

几年之前，布赖恩·文森克与几名同事在芝加哥的一家电影院进行了一次实验，他们向每位电影观众免费发了一桶过了期的爆米花。这些爆米花是5天前出炉的，但实验者将它们妥善保存，从而使这些爆米花在5天之后吃起来仍嘎吱作响。

实验者没有告诉观众这些爆米花已经过期，但他们会感觉到爆米花不太对劲，有人说："这简直是味同嚼蜡。"

在实验中，有一半观众拿到的是大桶包装的爆米花，而另一半观众拿到的则是小桶包装的爆米花。平均下来，拿到大桶的观众在看完电影后比拿到小桶的观众多吃掉53%的爆米花，尽管他们并不喜欢那些爆米花的口味。后来，文森克问那些拿到大桶爆米花的观众是否是因为自己的桶大才比别人吃得多时，他们大都不承认："这种口味我根本没有兴趣。"但他们说错了。

在大嚼过期的爆米花的时候，人们已经意识到这些爆米花可能存在问题，可是选择性惯性使他们并没有放弃，而是选择继续吃下去。而最后大桶爆米花的获得者要比小桶爆米花的所有者多吃53%这一数据说明，当自己处于一种吃得较多的状况下，他们很难停下了——即使是觉得爆米花有问题。

自制力差与盲目选择交互作用，会使人们遇到一系列的麻烦。尽管有证据证明吸烟会对身体产生严重伤害，但是仍有数百万美国人吸烟，尽管他们之中大部分人都信誓旦旦地说要戒烟；几乎2/3的美国人超重或肥胖；许多人都没能加入公司的养老金计划，尽管这一计划能够给予个人很大的补助。

惯性思维指人习惯性地因循以前的思路思考问题，仿佛物体运动的惯性。惯性思维常会造成思考事情时有些盲点，且缺少创新或改变的可能性。人们在进行惯性选择的时候都受制于惯性思维的影响。

人们的日常生活也常常在不知不觉中，受惯性思维的干扰，陷入惯性选择的旋涡。

惯性不仅可能在瞬间形成，更可能在大尺度时空中形成，不但会在个体身上表现出来，更会在群体中形成和延续，就像漂移中的各大陆板块，虽然在常规经验中你看不出它的移动，但这种移动却是缓慢而坚定的。人们惯性思维的形成一方面是由于个人习惯性的偏好所导致，而另外一方面也受到相关制度的影响。

经济生活中，惯性选择对于投资决策的干扰和影响最为常见。投资决策惯性行为的理性选择假说认为，改变已有投资状况是有固定成本的，这些成本随时间的变化而随机变化，因此维持现状、等待低成本的改变时机是节省成本的理性选择。具体而言，这些改变已有投资状况的固定成本包括两部分：直接的改变已有投资状况的成本和间接的了解、评价各种投资选择的成本。尽管直接成本可能较低，但是如果间接成本超过了已有投资状况的改变所带来的短期收益，理性的个体会选择维持现状。

在银行存款、外汇、股票、债券、期货、基金、借出、做生意、保险金、收藏品、房地产、理财产品、彩票等广义投资项目中，个体当前和未来期望的选择都表现出了参与惯性，即倾向于维持他们过去的选择；这种惯性选择是行为偏见的结果，而不是理性选择所致。

投资决策惯性行为的行为偏见假说认为，个体可能是不完全理性或非理性的，决定其倾向于维持投资现状的因素是基于某些心理偏好所导致的行为偏见。具体而言，投资决策中的惯性行为可能来自两种个体行为偏见：禀赋效应和延迟决策。

个体投资决策中的惯性行为

理性选择和行为偏见两种理论假说解释的个体投资决策中的惯性行为包括下面两种：

参与惯性

即个体在决定是否选择特定投资方式时的惯性行为。

调整惯性

即在已经选择了特定投资方式的情况下，个体调整具体投资比例时的惯性行为。

不难看出，参与惯性与更为基础性的“是”“否”选择相关，而调整惯性则是在参与选择基础上进一步的比例调整。

浪费的350美元比节省的350美元更多

20世纪70年代，信用卡在市面上开始出现，成为继借记卡之外的另一种银行新型支付方式。在当时情况下，信用卡公司会对每笔交易收取零售商1%交易额的费用。这显然增加了零售商的成本。一些零售商想对使用现金和使用信用卡支付的客户按不同价格收费，借此转嫁需要支付给银行1%的交易费用。信用卡公司为了避免这一现象，采取了一些防范措施。

当然，信用卡公司的这一举措威胁了零售商的利益。代表零售商利益的议会议员在国会提交了一项关于撤销信用卡公司这一做法的提案。之后，信用卡公司的游说人员便在他们的措辞上下了功夫。他们建议政府规定，如果一家公司对现金支付和信用卡支付收取不同的费用，那么信用卡支付应当被设定为“正常”（默认）模式，而不是像以前那样将现金支付认定为正常默认模式。

虽然，决议最后的决定看似是信用卡公司作出了让步，但是其实他们才是最大的赢家。通过将信用卡取代现金成为买卖交易的“正常”默认模式，信用卡公司获得了实际的益处：人们不能像以前那样采用现金支付，在多数情况下开始转变采用信用卡进行结算。因此，信用卡的持有量大大增加。

许多问题的关键在于阐述的方式，信用卡公司对心理学家所称的“措辞”有着深入的理解，依靠巧妙的措辞改变了顾客的默认选项，使顾客在结算方式的选择上趋向于使用信用卡。

就目前而言，低碳节能已是社会的大势所趋，让我们来看一下下面的两条关于节能的宣传语：

（1）如果你采取节能措施，你将会每年节约350美元；

（2）如果你不采取节能措施，你将会每年浪费350美元。

事实证明，第二项宣传语取得的效果远远好于第一条，原因是它是以损失为基本出发点的。“趋利避害”是人们在进行选择时普遍的心理状态，往往在一些情况下，“避害”的心态要大过“趋利”的心态。“你将会每年节约350美元”，这种描述并不能充分打动个人消费者，它具有一种抽象意义，并不会把350美元放到你的面前，因此缺乏鼓动。而“你将会每年浪费350美元”会使人们产生一种危机意识，时刻避免财产的减少。

措辞之所以会有效，是因为人们在作出决定时通常会怀有一种盲目和被动的心态，他们的理性思维系统往往懒得去变换一种说法，看是否会得出一个不同的结论。他们之所以不去这么做是因为他们不知道该如何去推翻这种矛盾。

“损失厌恶”并不是造成惰性的唯一原因，诸多原因使人们总体上更倾向于保持现有的状况。这一现象在很多情况下都会发生，因此在1988年，威廉姆·萨缪尔森和理查德·济科豪瑟给它起了个“现状偏见”的名字。多数教师都知道，学生上

巧妙的措辞对人的引导作用

比如，一位患有心脏病的患者，在听到医生对手术同一成功率的不同描述时，会作出截然相反的反应。巧妙的措辞可以对个人产生一种无形的引导，从而利用人们的“现状偏见”。

医生说成功率是90%，恐怕你选择做的概率很大——听起来，手术的风险不算很大，多数人在手术后活得很舒服。

医生说死亡率是10%，大多数心脏病患者在听到医生这番话之后，会选择放弃手术。

“100人中10人死亡”和“100人中90人生存下来”，尽管这两种表述的含义是完全相同的，但面对两种说法，即便是专家，人们也会有截然不同的反应。

课时倾向于每次坐在同一个座位上，即便是在没有座次要求的情况下。

现状偏见是人们在进行选择决策时的重要因素之一，“现状偏见”很容易被利用。许多年以前，美国运通公司给桑斯坦写了一封措辞友好的信。信中告诉桑斯坦说它们能够连续3个月免费向他赠送他选中的5本杂志。免费赠送看上去是件不错的事情，不管这些杂志有没有阅读价值，因此桑斯坦欣然选出了5本杂志。但是，令他始料未及的是，他在3个月之后仍然每月收到杂志，并且必须照价付款。直到最终他设法取消了杂志预订。就这样，在大约10年时间里，桑斯坦不得不为那些自己几乎从来不看的杂志掏腰包。

“现状偏见”的原因之一是用心程度不够。许多人都会采取一种“既来之，则安之”的态度，一个很好的例子便是看电视时的延滞效应。网络公司会花费大量的时间考虑节目安排计划，因为他们知道，晚上打开NBC节目的观众会倾向于不换台而停在那里。遥控器已在这个国家普遍使用了数十年，要换台所做的只不过是用大拇指按一下而已。然而，当一个节目结束，下一个节目接踵而至时，多数观众会想：“既来之，则安之，还是继续看这个台吧。”

很多时候，人们总是忙于应酬各类事务，无暇对自己的选择进行深入思考，人们自以为是的经验法则会使他们误入歧途，他们由于太忙而忽略了一些事情，因此他们宁愿接受既有的现实而不去设法判断在此情况下是否会有不同的结果。

第二节　消费陷阱如何欺骗我们

优惠卡背后暗藏陷阱

时下我们常常可以在一些商场附近、住宅小区、美容院、美发店的附近碰见一些商家发放优惠卡，“免费美容”“免费足疗”“免费理发”……花样繁多，身为消费者不禁窃喜：真有天上掉馅饼的好事！

一日，张女士在步行街逛街时，看到某美容院正在发放优惠卡，声称可以免费做一次基础皮肤护理，张女士便询问发放优惠卡的工作人员：“真的不用交任何费用吗？”“是的。”美容院的工作人员一边回答张女士的问题，一边把张女士请进了美容院。

张女士被让到一张美容床上，这时一名美容师说，“如果做的话，需要交7元钱的面扑费。”“不是说不用交任何费用吗？”张女士问。“我们的服务是免费的，您使用我们的仪器也是免费的，但是面扑不是我们院自己生产的，需要您交一个成本费。”美容师解释说。

于是，美容便继续进行。一个半球形的仪器在张女士面部上方不断释放蒸汽，美容师一边按摩着，一边分析着张女士的皮肤，不断地建议张女士再花30元做一个细致毛孔的面膜。张女士说没有时间，美容师抛出杀手锏："那你做这个基础护理也是看不出效果的，只相当于深层次地洗了一次脸。"

在距离这家美容院不足200米处有一家精品店，面扑的售价为2～2.8元不等。

发放优惠卡是为了吸引更多的顾客，这是一种促销的方法。俗话说天下没有免费的午餐，消费者承担一定的费用也是合适的。而有些商家却违背了这一初衷，硬性向顾客推销，强迫顾客消费，给消费者造成了精神和财产上的损失。

在名目繁多的商家促销策略诱人的承诺下，许多消费者都成为具有特殊消费地位的"贵宾"，一打开钱包，美容美发卡、健身卡、洗衣卡、商场积分卡……可谓五花八门，无所不有。但你也许还没有想到，你的钱往往就是被这些优惠卡渐渐套牢的。这些五颜六色的优惠卡有时只是在充当某些商家的美丽诱饵，很多消费者在优惠卡的巨大"馅饼"下，往往会陷入商家早已设好的圈套之中。

消费者在消费的过程中，不要随便相信优惠卡上的承诺，因为这种承诺往往是不靠谱的。

国庆节期间是北京旅游的旺季。李先生携一家老小到北京来旅游，在所住的旅馆附近，就接到了各种旅游优惠卡。其中有一张优惠卡颇有吸引之处，这张优惠卡提供了两天旅游线路：一条是恭亲王府、明清老北京、明皇宫、十三陵、八达岭长城五个景点；一条是大观园、电影旅游城、海底世界、亚运村、颐和园五个景点，并承诺免费接送看升国旗、免费导游、各景点门票自付，只付车费20元。

虽然李先生对优惠卡有些疑问，但他还是通过电话联系了"旅游接待处"。但是，接下来的一天，李先生一家人憋了一肚子气：这个所谓的旅行社，中间通过强制性统一购票，每人收取了170元的"团体优惠票"，各项承诺均没有完全兑现，更可气的是，在旅游结束后，他们以联系不到返程的车为由，每人退了2元钱的地铁票后，扬长而去。

商家推出的消费卡中很大一部分是按时间计费的，如月卡、季度卡、年卡等。从表面看，这些卡的优惠幅度往往都很大，但实际上，短期的消费卡往往会通过限制时间，使没有时间、来不及使用的消费者利益受损；长期的年卡则抓住了消费者喜新厌旧、不能坚持消费的心理特点，或利用消费者自身时间不充裕，工作、生活地点发生变动等因素，从中获取利益。

优惠卡的陷阱在其他行业也是随处可见。例如一些酒店利用节假日、店庆等机会，向消费者提供优惠卡等，但优惠卡上不标明有效期限或截止日期，等顾客消费完结账时却被告知"优惠期已过"。有的优惠卡上已经标明了可享受的折扣，但是当你结账时，商家才告诉你，优惠卡上只针对一般的菜点，并不包括海鲜、酒水等

优惠卡的两种类型

优惠卡似乎成了很多商家吸引顾客的方法，但是优惠卡林林总总无非下面两种：

预付式消费

先付费，后享受服务。商家往往先开出种种诱人的优惠条件，吸引顾客预先支出一定费用办理一张会员卡，以后分次提供有关服务。

风险大

- 对商家而言 → 可以快速获取现金收益。（利）
- 对消费者而言 → 由于服务的滞后性，实际上是在无形中承担了商家的经营风险。（弊）

会员消费

会员凭卡购物可以享受会员价或者参与积分兑奖活动，超市、商场常用此法促销。

风险相对较小

消费。

因此，消费者一定不要被优惠卡的“美丽诱惑”遮住双眼，在使用前向商家询问优惠卡上的模糊细节，防止陷入商家的美丽陷阱中。还是那句老话，天底下没有免费的午餐，碰上天上掉馅饼的好事时，可得掂量一下，因为这样的馅饼很有可能变成陷阱。

优惠卡的出现从根本上说是社会经济发展的产物，一方面体现了商家的竞争和营销手段的升级，另一方面也体现了消费者经济能力的增长和消费观念的改变。传统的“以现金进行单次消费”的消费模式已经不再是消费者的唯一选择，而“用消费卡进行非现金支付、并得到一定优惠”的消费方式正在得到人们的广泛认同，但它们存在的风险消费者不得不防。

作为消费者，应该要看清免费卡上的免费程序和免费项目及价格，以免掉进优惠卡的陷阱。对于自己不需要的服务或是超出了商家免费承诺以外服务的话，要勇于说不。如果商家有强迫消费行为，消费者也可以拨打“维权热线”来维护自己的权益。

高档商品的利润陷阱

戴一只几百元的上海手表和戴一只价值百万元的江诗丹顿手表，其使用功能是相同的，都可以显示时间。但戴一只用18K金做壳，镶满钻石的名牌江诗丹顿表能显示出主人与众不同的身份。

经济学家把消费这种价格极其昂贵的名牌商品称为炫耀性消费，其含义是这种消费的目的并不仅仅是为了获得直接的物质满足与享受，而在更大程度上是为了获得一种社会心理上的满足；这种消费行为的目的不在于其实用价值，而在于炫耀自己的身份——通常也称为“显摆”。有人这样调侃：“哥戴的不是表，是记忆。”

1894年，美国工业发展的速度已超过其他资本主义国家，跃居世界第一位。经济的飞速发展造就了一大批暴发户，而这些暴发户的行为则成了凡勃伦关注的焦点。凡勃伦以其敏锐的洞察力亲眼目睹了“镀金时代”的暴发户在曼哈顿大街购置豪宅，疯狂追逐时髦消费品。

追求利润最大化是所有商家经营时的必备信条，而很多商家正是看到消费者的这种炫耀性消费需求，迎合特定消费者对于奢侈物品的偏好，推出一些售价昂贵的奢侈品。

100多年来，世界经历了很多变化，人们的追求和审美观念也随之而改变，奢侈品LV不但声誉卓然，而且仍保持着无与伦比的魅力。人们不仅迷恋于它的时尚耐用，而且迷恋于它尊贵的历史，以及品牌背后所暗示的主人身份。虽然一件印有“LV”标志这一独特图案的交织字母帆布包动辄上万元，但丝毫不影响人们的购买兴趣。

奢侈品对富人具有炫耀性的效果，如购买高级轿车显示地位的高贵、收集名画显示雅致的爱好等，这类商品的价格定得越高，需求者反而越愿意购买，因为只有商品的高价，才能显示出购买者的富有和地位。这种消费随着社会发展有增长的趋势。

炫富心理其实在普通人的日常生活中也很常见。消费心理学研究也表明，商品的价格具有很好的排他作用，能够很好地显示出个人收入水平。利用收入优势，通过高价消费这种方式，高层次者常常能够有效地把自己与低层次者分开。这也正是消费者出手阔绰，常有“惊人之举”的原因所在。

20世纪90年代初手机刚出现时，天津街头出现过这样一个镜头：一位西装革履的年轻男士手拿一个“大哥大”，边走边大声冲它喊话。同一条路的另一侧，一位年轻女子手里也拿着一个“大哥大”，饶有兴致地聊天。因为这条路太窄，路人很快发现这一对男女分别是在跟对方通话，而二人相距只是一条路，不到10米的距离！也就是说，他们完全可以从耳边收起“大哥大”，直接用嘴聊。

有人讥讽说，这是北方人爱显摆，在用不上手机的情况下，他们故意掏出那玩意儿，让别人看到他是用“大哥大”的老大。因为那时手机刚兴起，买一部手机，再加上号码得一两万元。

不得不承认，很多时候我们买一样东西，看中的并不完全是它的使用价值，而是希望通过这样东西彰显自己的财富、地位或者其他。更常见者，以拥有动物皮制作的奢侈品最突出，比如鳄鱼皮的手包、紫貂皮围巾、水貂皮大衣……每一件都动辄数万元起价，甚至有人讲“哪天若能拥有一件紫貂皮大衣，则此生无憾”，人类与生俱来的喜新厌旧特性又迫使人们不停地追逐更多珍稀动物的皮毛。于是，大量的财富消费在这上面，而LV、蒂凡尼等品牌也成了东西方常见的奢侈之物。

对于人的消费而言，维持和延续人体基本生存的生活资料属于必需的消费品，如满足人体新陈代谢所需的食物、满足人们保暖的衣服和住房等。奢侈品在国际上被定义为“一种超出人们生存与发展需要范围的，具有独特、稀缺、珍奇等特点的消费品”，又称为非生活必需品。奢侈品在经济学上，指的是价值与品质的关系比值最高的产品。从另外一个角度上看，奢侈品又是指无形价值与有形价值的关系比值最高的产品。从经济意义上看，买奢侈品实质是一种高档消费行为，本身并无褒贬之分。因此，买生活必需品还是买奢侈品，永远只是不同的消费选择。

凡勃伦物品

经济学家们将用来炫耀财富的商品称为凡勃伦物品。

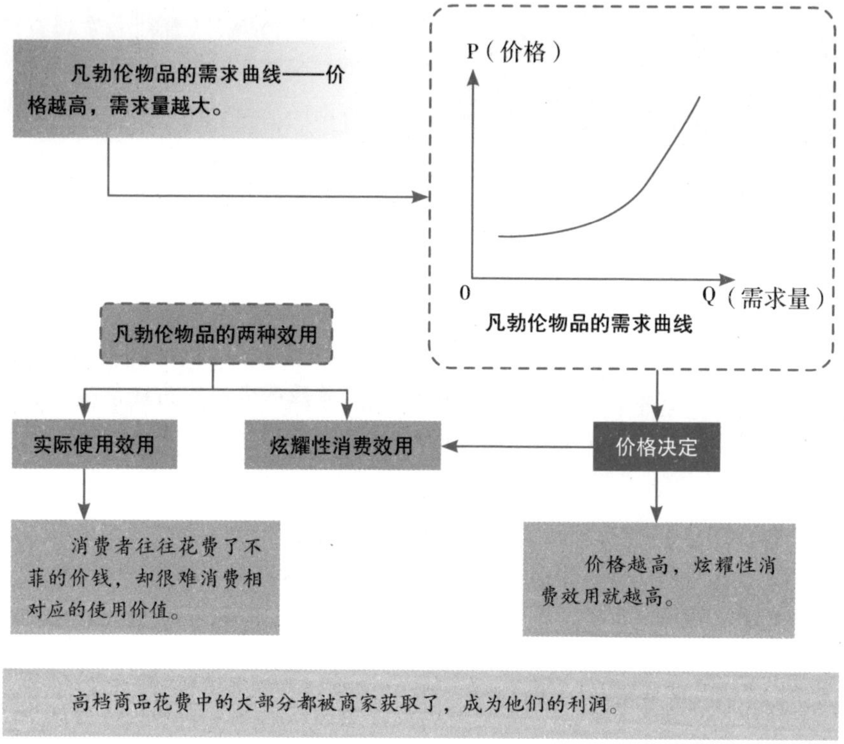

买涨不买跌的经济陷阱

经济生活中的每个人都是理性人，只不过，这些理性人在市场运作中往往显得并不理性。让我们先来看这样的一则小故事：

某粮店开张，但顾客并没有老板所预想的那样多。当老板看到满街的商店降价促销的吆喝声不绝于耳，打折出售的招牌随处可见，而这确实招徕了许多顾客时，这些红红火火的顾客盈门的场面，让老板心想“薄利多销”是很有道理的。

于是，老板将贴在外面的价目表改了一下，在原来的“1.8元/斤”上用红笔划去了“1.8”换成“1.7”，即“1.7元/斤”。价格便宜了1角，但是效果并不理想，并没有多吸引多少顾客。老板想，可能是因为降价的幅度不大，于是将“1.7”改为“1.5”，变成“1.5元/斤”，这已经是非常便宜的价格了。但老板奇怪地发现，吸引的顾客还是不多。等到晚上算账的时候，销售收入几乎没有增加。

这使粮店老板十分纳闷：为什么降价幅度如此之大了，销售收入却丝毫没有增加？第二日，店里来了一个经济学家买面，老板愁眉苦脸地和经济学家说了这事，并请教原因。这位经济学家笑着对这位老板说，想扭转局面？很简单，明天你再挂一块牌子，上面写：今天面条每斤又涨了5分钱。

数天之后，经济学家再到这家粮店，粮店前已经排起了长龙。

为什么粮价便宜无人问津，而涨价却供不应求了？我们常听一句话“买涨不买跌”，这是市场上大多数人购买心理的写照。

不知道从什么时候开始“买涨不买跌”变成了一个规律，确切地来说应当是定律，这个定律来源于所谓的炫耀性消费心理，这种“心理”产生的原因是不甚严格的统计方法，当然也掺杂了部分主观上含糊的概念，本文的一个目的就是分析这些错误的概念根源，以及通过营销基础知识来对“买涨不买跌”重新梳理一遍，找到其在商业应用学科一个恰当的位置。现在我们暂且接受这么一个陈述：“所谓买涨不买跌就是产品价格越上涨，该产品购买者越多。”

经济学家写上涨5分钱的道理，这在于他摸透了消费者的心理预期——人们通常买涨不买跌。当粮店打出要涨5分钱时，就从心理上对消费者起到了某种暗示：面条涨价了。消费者预想“再不买还要涨”，于是就一窝蜂地涌到粮店了。

其实，“买涨不买跌”是随处可见的。2008年金融危机横行，我国一线城市房地产价格大多在打折促销，但多数人看到“跌跌不休”的房价，始终不肯出手；短暂的降价后，房价再次飙升，此时买房的人却多了起来。再比如说在股票市场上，某一种股票价格上扬的时候，人们都会疯狂抢购这种股票。而当一种股票的价格下跌的时候，购买这种股票的人反而很少，拥有的人也希望尽快抛出去。人们越高越买，是为了最大限度地获取利润，股票价格升高，说明投资者有利可图。

在今天，“买涨不买跌”的消费者购买心理也是造成房价现状的推手之一。房子价格下跌时，买房人观望等待，希望再跌一点，尽量减少购房费用。当房价飙升时，各个楼盘都非常热销，购房者一房难求，都匆匆出手。其实，这反映了普遍存在的“买涨不买跌”“跟风”消费的心理误区。那些“买涨不买跌”“跟风”消费的买房者，既有那些急需住房，必须购买的刚性需求者，又有那些想把自己的环境变得好一点的改善性购房者，也有一些不顾及个人的具体情况和实际条件，盲目购房的“跟风”者；还有的则是投资房产的人，他们把所有积蓄和多方筹措的资金、甚至还把老人的养老钱全都用在购买商品房上，孤注一掷，期待更大的升值空间。造成这种奇怪现象的原因是开发商的促销手段和放盘策略。

作为理性人，我们遇到大多数人“买涨不买跌”时，自己应该从成本收益的理性角度去分析和判断，最终作出理性的选择。

面对诱惑，堵住自己的耳朵

生活在不经意的瞬间会给你惊喜，让你在忙碌之余品味一下内心甜蜜的幸福。但是稍不留神，惊喜瞬间变成苹果一般的诱惑，快乐过后的清醒就是亚当、夏娃的悲剧。作为消费者的我们，在生活中需要时刻警惕这种包着糖衣炮弹的诱惑，避免落入花钱的陷阱。

某大酒店开业，在电视和报纸上做了一个广告，称开业当天全天免费。几个好友当天正好闲来无事，便相约去吃这顿免费的午餐。去吃饭之前大家都兴致勃勃的，吃完饭后却一个个闷闷不乐，为什么？原来酒店所说的全天免费，并不是让你随便吃，而是根据酒店的规定，每人免费供应一份午餐，所谓的午餐，不过是一碗米饭、一个小菜、一小碗鸡蛋汤而已。

免费是消费陷阱之一，因为其隐蔽性很难发现。往往是在消费者欢欢喜喜看着“免费”的牌匾自动送上门，很快又发现，免费并不是自己想的那么回事儿。如果想要吃其他的，则得自己掏腰包。看来，这全天免费只是酒店钓鱼的诱饵而已。再看酒店里前来消费的人群挤得人满为患，大家都是冲着这免费来的。虽然被骗了，但有火还没地方发，谁叫你来的，姜太公钓鱼，愿者上钩，人家广告上明明写着，解释权归酒店所有，虽然字很小，不太醒目。再说你也不好意思理论，为了吃人家的免费餐，还要人家管你吃个够？大庭广众之下，面子上也过不去呀。送的免费餐吃不饱，只好自己再点上些炒菜、酒水，一结账，几百块钱出去了，这顿免费餐吃得还真不便宜。

为了理解免费现象，我们需要引入两个词：诱惑和无意识。从亚当夏娃时代开始，人类便看到这个世界充满了诱惑。为了更好地理解助推的价值，我们需要对“诱惑”一词详细解释一下。怎样的事物才算具有诱惑力？

联邦最高法院大法官波特·斯图尔特关于色情作品有一句名言：“我知道自己在看些什么。”诱惑无处不在，但却很难对其下一个确切定义。我们要对某件事下一个定义，需要弄懂人们随时间变化而改变的心理状态。作为商家，追求的都是利润最大化，他们为什么要给你提供免费午餐呢？但现实生活中，总有一些人相信这样的事情。原因何在？因为虽然每一个人都是经济人，也追求自身利益的最大化，但是，经济人的理性是有限的，在利益尤其是能轻易获得的利益面前，人们就容易失去理性。

我们经常看到此类广告：本店清仓大甩卖，商品一律四折！其实商品的标签早已在打折前进行了修改，不过是将现在的价格提高为原来的两倍而已。说到底，没有谁会赔钱赚吆喝。

商家的目标是赢利，所以商场也好，酒店也罢，都不可能免费为你提供商品和服务，免费的午餐是不可能存在的。

也许有人会提出反对意见，很多酒吧里花生米是免费的。可是你注意到没有，花生米可随意索要，饮用品则贵得很，连一杯清水都要好几块钱。按常理，花生的生产成本要比水高，酒吧为什么要这么做呢？

理解这种做法的关键在于，弄明白水和花生米对这些酒吧的核心产品（酒精

拒绝“处理商品”的诱惑

很多媒体报道，一些负责任的商家，在时间将近时，常常将那些快变质或已经变质的商品，利用捆绑促销的形式推销给顾客。

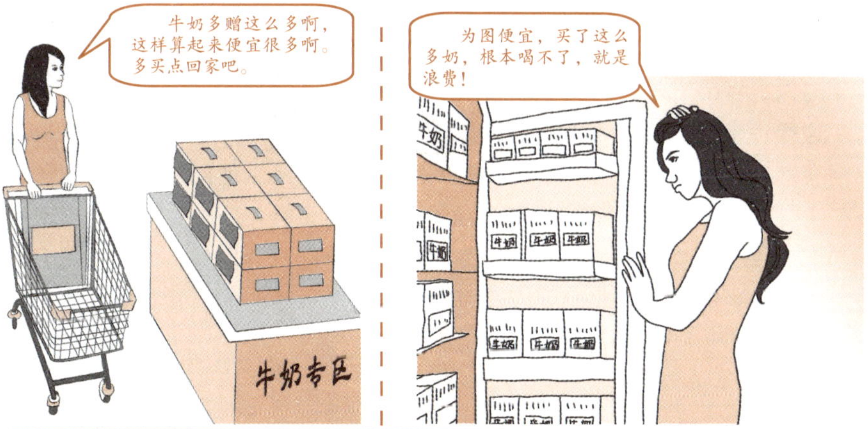

比如，月底特价酸奶，一般把5盒或者10盒捆绑起来，价格算起来每盒比单买要便宜40%。但是如果你不留意日期的话很可能要自吞苦水，这批酸奶距离保质期的最后期限很可能只剩下四五天了。

所以，我们应该擦亮自己的双眸，看清楚周围，识破那些诱惑后面的销售策略，不让自己上当受骗，不让自己陷入别人设下的“圈套”中。

饮料）的需求量会造成什么样的影响。花生和酒是互补的，花生吃多了，会有干渴感，要点的酒和饮料也就多了。相对于酒和饮料的利润来说，花生是极其便宜的。多吃花生米能带动酒和饮料的消费，而酒吧主要靠酒和饮料来赚取高额利润，所以，免费供应花生米只是为了提高酒吧利润而已。

反之，水和酒是不相容的。水喝得多了，要点的酒类自然少了。所以，即使水的成本很低，酒吧也会给它定个高价，减弱顾客的消费积极性。

免费的花生米实际上是引导顾客多消费酒水而已。酒吧的做法正是应了那句话——世上没有免费的午餐。

去美国参观旅游过的大多数人都知道，位于华盛顿的国家美术馆是免费对游人开放的。这么说，是不是国外就有免费的午餐呢？其实不然，华盛顿的国家美术馆一楼是展览大厅，楼下是画廊，有出售画家作品的，还有出售美术期刊、画册、图书、工艺品的。最多的是出售世界名画仿制品和印刷品的，一楼每一幅展出的名画在楼下都能找到其仿制品和印刷品，两者的价格相差悬殊。例如，一楼展出的梵·高名画《向日葵》，其标价是几百万美元，而楼下出售的仿制品却只卖20美元，印刷品更是便宜，几美元就能买到。面对如此大的差价，人们对仿制品和印刷品的购买欲望怎能不强烈？

试想，如果国家美术馆收门票，前来参观的人肯定会少很多，楼下买仿制品和工艺品的人也将随之减少，售出的商品也会减少，楼下的铺位对外出租的价格就会降低。这样一来，门票收入可能还不及铺位对外租金的减少。所以，虽然从表面上看，国家美术馆没有收门票，是赔钱的买卖，其实暗地里他们早已通过高额的铺位租金把比门票更多的钱赚到了口袋里。

如此看来，作为一个消费者、一个经济人，不能只片面地追求利益最大化，面对商家免费午餐的诱惑，我们应该清醒地提醒自己，精明的商家是不会让你轻易拣便宜的。

低价购买名牌产品是一种赌博

如今的市场促销手段中，最吸引人眼球的莫过于“打折”这两个字了。每逢节假日，商场的促销手段便纷至沓来，令人眼花缭乱。消费者平时工作忙，因此节假日成了商场血拼的最好时机。而商家也早就与消费者达成了假日促销的默契，知道消费者最经不住的就是打折与让利，只要你要买的，他全都在打折，看似便宜了但是你发现自己的口袋被商家掏空了。

美国P&G公司曾经实行过“折扣券”制度，对积攒、保存、出示“折扣券”的顾客（往往都是收入较低的顾客）采用比较优惠的价格。1996年，该公司以区分消费者需求弹性成本太高之名要取消此种制度。结果，经常来光顾的顾客火了，一纸诉状将P＆G公司告到了纽约州司法部。最后，P＆G公司被强制要求继续执行“折扣券”制度。

在商场里，商家以种类繁多的商品吸引消费者，再用昂贵的价格获取利润，而为了能获得更多的交易机会，他们就会适当地给予消费者折扣。因为存在这些折扣，消费者多会感到心里舒服些。渐渐地，我们也就接受了这样的销售模式。这就是所谓的折扣效应。

所谓折扣效应，是指卖方按原价给予买方一定百分比的退让，即在价格上给予适当的优惠，从而诱使消费者再次消费。而折扣效应之所以能频频奏效，恰恰也是利用了消费者作为理性经济人的特点，即实现自己的利益最大化。即便你明知打折是商家给我们挖的坑，然而我们依然照跳不误。是商家得了便宜还卖乖的表演——“我已经赔了，看在老乡的分上就权当我给你捎一个了”——让我们心软了，还是我们天生就是上当的主？

事实上，消费者与商家都是理性的经济人，双方都在追求自身利益最大化的过程中，进行着“自利”的博弈。如今的市场促销手段中，打折花样繁多，最直接的就是在商品价格栏上贴上“五折优惠”的标签，此外还有“满200元立减100元”“买一送一”“满200送100”等不计其数，外加“跳楼价”“放血大甩卖”等惨烈的字眼，目的只有一个，让消费者一看里面全是实惠，赶紧去买吧。

当享尽“折扣”疯狂之后，“打折”的新鲜感逐渐退去，理性的消费者不免会心生疑问：商场打折广告接二连三，打折花样不断翻新，有时全场打折，有时部分商品打折，有时分楼层打折，有时按专柜打折，逢年过节打折，喜庆活动打折，某产品专项打折……仿佛没有不打折的时候。商家什么时候变得如此大方，一年到头都在“让利”呢？商家把利润全给了消费者，难道他们不过日子了？

戴先生开了一间设计室，准备买一台激光打印机，他去过几趟办公用品市场，一直觉得价格不合理而把事情耽搁下来。一天，戴先生经过某品牌专卖店，其门前挂出“××激打全部特价，亏本销售”的广告。戴先生进入店铺，挑选了一款标明“原价1500元，现卖1199元”的激光打印机，满心欢喜掏出钱包付款后回到工作室。员工小黄发现那张1199元的标价签特别厚，试着撕下标签，竟然发现里面还有一张，标价仅1180元。戴先生马上赶往这家专卖店讨要说法，但营业员却称“两张标签不是同一款打印机”。后来戴先生决定向物价部门投诉。

虽然这个个案中商家的做法有点极端，但是，商家的确永远都不会做亏本的买卖。很多“降价”其实不是真降，商品的标价是由商家随时调整的。比如说一台打印机实际能卖的价格是1500元，很有可能商家把价格定在1800元，然后来个“某某打印机狂降300元”的宣传，这样的所谓“降价”对消费者而言还是很具吸引力的。

商家的"打折"陷阱

节假日、换季时，各大商场的打折、优惠、购物抽奖的广告扑面而来，吹得你头晕目眩，吹得你直掏腰包捡"实惠"。然而，这只是商家的打折销售策略。

知道原价的顾客很少，更多的顾客并不知道原价，还以为真的降价了。商家往往采取"明为打折，实为涨价"这招来欺骗消费者。

还有的商家"以次充好"，消费者贪便宜买回去，出了问题找商家的时候，商家却以"特价商品"或"打折商品"为由不予处理。

商家是不会做赔本的生意的，他们总是会设好各种"陷阱"来诱惑消费者，消费者应该记住：天下没有免费的午餐。

因此，“降价”不降利润，商家自有他获利的“奥妙”。消费者稍不注意，就会落入商家“高价低折扣”的陷阱。

此外，有的经营者在搞打折活动时，以次充好，把商店里的品牌商品暂时放进仓库，把仓库里的滞销商品“打折”出售，欺骗消费者。因此，消费者在一些商店里看到打折促销活动，不可盲目乐观。

杭州一家知名品牌的商场搞店庆，全场低价促销。周小姐看中了一件原价2280元的风衣正在打1折，于是，她以228元的价格买下了这件衣服。但是，当周小姐回家后，发现了风衣的衣领上有气泡。第二天，周小姐再次来到这家商场，由于非常喜欢这件衣服的款式，所以希望换一件。但是，服务员回答只有这一件。无奈之下，周小姐只好退了钱，扫兴而回。

消费者期望的是名品折扣，而不是这样的“次品”折扣，因此消费者在购买品牌店中的商品时，也不应疏忽大意，应严把质量关，防止购买到价格质量都打折的商品。很多消费纠纷有一个共同点，就是商家在起劲打折叫卖的同时，质量与服务也打了折。

商家不会做赔本的买卖，其对利润的敏感犹如苍蝇嗜血的本性。每一个打折的背后都有一笔精明的小算盘。有的人偏偏经受不住打折的诱惑，一看见这两个字便血脉贲张，结果上了商家的当。在超低价格的诱惑下，不少消费者失去了理智，看见什么买什么。所以，消费者要不断提高自身的识别能力，面对促销商品不要盲目，要理性面对，不要一看到“低至2折”等字样的广告就乱了手脚，这样才不会吃大亏。

手机的收费方式为何复杂难懂

李女士从一家手机专卖店买了一张手机卡，红红的条幅宣传“10元包月”，而且打国内长途低至每分钟1角多钱。等她买回家后，月初便收到一条又一条的收费短信，除了10元月租外，还有6元来电显示费、2元彩铃费，等等。令她想不到的还有每天收取1元信息流量费。从来不懂手机上网的她发现充值50元，没到月底居然就被告知“余额不足”。

李女士最后才明白，原来“来电显示”收费是整个行业的惯例，低月租的陷阱一般都藏在这里。由于她多次投诉，终于取消了彩铃费，并退回33元信息流量费。

对于像李女士这样的消费者而言，因为手机复杂的收费方式遭受损失的不在少数。

目前话费套餐主要存在套餐水分多、侵犯用户知情权两方面的问题。运营商的手段是只强调优惠的程度，而对各种苛刻的附加条件蓄意掩盖起来，对消费者只字不提，所以最后吃亏的还是广大的手机用户。

消费者在办理套餐业务时，运营商举着变相优惠的幌子欺骗消费者。如果不是拿着手机业务收费宣传单仔细斟酌，你确实很难在一时半刻弄懂这些复杂的套餐，什么业务包含在套餐之内，什么又是另行收费。对于那些不够仔细的顾客，一不小心就被套餐“套牢”了。

手机运营商在制定相关手机套餐时，利用消费者无意识选择的特点，在一些不被消费者知晓的地方设置默认选项，除非有意识地更改，这些默认选项直接对消费者发挥作用。当然，这些默认选项在不知不觉中损害了消费者的利益，给供应商提供了更多的利润收益，这恰恰也是体现了利润最大化的经营原则。

放眼望去，无论是洋快餐店，还是通信行业的营业大厅；无论是街头巷尾的美容美发店，还是建材家居装修公司。在我们吃穿住行、休闲娱乐的各个行业领域都有“套餐”的踪影，众多商家纷纷将“套餐”作为主打销售模式。可以说，我们的生活已经进入了“套餐时代”。

市场上各种“优惠套餐”让消费者眼花缭乱，可背后却往往隐藏着不少陷阱。虚假优惠、隐瞒附加条件，等等，在很多垄断行业非常普遍。

赵先生搬新家后开通了数字电视，选择了新开通的一个套餐，除了机顶盒费用外，说是送半年的互动点播天天影院。结果，半年过后赵先生就把这个影院项目忘记了，但是拿到收费单后吃了一惊，除了28元月租外，居然多出了30多元点播费用。从来没看过什么点播电视的他打电话一问，原来是套餐过期，由于他没有明确取消，影院“自动开通”。赵先生不明白了，套餐从法理上讲是一份双方签订的合约，合约到期了就意味着中止，怎么没有对方的同意，而单方面续约呢？

商家在推销套餐活动时，有的都是请了精算师计算过的，不会做赔本买卖。如果实在没办法，消费者最好选择简单的、能够算得清楚的套餐，不要被其表面所蒙蔽。其实，陷阱在家装套餐中表现得尤为明显。

在家装领域，家装套餐以“省钱、省时、省力”受到一些消费者的喜爱。但是多数套餐的报价都只含有最基本的工艺，而像拆墙、打洞、加隔墙、做防水等必备工序，都得再加钱。有些套餐所含的橱柜、免漆门等均有数量限制，实际装修过程中，不少消费者都会感觉不够用，如果要求增加，自然也得加钱。还有的低价套餐不含水电改造等。对于含有两个卫生间的户型，套餐式装修则只包含一套卫浴设备，第二个卫生间仅含地砖、墙和顶面涂料等，虽然每一个套餐都可以升级，但升级部分所需的费用都得由客户埋单。此外，一些套餐式的装修方案对面积在60平方米以下的小户型设有保底价，全部按90平方米计算，而90～100平方米的，则全部按100平方米计算。由于诸多“不可控”因素，最终导致一些家装套餐“低开高走。”

然而，不少消费者在签订合同前，并不了解这些情况，而设计师通常也是“你不问，就算你知道”；同时，家装套餐很难满足个性化装修，其固定的主材品牌和款式，自由选择度不高。

实际上不少套餐看似“馅饼”，实为“陷阱”，它们的目的是为了把你圈住、套牢，难怪有人说，“套餐，套餐，就是套住你再慢慢吃”。

套餐能不能“吃”

套餐，原本是餐饮行业独有的营销方式，如今已在我们的生活中变得司空见惯。那么，套餐究竟是好是坏呢?

优点

既节省了消费者自己搭配所花费的时间、精力，又节省了金钱，可谓是一举两得的馅饼。

缺点

商家刻意隐瞒苛刻的附加条件，造成消费者在不知情的情况下多花钱，致使消费者吃亏上当。

那究竟套餐能不能“吃”呢？只要消费者深究每个套餐的利与弊，套餐还是可以吃的。

定价的秘密不是人人都知道

定价理论似乎没有国界之分，福特汉姆大学定价会议每年都会由两位福特汉姆大学的市场学教授组织，召集世界各地的专家齐聚一堂。与会人员彼此联系紧密，因此大家的谈话惊人地坦诚相见。他们根据汉堡的价值，找出汉堡的价格。每年各公司会花费数十亿美元在这种研究上，但是并不是所有这种研究都有很高的回报。

然而这种令人激动的研究仍在进行当中，并且由一家大型公司资助，这也证明价格或者更严格地说消费者寻找价格的方式，是一个十分重要的商业问题。而历史表明，这也是困扰着人类的问题。

中世纪哲学家圣·托马斯·阿奎那注意到这样有讽刺意味的情况：有生命的事物比那些没有生命的事物价值更高，但是在市场中，我们在一片面包上花的钱比在一只老鼠上要多。阿奎那认为，“自然价值”和“经济价值”之间存在差异。自然价值的基础是内在价值，而市场价值的基础则是供求关系。

对于市场价值的思考源自罗马人，他们十分敏感地注意到，“事物的价值就是其可以售卖的价格”。但是阿奎那的观点更为细微，他发现人们愿意支付的价格取决于他们对该买卖所知多少。他在著作中写道：“公开价格或降低价格会带来更多美德，但这样做却并非严格的公平所必需的。”要将价格看成一种诠释和解读。价格本身其实一点儿意义都没有。价格令人忧愁，因为价格的意义不在那张价格标签上，而在人们的头脑中。

价格是十分捉摸不定的，怎样解释都可以，也容易被操控。严格的公平允许商人将消费者蒙在鼓里，而正是这种不知情使得消费者难以知道商品的真正价值，今天也是如此。

通常来讲，价格倾向于尽量简单，容易让我们患有数字恐惧症的大脑记住。你买的商品有多少是价格4.3元或者100.07元呢？至今在很多超市当中仍有将物品的价格具体到分的定价。这种价格看上去十分古怪并且可疑。所有价格归根结底无非就是数字，但这些数字是绝对的，至少看起来是这样。数字所代表的意义超过了其本身的数字价值。在数学当中，数字1、2和3要比其他数字使用得更为频繁，但是作为价格的最后一位时却是个例外。几乎很少价格以数字1、2、3结尾，7或者8也不常见。

法国国家健康与科学研究院知名的科学家斯坦尼斯拉斯·德阿纳，在他的作品《数字感》中，解释了为什么像100.07元这样“突兀”价格容易让我们感到紧张：“公制是一种十进制进位系统，我们的货币制度也是如此。这种制度同我们的数字感契合，因为它跟指数序列相近，只不过仅由小的圆润数字构成。”世界上所有的语言都选择了一套以5或者10的倍数的圆润数字，在定价时显示出这种偏好再自然不过了。

定价同理性并不矛盾，但有时候定价的确绕着理性走。例如，大约从1880年起，神奇的数字“9”开始在价格上占据一席之地。在那以前，几乎所有的数字都是“圆润”的，但是“9”这个数字似乎更能引起消费者的注意。

价格促销通过模拟表演来激发消费者的兴奋和内心深处孩子气的一面。例如，星巴克“第十杯免费”的会员卡，还有其他大商场诱惑消费者购买更多的商品以获得“积分”，再换取免费商品。你所购买的咖啡定价过高，而且你买的咖啡超过你的所需，这显然是不理智的，但是商家的目的就达到了。

一位女士在她的起居室里囤积的那些划算的商品——磨毛了边儿的塌陷了的沙发、掉了一块漆的仿古台灯、20世纪90年代产的水晶灯……沙发是1986年或者1987年产的，她在打特价时将沙发买回家，对沙发的购买、拥有和使用仍旧给她带来满足感。作为一个聪明的消费者，买下一件划算的商品对她自尊心的满足意义重大。也许这听起来有些不合逻辑，而且对其他人也并不适用，但对她而言，这是实实在在的、真实不虚的。

作为消费者，我们一点也不了解自己的情感，实际上，一说到了解情感，我们就如同身处暗穴，找不到头绪，虽然倡导理性，但我们的行为常常并非如此（理性）。但我们知道的是，也最为迷人的是，当我们情绪高涨、积聚了头脑中所有能量时，价格就变得十分有影响力。我们对价格的关注是对待其他事物时所没有的。

最出色的价格定位者在增加利润时，总是将自己的努力与善行联系在一起。我们已经了解到，科斯达吹嘘其对公平贸易的支持，同时以此找出乐意多花钱的顾客。向老人和学生提供优惠价也是在做好事。除了愤世嫉俗者或经济学家，谁会反对这种值得表扬的行为?

目前盛行的游戏是以“天然”之名搞价格欺诈，搭天然食品的顺风车。天然食品的流行有多个原因，原因之一是，由于不断有食品危害身体健康的消息出现，很多人认为天然食品更好，至少天然食品不会要他们的命。所以超市采取应急措施，供应大批天然食品，而这些产品的价格远超出超市为此多付出的成本。在英国超市，这类产品经常堆放在一起，表面上是为购买天然食品的顾客提供方便，实际也为超市降低了风险，因为这样顾客就不会注意天然食品和普通食品的价格差异。

但是，高价的天然食品真是价格定位策略的一部分吗？天然食品的确应该更贵：它的生产成本更高，保质期更短，运输费用也比普通产品更高。然而，就像你的卡布其诺一样，对于超市货架上的多数食品而言，原料只占其价格的一小部分。例如，在英国，1夸脱天然牛奶收取约50美分的溢价，但其中进入农民腰包的还不到20美分。我们不应感到奇怪，超市正是借着天然食品运动的东风，通过抬高价格来销售。如果你相信天然食品有好处，我提一个建议，不要让食品零售商破坏你的热情：用你的钱来投票，支持在天然食品和非天然食品方面定价接近的零售商，或直接找供应商购买。

为什么尾数定价法运用得如此广泛

1.可以使消费者产生便宜的心理错觉。如198元一双的鞋要比200元一双的鞋好销。

2.给消费者一种数字寓意吉祥的感觉，使消费者在心理上得到一定的满足。如“8”在粤语中念“发”，含发财致富之意。

了解了价格的这两种心理效应之后，但愿你在日后的消费中，多一分小心与谨慎，以免上了价格的当。

第五章

厂商如何才能获得利润

第一节　交易是源于比较优势

无论谁都拥有比较优势

比较优势原理大多用于解释为什么自由贸易使不同国家的人能生产出更大的产量并达到更高的生活水平。像国家一样，如果个人够专注，即如果他们集中精力去做他们最擅长的事情，那么他们也可以达到更高的收入水平。找到职业上或商业上你具有比较优势的地方，然后专注于这些方面将帮助你赚得更多的钱。

想得极端一些，假设你在任何一个生产活动上都比其他人更好，那是不是意味着你要把时间分配到各个活动上去？或者，考虑另一个极端，一个人可能在任何生产活动上都比其他人差，那这个人是否因为他不能在任何事情上竞争成功，就不能够通过专注于相对最擅长的事而获利呢？

其实，两个问题的答案都是否定的。不管你多么有天赋，你都有相对其他领域来说更有效的领域。同样地，不管你做事情的能力多差，你总有相对来说有优势方面，你可以在某个事情上竞争成功，并且通过专注于你的比较优势获得利益。比较优势概念的核心是，“无论谁都一定拥有某种比较优势”。也就是说，无论谁在工作上都能发挥自己的作用。

一些人可能觉得当他们与赚得比自己多很多的人交易时自己处于劣势，其实不然，交易使双方受益。一般来说，因为相对于那些不那么多才多艺、不那么有钱的人来说，你和越多才多艺、越有钱的人交易，你的情况就会更好，因为你的服务对他们更有价值。我们愿意当泰格·伍兹而不是其他职业高尔夫球员的球童，因为我们从他那能获得更多，这是由于他比其他高尔夫球员赢得更多联赛，而我们从他那里获得的更多的价值就体现在当他的球童时获得的更高的回报上。

假设员工甲在1小时之内可以预约4家客户，或者可以制作20页资料；而员工乙在1小时之内可以预约1家客户，或者可以制作10页资料。

接下来，比较一下甲、乙两人进行各项工作时的机会成本。如果用牺牲的资料页数来表示预约1家客户的成本时：员工甲付出了5页的代价，员工乙付出了10页的代价。相反，用牺牲的预约件数来表示制作1页资料的成本时：员工甲付出了1/5件的代价，员工乙付出了1/10件的代价。

通过比较后可以得到，员工甲进行预约客户时牺牲的资料页数比员工乙少，而员工乙在进行制作资料时牺牲的预约件数又要比员工甲少。因此，我们可以说，“员工甲在工作上的比较优势是预约客户（销售），而员工乙在工作上的比较优势是制作资料”。另外，经济学中比较优势的概念还告诉我们，“专心致力于拥有比较优势的工作，可以提高整体的经济效益”。

让我们再进一步分析一下。按照上述的条件，员工甲在1小时之内可以预约4家客户，对于员工乙来说，这是需要花费4个小时的工作。如果员工乙用相同的时间进行资料制作的话，可以制作40页的资料。假设员工乙用其中的30页资料和员工甲的4件预约进行交换，那么会出现什么样的结果呢？员工甲在1个小时之内的工作成果变成了30页资料，而员工乙在4个小时之内的工作成果就变成了4件预约加上10页资料，从资料的页数上来看，都要比自己单独工作时多出10页。员工甲在和所有能力都比自己差的员工乙进行分工后，双方都比单独工作时获得了更多的利益。

不管是在知识上还是能力上有多大差距，每个人都会有自己的比较优势。即使对方水平有限，能力超群的员工甲也应该在工作时尽量选择和他人分工作业。在现实中还有许多类似的例子，比如说，某职业运动员在学生时代取得了一级会计证书，而自己的妻子只有二级会计证书。尽管如此，他也应该把经纪人的工作委托给妻子，自己去专心训练。这样更有利于两人充分发挥各自的比较优势，从而使两人发挥出自己的能力。

杨振宁曾在芝加哥大学做实验物理的研究，然而他的研究工作并不太顺利。虽然师长们对他的见识非常欣赏，但缺乏动手能力却成了杨振宁的死穴。

他自幼便是左撇子，好不容易才被母亲纠正过来。他小时候曾用泥捏了一只鸡，拿给父母看，父亲为了鼓励他，夸奖说：“这支藕做得真不错哦！”在芝加哥大学，盛传“哪里有爆炸，哪里就有杨振宁”的笑话。后来，杨振宁在导师、被称美国氢弹之父的特勒的建议下，转攻对动手能力要求不强的理论物理学。1957年，因和李政道合作提出了宇称不守恒理论，最终获得诺贝尔物理学奖，获得了成功。

实验物理并不是杨振宁的强项，继而他转攻理论物理，才在最大限度上发挥了他的比较优势。一些人起初跟别人相比处于劣势，因此不能通过自己的努力和积极主动去获得更多利益。但是，就像我们将看到的，如果能努力并合理地运用自己的能力，不管什么原因，甚至那些不那么有优势的人，都可以在金钱方面有很出色的表现。

你需要掌控自己的职业发展，想清楚你将如何最好地施展你的天赋，并且通过

什么是比较优势

VS

乔丹用两个小时可以修剪完草坪。

玛丽用4个小时可以修剪完草坪。

VS

同样的两个小时乔丹可以拍一个运动鞋广告，挣1万美元。

同样4个小时玛丽在快餐店打工可以挣40美元。

乔丹修剪草坪的机会成本是1万美元，而玛丽的机会成本是40美元。从绝对优势上来说，乔丹比玛丽更适合修剪草坪，因为他可以用更少的时间干完这些活。但是从比较优势上来说，玛丽更应该修剪草坪，因为她修剪草坪的机会成本要比乔丹低得多。因此，乔丹去拍商业广告，玛丽修剪草坪是符合经济学中劳动分工原则的。

市场与合作去达到你的目标。没有谁会比你自己更在意你个人的成功，也没有谁比你更清楚自己的兴趣、技能和目标。不只包括去了解那些你能做得最好的事情，也包括发现那些符合你兴趣，给你最大满足感的事情，进而发现你具有比较优势的职业机会。

我们在工作时，即使没有绝对优势，即使不能成为职场之星也没有关系，只要能在自己身上找到具有比较优势的本领，无论谁都可以在工作中创造出辉煌的成绩。这一点也正是比较优势给我们的最大启示。然而为了找到自己的比较优势以及适合自己的工作，需要在实际中进行各种尝试，它并非一个简单的过程。

而且，我们在工作中的比较优势也不是一成不变的。刚才提到的技术进步、贸易模式以及消费者需求的变化，都会对判定什么是比较优势产生影响。因此，为了提高自己的工作价值，需要根据外界环境的变化灵活转换工作方法。有时，还要求我们敢于拿出更换工作和行业的勇气。另外，根据比较优势进行分工时，通过和同事交流来协调彼此的工作这一点也十分重要。因此，最近许多公司在招聘时，特别注重应聘者的交流能力，其中对能否在交流中进行逻辑思维这一项尤为看重。

企业经营与比较优势可变

经济活动中的利益来源有两个：一个是上述给大家介绍的“根据比较优势进行分工带来的利益”；另一个是“通过交换带来的利益”。比如说，有春乃、夏代、秋江三位老人，在定期会面时，春乃和夏代分别拿来了亲戚赠送的3个苹果和3串葡萄。她们两个人在拿其中的1个进行交换后，又分别给了秋江1个苹果和1串葡萄。

假设，春乃在消费第一个苹果时的满意度是100，而在消费第二个苹果时的满意度只有50。为什么这么设定呢？因为按照人之常情，在吃第一个的时候感觉最为美味可口；而在吃第二个的时候，就会稍有厌烦；等到了第三个就会没有一点食欲，即使勉强吃下去，也不会得到任何满足。

为了使问题简化，我们假设三个人的嗜好（获得的满意度）相同，除了刚才的苹果外，在吃葡萄时的满意度也都为：第一个150，第二个80，第三个0。如果春乃和夏代不进行交换，自己一个人吃掉手中的苹果和葡萄的话，那么此时三个人的满意度分别为，春乃：150，夏代：230，秋江：0。

但是，按照上述的条件进行交换后，所有人都可以吃到1个苹果和1串葡萄，即三个人分别可以获得250的满意度。在交换前后消费总量没有变的情况下，无论是单个人还是三个人合计的满意度都有所增长，这就是交换带来的利益。

按照比较优势进行分工来提高双方利益原本是解释两国间贸易的理论。然而，只凭借比较优势的理论是不能完全说明实际的贸易模式的。日本在出口本国生产的汽车的同时，还从外国进口其他国家生产的汽车。除此以外，电器产品、农作物在现实中的贸易模式也都是如此。

过去，日本在从其他亚洲国家进口农作物和原材料的同时，曾向它们出口各种机械设备和电子产品。其中，汽车和电脑就是十分典型的商品。那么，现在又会有什么变化呢?

根据日本财务省（相当于中国的财政部）的统计，从1988年到2007年，日本进出口商品的贸易额发生了巨大的变化。我们以电脑产品为例，日本在1988年向其他亚洲国家的出口额达到了1622亿日元，而进口额只有166亿日元。然而，到了20年后的2007年却发生了相反的情况，日本的出口额只有2165亿日元，而从亚洲的进口额却高达1兆6218亿日元。现在你到日本的数码电器城去逛一下，就一定可以发现许多来自其他亚洲国家生产的电脑以及相关设备。

这个例子告诉我们，生产电脑产品的比较优势从过去的日本转到了现在的其他亚洲国家。同样，个人的比较优势也会随着时间的流逝而变化。因此，即使现在想从事的工作处于比较劣势也不要轻言放弃，只要坚持不懈地努力，将来这份工作就很有可能变成自己的比较优势。

比较优势会随时间发生变化，而且会经常变。只要某人专业领域中的成本和收益一变，比较优势就会随之变化。我们强调企业家的职能，并不是想要褒扬“企业家”，使之成为一种不受批评的特殊社会地位。我们强调的是企业家行为的作用，即促进和谐市场交易。游戏规则导致了自由进出，承认这一点很重要，这使得每个人都可以按照他们的愿望开展企业活动。当然，经济学家也没有特权，来指定某人将来会成为成功的企业家，或者某个当下成功的企业家将来还会成功。政府官员也没有这个特权。没有人掌握这一类的信息。相反，商业社会中的参与者依靠公开的市场过程来提供这一类信息，其形式为预期及实际的利润或亏损，其结果是个人财富的增减。

一个强劲而高效的市场的关键在于自由进出，这一点显而易见，却又没有受到足够的重视。自由进出使得那些认为自己在企业活动方面（比如套利和创新）有比较优势的人们能够进入市场，并按照他们认为合适的方式进行交易。如果他们的判断是正确的，他们就会赢利，这样，他们赚取的利润就会促使其他企业家也进入市场，模仿这些成功者。因此，消费者的需求就会得到更好的满足。但是，同样重要的是，如果那些在经商方面曾经有比较优势（或一度认为自己有）的人发现面临亏损的风险，这些游戏规则就允许他们退出市场，到别处去寻找机会。亏损也能够发现对稀缺资源的价值的误判。

企业家是社会变迁的动力。只有那些能感受到现状和可能状态之间的差距并能弥合这一差距，捕捉到获利机会的人才称得上企业家。通过整合别人的资源，企业家得以掌控资源，并以这些资源来弥合现状和可能状态之间的差距。其他的资源所有者把控制权交给了企业家，换取企业家的回报。这些报酬的总和，加上企业家自

比较优势的案例分析

比较优势理论认为，即使一国在两种产品的生产上与另一国相比均处于劣势（即不存在绝对优势产品），仍有可能进行互惠贸易。

比较优势分析（分工前的生产情况）

	A国	B国	合计
小麦（10蒲式耳）	1（劳动小时）	6（劳动小时）	20 蒲式耳
布匹（1码）	2（劳动小时）	4（劳动小时）	2 码

比较优势分析（分工后、交换前的生产情况）

	A国	B国	合计
小麦（10蒲式耳）	3（劳动小时）	0	30 蒲式耳
布匹（1码）	0	10（劳动小时）	2.5 码

可见，在劳动投入总量不变的情况下，小麦产出增加10蒲式耳，布匹产量增加0.5码，国际分工使劳动生产率提高，世界总产出增加了。

假定A国用10蒲式耳小麦来交换B国的1码布匹，那么交换后两国两种产品的消费情况如下表：

比较优势分析（交换后两国的消费情况）

	A国	B国
小麦（10蒲式耳）	20	10
布匹（1码）	1	1.5

交换后，A国在布匹消费数量不变的情况下，可以多消费10蒲式耳的小麦，而B国在小麦消费数量不变的情况下，可以多消费0.5码的布匹，两国都从国际分工和国际贸易中得到了好处。

企业之间的分工与交易也是一样的道理，可以通过比较优势理论来获得最大的效益。

己的机会成本的估计价值，构成了企业家的总成本。这些成本和企业项目总收益的差，就是企业家的利润；当然，如果企业家的判断失误，结果就是亏损。

推动专业化生产，打造自己的比较优势

有这样两个相邻的国家，一个大国，一个小国。大国是平原地区，适合于谷物生长；小国是山区，适应于种桑和生产丝绸，而不太适应谷物。长期以来，两国之间倒也相安无事，每每有争端之际，小国万众一心的防备让大国感到难以下手！

有一天，大国的国王忽然要求本国的百姓们不得种桑，只能种粮。一时间丝绸价格大涨，粮价下跌。于是小国的人多种桑树，减少种粮，多生产丝绸，以满足大国消费的需要。

很多年过去了，小国越来越富，生产的丝绸质量越来越好，技术附加值也越来越高，年轻人都从事各类丝绸类技术开发与生产，至少也做做丝绸换粮食的国际贸易。时间一长，小国的人都不种粮食了。

而大国不种桑以后，粮食种得也不错，尽管粮食价格下跌，但产量也提高了，粮库里多到装不下，多余的部分也能卖到小国去，日子过得虽不如小国富有，但也还不错。

古代的国际经济一体化就这样在不知不觉中就完成了。日子一天天过去了，大家都生活在相互依存的世界中，小国和大国因为经济上的联系加强，军事上的争端减少了，日子富裕了。

直到有一年，老天突然大旱，粮食减产，大国的国王宣布粮食向小国禁运，不到半年，小国的国王带着多年来积累的所有财富，带着举国的臣民，投降了！

这个寓言故事告诉我们，在国际经济一体化的今天，国家经济分工很重要，没有分工就没有效率；但在注重发挥自己比较优势的同时，还必须重视经济结构的安全。

事实上，参与国际分工并没有错。国际分工指世界上各国之间的劳动分工，是各国生产者通过世界市场形成的劳动联系，是国际贸易和各国（地区）经济联系的基础。它是社会生产力发展到一定阶段的产物，是社会分工从一国国内向国际延伸的结果，是生产社会化向国际化发展的趋势。对于任何国家而言，都具有自己的比较优势，出口具有自己比较优势的产品，积极参与国际分工，能促进经济的发展。

自亚当·斯密以来，市场经济已经有了巨大的发展。发达资本主义的经济，例如美国、西欧和日本，均具有三个显著的特征：贸易分工、货币和资本。

发达经济以贸易的细密网络为特征。在个人之间和国家之间，都存在着复杂的贸易网，这个网又取决于大量的专业化和细致的劳动分工。当今的经济都大量使用

货币，即支付手段。货币流通是我们经济制度的生命线。货币提供了衡量物品经济价值的标准，并且能为贸易提供融资手段。现代工业技术依赖于大量资本运用：精密的机器、大规模的工厂和库存。资本品使人的劳动能力成为更加有效率的生产要素，并且促使生产率的增长速度高出前些年的许多倍。

与18世纪的经济相比，今天的经济所依靠的主要是个人和企业的专业化分工，并通过广泛的贸易网进行协作。随着专业化程度的不断加深，同样岗位劳工的生产率获得提高，利用这种产出能交换到更多的其他产品，导致西方经济获得了迅速的增长。

专业化是指个人和国家集中精力完成一系列特定的任务——这就使得每个人和每个国家能够发挥其特殊技能和资源优势。经济生活的事实之一是，并不是让每个人以中等水平去做每一件事，更有效的办法是进行劳动分工——将生产划分成许多细小的专业化步骤或任务。劳动分工让高个子去打篮球，让有头脑的人去当老师，而让有雄辩之才的人去推销汽车。

在我们的经济体系当中，有时需要花费许多年才能完成特定职业的培训——要成为一名合格的神经外科医生需要14年时间。资本和土地也可以高度专业化。土地可以被专门用作葡萄园，像在加利福尼亚州和法国所做的那样，大约需要几十年时间。从事书本写作的计算机程序花了10年多时间才开发出来，但它在管理炼油厂或面对大量数据问题时却束手无策。专业化中给人印象最深刻的一个例子是用来管理汽车生产并提高其效率的计算机芯片。

专业化的巨大效率产生了人们之间和国家之间的复杂的贸易网，正如我们今天所看到的那样。我们中很少有人生产一件最终产品，我们仅仅制作了我们消费品中极小的一个部分。我们或许讲授了大学课程中的一小部分；或许只是专门取出停车计时表中的硬币；或许只是分离出果蝇的遗传基因；等等。作为这些专业化劳动的报酬，我们将获得足以购买世界各地物品的收入。

贸易生财的思想是经济学的核心见解之一。不同的人或国家专门从事于某些领域的生产，然后，自愿地用他们所生产的物品去交换他们所需要的物品。日本通过专业化制造汽车和家用电器等物品而大大提高了生产率，它出口大部分工业制成品，以支付原材料的进口。相反，那些执行自给自足战略，试图生产绝大部分消费品的国家发现自己走上了停滞之路。贸易能够使国家富裕起来，并提高每个人的生活水平。

发达经济从事于专业化和劳动分工，因而提高了其资源的生产率。个人和国家用自己专业化生产的物品自愿地交换其他人的产品，极大地增加了消费品的范围和数量，并提高了每个人的生活水平。

但是，不能说这些国家只是通过专业化就富起来了，事情并没有这么简单。如果专业化真的是解决贫困问题的方法，你肯定会问，让每个国家都采用劳动分工的办法，这样不就都能富起来了吗？答案是，那些国家实际上不能采用像商业社会这么复杂的体制。个体也做不到。

生产企业的专业化原则

生产单位专业化的原则和形式，影响着企业内部的生产分工和协作关系，决定着物料流向，物流路线和运输量。它是企业与车间平面布置中必须考虑的重要问题。按照生产流程的不同类型，生产单位专业化原则有工艺专业化和对象专业化原则。

工艺专业化原则

按照工艺专业化特征建立的生产单位，形成工艺专业化车间。工艺专业化形式的生产单位内集中了完成相同工艺的设备和工人，可以完成不同产品上相同工艺内容的加工。

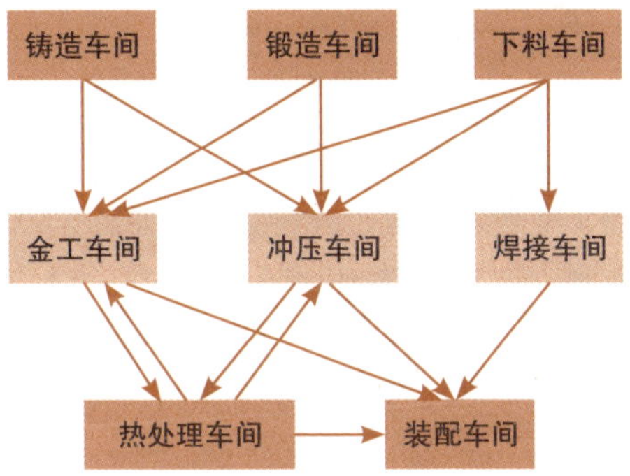

制造企业中的生产单位

对象专业化原则

是指按照产品（或者零件，部件）建立的生产单位。对象专业化形式的生产单位内集中了完成同一产品生产所需的设备、工艺装备和工人，可以完成相同产品的全部或大部分的加工任务。

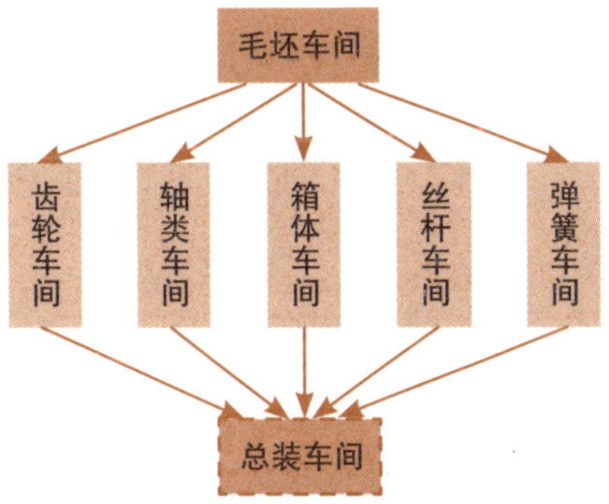

汽车制造厂的生产单位

第二节 在企业内部只有成本

播下的是龙种，收获的却是一只跳蚤

“我播下的是龙种，收获的却是跳蚤”，德国诗人海涅这一句著名的话感叹了自己的投入与产出不成比例。其实生产企业也面临着像他同样的困境，有的企业看上了一个项目便雄心勃勃地建厂房、进原料、招员工，折腾了一阵子后才发现自己生产出来的产品并不受市场欢迎。

经济学用生产函数来描述一个企业在一定时期内，在技术水平不变的情况下，生产中所使用的各种生产要素的数量与所能生产的最大产量之间的关系。这里的生产要素可能包括劳动、土地、资本和企业家才能这四种类型。劳动指人类在生产过程中提供的体力和智力的总和。土地包括地球上的一切自然资源，如土地、河流、森林和矿藏等。资本可以表现为实物形态和货币形态，前者如厂房、机器、原材料等。企业家才能指企业家组织建立和经营管理企业的才能。

劳动、土地、资本和企业家才能统称企业生产的四要素。通过对这四要素的运用，企业可以生产各种有形的实物产品，如我们日常使用的电脑、书本等，也可以提供无形的产品，我们把这类产品称为服务（或劳动服务，简称劳务），如医疗服务、教育服务、金融服务、旅游服务等。理解经济学上的生产函数需要注意以下几点。

首先，生产函数实质上是描述一定时期内的生产技术，因此一旦生产技术发生了变化，则原有的生产函数就必须随之发生变化，形成新的生产函数形式。

在杂交水稻之父袁隆平发明杂交水稻之前，水稻的最高亩产量也就在400公斤左右，到了2000年，由他主持的超级杂交稻第一期实现了亩产700公斤的目标，到了2004年实现了亩产800公斤的突破，每一次生产技术的突破都标志着水稻的生产函数发生了改变。2007年77岁高龄的袁隆平仍充满激情地说：“我梦见我们种的水稻，长得跟高粱一样高，穗子像扫把那么长，颗粒像花生米那么大，我和助手们就坐在稻穗下面乘凉……”

随着水稻培育技术的提升，以及相关技术，如收割、施肥等技术的提高，水稻的产量较以前相比有了很大幅度的提升，水稻生产函数也会发生相应地改变。

其次，生产函数中的因变量是产品的产量，而且是最大产量。比如上面举的杂交水稻的例子，该生产函数在2000年的时候，其因变量就是700，表示在一定的投入要素组合下，水稻的亩产量最高能够达到700公斤，在这种要素组合下如果产量达不到700公斤，说明生产是没有效率的（当然也可能出现了天灾，不过我们把这种情况排除在外），当然在当时的技术条件下，那种要素组合也达不到高于

700公斤的产量。

最后，生产函数只考虑生产，不考虑销售。所以，经济学家关心的不是销售问题，而是生产问题。就像我们在本节一开始说的那样，尽管有的企业资源利用得很好，各种生产要素搭配得都很合理，产出也达到了最大，但由于产销不对路，所以

企业规模报酬变化的三种形式

企业的规模报酬变化有三种形式：规模报酬递增、规模报酬不变和规模报酬递减。

规模报酬递增指的是产量增加的比例大于全部的生产要素增加的比例。如下图（a）所示：

A→B两要素的增加比例：

$L_1L_2/OL_1=K_1K_2/OK_1<1$

$=（Q_2-Q_1）/Q_1$

B→C两要素的增加比例：

$L_2L_3/L_1L_2=K_2K_3/K_1K_2<1$

$=（Q_3-Q_2）/Q_2$

其中，OA>AB>BC

产量的增加比例大于两要素的增加比例。

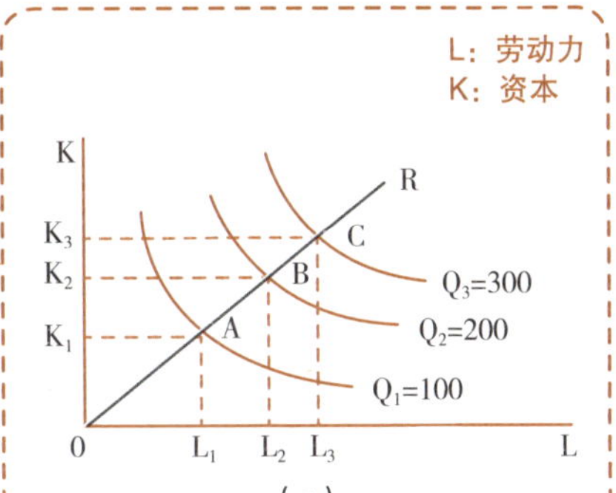

（a）

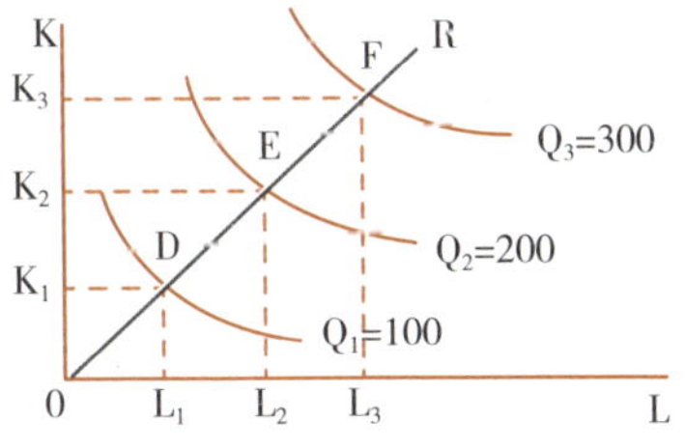

（b）

L：劳动力
K：资本

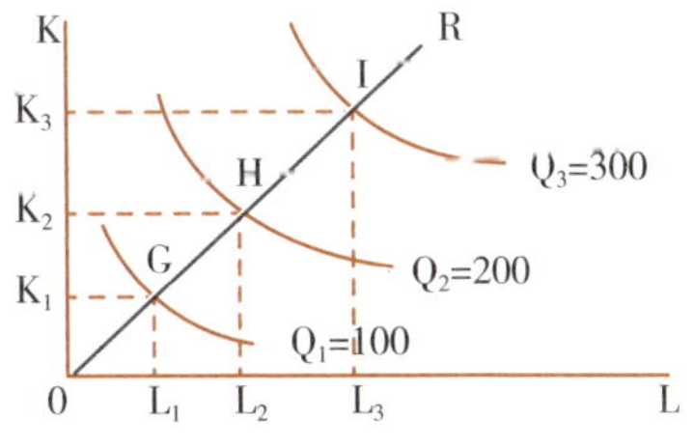

（c）

L：劳动力
K：资本

规模报酬不变指的是产量增加的比例等于全部的生产要素增加的比例。如上图所示：OD=DE=EF。

规模报酬递减指的是产量增加的比例小于全部的生产要素增加的比例。如上图所示：OG<GH<HI。

你“播下了龙种，收获了跳蚤”。在现实生活中，我们的企业老板关心生产更关心销售，如何销售？这当然是商学院要传授的知识。

有了生产函数的概念后，经济学里的另外一个概念——边际产量也就浮出了水面，边际产量指的是每增加一单位的某生产要素投入所增加的产量。经济学中，边际产量也被称为边际报酬。

在经济学中，边际报酬遵循边际报酬递减规律。所谓边际报酬递减规律是生产中的一种普遍现象：在技术水平不变的条件下，在连续等量地把某一种可变生产要素（如原材料等）增加到其他一种或几种数量不变的生产要素上去的过程中，当这种可变生产要素的投入量小于某一数值时，增加该要素投入所带来的边际产量是递增的，但当这种可变生产要素的投入量连续增加超过这一数值时，增加该要素投入所带来的边际产量就是递减的。和边际效用一开始就递减的规律略微不同，一般而言，边际报酬先递增后递减。生活中，边际报酬递减规律屡见不鲜。我们常说的“人多瞎胡乱，鸡多不下蛋”就是这个道理，另外过去大锅饭下的效率低下就可以用边际报酬递减规律予以解释。

和生产函数密切相关的另外一个经济学术语是规模报酬。规模报酬指的是企业的生产规模变化（即生产要素的规模发生变化）与由此所引起的产量变化之间的关系。在经济学中，通常，全部的生产要素都以相同的比例发生变化来定义企业的生产规模的变化。企业的规模报酬变化又分为规模报酬递增、规模报酬不变和规模报酬递减三种情形。

在企业扩大规模的长期生产过程中，一般会先后经历规模报酬递增、规模报酬不变和规模报酬递减三个阶段，才最后稳定下来或最终被淘汰，这在企业生产理论中被称为企业生命周期。

需要注意的是，与规模报酬递增非常接近的另外一个经济学术语是规模经济，规模报酬和规模经济的区别在于，后者的生产规模不一定是按照同等比例进行变化，但产出一定是随着生产规模的扩大而大幅度增加。

机会成本，就是你放弃的最大的价值

资源是稀缺的。这就意味着每次我们采用一种方法使用资源时，我们就放弃了用其他方法利用该资源的机会。这在我们的日常生活中很常见，我们必须决定如何使用有限的时间和收入。我们是否应该参加明天的测验？我们应当去墨西哥旅行还是去买一辆汽车？应当读研究生还是参加职业培训或是大学毕业后直接参加工作？

工作不如意就跳槽，这是大多数人的想法。可是经常跳来跳去的人，往往都忽略了时间的机会成本。如果这项成本太高，那么就要考虑清楚再跳。还要执意跳槽的，就请看看下面的故事吧。

陈伟本科读的是计算机专业，毕业之后进入一家网络公司做了技术员。由于表现出色，他很快升到了技术部经理。但由于公司规模小、赢利额低、业内竞争又激烈，所以业务局面一直都打不开，陈伟的薪水也是一直在原地踏步，他觉得这样下去没有什么发展，便辞职离开了这家公司。

辞职后，他遇到两个不错的工作机会，一个是做技术支持，另一个是做软件开发。陈伟选择了在一家国内企业做软件开发的工作。但工作一段时间后，他便发现自己的性格似乎和这项工作“格格不入”。加上越来越多的人才涌入公司，年过而立的陈伟职业危机感也日益增强。于是他想到了如果当初选择技术支持的工作，虽然职位和原来相比要低一些，但可能要比现在好。

重新选择意味着一切从头开始。但时间是有机会成本的，人生并没有留给我们足够的时间“打草稿”。走过很长一段路之后再回头，我们丢掉的不仅是宝贵的时间，还有机遇。重新定位时，我们需要付出的可能是加倍的努力。这好比买股票，在适当的时候抛出会得到最大的利润，如果抛出得太早或太晚，虽然也会有一定的利润，但与原本应该获得的收益相比，还会有些相对的损失；再好比机遇，在适当的时候抓住最适合你的机遇，也许就会给你带来不一样的人生，不过有些机遇虽然抓住了，但不是在最适当的时候，也许人生就不会登峰造极。

去看电影而不是学习的直接成本是电影票的价格，但是机会成本包括了在考试中取得更好成绩的可能性。作一个决定的机会成本包括它所有的结果，无论它们是否体现为货币的交易。作决定具有机会成本，因为在一个稀缺的世界中选择一个东西意味着放弃其他的一些东西。机会成本是被错过的商品和服务的价格。

选择背后所付出的时间是无法重新来过的，每个人一天的时间都是24小时，但24小时中我们是选择努力工作创造价值，还是在家中上上网、聊聊天？如果你选择了聊天，那么创造价值的时间将会失去。

无论生产要素为谁所有，我们应当考虑生产要素的价值。即使所有者没有直接领取报酬，而是以利润的形式得到补偿，我们也应该把所有者的劳动作为成本来计算。因为所有者有其他工作机会，因此，我们必须把失去的机会作为所有者劳动的成本来计算。“时间就是金钱”，很多人都知道这句话，却很少有人真正关心这个问题。我们来算一下，假设一个人月薪为4400元，按照每月22个工作日计算，日薪是200元，平摊下来每小时25元。如果他用每小时10元的代价请钟点工来料理家务，而自己用这1小时去做专长的工作，等于赚了15元；相反，有些人为了省下2元的跨行转账费用，而去银行耐心排队1小时来个“现金大搬家”，看上去是赚了，其实呢，是潜在“亏损”了23元。

假设比尔·盖茨走路时掉了100美元，这时候，他是弯腰捡钱，还是继续向前走

何为"机会成本"

机会成本是指为了得到某种东西所要放弃的另一种东西。简单来说，可以理解为把一定资源投入某一用途后所放弃的在其他用途中所能获得的最高利益。机会成本最典型的例子就是计算上大学的成本。

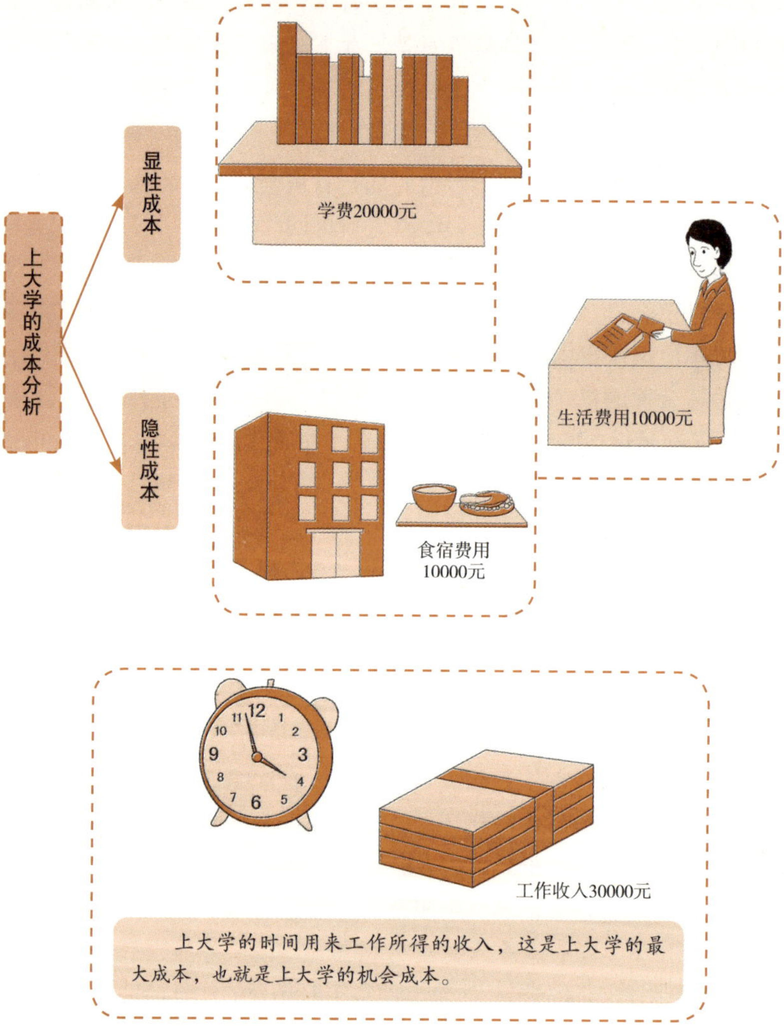

由此可知，上大学的成本，并不是我们通常说的学费多少钱，而是上述所有成本的总和。

对其置之不理呢？比尔·盖茨创业几十年，积累的财产数百亿美元。有人大概计算了一下，如果比尔·盖茨将弯腰捡钱的时间花在工作上的话，所获利润会更多，也就是说，他弯腰捡钱的时间机会成本更大。

浪费时间的同时，机会成本会变大，时间越久，成本越高，二者的关系是成正比的。就如同本节开始例子中陈伟选择工作时那样，只为了一时的高薪水，没有想到适合与不适合，重新定位、充电、找工作的过程和在一开始就选择一份合适的工作相比较，就是在浪费时间，前者的时间机会成本更高。所以，如果每个人在作出人生与事业的选择之前，能够仔细考虑一下时间机会成本，想必损失就会大大减少。

企业决策也有机会成本。是否所有的机会成本都表现在损益表上呢？不一定。通常，企业账目仅包含有实际货币出入的交易。相反，经济学家则常常试图“揭开货币的面纱”，分析隐藏在货币交易后面的实际结果和衡量一项活动的真实资源耗费。经济学家因此包含了所有成本——无论是否表现为货币交易。

“机会是经常光顾每一个有准备的人的”，当机会来临的时候，抓住机遇就能获得更大的成功，不要为无谓的事情去浪费时间，浪费时间就是浪费金钱。所以，当人们在挥霍时间，或者用大把的时间在超市排队换购一些没多大价值的赠品时，有没有想过，你为此损失了多少钱？机会就是金钱，千万不要为了几粒芝麻而丢了西瓜。

成本和行为相关，而不是和事物相关

经济学的供给理论和需求理论从本质上来说没有什么区别。两种理论都假设决策者面临一系列不同的方案，并要从中选择一个。他们的选择反映了预期收益和预期成本间的比较。对于生产者来说，他们也要进行节约，其逻辑和消费者是一样的。

要找一个十几岁的小保姆看孩子，为什么在富人聚居区很难找，而在收入较低的地区就比较好找？夫妇俩找不到保姆，可能很灰心，会抱怨邻居家的孩子太懒。这话很难听，而且是多余的。任何一对夫妇，只要愿意支付机会成本，不愁找不到十几岁的小保姆。找十几岁的保姆看孩子，意味着让她们放弃她们觉得更有价值的其他机会。如果一个地区对保姆的需求很大，因为富人们经常要外出，同时，如果当地的年轻人手里都有大把的零花钱，他们更愿意和别人约会或是在家闲坐，不想给人看孩子，挣那一份并不可观的收入，那么，找保姆看孩子的机会成本很高也就没什么可惊讶的了。

为什么在经济不景气的时候有更多的本科毕业生继续读研究生？工作前景不好使得待在学校里的机会成本降低了。因此，更多的学生倾向于再花一两年拿一个硕士学位或是MBA，而不是找一份24小时加油站的夜班工作。

为什么来自低收入地区的年轻人更愿意参军？

为什么在加油站前总是有排长队买油的人？

……

也许，不是所有的个人行为都能够在经济学上找到准确而清晰的答案，但是有行为选择就要付出相应的成本代价。成本总是与行为、决策和选择相关联。正因为如此，经济学的思维方式不承认客观成本。这一点和常识不一致，常识告诉我们，事物总是有“真实”的成本，这个成本是由物理学定律决定的，而不取决于人们反复多变的心灵。跟常识作战是很难取胜的，但我们必须试一试。这一次，我们还是要从常识的框框外想一想。其实，与我们的常识很不同的是，“事物”根本没有成本，只有行为才有成本。如果你非要认为事物的确有成本，并且准备用一个例子来证明你的观点，你就差不多肯定是在偷换概念，用一个不被注意的行为替换某个事物，硬给它加上一个成本。

例如，一个棒球的成本是什么？你说：“10美元。”但是，你的意思是说，在当地一家体育用品商店里购买一个大联盟官方指定的棒球的成本是10美元。因为购买是一个行为，所以这个行为需要以其他机会为代价，从而发生了成本。请注意这里引入了行为。

考虑大学教育的例子。成本是多少？回答是，“大学教育”没有成本。我们首先要区分，获得大学教育的成本和提供大学教育的成本分别是多少。作出了这项区分之后，我们还应该注意到一件事：即成本总是对某人而言的成本。获得高等教育的成本通常是对学生而言的成本。但是，也可以指对学生家长的成本，这是不一样的。或者，如果录取某个学生需要拒绝另一个学生，那么，对于一个没有被大学录取的高中毕业生来说，成本甚至可以是玛莎被录取为一年级新生。所有这些成本都不一样。

关于事物的“真实成本”有大量无效的辩论，这都是因为辩论者没能认识到只有行为才有成本，而行为对不同的人有不同的成本。

在现实中，“行为成本”而不是理性常识，往往成为一个人作出某种行为的主要原因。如果按由多到少列出城市中不看红灯、乱穿马路的违规行人数量，至少可以确定的是纽约、罗马、东京。日本人对规矩的遵守是被全世界认可的。但为什么一贯给人慵懒、散漫感觉的意大利人会比美国人更守规矩呢？美国经济学家给出了一种解释，由于经济水平和收入差距，纽约路上跑的都是汽车，而罗马多是摩托车和自行车。同样是行人违章造成的事故，在纽约肯定是行人受重伤而驾驶员无事，而在罗马，摩托车或自行车驾驶者一般要比行人所受伤害更大。在执法上，纽约的警察基本无视“违章行人”，而罗马的警察会对行人违章予以严格的处罚，结果散漫的罗马人比纽约人更少去闯红灯。

在经济学中专门有一块进行行为成本分析。以经济行为为成本费用的归集对象建立了行为成本核算系统和以行为成本为基础的运行机制。将行为成本按照包含的成本项目的不同分为狭义行为成本和广义行为成本。其中狭义行为成本的成本项目只包括商品生产中所消耗的物化劳动，主要是为了实施行为者对行为成本的自我控制，广义行为成本的成本项目则既包括物化劳动也包括人工费用这部分，它主要是为了与现行财务会计相协调。

在企业中提倡进行行为成本核算。行为成本核算系统通过设计行为成本核算规则，使得外部市场内部化。将每一个员工看作是一个独立的市场主体，为其发生的行为成本进行核算，通过上下行为链的市场关系，以及相应的激励机制，使得员工自发地管理自己的行为，降低成本，提高收益。

坐长途汽车便宜还是坐飞机便宜

从一个城市到另一个城市，是坐长途汽车便宜呢，还是坐飞机？下面我们就来分析一下：

假设：从A城市到B城市坐汽车需要10个小时，而坐飞机只需要1个小时。汽车票价200元，飞机票价2000元。

甲工作普通，每小时收入10元	**商人乙，每小时收入800元**
坐汽车成本：200（车票）+100（10小时工资）=300元	坐汽车成本：200（车票）+8000（10小时工资）=8200元
∧	∨
坐飞机成本：2000（飞机票）+10（1小时工资）=2010元	坐飞机成本：2000（飞机票）+800（1小时工资）=2800元
甲坐汽车便宜	**乙坐飞机便宜**

对于商人、律师等这样的人来说长途汽车就是极其昂贵的交通工具，因为时间对他们十分宝贵。这就是从经济学中的行为成本理论来分析成本问题，同一问题不同选择是因为行为成本的差异。

不存在“客观”的成本。所有成本都是对人而言的成本，此人要对被放弃的机会赋予价值。人们的行为选择受成本约束，成本与选择联系在一起，不指定具体的行为选择，我们无法明确知道成本，也无法解释选择行为。因为行为不受沉没成本影响，而且“成本不陈”，所有成本都是面向将来的，经济学没有面向过去的成本理念。

经营管理，无处不在的成本分析

突如其来的金融风暴横扫全球、华尔街大地震、金融流感肆虐、股市暴跌、企业裁员……而处于风暴边缘的中国企业，正面临经济周期的调整、产业结构的调整，也感受到了阵阵寒意。内外因素的共同作用，使更多企业陷入旋涡，尤其是众多外向型的企业，已经被逼到生死一线。面临金融风暴，企业家究竟该何去何从？冬天到来，企业该如何过冬？

成功一定有方法，失败一定有原因。虽然，企业不能改变环境，但是，完全可以改变自己去适应这个冬天。成本和利润是企业家进行经营时必须考虑的问题，企业家要想使企业持续成长发展，取得成功，必须具有进行成本分析的意识。

据富士康国际发布的2009年财报，收入72.41亿美元，同比下滑22%，净利润3962万美元，同比下滑68%。员工数量11.87万人，相比2008年增加了9.7%，但人力成本支出却同比减少28%。

引用富士康的财报，目的是想引出“成本”这个话题，一台iPad的代工费很少，只有11.2美元。而想要拿到可怜的11.2美元，富士康同样面临着激烈的竞争。在代工费用不能增加的前提下，为了多赚一分钱的利润，包括富士康在内的很多代工企业必须要削尖脑袋，节约成本。

2002年年底，中国台湾33家营业收入超过200亿台币的集团所组成的“三三会”，前往日本观摩，拜访日本东芝、佳能、鹿岛建设等有名的大公司。所有三三会的大老板都住宿在位于日本银座的“帝国饭店”，为了能够一起出发，帝国饭店也为三三会打折，一个房间从3万日元变成15000日元。但是，在参加完前两天行程后，郭台铭只住一晚就退房了，“我还是搬到我们东京工厂附近，一个晚上6000日元的房间，晚上还可以就近去看工厂。”郭台铭说。

成本控制一直都是富士康这个制造王国的立足法宝，在郭台铭撰写的《虎与狐》一书中提到“成本下降也是一种服务”的策略，企业能够以蚀本价接单，却以获得赢利输出货品，严控成本以致在微利之间险中求胜，成为富士康的成功方程式。

富士康的母公司鸿海能参与全球竞争的第一个关键，就是成本的竞争。鸿海30年的发展，便是经营“成本策略”不可错过的精彩典范，特别是鸿海在变化快速的竞争环境中，还能持续保持成本领先。

古人说：“将欲取之，必先予之。”生产者要想获得利润，首先必须投入生产要素。生产要素的支出就是成本，也就是生产费用。成本，其实是会计学中的一个概念，但在经济学的分析中也广泛应用。在经济学中，企业生产者的目的就是实现利润最大化，为此就要尽可能降低成本，扩大供给，增加收益。

假设富士康生产的iPad每台的平均生产成本是10元。若苹果公司付的代工费是每台11.2元，每台iPad可以赚1.2元。若苹果公司付的代工费是每块10元，则不赔不赚，收支相抵。虽然利润是零，可是成本中包括了机会成本和会计利润，依旧可以继续生产。假如因为某种意外情况每台iPad的代工费需要降到8元。每卖一台iPad就要赔2元。那么，富士康现在还要继续经营下去吗？

如果想回答这个问题，我们必须分析成本问题。经济学上把成本分为不变成本、可变成本和平均成本。

不变成本又称固定成本，是企业在短期内为生产一定数量的产品购买不变生产要素而支付的成本。如固定资产折旧、车间经费、企业管理费等，这些项目在产量增大或降低时都不会随之变化，故称不变成本或固定成本，对应的要素称为不变要素。在短期内，厂房和机器设备的折旧费等都属于固定成本，其特点是它不随产量的变化而变化，且即使产量为零时固定成本也不为零。在富士康，这些固定成本必须包括租赁的厂房、开厂所需资金的利息、手机生产设备的折旧，还有固定员工工资。

可变成本又称为变动成本，指的是企业在短期内为生产一定数量的产品购买可变生产要素而支付的成本。例如，厂商对原材料和工人工资的支付，原材料、燃料、动力等生产要素的价值等，其特点是它随着产量的变化而变化。当一定期间的产量增大时，原材料、燃料、动力的消耗会按比例相应增多，所发生的成本也会按比例增大。具体对于富士康来说，这些成本包括短期内生产手机的原材料、电费、临时工人工资等。

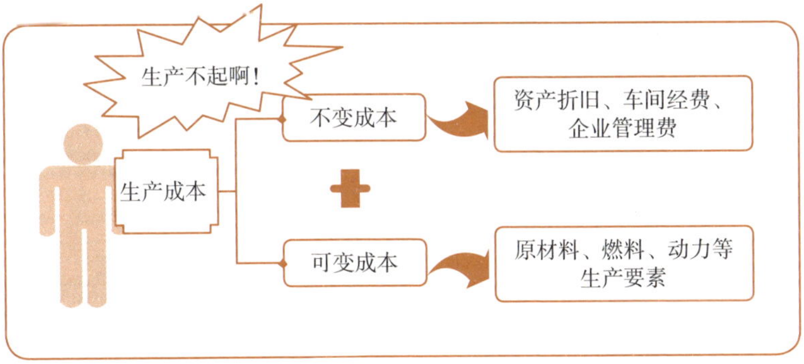

平均成本是指平均每单位产品所分摊的成本。假设总成本为TC，总产量为Q，则平均成本AC=TC/Q。降低平均成本，一直是每个企业所追求的主要目标。

企业如何控制成本

企业作为市场中的微观主体，是以赢利为目的的，所以，在研究企业问题时，考虑最多的就是成本问题。但是企业如何控制成本，使生产成本达到最小化呢？

全面生产管理上的浪费种类

- **人的浪费**：行走、监视、寻找、动作、职责不清、工作量不足
- **材料浪费**：原材料、零配件损耗、不良报废
- **作业浪费**：不合理的加工方式、搬运、等待、不平衡
- **设备浪费**：大型机械、通用机械能力过剩、故障
- **管理浪费**：资料、管理、会议、通信、工作单
- **品质浪费**：不良品行、修正不良、错误的发生、检验、品质管理

① **加强控制措施，减少浪费**

浪费会增加成本，减少浪费就是变相地降低成本。要通过一系列措施对浪费进行控制，使其降低到最低点。

② **加强企业管理，坚持创新科技**

通过新产品开发、质量的提高等，能够促进科学技术转化为生产力，从而有效降低企业的生产成本。

总之，随着市场竞争的日益激烈，降低产品成本、实行低成本战略成为企业获得竞争优势、提高经济效益的重要途径之一。

按照成本可利用时间的长短，成本又可被分为短期成本和长期成本。短期成本中包括一部分变动成本，另一部分是不随企业产量变动而变动的固定成本。长期成本是指企业在长期中的成本。在长期，企业的固定成本也可以发生变动，企业可以调整和改变各种投入要素而降低成本。因此，在长期不存在固定成本和变动成本的区分。

此外，按企业生产对社会环境的影响，分为社会成本和私人成本。社会成本是指整个社会因企业生产而需承担的成本，私人成本是指企业生产中其自身所承担的成本，社会成本包含私人成本。

第三节　省下的都是利润

这本书的利润到底是多少?

到图书市场买书，书的价格存在的差异很大：在西单图书大厦这样的正规书店里一本刚出版的新书基本不会打折出售；在普通的书店买书，如果是会员，新书一般有八折到九折的优惠；到网上买书，书价在五折到九折不等的折扣区间里，新书折扣一般在八点五折左右，网上书店的旧书一般存在较大的折扣幅度，而且遇到促销活动的话，一本书的售价甚至可以达到标价的50%以下。因此，很多消费者心生疑问：一本书的利润到底是多少?

利润是市场经济中第四种已挣得收入，但它和工资、租金和利息收入有着很大的不同。利润一般被定义为“总收益减去总成本”。它是剩余物，是收益和成本的差额。把所有相关成本从收益当中扣除，剩下的就是利润（有些时候称为净收益）。

利润可以是正值，也可以是负值，负的利润称为亏损，与其他三种已挣得收入相比，工资、租金和利息在名义上都不可能是负数（只要人们能履行合同），但是，利润可能是负数。

追逐利润的企业家和那些出卖劳动力挣工资的人不一样，他们不知道他们付出的劳动是否能得到回报。他们有可能会亏损，不管他们的事业多么高尚，心地多么善良，也不管他们付出了多少努力。

利润总是和成本存在莫大的关系，因为利润很大程度上是由所获得的收益以及在交易过程中付出的成本所决定。利润与成本存在反比，在收益一定时，成本支出越大，获得的利润就越少；反之，在收益一定时，成本支出越小，那么可获得的利润就越高。

图书的出版成本应占书价的40%左右。以印数1 0000册为例，按目前的行情，图书的直接印制成本应该占书价的25%左右，这包括纸张、排版、照排、装订、印刷等费用，这方面支出受纸张市场价格的波动影响较大。

除去图书在纸张、排版、照排、装订、印刷方面的固定成本后，图书销售者还要支付图书在运送、宣传上的费用，而传统书店在销售图书时还要有店面装修、运营的费用，这些费用作为一种隐性成本，也要扣除在图书销售利润之外。不同图书销售存在不同的价格，主要还是由图书销售中的隐性成本决定。销售图书的商家为了保持固定的利润收入，在图书成本差异较大的情况下，就会提高售价。

当厂商在解决生产什么、生产多少以及如何生产的问题时，它们被假定为始终抱有利润动机。一家公司的价值最终由它的长期利润潜力所决定。所以，我们也可以把厂商的利润最大化动机说成是厂商追求其自身价值的最大化。很自然，有时厂商会为了长期所得而牺牲近几年的收益。事实上，每当厂商作出可以带来长期收益的投资决策时，例如投资于研究和开发项目、购置一套设备或者执行一项培训计划，它都是在试图用现在可以分配给其股东的红利来换取更大的长期利润。这些利润将使得厂商能够在将来向它的股东分配更多的货币。

正如消费者并不只是受到自身利益的驱使，也并不总是按理性行事一样，厂商可能也并非只受到利润的驱使，并且不一定能够成功地作出使利润最大化的决策。大公司的经理有时可能并不按使得厂商市场价值最大化的原则行事。但是，现实中的一个千真万确的事实是：长期不能赚得利润的企业将无法生存下去，它将没有足够的钱来支付它的账单。如果企业要继续经营下去，那么它们就会处在必须赚钱的压力之下，尽可能多地赚钱的动机，为我们讨论厂商在完全竞争市场上的行为提供了一个有用的起点。

一方面，厂商通过销售它的产品而获得收益，收益可以简单地通过销售产品的数量乘以产品的售价来加以计算；另一方面，厂商必须花费成本，也就是把商品提供给市场的总费用。利润被定义为收益与成本之间的差额，这一关系以等式表示为：

利润=收益－成本

厂商成本包括劳动、材料（原材料和中间产品）以及资本货物（机器和厂房），这些要素被称为厂商的投入，或生产要素。劳动成本是指公司必须支付给它所雇用的工人以及监督工人的经理的费用。原料包括该厂商从其他厂商那里购买的任何供给品——对于一个农场而言，这些供给品可以包括种子、化肥和汽油；对于一个钢铁公司而言，这类供给品包括铁矿石、煤、焦炭、石灰石、电力以及生产钢所需的其他原料。

所有的厂商都试图在不改变其产品质量的条件下，使得它们的成本尽可能地低。在一定的限度内，它们可以变动劳动、原料和资本货物的组合以及所使用的生产过程，它们会这样做直到找到最低成本的方法。

企业的利润

企业在一定时期内生产经营活动的财务成果，表现为实现的利润或发生的亏损。

营业利润的形成：

营业利润=营业收入－营业成本－营业税金及附加－销售费用－管理费用－财务费用+投资收益（－投资损失）

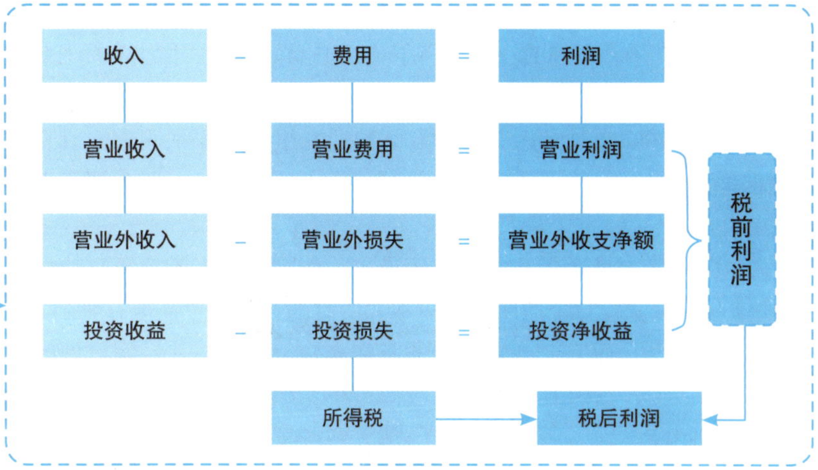

利润的计算公式

利润总额=营业利润+营业外收入－营业外支出

净利润=利润总额－所得税费用

拥有剩余所有权的小店老板

我国伟大的史学家和文学家司马迁在其不朽巨著《史记》里写道：“天下熙熙，皆为利来；天下攘攘，皆为利往。”一语道破了自古以来生产者（现在统称为企业）的目的只有一个，那就是赢利、赢利、再赢利。对此，马克思有更加精辟的论述，他说：“资本如果有50%的利润，它就会铤而走险，如果有100%的利润，它就敢践踏人间一切法律，如果有300%的利润，它就敢犯下任何罪行，甚至冒着被绞死的危险。”

当你正在逛街时，看到正好有一家店在出售打折的衬衣，而且你也很喜欢，你就买了一件最满意的。到家以后，你发现衬衣的一角有个破了的洞。当你原路返回时，却发现刚才有样东西被你疏忽了——就在汗衫旁边，挂着一块写着“一经售出，概不退换”的巨大标志。

找店员协调的最终结果是，他也给不了你满意的答案——他无权违背老板的意思，帮你退换货。显然，你很郁闷甚至有些气愤，已经在这家店里花了很多钱，买到的东西却是这个样子。在你的一再坚持下，店员只好说：“你去和店长说吧。”

“我要见你们老板”这个要求意味着从非全盘视角向全盘视角的诉求。你想和这样的人谈话：他需要全盘考虑与业务有关的所有事情，要预测未来所有的事，并在盈亏之间建立一种总体的平衡；而且他有权作出决定，只有拥有剩余索取权的人满足这些描述。

为什么你会坚持去见老板？因为在店员也无法给予顾客满意答复的情况下，只有老板能决定一切。老板对企业所有的成本和所有的收益负责，他有剩余索取权。

“经济人”假定是西方经济学理论的基本人格假设。在这一假设下的人，给定成本，追求收益最大；给定收益，追求成本最小。尽管在西方经济学界内部对这一假定的质疑从未间断，这一假定更是国内部分经济学家批判西方经济学理论的逻辑起点，但我们不妨认同“经济人”假定，在与西方经济学逻辑一致的基础上讨论问题。剩余索取者的“经济人”本性决定了他们一定会利用剩余控制权和剩余索取权竭尽全力为个人谋取经济利益，对企业经营者的任何激励手段都会恶变为经营者牺牲公众利益换取个人利益的工具。

行使合约中未经指定权利的相机决策权是企业的剩余控制权；获取由企业总收益与总成本的之差构成之剩余（利润）的权利是剩余索取权。所有者是剩余索取权的天然拥有者，占有剩余的动机促使所有者关心企业的生产经营。在以个人企业为代表的古典企业之中，企业所有者与经营者身份的统一内生地解决了经营者的激励问题；而公司制企业中的所有权与经营权的分离使得由所有者完全占有剩余的制度产生了对企业的经营者的激励不足：所有者追求的是剩余最大，经营者追求的是自身报酬最优；在给定企业收益，二者的利益相互侵蚀。如何有效地激励和约束经营者，维护所有者的利益，就成为企业所有权制度安排的核心。

剩余索取权是一个激励与约束并存的工具，它既是对应于剩余控制权的剩余分享权利激励，也是对应于剩余控制权的风险承担责任约束。剩余为正数，剩余索取者占有剩余；剩余为负数，剩余索取者要以自己对企业的投入承担损失。剩余索取权与剩余控制权的对应不仅是“剩余索取”与“剩余创造”的对应，也是剩余索取权的拥有者以“风险承担”对应“风险制造”的约束。仅仅将剩余索取权理解为获得剩余收入的权利而忽略对剩余控制权有效约束，实现剩余索取权的具体的剩余分享制度安排就将成为占有剩余控制权的风险制造者转嫁风险实现剩余控制权报酬的途径，剩余索取权的激励必然失效。

在所有以交换为特征和高度专业化的社会里，拥有剩余索取权的人都是关键人物。如果一个组织中没有人拥有剩余索取权，这个组织就不能像存在拥有剩余索取

人们的决定与剩余索取权有关

排队买东西的人多是非常常见的现象，为什么有些地方在积极改善这一问题，有的地方却熟视无睹呢？下面就从剩余索取权的方面进行分析：

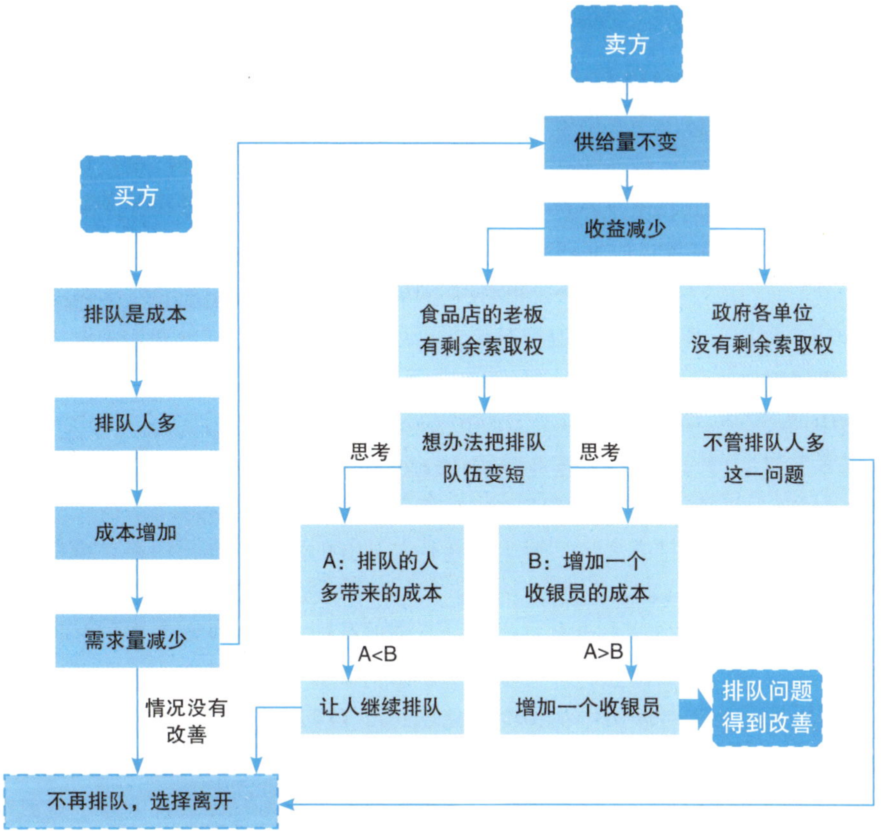

权的人的组织那样有效地运作。

在非营利机构中没有人拥有剩余索取权。

在非营利机构中，谁有愿望和权力来估算公费旅游和额外的物资对整个组织的收益大小，并按照需要来分配这1000块钱呢？跟大型政府机构以及其他非营利机构的领导一样，大学的校长当然知道存在浪费现象。但是在没有人拥有剩余索取权时，有心改变这些状况的人没有权力作出改变。

计算利润，总是和成本息息相关

生产的目的就是追求利润，为了利润就要投入成本。所以经济学家用了大量的篇幅研究成本和利润，如生产成本、机会成本、边际成本、短期成本、固定成本、变动成本等以及这些成本和利润的关系。无论是个别劳动，还是社会必要劳动，都可以划分成生产成本和利润两部分。一般把经济体个别劳动中的这两部分分别叫作个别生产成本和个别利润，把社会必要劳动中的这两部分分别叫作平均生产成本和价值利润。

平均生产成本和价值利润分别是个别生产成本和个别利润的加权平均数。技术水平不同的经济体的个别劳动对产品价值的影响是通过它们的产量权数实现的。产量权数反映了经济体的技术水平与平均技术水平的关系，因此，可以进一步认为产品的社会必要劳动是由生产产品的加权平均技术水平决定的生产成本和利润构成的。具体的量化指标就是成本利润率：

成本利润率=利润/成本费用×100%

该指标越高，表明企业为取得利润而付出的代价越小，成本费用控制得越好，赢利能力越强。

其中：

成本费用=主营业务成本+营业费用+管理费用+财务费用

利润=营业利润+投资收益+补贴收入+营业外收入-营业外支出

按照经济学的思维方式，“成本”指的是放弃的次优机会，但是花掉多少钱并不总是能反映生产的总成本，就拿个体业主的成本与收益来讲：

业务成本的一部分是业主自身的劳动，即便他们不给自己开工资。如果工资是开给外面雇来的人，当然就会计入成本。但是，业主为了经营业务而放弃的其他机会的价值却无法在会计账目中体现，而这显然也是成本之一。小业主的劳动有可能被其他企业看中。小业主放弃了次优工作机会，就是为了自己当老板。如果某人放弃了在学校教书的职位，决定自己创业，被放弃的工资在会计意义上并不是成本，意思是，这笔费用并没有发生，但对于业主本人来说的确是一项成本。在业主的账本上不会出现这笔钱，但是他在心里会想到，其决策也会受到影响。业主心里很清楚，自己创业的代价究竟有多大。

很多人把利润和资本联系在一起，认为利润是通过占有资本挣来的。在经济学中，资本这个术语指投入到未来生产中的产成品，机器就是典型的例子。资本所有者让别人在商业活动中使用其财产，并从中获得收益，即资本的租金，就跟你到工具店里租一台地板打磨机，你得付租金一样。这是生产的另一项成本，根本不是利润。有些企业所有者同时拥有投入生产的资本，就像有些企业同时拥有投入生产的劳动力差不多。不把资本或劳动用在最佳的地方，由此放弃的收益是机会成本，而不是利润。

用于生产的建筑物和机器一样，都是资本。如果企业所有者就是厂房的所有者，那么他放弃的房租收入是生产的真正成本，就像这房子是他从别人手里租来的，所以土地或房屋的使用报酬不是利润，资本的使用报酬也不是。那么，资金的使用报酬，也就是我们通常所说的利息，是不是利润呢？

严格说来，我们并不为使用资金支付报酬。当一家公司支付利息时，实际上是在为使用购买力支付报酬。企业可能会希望以支付利息来代替支付资本租金。比如，一家企业需要使用某种机器或厂房，但是租不到合适的，于是就决定自己买。这就需要有购买力。如果企业的所有者从先前的存款中取出一部分来购买，那么他就是放弃了这一部分购买力应得的利息，很明显，这是一种机会成本。如果没有存款，企业就必须通过贷款获得足够的购买力，然后支付利息。不管哪一种情况，利息都是成本，不是利润。

问题的关键在于，哪些东西应该被包括在总的生产成本当中？

会计师只关心显性的生产成本，通常即生产某种产品或提供某种服务发生的费用。但是，按照经济学家的思维方式，这些费用不能反映生产的总成本。经济利润的概念包括生产的显性成本和隐性成本，即生产过程中涉及的所有稀缺资源的价值。凭借我所拥有并投入的这些资源，我在别处能挣到什么？

经济利润会考虑到这一点，而会计利润不考虑这一点。企业所有者不仅仅关心会计利润，也关心经济利润。

刘先生是一名职员，年薪3万元。假设他有一所小房子，每年有6000元的房租收入，此外他在银行还有23000元的固定存款，年息10%，即每年有2300元的利息收入。

刘先生这些收入都是由合同保证的。它们代表的是已挣得的收入，减少了他生活的不确定性。

现在假设刘先生辞掉了工作，自己创业。他开了一家比萨饼店，全职工作。他用自己的小房子做店面，取出了他的全部存款，又以10%的年息贷款20000元，用来支付工人的工资、采购和租赁设备以及购买原料等。谁也无法保证刘先生的生意会兴旺发达。然而，刘先生已经放弃了他原先的稳定收入，成了一名个体户，愿赌服输。他盼望着他的业务能日益兴旺。

假设一年后刘先生的总收益是85000元。他的利润是多少？这要看有哪些东西被计入“总成本”。下面是刘先生的会计利润的计算过程：

会计利润=总收益−总成本（全部显性成本）

=85000−45000（其中43000元是支付工人的工资、原料费用和设备的租金，另外2000元是贷款的利息）

=40000

选对方法才能收获利润

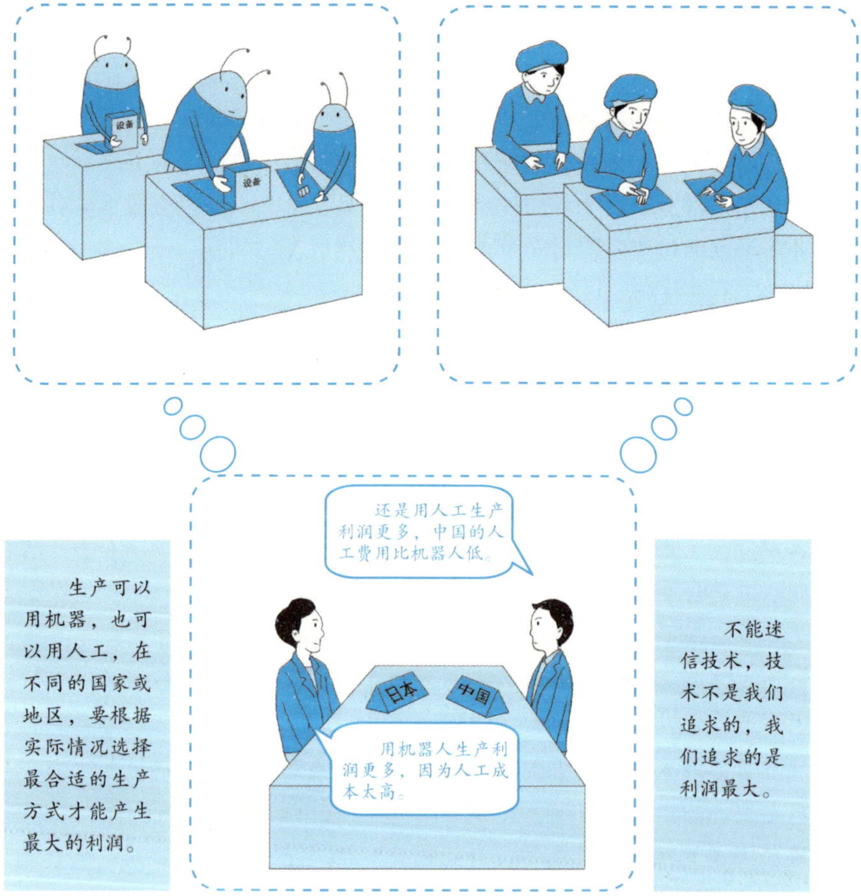

但是还要意识到的是，刘先生把他大部分的时间投入在自己开的这家店中，他自己的劳动不是免费品。此前他在公司当职员时，即他的“次优”全职工作机会，每年能挣3万元。这就是刘先生的劳动的市场工资价值。同时，也要意识到房子虽然是刘先生的，但也不是免费品。此前他作为房东每年能有6000元的收入，这是他的房子的“次优”机会的市场租金价值，还有自己的存款不是免费品，此前作为“资本所有者”每年有2300元的利息收入，这是他自己的资金在市场上能获得的利息。

刘先生自己的资源（劳动、房子以及金融资产）不是免费品，它们和做饼的原料以及用来开店的其他资源一样，都是稀缺品。所有这些代表了他放弃工作进行创业的隐性成本——这些在账本上都看不出来，因为它们不以货币的形式表现为支出。然而，这些隐性成本的确代表了稀缺资源的价值。

那么，刘先生的经济利润是多少呢？请看下面的计算：

经济利润=总收益–总成本（所有显性成本加上隐性成本）

=85000–（45000+38300）

=85000–83300

=1700

对于刘先生来讲，1700元的经济利润是对他的商业才能的回报，而这就是他作为一个追逐利润和承担风险的商家得到的利润回报。

企业家是利润的最高拥护者

在英语中，与企业家对等的词叫作承办人，这是一个很好的描述语，可惜我们已经把这一义项弃之不用。企业家就是把社会生活的一部分进行重组的人。他们和其他普通的社会生活参与者的区别就是他们要为结果承担责任。他们实际上是对这项事业的其他合作者说：“不管赢利还是亏损，都由我来承担。”当所有事先订立的契约（通常是合同）都已兑现后，企业家对剩余物有索取权。他们把自己置于这样的境地是因为他们觉得有能力承担这一切。

给人的感觉似乎总是有人能够仅凭比别人预测得准就能获利，真是这样的话，利润不过是成功投机的结果。这种印象肯定是错误的。追逐利润的更重要的一方面是积极性和创造力。人们不是仅仅坐着不动，凭空猜测别人的活动的结果。他们会尝试以另一种方式来组织事物，至少一部分人会这么做。他们会开比萨饼店、旅馆、商业网站，也会尝试新技术。他们相信以某种特定方式重新组织会使收益大于成本，所以才会付诸行动。这种人叫作企业家。

他们对自己的洞察力、先见之明和组织能力有充分的自信。不管是亚当·斯密的商业社会还是后来人们所说的资本主义社会，实际上都是企业社会。使用这种提法的人是在强调企业家的关键作用。

企业家的作用和剩余索取权的功能该怎么理解？一个好办法就是问：“谁是老板？”生产一种商品需要很多人的协作，每个人都不可或缺。每个特定的操作谁说了算？人们怎样就这一问题达成一致？这是很重要的问题，因为在很多问题上，人们的意见会产生分歧，利益会发生冲突。假设街角有一家金属加工厂，阿基里斯坚持认为，每一件活儿打6个铆钉绰绰有余，而赫克托尔则认为要是每件少于9个铆钉，那就是粗制滥造。9个铆钉当然会使产品更耐用，但是生产的成本也就更高。耐用的东西会吸引更多的顾客，但为了收回更高的边际成本就得定更高的价格，这又会吓跑一些顾客。赫克托尔觉得，这事儿应该他说了算，因为他有工程师的学位，但是阿基里斯不把学位放在眼里，说他有多年的工作经验。他们的分歧可能只是纯粹的意见分歧，但是事情也可能是另一种样子，比如赫克托尔是铆钉工人，他的真实目的是想加班，或者阿基里斯是铆钉工人，他的真实目的是想减轻工作负担。最后到底是谁说了算？再推进一步，谁来决定由谁来作决定？

简单的回答是：剩余索取权的拥有者。如果你想当老板，你就一定得拥有剩余索取权。你只需获得团队内其他人的同意。你跟他们做一笔交易。“你要什么条件？”然后企业家保证满足这些条件。当然，这个保证要得到大家的信任。要想说服别人放弃他们的次优机会，抑制他们的疑惑和异议，忍受他们不喜欢的东西，听从企业家的指挥，企业家就必须提供有力的保证。

企业家在市场过程中协调人们的计划时发挥了多么重要的作用。企业家的行为是市场过程的动力。按照经济学的思维方式，企业家的行为分为三种模式：套利、创新和模仿。下面我们逐一分析。

第一，企业家进行套利。他们通过低价买进高价卖出的方式获得利润，发现机会的是企业家，他们对于潜在获利机会的敏感使他们有动力去积极寻找这样的机会。企业家只是想要获利，但企业家的套利活动无意中为市场提供了新的信息，企业家的套利行为促使地方市场整合为一个全国性的市场，这一结果并不是通过什么国家相关政策的实施和管理会达到的，而是通过旨在获利的企业家的套利实践达到的。在一些地区以低价买进，会促使当地的价格上升；在另一些地区以高价卖出，会促使当地的价格回落。套利的无意后果是使各地区的市场价格趋于一致，交易成本已经考虑在内。套利活动会使产品重新分配，把它们从低价值的用途转到高价值的用途上。我们关于投机的讨论可以被理解为一种特殊的企业家套利行为。投机者会在当下购买他们认为便宜的东西，等到将来涨价了再卖掉，我们可以把这看成一种把产品从现在转移到未来的行为。

第二，企业家进行创新。企业家常能开风气之先，总是在寻求更好的方式，以满足消费者的需求，或者是质量、耐用程度和性能有了提高，或者是产品或服务的价格有所降低。创新可能是新技术的引进（计算机、掌上电脑、DVD），也可能是新的组织战略（像沃尔玛之类的标准化连锁超市，或者像eBay这样的拍卖网站）。企业家在追逐利润的过程中，寻求一种比较便宜的方式，能把稀缺资源集中起来，使消费者得到更大的满足。他们能发现新的成本结构，能用更有效的方式来生产和派送稀缺的产品或服务。

在某种意义上，企业家的创新伴有套利的因素。考察一下DVD机的历史，我

成本、利润与再生产

企业家想要追求利润最大化，相应地就要让成本最小化。成本与利润之间的关系可用右图表示：

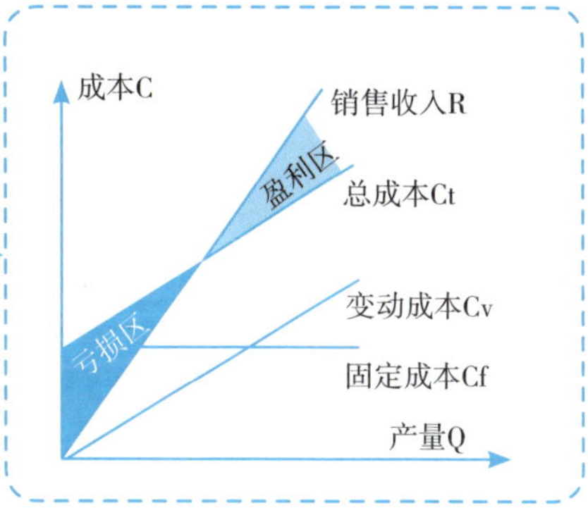

企业家都会以自己认为最合理的方式追逐着利润，在赢利和亏损之间寻找着均衡点。一旦他们开始盈利，就会想要更多的利润，于是开始扩大生产。企业家遵循的原则是：

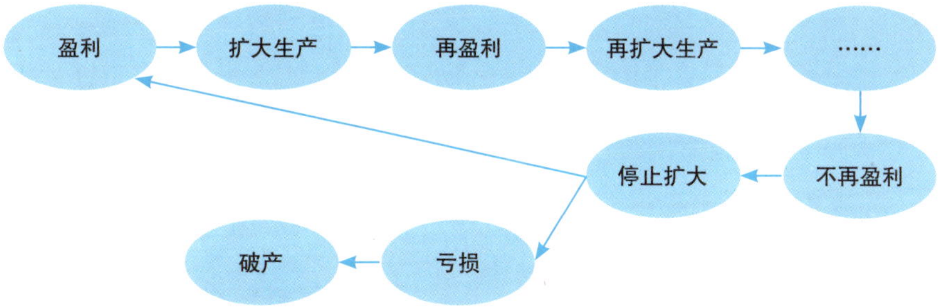

们看到，创新者发现了新的方式，能把高技术的劳动力、低技术的劳动力、电子线路、塑料、芯片以及其他资源组合在一起，即以低价买进这些资源，经过创造性的重组，再以高价卖掉最终的产品，并从中获利。

第三，企业家模仿在前面开路的企业家。福特创造了大批量生产汽车的流水线。其他企业家迅速得到消息，发现他们也能用福特的方法降低生产成本。苹果公司创造了家用电脑Macintosh，这一创新具有巨大的影响力。IBM随即模仿了，或者说学习了苹果公司的成功经验，创造了IBM个人电脑。在很短的时间内，出现了很多其他的模仿者，都来模仿IBM的机器。无意之中，一个新的产业诞生了，更好地满足了消费者的需求。新的知识也出现了。多数人发现，汽车的效率比传统的马车高，计算机的效率比传统的打字机高，而这些都要归功于企业家的创新和模仿。人们纷纷购买新产品，抛弃旧货，这一切大家有目共睹。

当然这只是经济学理论，现实生活中的企业不大可能按照经济学理论来寻求利润最大化点，因为许多企业家并不了解边际收益和边际成本，也并没有刻意追求边际收益和边际成本相等的规律。但正如经济学家梁小民所说："如果分析那些实现了利润最大化的企业的资料，你一定会发现这些企业遵循了这一规律。无论你是否知道规律，它总是在起作用，但了解这些规律更有利于我们自觉地按规律办事，避免盲目性和在摸索这一规律中的弯路和浪费。"

与利润最大化问题对应的是成本最小化问题。利润最大化解决的是在成本固定的情况下寻求利润最大化问题，而成本最小化解决的则是在产量固定的情况下成本最小化问题，二者在数学上被称为对偶问题，也就是说二者在本质上是一致的。

第六章

要竞争不要垄断

第一节　山寨手机的竞争

完全竞争市场，买者不能影响价格

竞争市场，有时称为完全竞争市场，是指有许多交易相同产品的买者与卖者，以至于每一个买者和卖者都是价格接受者的市场。在竞争市场中存在许多买者和卖者，各个卖者提供的物品大体上是相同的。由于这种情况，市场上任何一个买者或卖者的行动对市场价格的影响都是微不足道的，每一个买者和卖者都把市场价格作为既定的。

在牛奶市场上，没有一个牛奶买者可以影响牛奶价格，因为相对于市场规模，每个买者购买的量很少。同样，每个牛奶卖者对价格的控制是有限的，因为许多其他卖者也提供基本相同的牛奶。由于每个卖者可以在现行价格时卖出他想卖的所有量，所以，他没有什么理由收取较低价格，而且，如果他收取高价格，买者就会到其他地方买。在竞争市场上买者和卖者必须接受市场决定的价格，因而被称为价格接受者。

在美国的阿拉斯加自然保护区里，人们为了保护鹿，就消灭了狼。鹿没有了天敌，生活很是悠闲，不再四处奔波，便大量繁衍，引起了一系列的生态问题，致使瘟疫在鹿群中蔓延，鹿群大量死亡。

后来，护养人员及时引进了狼，狼和鹿之间又展开了血腥的生死竞争。在狼的追赶捕食下，鹿群只得紧张奔跑以逃命。除了那些老弱病残者被狼捕食外，其他鹿的体质日益增强，鹿群显得生机勃勃，恢复了往日的灵秀。

鹿群的故事表明竞争是必要的，在人类经济生活中，竞争对人类发展的促进作用也是异常明显的。在经济学中，完全竞争市场是几个典型的市场形式之一。从理论上能够证明，完全竞争的结果符合帕累托最优，同时也是亚当·斯密“看不见的手”发挥作用最彻底的市场。

完全竞争中的竞争是不受任何阻力和干扰的（对竞争的阻碍主要来自政府的干涉、企业相互勾结形成垄断的买方或卖方）。通常而言，假如市场中的买家与卖家数量规模足够大，每个个人（包括买方与卖方在内）都是价格接受者，而且不能独自影响市场价格的时候，这样的竞争状态就叫完全竞争，这样的市场就叫完全竞争市场。

现实中是否存在严格意义上的完全竞争市场并不重要，重要的是要说明在假定的完全竞争条件下，市场机制应如何调节经济。可以说，有了完全竞争市场，我们就相当于有了一面镜子、一把尺子、一个目标。

完全竞争有一个很重要的特点：在已经达到市场均衡的状态下，一切获利的机会都会被利用。一切额外的收益都是有成本的，而且收益的价值等于获益的成本。拿节能来说，很多人认为节能一定能有所收益。其实这个想法不对，节能都是有成本的。在一般均衡状态下节能的收益已经被所支付的成本所抵销，否则就还没有达到均衡。有人说，随手关灯总不需要成本吧？不对。要所有人都自觉随手关灯，我们必须耗费一定的宣传教育成本。如果宣传成本低于节能收益，说明这种宣传教育还没有做到家，或者说我们所处的不是一个完全竞争的环境。一旦我们处在一个完全竞争的环境，一切的获利机会都会被利用到，你为了获益付出的成本刚好跟你的收益抵销，这就是市场均衡。

社会市场经济之父路德维希·艾哈德指出：竞争是导致繁荣和保证繁荣的最有效手段。在完全竞争市场中，厂家处于长期均衡状态的时候，市场是最有效率的。

首先，从边际成本等于价格来分析，边际成本衡量了社会每增加一个单位产量所耗费能源的成本，而市场价格则度量了消费者乐意付出的价格，它反映了多生产一个单位产品给消费者带来的福利，边际成本等于价格就表示最后一个单位产量所消耗的价值与该单位产量的社会价值相等。由于消费者付出的市场价格最低，所以竞争的益处归消费者所有。

其次，从平均成本等于市场价格来分析，在完全竞争市场中，市场价格是一条水平线，而在厂家处于长期均衡状态的时候，厂家的MR（边际收益）=AR（平均收益）=P（价格）=AC（平均成本）=MC（边际成本），这时厂家的平均成本达到最低。因此，完全竞争厂商在生产技术使用方面是有效率的。假如所有厂家都能在平均成本的最低点进行生产，则社会稀缺资源的耗费将会最小。

最后，由于在完全竞争市场中不存在长时间的超额利润，所以就不会出现短缺的情况，也没有亏损，因此不存在过剩积压的状况。这样一来，社会供求就是均衡的且没有资源浪费。

在竞争市场中的企业可以自由地进入或退出市场。例如，如果任何一个人都可以决定开一个奶牛场，而且，如果任何一个现有奶牛场可以决定离开奶牛行业，那么，牛奶行业就完全满足了这个条件。应该注意的是，对竞争企业的许多分析并不依靠自由进入和退出的假设，因为这些条件对企业作为价格接受者并不是必要的。

哈佛商学院教授迈克尔·波特指出：竞争是企业成败的核心所在。竞争战略就是在一个行业里寻求一个有利的竞争地位。竞争战略的目的是针对决定产生竞争的各种影响力而建立一个有利可图和持久的地位。

完全竞争市场中厂商的需求曲线和收益曲线

完全竞争厂商的需求曲线

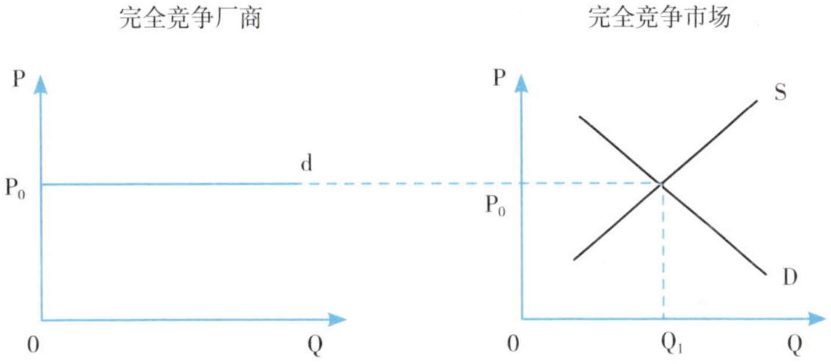

完全竞争厂商的需求曲线是一条由既定市场价格水平出发的水平线

完全竞争企业的收益曲线

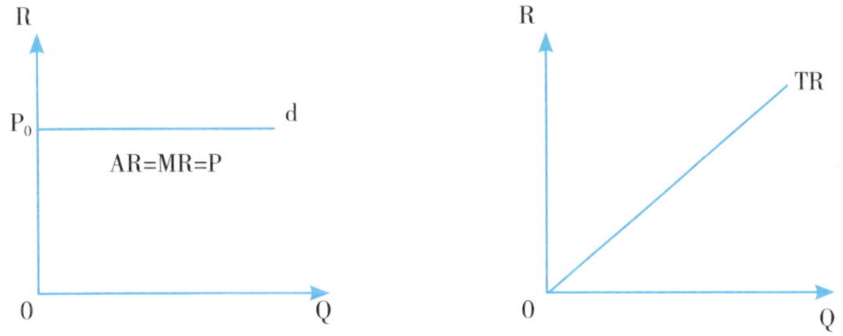

图（a）　　图（b）

特点：完全竞争厂商的平均收益曲线、边际收益曲线和需求曲线重合，如图（a）。而其总收益曲线则是一条由原点出发的斜率不变的上升的直线，如图（b）。

完全竞争的市场并非绝对的完美，它也存在诸多问题，例如：小规模的企业不一定会使用大规模的先进技术；无差异的产品无法满足消费者多样化的需求；因为信息是完全和对称的，因此不存在对技术创新的保护。换言之，假如你发明了一种炒瓜子的好方法，很快就会被他人模仿，这样一来，你也就没有动力去创造炒瓜子的新方法了。

不完全竞争，大学生恋爱难修成正果

经验事实和调查分析都显示，大学生谈恋爱，双方分手的比例很高，至于最后结婚那基本是没谱的事情。更多的失败体现在“毕业即分手”，为什么大学生一旦脱离校园，爱情就那么脆弱得不堪一击呢？要知道问题的真相，我们还得从了解不完全竞争开始。

不完全竞争市场的特点是，市场中存在着一定程度的垄断，某些个别经济人对商品的市场价格具有一定程度的影响力。斯蒂格利茨在《经济学》中论述，那些需要技术创新的行业几乎都必然具有不完全竞争性。按照竞争的强弱程度，不完全竞争市场分为垄断竞争、寡头垄断、完全垄断市场。

自由市场的发展必然导至垄断现象的出现。垄断，意思是“唯一的卖主”，它指的是经济中一种特殊的情况，即一家厂商控制了某种产品的市场。比如说，一个城市中只有一家自来水公司，而且它又能够阻止其他竞争对手进入它的势力范围，这就叫作完全垄断。在完全垄断的情况下，整个行业独此一家，因此，这个垄断企业便可以成为价格的决定者，而不再为价格所左右。垄断企业可以获得超过正常利润的垄断利润，由于其他企业无法加入该行业进行竞争，所以这种垄断利润将长期存在。

完全垄断市场是与完全竞争市场完全相反的一种市场，同完全竞争一样在实际中很少见。在完全垄断市场上只有唯一的一个销售者，企业就是行业。该企业所售的商品没有任何相近的替代品，新企业不能进入该市场。在市场运行当中，垄断企业可以根据获取利润的需要，实行差别价格。而现实中真正满足这几个条件的市场几乎是没有，因为人们总能找到各种物品的替代品。

作为垄断的进一步发展，寡头垄断是指在一个市场上有少数几家企业供给产品，它们各占较大份额，彼此通过协定或默契制定价格的情况，这些形成寡头垄断的企业被称为寡头。

在寡头市场中，只有少数几家厂商为代表的市场组织控制整个市场的产品的生产和销售。寡头市场被认为是一种较为普遍的市场组织，西方国家中不少行业都表现出寡头垄断的特点，例如，美国的汽车业、电气设备业、罐头行业等，都被几家企业所控制。

欧佩克就是一种寡头垄断形式。在欧佩克诸成员国中，沙特阿拉伯是最大的或最有影响的一位。它的产量一般占欧佩克总产量的1/3，储油量也占欧佩克总储量的40%。通常都是由沙特阿拉伯先制定价格或与其他成员协商后制定价格，其他成员则遵照执行，当石油销路不好时，他们宁可减少产量也不愿降价，以免引起彼此的纷争，造成两败俱伤。这种寡头垄断我们可以称为价格领袖式寡头垄断。

形成寡头市场的主要原因有：某些产品的生产必须在相当大的生产规模上进行才能达到最好的经济效益；行业中几家企业对生产所需的基本生产资源的供给的控制；政府的扶植和支持；等等。由此可见，寡头市场的成因和垄断市场是很相似的，只是在程度上有所差别而已，寡头市场是比较接近垄断市场的一种市场组织。

寡头厂商的价格和产量的决定是非常复杂的问题。主要原因在于：在寡头市场上，每个寡头的产量都在全行业的总产量中占较大份额，从而每个厂商的产量和价格的变动都会对其他竞争对手以及整个行业的产量和价格产生举足轻重的影响。从而每个寡头厂商在采取某项行动之前，必须首先推测或掌握自己这一行动对其他厂商的影响以及其他厂商可能作出的反应，考虑到这些因素之后，才能采取最有利的行动。所以每个寡头厂商的利润都要受到行业中所有厂商决策的相互作用的影响。

一般而言，不知道竞争对手的反应方式，就无法建立寡头厂商的模型。或者

市场的竞争类型比较

市场竞争类型	完全竞争	垄断资本	垄断	寡头
厂商数量	很多	很多	几个	唯一
产品有无差别	完全无差别	有差别	有差别或无差别	唯一的产品且无替代产品
价格有无控制	没有	有一些	相当程度的控制	很大程度
行业进出难易	很容易	比较容易	比较困难	很困难
接近何种商品市场	初级农产品市场	轻工业产品	钢铁、汽车、石油	公共事业、供水、供电

说，有多少关于竞争对手的反映方式的假定，就有多少寡头厂商的模型，就可以得到多少不同的结果。因此在西方经济学中，没有一种寡头市场模型能对寡头市场上的价格产量决定作出一般的理论总结。

那么，回到开始的问题：为什么在不完全竞争下，大学生谈恋爱很难修成“正果”呢？在详细了解什么是不完全竞争之后，我们会发现，由于大学校园“爱情市场”存在严重的进入壁垒，“交易”或者博弈的局中人在相貌、才华、财富和前途方面又是高度差别化的。

校园爱情不是一个完全竞争的市场，而是一个带有高度垄断的不完全竞争的市场，很显然，那些具备较好禀赋和财富的同学拥有一定的“市场势力”。在漂亮女生资源相对多的文科大学，市场接近于垄断竞争；而在那些女生资源非常匮乏的理工科大学，市场则近似于完全垄断；漂亮和优秀女生周围形成的市场则是寡头垄断的，因为面对这样出众的女生，敢于追求的男生很少，现有竞争者和潜在竞争者都很少。

由于校园“爱情市场”缺乏激烈的竞争，替代品较少，被追求者（一般是女生）面对的选择大为缩小，从理论上讲就不会产生“最优”的选择结果。她们一般不会把财富、名利等功利性的尺度引入目标函数，所以，最可能的大学生爱情状态应该是：在不完全竞争下，与现实脱离的恋爱不会使同学们获得自己最满意的爱情。但由于目标函数的独特性，校园爱情常常能在大学阶段平静地度过几年。等到毕业的时候，他们会碰到极为严重的约束条件，比如地理分布、户口、经济基础等，这些都会让象牙塔中美好的爱情在现实面前像七彩泡泡那样被无情击碎。

可口可乐与百事可乐之间的垄断竞争

20世纪80年代，可口可乐与百事可乐之间竞争十分激烈。可口可乐为了赢得竞争，对20万13～59岁的消费者进行调查，结果表明，55%的被调查者认为可口可乐不够甜。本来不够甜加点糖就可以了，但可口可乐公司花了两年时间耗资4000万美元，研制出了一种新的更科学、更合理的配方。1985年5月1日，董事长戈苏塔发布消息说，可口可乐将终止使用了99年历史的老配方，代之而起的是新可口可乐。当时记者招待会上约有200家报纸、杂志和电视台的记者，大家对新的可口可乐并不看好。

24小时后，消费者的反应果然印证了记者的猜测。很多电话打到可口可乐公司，也有很多信件寄到可口可乐公司，人们纷纷表示对这一改动的愤怒，认为它大大伤害了消费者对可口可乐的忠诚和感情。旧金山还成立了一个“全国可口可乐饮户协会”，举行了抗议新可口可乐的活动，还有一些人倒卖老可口可乐以获利，更有人扬言要改喝茶水。

此时百事可乐火上浇油。百事可乐总裁斯蒂文在报上公开发表了一封致可口可乐的信，声称可口可乐公司正从市场上撤回产品，并改变配方，使其更像百事可乐公司的产品。这是百事可乐的胜利，为庆祝这一胜利，百事可乐公司放假一天。

面对这种形势，1985年7月11日，戈苏塔不得不宣布：恢复可口可乐本来面目，更名“古典可口可乐”，并在商标上特别注明“原配方”。与此同时，新配方的可口可乐继续生产。消息传开，可口可乐的股票一下子就飙升了。

这个案例说明，老的可口可乐已在部分消费者中形成了垄断地位，哪怕可口可乐公司总裁也不能动摇这种地位。案例也说明在可口可乐、百事可乐、矿泉水以及茶水等饮料之间还是存在竞争的。这种市场就是垄断竞争市场。

垄断竞争，指一个市场中有许多厂商生产和销售有差别的同种产品。垄断竞争在现实中是一种普遍存在的市场结构，在日用品行业中尤为常见。

在垄断竞争市场中，生产集团中有大量的企业生产有差别的同种产品，这些产品彼此之间都是非常接近的替代品。例如，牛肉面和鸡丝面。这里的产品差别不仅指同一产品在质量、构造、外观、销售服务方面的差别，还包括商标、广告上的差别和以消费者的想象为基础的虚构的差别。例如，虽然两家饭店出售的同一菜肴（以清蒸鱼为例）在实质上没有差别，但是消费者心理上却认为一家饭店的清蒸鱼比另一家的鲜美，此时存在着虚构的差别。

由于一个生产集团中的企业数量非常多，以至于每个厂商都认为自己的行为影响很小，不会引起竞争对手的注意和反应，因而自己也不会受到竞争对手的报复措施的影响。厂商的生产规模比较小，因此进入和退出一个生产集团比较容易。在现实生活中，垄断竞争的市场组织在零售业和服务业中是很普遍的，如修理、糖果零售业等。

市场上的每个竞争者都自以为可以彼此相互独立行动，互不依存。一个厂商的决策对其他厂商的影响不大，不易被察觉，可以不考虑其他厂商的对抗行动。

由于每个厂商提供的产品有一定的差异，厂商可以对其产品实施垄断，厂商具有影响产品价格的能力，因而垄断竞争厂商的需求曲线（收益曲线）向右下方倾斜。另一方面垄断竞争市场又不同垄断市场，市场上同类产品的竞争，新老企业的进入和退出比较容易。当厂商试图提高产品价格时，其损失掉的需求量（收益）比垄断时要大，相反，当垄断竞争厂商降低价格时，其争取到的需求量（收益）可能更大。

综合两方面的因素，垄断竞争的厂商面临的是一条向右下方倾斜的需求曲线（如下页图），但曲线比较平坦，需求曲线的高度取决于市场上同类产品的平均价格。

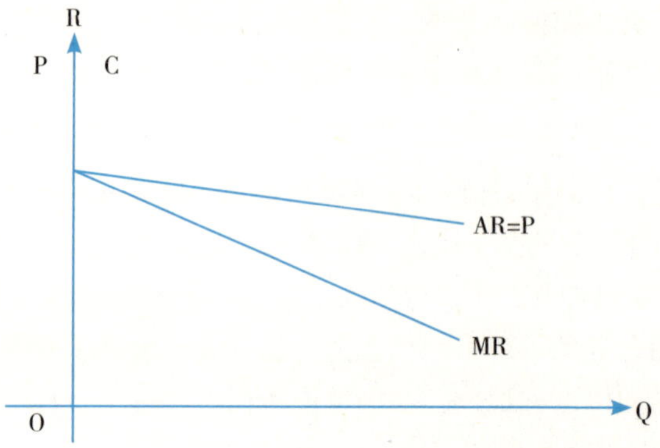

在短期，垄断竞争的企业对生产要素的调整只能限于可变投入，因而厂商面对的是短期成本。从行业来看，行业规模不变。行业中没有厂商的进入和退出。

与其他企业一样，垄断竞争的企业的目标也是获取最大利润，所以必须把产量定在边际成本=边际收益之上，此时，有三种情况：

在长期，一方面企业内部可以调整任何生产要素，变动短期内不能变动的固定成本，因而企业是根据长期成本进行决策。

另一方面，在长期，新的资本可以进入行业中，原有资本也可以退出，这是垄断与垄断竞争的重要区别，也是垄断竞争企业长期决策和短期决策的重要区别，因此，垄断竞争在长期也只有一种情况，即超额利润为零的情况。

垄断竞争市场的经济效率介于完全竞争市场和垄断市场之间，在垄断竞争厂商处于长期均衡时，市场价格高于厂商的边际成本，市场价格等于厂商的平均成本但高于平均成本最低点。这就决定了垄断竞争市场的经济效率低于完全竞争市场。

当然，这也并不能由此得出完全竞争市场就优于垄断竞争市场的结论。因为尽管垄断竞争市场上平均成本的价格高，资源有浪费，但消费者可以得到有差别的产品，从而满足不同的需求。而且垄断竞争市场上的产量要高于完全垄断市场，价格却要低。特别是垄断竞争有利于鼓励进行创新。因此，许多经济学家认为，垄断竞争从总体上看还是利大于弊的。

垄断竞争市场

垄断竞争市场有3个特点：许多企业、有差别的产品和自由进入

以饮料市场为例，在三伏天凉茶市场销量非常好，其市场进入的门槛非常低。这时有许多企业进行凉茶生产，并且生产的凉茶品质是有差异的，不同的品质拥有不同的消费群体。

垄断竞争与完全竞争

垄断竞争市场也存在一定的无效率，它不能像完全竞争市场那样带来完全的福利最大化。但这种无效率很模糊，也难以衡量和解决。但由于其企业生产少于完全竞争市场的有效规模，因此垄断竞争市场存在过剩的生产能力，其价格总是高于其边际成本。

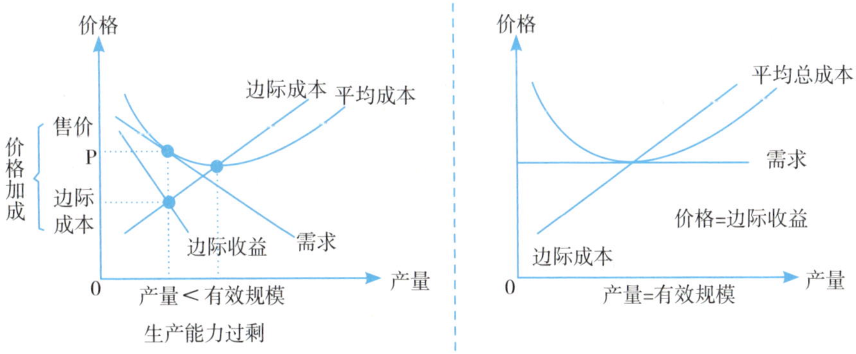

左图表示的是垄断竞争市场的长期均衡，右图表示的是完全竞争市场的长期均衡。其中完全竞争市场的生产能达到有效规模，平均总成本可以达到最小，而垄断竞争企业均不能达到这一标准。此外，和完全竞争市场不同的是，垄断竞争下的价格高于边际成本。

第二节 标准石油的垄断

产生垄断：我们第一次背离完全竞争

完全垄断市场也叫作纯粹垄断市场，一般简称垄断市场。垄断一词出自于希腊语，意思是“一个销售者”，也就是指某一个人控制了一个产品的全部市场供给。因而，完全垄断市场，就是指只有唯一一个供给者的市场类型。

垄断分为国内垄断和国际垄断。国内垄断是指对国内某种产品的生产和销售的控制，国际垄断是指对世界某种产品的生产和销售的控制。国际市场的垄断是在国内市场垄断的基础上发展起来的。当资本在国内集中到一定程度，并在国内市场形成垄断的时候，为了占据更大的市场份额和获取更大的利润，它们必然向国际市场发展，从而导致资本在世界范围内的集中，最终形成国际市场的垄断。国内垄断开始形成于19世纪70年代，国际垄断则开始形成于20世纪90年代。

垄断市场形成的原因很多，最根本的一个原因就是为了建立和维护一个合法的或经济的壁垒，从而阻止其他企业进入该市场，以便巩固垄断企业的垄断地位。垄断企业作为市场唯一的供给者，很容易控制市场某一种产品的数量及其市场价格，从而可连续获得垄断利润。

垄断是从自由竞争中成长起来的。资本家为了在追逐利润的竞争中取得胜利，必须采用新的技术设备，扩大生产规模，以提高劳动生产率和降低生产成本。这就需要不断地进行资本积聚，即通过剩余价值的资本化来不断地扩大资本。在资本积聚的基础上，竞争又引起资本集中。这主要是通过大资本吞并中小资本，或建立股份公司的方式来实现的。资本积聚和资本集中的结果，使生产日益集中于少数大企业。当生产集中发展到一个部门已被少数大企业所控制的阶段，必然会形成垄断。具体地说，垄断市场形成的主要原因有以下几个方面：

1.生产发展的趋势

在生产的社会化发展过程中，自由竞争自然而然地引起生产和资本的集中，而当生产和资本的集中发展到一定阶段以后，就必然会产生垄断。

2.规模经济的要求

有些行业的生产需要投入大量的固定资产和资金，如果充分发挥这些固定资产和资金的作用，则这个行业只需要一个企业进行生产就能满足整个市场的产品供给，这样的企业适合于进行大规模的生产。具有这种规模的生产就具有经济性，低于这种规模的生产则是不经济的。这样来看，规模经济就成为垄断形成的重要原因。同时，大量的固定资产和资金作用的充分发挥，使企业具有了进行大规模生产的能力和优势，因而这个企业能够以低于其他企业的生产成本或低于几个企业共同生产的成本、价格，向市场提供全部供给。那么，在这个行业当中，只有这个企业才能够生存下来，其他企业都不具备这种生存能力。

3.自然垄断性行业发展的要求

有些行业具有向规模经济、范围经济发展的内在趋势，而在整个市场中随着企业生产规模的扩大和范围的扩展，单位成本递减，从而实现的效益增加，这些行业具有自然垄断性。通常情况下，这些具有自然垄断性的行业是由政府来经营的。如电力、电话、自来水、天然气以及公共运输等行业就是如此。这些具有自然垄断性行业的发展必然要求实行垄断经营。自然垄断性行业的发展之所以要求垄断经营，是因为自然垄断性行业的发展与垄断经营之间存在着紧密联系的技术经济因素。

4.保护专利的需要

专利是政府授予发明者的某些权利。这些权利一般是指在一定时期内对专利对象的制作、利用和处理的排他性独占权，从而使发明者获得应有的收益。某项产品、技术或劳务的发明者拥有专利权以后，在专利保护的有效期内形成了对这种产品、技术和劳务的垄断。专利创造了一种保护发明者的产权，在专利的有效保护期内其他任何生产者都不得进行这种产品、技术和劳务的生产与使用，或模仿这些发明进行生产。若不保护发明专利，社会和生产就难以进步与发展。

5.对进入的自然限制

当某个生产者拥有并且控制了生产所必需的某种或某几种生产要素的供给来源时，就形成了自然垄断。这种自然垄断形成以后，其他任何生产者都难以参与此类要素的市场供给，从而就自然地限制或阻止了其他生产者的进入，这样，就维护了这个生产者的垄断地位及其垄断利益。

6.对进入的法律限制

政府通过特许经营，给予某些企业独家经营某种物品或劳务的权利。这种独家经营的权利是一种排他性的独有权利，是国家运用行政和法律的手段赋予并进行保护的权利。政府的特许经营，使独家经营企业不受潜在新进入者的竞争威胁，从而形成合法的垄断。政府对进入市场进行法律限制形成法律垄断，主要是基于公司福利需要、保证国家安全、确保国家财政和税收收入稳定三个方面的考虑。

一方面，在少数几十个甚至几个大企业之间，比较容易达成协定，使垄断具有了可能性。另一方面，由于大企业规模巨大，实力雄厚，造成中小企业同它们竞争的困难，从而使居于压倒优势的大企业本身就具有垄断的趋势。这种状况也会给大企业之间的竞争带来两败俱伤的危险，从而在一定条件下，特别是在它们势均力敌的条件下，就会产生谋求暂时妥协、达成垄断协定的必要性。

垄断市场

垄断是经济中一种特殊的情况，即一家企业控制了某一行业的市场。

寡头垄断是垄断的一种，它是指在一个市场上有少数几家企业供给产品，它们各占较大份额，彼此通过协定或默契制定价格。

垄断的基本原因是进入障碍

资源垄断：
关键资源由一家企业拥有。

自然垄断：
生产成本使一个生产者比大量生产者更有效率。

政府创造垄断：
政府给予一家企业排他性地生产某种产品或劳务的权利。

垄断的利与弊

垄断市场下生产者也是价格的唯一决定者，因此可以获得超过正常利润的垄断利润。并且由于其他企业无法加入该行业进行竞争，这种垄断利润将长期存在。

拉高整个社会成本，导致有效投资不足，滋生腐败毒瘤，破坏了企业进步与生存的竞争机制，不利于企业长期持续发展，也会给社会稳定带来一定危害。

产生垄断的原因之一：政府创造的垄断

在1998年，制药公司默克推出了“保发止”（Propecia），一种防止脱发的有效药物。尽管存在这样的事实，即“保发止”利润丰厚，并且其他制药公司拥有生产它的技术，但没有其他公司挑战默克的垄断地位。

“保发止”是一个受政府制造的壁垒保护的垄断例子。这是因为美国政府给予默克公司在美国生产这种药品的专有合法权利。

为什么政府造成了这些合法的垄断？是为了通过保证利润来鼓励创新。默克公司肯定乐于在“保发止”的研发上投入大量资金，因为它期待着由此带来的垄断而产生的利润。

在许多情况下，垄断的产生是因为政府给予一个人或一个企业排他性地出售某种物品或劳务的权利。有时垄断产生于想成为垄断者的人的政治影响。例如，国王曾经赋予他们的朋友或盟友排他性的经营许可证。在另一些时候，政府也会由于这样做符合公共利益而赋予垄断。

专利和版权法是政府为公共利益创造垄断的一个例子。现今最重要的合法垄断源自专利权和版权。我国发明专利权现在的有效期是20年，它被给予如药品等新产品的发明者；版权被给予作者和编者，它的有效期通常是创作者的终生再加50年。

当一个制药公司发明了一种新药时，它就可以向政府申请专利。如果政府认为这种药真正是原创性的，它就批准专利，该专利给予该公司在20年中排他性地生产并销售这种药的权利。同样，当一个小说家写完一本书时，他可以拥有这本书的版权。版权是一种政府的保证，它保证没有一个人在没有得到作者同意时就能印刷并出售这本著作。版权使这个小说家成为他的小说销售的一个垄断者。

专利与版权法的影响是容易说明的。由于这些法律使一个生产者成为垄断者，所以，就使价格高于竞争时的情况。但是，通过允许这些垄断生产者收取较高价格并赚取较多利润，这些法律也鼓励了一些合意的行为。允许制药公司成为它们发明的药物的垄断者是为了鼓励这些公司的研究。允许作者成为销售他们著作的垄断者是为了鼓励他们写出更多更好的书。因此，决定专利和版权的法律既有收益也有成本。专利和版权法的收益是增加了对创造性活动的激励。

在某些情况下，正是政府的允许或者不管制行为导致了垄断的产生。政府通常对垄断行业实行垄断价格管制或者进入许可。这种垄断虽然在稳定经济正常运行、保护国家秘密等方面起到了重要作用。但是，由于市场上只存在一个供给者会造成服务质量低下等问题，要通过引入竞争来解决也很难，通常最后会形成一个合谋的垄断集团。

政府创造垄断并不是英国才有的特例，其实在美国也是如此。美国建国之初，重商主义盛行。重商主义认为，政府的职责之一就是鼓励合乎需要的企业，禁止或管制不合乎需要的企业。在其影响下，当时的美国盛行特许公司制。特许公司在成立时会获得由立法机构颁布一个法令，发给特许，其中说明公司的目的、营业所在地、能够使用的资本数额以及立法机构赋予该公司的某些垄断特权等。

立法机关授予公司的特许状中，往往包含有一些管理特权和垄断权，如运河公司拥有国家征用权，即"在谈判失败时，按照法庭所确定的价格，通过强行购买来取得为公司的目的所需要的财产的权利"。这种特权体现了政府权力向私人团体的延伸，公司的运营和政府权力的使用不可避免地纠缠在一起。官商混合成为美国政坛的一道独特风景，尤其是在总统大选前，利益集团会对总统候选人进行赞助，以保证其上台执政后的政策实施能够倾向于他们。同时，总统凭借权力支撑某些利益集团的长期垄断，来为自己的下次大选赚取资金。因此，即使是现在，美国的电力、军火、航空仍旧是垄断性极强的行业。

虽然在"市场失灵"之后，人们看到政府可以成为调节经济的力量，但政府职能的全面转变造成的另外一个后果就是直接导致行政权力有机会进入市场。一旦政府的公权力普遍且深度介入市场时，政府就有足够的能力去夸大和促进与它有着利益关系的经济单位的发展。

经济学家张五常认为，应诅咒的不是垄断本身，而是政府阻止竞争。那些主要靠政府或团体阻止竞争而存在的垄断，经济学的所有分析都说对社会的整体只有害，没有利。对个人或个别机构当然有利，但对社会整体没有利。

垄断是一把双刃剑，特别是政府的垄断之剑力量更为强大，当垄断有利于经济和民生的时候，适当的垄断也无可厚非。但是，如果政府制造的垄断严重危害到了经济和民生的时候，政府就得快刀斩乱麻及时斩断垄断的根源，引入市场竞争机制，让国民经济健康发展，让广大的人民分享到发展的好处。

产生垄断的原因之二：自然垄断

自然垄断是妨碍完全竞争和市场均衡的一个重大因素。所谓自然垄断，是由于规模经济，使得某一行业只有在一个企业生产的时候才是最有效率的。这主要是因为边际成本递减和由此造成的平均成本递减。

我们知道，对一般企业来说，随着产量的增加，产品的生产成本往往是先下降后上升。但自然垄断行业的特点是产品的平均成本持续下降，生产越多，平均成本越低。所以一旦有一个企业进入市场，别的企业就不可能再进来，因为原来的企业产量大、成本低，后来的企业肯定竞争不过它，这样就形成了垄断，例如电话、铁路、供水、天然气等。

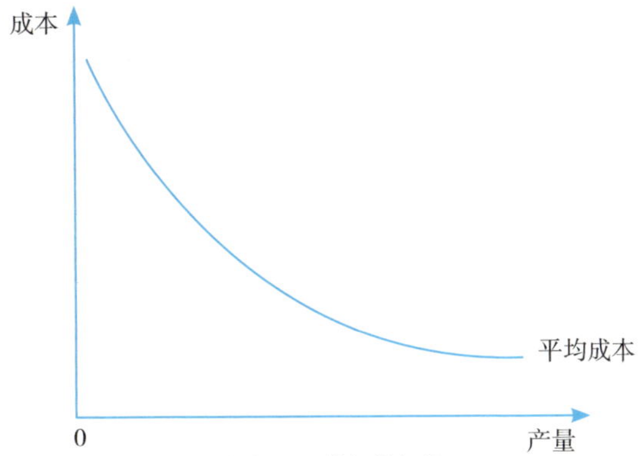

作为垄断原因的规模经济

当一个企业能以低于两个或更多企业的成本为整个市场供给一种物品或劳务时，这个行业是自然垄断。当相关产量范围存在规模经济时，自然垄断就产生了。上图表示有规模经济的企业的平均总成本，在这种情况下，一个企业可以以最低的成本生产任何数量产品，在任何一种既定的产量时，企业数量越多，每个企业的产量越少，平均总成本越高。

自然垄断的一个例子是供水。为了向镇上居民供水，企业必须铺设遍及全镇的水管网。如果两家或更多企业在提供这种服务中竞争，每个企业都必须支付铺设水管网的固定成本。因此，如果一家企业为整个市场服务，水的平均总成本就是最低了。

再比如，桥有排他性，是因为收费站可以排除一个人使用桥。桥没有竞争性是因为一个人用桥并不减少其他人用它的能力。修桥有固定成本，而增加一个使用者的边际成本微乎其微，所以，过一次桥的平均总成本（总成本除以过桥人次）随着过桥人数增加而减少。因此，桥是一种自然垄断。

当在某一市场上出现一个经营者（生产者或供给者）之后，即排除了其他经营者以同样的方式进入该市场，从而使已经进入该市场的经营者自然地取得对该市场的独占地位时，即形成自然垄断。

当一个企业是自然垄断时，它不太关心有损于其垄断力量的新进入者。正常情况下，一个企业如果没有关键资源的所有权或政府保护，要维持垄断地位是不容易的。垄断利润吸引资本进入市场，而且，这些资本的进入使市场更有竞争性。与此相比，进入另一个企业已有自然垄断的市场并没有吸引力。想进入者知道，他们达不到垄断者所享有的同样低成本，因为在进入之后，每个企业的市场份额都小了。

在某些情况下，市场规模也是决定一个行业是不是自然垄断的一个因素。考虑一座过河的桥，当人口很少时，桥可能是自然垄断，一座桥可以以最低成本满足所有过河的需求，但随着人口增加，桥变得拥挤时，满足全部过河需求可能需要两座

应对自然垄断的方法

美国经济学家斯蒂格利茨认为，政府对自然垄断问题有三种不同的解决方法：

1.政府接管某一行业的所有权，或将该行业国有化

例如，英国曾对国家的电力公司以及部分公用事业部门国有化。

2.让私人企业经营该行业的同时对其进行管制

原则上，管制机构试图将企业的价格保持在与被管制企业投资收益相称的最低水平上。

3.鼓励竞争

在实际竞争可行的场合下，竞争能抑制较高的垄断价格。

或更多桥。因此，随着市场扩大，自然垄断会变为竞争市场。

虽然自然垄断本身存在着不可竞争性，但这并不是一个绝对的概念，随着科技、经济、社会的发展，竞争机制是可以在一定程度上引进自然垄断企业的领域的。发达国家自20世纪70年代中期以来，开始对自然垄断行业有了新的认识，因此这些经济发达的国家对自然垄断行业的基本立场和调整对策的变化有重大的突破，经历了20世纪80年代以前“放松管制”，到80年代以后“非国有化”再到“引入竞争机制”的发展过程。以邮政行业为例，美国、加拿大的邮政服务虽然一级邮件业务是垄断的，但二级、三级邮件以及快递服务是开放竞争的。

政府的微观调控是为了弥补和矫正市场失灵以确保稀缺资源的有效配置。自然垄断就是市场失灵的表现之一。虽然有不少国家在政策上允许垄断在一定程度上存在。但在垄断条件下，任何组织都有可能丧失追求成本最小化与效益最大化的能力，从而破坏帕累托最优的资源配置。经济学家已经指明了垄断带来的四个主要问题，即产量受到限制、管理松懈、不大关心研究与开发以及由寻租行为所产生的利润耗费。种种理由，使各国在处理自然垄断问题上，大都对自然垄断企业（主要是水、电、煤气等公用企业）的进入、退出、价格、投资等方面进行规制。

垄断的利润是否是一种社会代价

几年前，世界重要的钻石供应商戴比尔斯登出一则广告来劝说男人们为他们的妻子购买钻石珠宝。广告上说：“她嫁给你后会变得富有还是贫穷？让她知道事情的结果。”

广告粗俗吗？是的。有效吗？毫无疑问。一直以来钻石都是奢华的象征，其价值不仅在于外观，而且源于它们的稀有。但是地质学者将告诉你，钻石并非那么稀有。事实上，根据关于《上乘珍品和珠宝的道·琼斯·欧文指南》，钻石“比其他具有宝石质地的有色石头更加普通。它们仅仅是被人感觉好像更为稀有”。

为什么钻石似乎比其他宝石稀有呢？部分原因在于出色的市场营销活动。但是钻石似乎稀有的主要原因在于戴比尔斯使它们稀有：这家公司控制了世界上的大多数钻石矿，并且对提供给市场的钻石数量加以限制。戴比尔斯是一个垄断者，是一种商品唯一的或几乎是唯一的生产者。垄断者知道自己的行动影响着市场价格，并在决定产量的时候考虑了这种影响。

垄断利润是垄断资本家凭借自己在社会生产中的垄断地位而获得的超过平均利润的高额利润。高额垄断利润一般是通过规定垄断价格实现的。垄断价格以高于自由竞争条件下形成的平均利润率的“目标利润率”为中心来制定，这样垄断资本家凭借其垄断地位来操纵垄断价格，促使实际利润率和“目标利润率”趋于一致，就可以较有把握地获得高额垄断利润。

与竞争企业相反，垄断收取高于边际成本的价格。从消费者的角度来看，这种高价格使垄断是不合意的。但是，同时垄断者也从收取这种高价格中赚到了利润。从企业所有者的角度看，高价格使垄断极为合意。企业所有者的利益会大于强加给消费者的成本，从而使垄断从整个社会的角度看是合意的吗？

总剩余是消费者剩余与生产者剩余之和，消费者剩余是消费者对一种物品的支付意愿减少他们为此实际付出的量，生产者剩余是生产者出售一种物品得到的收入减它们生产它的成本，在这种情况下，只存在一个生产者——垄断者。

在竞争市场上供求均衡不仅是一个自然而然的结果，而且是一个合意的结果。特别是，市场中看不见的手引起了使总剩余尽可能大的资源配置。由于垄断引起的资源配置不同于竞争市场，所以，其结果必然以某种方式不能使总经济福利最大化。

列宁说："垄断地位能提供超额利润，即超过全世界一般的、正常的资本主义利润的额外利润。"垄断资本主义的再生产过程表明，只要某个生产部门的生产和销售被少数大企业所垄断，这几家大垄断企业就能经常地获得大大超过平均利润的垄断利润。

在1946～1973年期间，美国制造业纳税后的年平均公司利润率为9.2%，而垄断程度较高的汽车制造部门则达16%，其中通用汽车公司高达19.7%。在1960～1970年期间，美国制造业纳税前的年平均公司利润率为12.5%，而20家最大的垄断公司则达17.1%。其中通用汽车公司高达30.7%，通用电气公司和波音飞机公司也分别达到21.8%和20.8%。

例如，在1953～1968年期间，美国化学工业部门最大企业杜邦公司的目标利润率为20.0%，实际利润率为22.2%；汽车制造部门最大企业通用汽车公司分别为20.0%和20.2%；石油部门最大企业美孚石油公司（新泽西）则分别为12.0%和12.6%。

在资本主义的现实生活中，垄断利润是同企业的垄断地位相联系的。这就进一步表明了垄断的最大危害，是它生产的商品或者采取某种行动，让社会负担了巨大的成本。尤需重视的是，垄断还会扭曲正常的社会关系乃至人们的心灵。譬如，垄断如此强势，垄断行业怎么可能不凌驾于其他行业之上？谁又不以加入垄断行业为荣？久而久之，正常的社会秩序被破坏，正常的社会发展被拖累，正常的人才流通被妨碍，正常的讲理观念被颠覆……垄断，正一笔一笔地在社会成本方面欠下巨账。

不过，哈佛大学经济学教授曼昆认为，根据垄断的经济分析，企业利润本身并不一定是一个社会问题。在他看来，垄断市场上的福利也与所有市场一样包括消费者和生产者的福利。只要消费者由于垄断价格额外支付给生产者1美元，消费者状况就会变坏1美元，而生产者状况会变好相等量。这种从物品消费者向垄断所有者的转移并不影响市场总剩余——消费者和生产者剩余之和。垄断利润本身并不代表经济蛋糕的规模缩小，它仅仅代表生产者的那一块大了，而消费者的那一块小了。除非由于某种理由认为消费者比生产者更重要——这种判断已超出效率经济的范围之外，否则垄断利润不是一个社会问题。

垄断市场上问题的产生是由于企业生产和销售的产量低于使总剩余最大化的水

垄断损害了社会福利吗

垄断市场的问题主要存在于税收的无谓损失，从而使整体的经济福利缩水了。

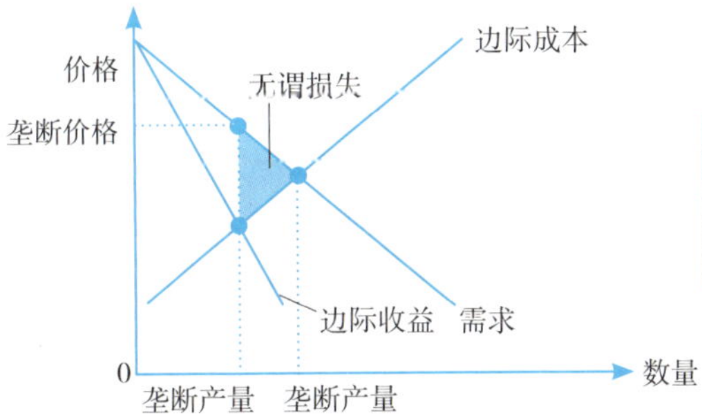

图中需求曲线和边际成本曲线之间的三角形面积代表无谓损失。

这种垄断带来的无效率主要和其高价格有关。垄断行业使产量降到足够低，从而把价格提得足够高，一部分消费者因此买不起或者买得少了。因而垄断企业生产和销售的产量低于社会的有效水平。

平。这种无效率必然与垄断的高价格相关：当企业把价格提高到边际成本以上时，消费者买得少了。但是要记住，从仍能销售的产品数量中赚到的利润并不是问题。问题产生于无效率的低产量。换个说法，如果高垄断价格不会阻碍一些消费者买这些物品，它所增加的生产者剩余就正好是消费者剩余减少的量；而总剩余仍然与仁慈的社会计划者可以达到的一样。

但是，这个结论也有一个可能的例外。假设一个垄断企业为维持其垄断地位不得不引起额外的成本，例如，拥有政府创造的垄断的企业为了保持它的垄断需要雇用游说者来说服法律制定者，垄断者可以用它的一些垄断利润来支付这些额外的成本。如果是这样的话，垄断的社会损失既包括这些成本，也包括由价格高于边际成本引起的无谓损失。

第三节　政府反垄断关卡

实施政府管制，防止垄断产生

“管制”不是一个传统的或日常使用的中文词汇，其字面含义包含“控制、规章、规则”的意思。作为一个外来词，管制（regulation）反映的是一种政府与工商企业的关系，就是政府运用具有法律效力的规章控制工商企业的行为。

管制的起源和发展，因时因地不同，但共同的发生特征是：无论普通法的约束和调节，还是反垄断和宏观调控的实施都不足以满足维护市场秩序的要求。这时，“管制”就出现了。需要明确的是，与反垄断的做法不同，管制是政府部门依据法律的授权采取直接的干预措施，而不是仅仅充当公诉人；与宏观调控不同，管制试图改变的不是决策参数，而是直接控制决策和行为。另外，我们也要指出，发达国家的管制，仍然植根于普通法传统的深厚土壤。具体表现在：

（1）管制需要立法提供法律根据。

（2）管制部门要得到国会的特别授权。

（3）受管制市场的企业和个人，可以根据普通法和行政法对政府的管制行为提出法律诉讼。

在长期的垄断规制实践中，反垄断的理论家和实践者们总结出了一套价格管制措施，如价格听证、价格上限等。但是由于信息不对称和管制者的心理偏好以及社会舆论的影响，垄断管制措施一般都存在失准的问题。

政府在垄断管制中的措施失准首先源于反垄断立法上的观念错误以及由此导致的信息不对称。不言而喻，垄断企业是一个特殊类型的企业，在许多方面也应区别对待。目前各国的《企业法》均把垄断企业视为常规企业，对垄断企业的商业秘密严加保护。即使在价格听证中也不曾被要求披露。事实上，垄断市场中不存在竞争者，垄断企业也就无所谓商业秘密。所以，为了摧毁垄断企业实施价格掠夺的信息基础，社会应通过反垄断立法，强制垄断企业对其成本信息进行充分、及时地披露。由于反垄断立法存在不科学的方面，导致监管者与被监管之间严重的信息不对称，使得反垄断部门的价格管制行为出现明显偏差。

迫于公众的压力和出于促进经济健康发展的需要，发达市场经济国家一般通过价格听证的方式来决定垄断的公用事业企业的价格水平。由于参加价格听证的官员、消费者代表和经济学家不掌握垄断企业的成本信息，价格听证的科学性也大打折扣，甚至可以说具有盲人摸象的味道。

在垄断企业不公开财务信息的条件下，价格听证在很大程度上反映垄断企业的操纵能力。为了实现利润最大化，垄断企业可以收买官员、制造借口、欺骗舆论；垄断企业可以用重金支持其观点与垄断企业利益一致的经济学家的研究。

在听证会无效的情况下，政府应该为自然垄断者确定多高的价格呢？这个问题并不像乍看起来那么容易。一些人的结论是，价格应该等于垄断者的边际成本。如果价格等于边际成本，消费者就可购买使总剩余最大化的垄断者产量，而且，资源配置将是有效率的。

但是，当平均总成本递减时，边际成本小于平均总成本。如果管制者要确定等于边际成本的价格，价格就将低于企业的平均总成本，而且，企业将亏损。在收取如此之低的价格时，企业就会离开该行业。

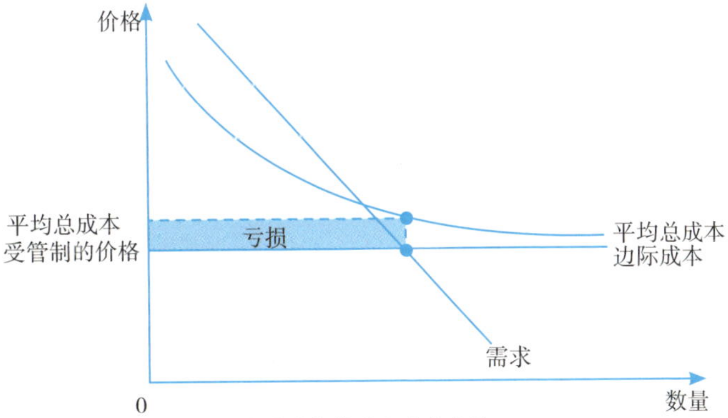

自然垄断的边际成本定价

管制者可以用各种方式对这一问题作出反应，但没有一种方式是完美的。一种方法是补贴垄断者。实际上，政府承担了边际成本定价固有的亏损。但要支付贴补，政府需要通过税收增加收入，这又引起税收本身的无谓损失。另一种方法，管制者可以允许垄断者收取高于边际成本的价格。如果受管制的价格等于平均总成本，垄断者正好赚到零利润。但平均成本定价会引起无谓损失，因为垄断者的价格不再反映生产该物品的边际成本。实际上，平均成本定价和垄断者在出售物品时征收税收一样。

边际成本定价作为管制制度，它不能激励垄断者降低成本。竞争市场上的每个企业为了追求高利润都努力降低其成本。但如果一个受管制的垄断者知道，只要成

价格管制

价格管制是指政府对处于自然垄断地位的企业的价格实行管制，以防止他们为牟取暴利而危害公共利益。

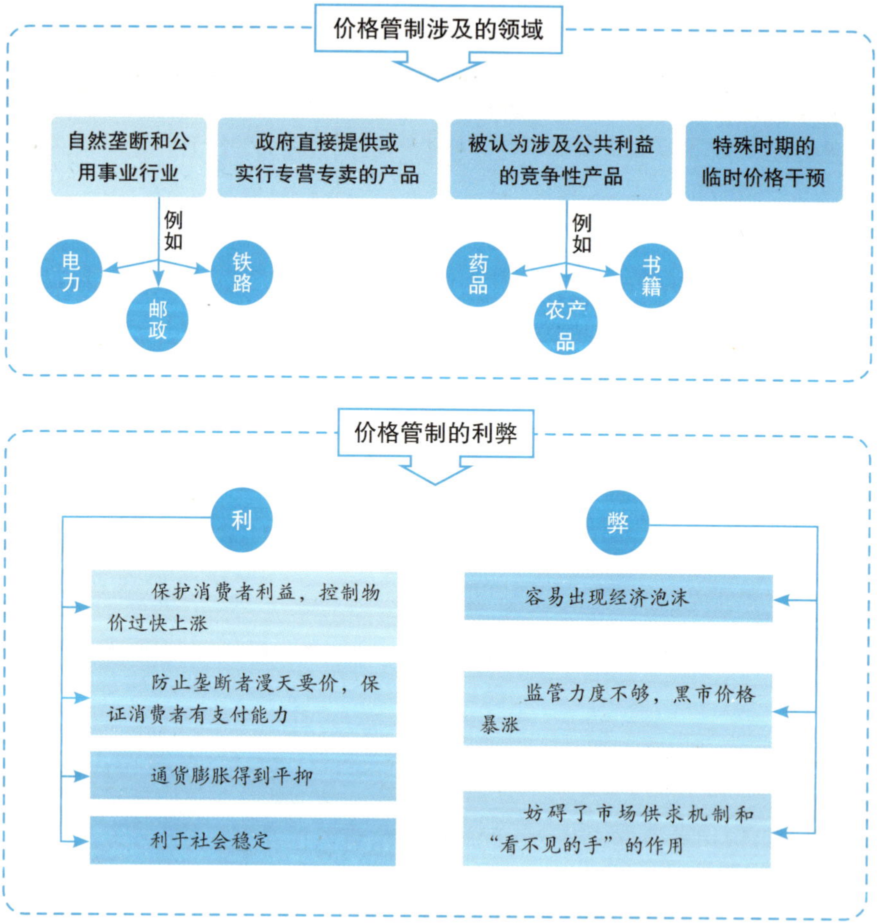

本减少，管制者就将降低价格，垄断者就不会从降低成本中受益。实际上，管制者解决这一问题的方法是允许垄断者从降低成本中以更高利润的形式得到一些利益，这种做法是对边际成本定价的某种背离。

为了更好地解决垄断这一令人纠结的难题，里根总统下决心启用前康奈尔大学经济学教授卡恩，出任联邦民用航空局局长。卡恩的施政纲领别具一格：在事事要靠行政审批的民航业引进竞争、由市场接管原来由民用航空局5个委员会作出的经济决定、直到解散联邦民用航空局。

卡恩的改革后来被冠以“开放天空”而载入美国管制改革的史册。主要的做法是，政府不再用包括听证程序在内的行政审批的办法来干预民航的票价决定和市场进入。航空公司可以自由地、竞争性地决定机票价格，也可以自行决定是否进入还是退出某个市场或某条航线。所有其他公司、新的投资人也可以决定是否组建新的航空公司。结果，民航票价大幅度跌落，而对民航服务的市场需求量急剧上升；一些老牌航空公司走向破产，而新的成功者因为适应市场形势而欣欣向荣。最重要的也许是，美国航空业在竞争的压力下创造了“枢纽港模式”——通过用支线小飞机把各地旅客集结到一些中心枢纽航空港，然后高频率地飞向全国和世界各地的枢纽港。

“开放天空”的成功，为里根政府赢得了声誉，随后，铁路和货车运输、电信、金融、电力等部门纷纷开始解除自罗斯福新政时代以来形成的“管制下的垄断体制”，按照各行各业的技术特性，引进市场竞争，甚至深入传统上被认为只能由政府独家经营的业务。彼此竞争的民间保安公司部分替代了“独家经营”的警察部门，向社会提供了按照市场规则运行的安全服务。环境保护成为“生意”，因为一些地方接受了经济学家的建议，由议会决定年度性可污染的“额度”，然后各方投标竞买“污染权”。甚至还出现了“民办监狱”这样的新鲜事，就是由“公司化的监狱”通过竞标向政府司法部门“接单”，承担市场化的犯人管理。

当然，这并不意味着政府什么都不管了，而是政府从最不适应的领域和环节“退出”，从而集中精力和财力，在需要政府管理的环节加强管理。

确定价格上限：有可能引发市场短缺的手段

英国电信的价格上限管制是一个“一揽子”的管制模型，它所提供的不是特定企业某种特定产品的最高限价，而是企业所生产的各种被管制产品的综合价格上限。各种产品的“一揽子价格”通常采用加权平均价格的形式，权重系数一般选择业务产出量。这样，各种产品的价格和平均价格的差异可能很大，也可能很小。为防止出现产品价格结构上不合理的现象，政府还要求企业不得对不同的消费者采取价格歧视行为，要通过调整，逐渐使各种产品的价格与其成本相适应。

在英国的RPI—X模型中，管制者与被管制者谈判的焦点是X值的选择。英国第一次进行价格管制调整后，电信产业的X值由3%上升到4.5%，而在1991年国际长途被纳入管制范围后，X值又上升到6.25%，1992年进一步上升到7.5%。

价格上限规制，是指对被规制企业的产品或服务的价格设定上限，不允许价格超过规定的上限的一种规制方法。价格上限的一种表述方式为RPI-X，即被规制企业价格的平均增长率不超过零售物价指数（RPI）减去X，X为生产率的增长率。

最初设定价格上限时，旨在通过X激励企业降低成本，提高效率。企业只要通过努力使自己的效率提高超过X的水平，就可以获得相应的收益。企业价格的上涨幅度不超过RPI-X，如RPI-X的值为正数，则企业可以涨价，否则，应当降价。

价格上限规制起源于理查尔德的一份报告——《对英国BT私有化后利润的规制》。理查尔德在报告中指出“规制的最基本的目的是保护消费者”。他认为RPI-X规制将会给企业带来繁荣。因此，建议实行RPI-X，即他所称的“地方话费降低计划”。这种规制方法规制的是企业的价格而不是企业的利润，它有利于激励企业提高生产效率和促进创新，因为任何成本降低可能获得的利润都将归企业自己所有。规制成本也很低，因为它只要求衡量价格指数，而没有必要衡量资产基础和公正报酬率，也不需要在企业的竞争部分与垄断部分之间分配成本，也不必预测未来的成本与需求状况。因为规制相对简单，与收益率规制相比，发生“规制俘虏”的可能性也会减少。RPI-X规制能较好地促进竞争。在降低进入地方电话市场门槛的同时，RPI-X规制不会影响对长途电话市场的进入。理查尔德的这一建议，对英国价格上限规制体制的形成起到了决定性的作用。

不过，价格管制一直是一个比较敏感的话题，在市场经济中，经济的运行是由价格这只“看不见的手”来调节。很多经济学家都反对价格管制，因为价格管制往往会导致供求失衡。对此，我们先来看一个供求曲线：

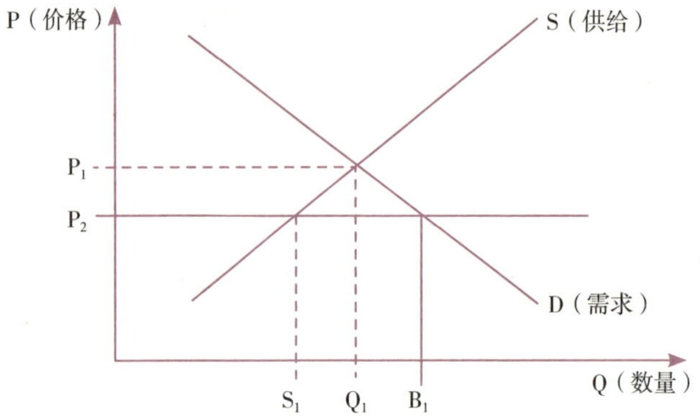

这是一幅被设定了价格上限的供求曲线图，我们可以看出，原本的价格平衡点在P_1，数量平衡点是Q_1，但是由于政府干预了价格，导致价格变为P_2，供应数量变为S_1，需求量变为B_1。我们分析一下这个结果：首先，价格确实下降了，人们看上去得到了实惠，但是市场上这件物品的供应量只有S_1这么多，而需求量则高出许多，为B_1，由于失去了市场的调控，有很多人买不到物品。试想一下，你是愿意多花5块钱买到一袋大米还是愿意看着较低的价格却轮不到你买？正是由于这种因素，市场上的卖者拥有了决定把物品卖给谁的权利，这种权利又会导致更多的混乱现象，比如大范围的排队、抢购；或是一些有特殊关系的人优先购买；更或者发展出黑市交易；等等，这都在很大程度上影响市场的效率和平衡，这也是导致我们从计划经济走向市场经济的重要因素。

上面说到的只是价格上限的其中一个不利因素，另一个不利因素在于它会使市场产生“无谓损失”。什么叫无谓损失呢？我们看一下上图，由P_1、S_1、B_1三个点构成的三角形的区域就是“无谓损失”，在这个范围之内的生产者本来是可以生产物品的，消费者是可以买到物品的，但是由于价格上限，他们无法进行交易或是不愿交易，这样既不会享受到价格上限的好处，也不会为社会总剩余作出贡献，这部分的效果就白白损失掉了，也就是说这部分原本所创造的价值将在GDP中消失，这对个人或国家来说都是不利的。

除此之外，价格上限还有好多局限性：

（1）如果一些因素引起零售价格指数的变化但并不导致企业成本的变化，则被规制企业的利润可能就不完全取决于企业的生产效率。

（2）X的计算难于计算企业的生产率增长率。如果依靠规制者与被规制产业之间的谈判来决定X，则政府干预就有可能发生。政府官员和规制者可能会追求自己的利益，从而作出非效率的决定。

（3）被规制企业的利润水平在很大程度上取决于规制者。特别是，被规制企业的管理层仅有较低的激励，管理层将会关注X作为效率改进的目标，而不是最佳的效率改进。X的选择部分地取决于被规制产业的财务绩效。

（4）利润分享问题在很大程度上影响企业提高生产率的积极性。在规制期末，需要分析并衡量生产率的发展状况，以根据当前的成本水平调整价格。由于过去生产率的提高而使消费者享受到了当前的收益，这种调低价格的办法会降低企业进一步提高效率的积极性。生产率的提高水平超过X，规制者应当允许企业赚得超过预期水平的利润。但是，如果此时，规制者通过降低上限价格收回企业的利润，则会降低价格上限这种规制机制的可信性。

因为这些原因，我们很少在现在的市场上看到价格上限了，除了一些公共事业，例如地铁、公交车，这些公共事业的供应者是政府，他们基本不会因为价格而改变既定的供应量，所以不会造成很大的影响。我们只需要知道，市场是一只无形的手，它会在绝大多数情况下让经济变得更好，只有在“托拉斯”或者是“外部性”的作用下，市场才会失灵。

限价存在的弊端

限制价格有利于社会平等的实现，有利于社会的安定。但长期实行这种政策，会引起严重的不利后果。

价格水平低不利于刺激生产，市场上会出现产品长期短缺现象。

价格水平低不利于抑制需求，会在资源短缺的同时造成严重的浪费。

限制价格之下所实行的配给，会引起社会风尚败坏，产生寻求活动、黑市和寻租。

正因为以上原因，一般经济学家都反对长期采用限制价格政策，一般只在战争或自然灾害等特殊时期施行。

确立价格下限：最低工资法带给低收入者的伤害

价格下限，是指政府为了支持某种产品的生产而对市场价格规定一个高于均衡价格的最低价格。在支持价格条件下，市场将出现供给大于需求。为了解决这一问题，政府需要增加库存或扩大外需。

如果你曾经在快餐店工作过，你就可能碰到过价格下限：美国和其他许多国家都制定了劳动者每小时的最低工资，即劳动的价格下限——最低工资。

最低工资法规定了企业向员工支付的最低工资，为了考察最低工资的影响，我们必须考察劳动力市场。劳动力市场和所有市场一样服从于市场规律。劳动者决定劳动力供给，企业决定劳动力需求。在没有政策干预时，劳动力价格即工资调节使劳动力市场达到供求平衡。如果最低工资高于均衡水平，劳动力供给量大于需求量，结果是失业量增加。因此，最低工资增加了有工作工人的收入，但减少了那些找不到工作的工人的收入。

劳动力市场不是只包括一个劳动力市场，而是包括许多不同类型工人的劳动力市场。最低工资的影响取决于工人的技能与经验。技术高而经验丰富的工人不受影响，因为他们的均衡工资大大高于最低工资，对于这些工人，最低工资没有限制性。最低工资对低工资工人劳动力市场的影响最大，因为低工资工人属于技术最低、经验最少的劳动力成员，因而均衡工资往往较低。经济学家研究发现，最低工资上升10%，会使低工资工人就业减少1%~3%。此外，有些缺少经验和技能的工人往往愿意接受较低工资以换取在职培训，由于提高了最低工资，这些岗位可能就不会存在了。

价格下限导致的持续的过剩造成了“错失的机会”——非效率，这和价格上限带来的非效率相似，包括卖主之间的非效率配置、资源浪费和高质量的非效率，以及诱发在法定价格之下出售商品的违法倾向。价格下限也会刺激违法活动。例如，在最低工资远远高于均衡工资水平的国家，急于找到工作的人们有时候会为雇主“打黑工”，这些雇主要么向政府部门隐瞒这些雇员的存在，要么向政府派来的检查人员行贿。

卖主之间的非效率配置和价格上限一样，价格下限能够导致非效率配置，不过在价格下限的情况下非效率配置发生在卖主之间而不是消费者身上。改编自一部现实主义小说的比利时电影《罗塞塔》里有一段情节很好地显示了销售机会的非效率配置这一问题。

罗塞塔是一个很想工作的年轻女子，但是她丢掉了自己在快餐小摊上的工作，因为她的老板换上了自己的儿子——一个很懒惰的家伙。罗塞塔情愿少要点工资，而老板可以把因此而节约的钱给自己的儿子，让他去干点别的。但是如果付给罗塞塔的工资低于最低工资的话就是违法的。

价格下限造成的产品过剩

就像价格上限一样，政府制定价格下限是为了帮助一部分人，但是却会产生人们不希望看到的负面影响。

下图显示了黄油的供给曲线和需求曲线。如果自由运转的话，市场会运动到均衡点，均衡价格为每磅1美元，均衡数量为1000万磅。

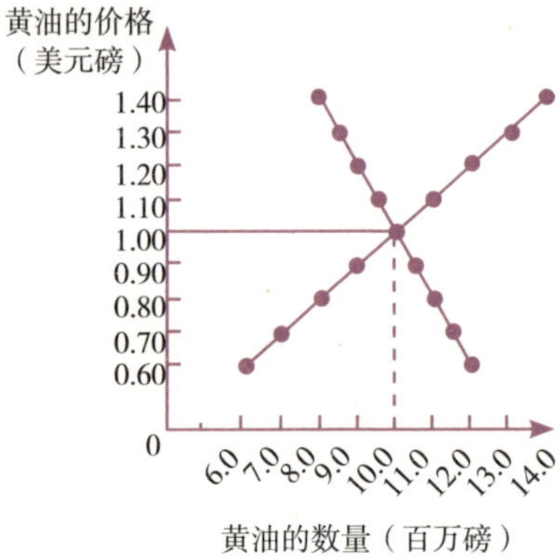

黄油的价格（美元磅）	黄油的数量（百万磅）	
	需求数量	供给数量
1.40	8.0	14.0
1.30	8.5	13.0
1.20	9.0	12.0
1.10	9.5	11.0
1.00	10.0	10.0
0.90	10.5	9.0
0.80	11.0	8.0
0.70	11.5	7.0
0.60	12.0	6.0

没有政府管制情况下的黄油市场

但是假设政府为了帮助奶牛场主，规定黄油的价格下限为每磅1.2美元。如右图，1.2美元这条横线代表最低价格。

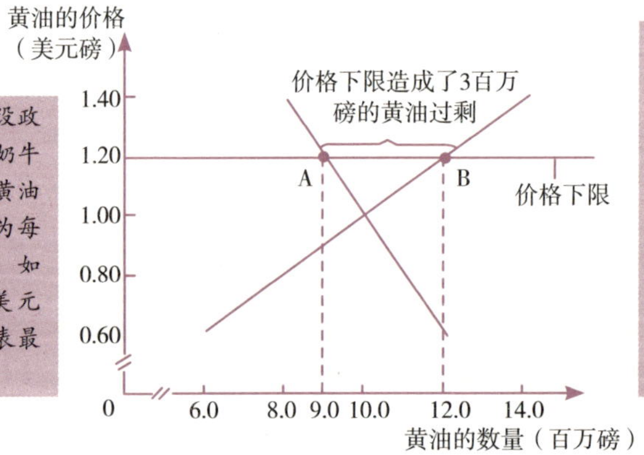

价格下限的效果

在这个价格水平上，生产者愿意供应1200万磅黄油（B点），但是消费者只愿意购买900万磅（A点）。因此产生了300万磅的持续过剩。

价格下限总是会导致过剩吗？不。如果黄油的均衡价格是每磅1美元，而价格下限是每磅0.8美元的话，这样的价格下限就是没有任何影响的。

和许多欧洲国家一样，比利时的最低工资很高，年轻人的工作机会却很缺乏。最低工资除了改变劳动力的需求量之外，还改变了劳动力的供给量。由于最低工资增加了技术最低、经验最少的劳动力成员，它也增加了选择寻找工作的青少年的人数，因为青少年属于技术最低、经验最少的劳动力成员。所以，当最低工资提高以后，一些正在上学的青少年可能选择辍学来参加工作。这些新辍学的青少年代替了那些以前就业的技术最低、经验最少的工人，使他们现在成为失业者。所以高的最低工资引起失业，鼓励青少年辍学并使一些不熟练工人无法得到他们所需要的在职培训。

第七章

政府是市场先生的朋友

第一节 外部性是祸是福

政府为何给林场补贴

有一家处于内蒙古与东北交界处的大型林场得到了国家数百万元的财政补贴。周边很多企业都想不明白。许多人不禁问："现在国家不是重点发展高新技术产业吗，为什么还要扶持林场？"林场的负责人张某接受记者采访时意味深长地说："我们以前开发林场主要就是靠卖木材赚取利润，作为企业我们也不会过多考虑林场的存在对于周围的生态环境的影响。当然，林场的存在对于改善环境的作用大家都是有目共睹的。所以，国家对我们提供了补贴，我们又新开辟了一块新的林场，种植了更多的树种。"

没有得到国家补贴之前的林场作为企业，只考虑到自己出售木材的利润所得，不会考虑林场的存在对周围环境的改善作用，所以林场的面积太小了，没有达到人们满意的水平。接受国家补贴后的林场增加了自己的林场面积，进一步优化了周围的环境，对于社会来说是一件好事。政府在这一过程中，利用补贴很好地解决了正外部性问题。

经济外部性是经济主体（包括厂商或个人）的经济活动对他人和社会造成的非市场化的影响，分为正外部性和负外部性。正外部性是某个经济行为个体的活动使他人或社会受益，而受益者无须花费代价，负外部性是某个经济行为个体的活动使他人或社会受损，而造成外部不经济的人却没有为此承担成本。

任何一种经济活动都会对外部产生影响，比如说，汽车运输必然会产生废气污染环境，而植树造林发展林业就会形成改善环境的结果，这就是经济的外部性。如果说前者是"负外部性"的话，后者就应该被称作是"正外部性"。外部性扭曲了市场主体成本与收益的关系，会导致市场无效率甚至失灵，而负外部性如果不能够得到遏制，经济发展所赖以存在的环境将持续恶化，最终将使经济失去发展的条件。

对于经济行为的外部性，有的可以通过私人协商的方法解决，有的则很难。当出现外部性问题的时候，我们可以用道德规范和社会约束来解决。比如大家自觉尊重公共卫生秩序，不乱扔垃圾，法律也可以明令禁止乱扔垃圾，但是这些法律并没有严格实行过，大多数人还是一种自觉的道德约束，在公园不要乱扔烟头，特别是干燥天气登山的时候，更不能乱扔烟头，以防火灾的发生。在公共汽车上主动让座，教育孩子公共场所不要大声喧哗，不要嬉戏打闹等。通过道德规范把影响他人的外部性行为内在化。

正外部性一般是个人收益小于社会收益，所以个人提供的数量往往太少了。比方说，在一个家属院里，一家人家为了自家方便，在家门口装设了一盏门灯，过往的路人都会受益，这就是一种正外部效应。但由于这些好处是由路人享有，而装设路灯的家庭只会考虑自身是否需要。如果他觉得装置路灯的收益小于自己支出的成本，他就不会装置，反之，他会装置。然而此时由于有很大的社会收益存在，从效率的观点来看，应该增加装置较佳，但显然私人装置的意愿不会太强。

那么，对于这种外部性就没有办法解决了吗？当然不是。对每位路人收取费用，显然是不可取的。因为路人不可能每天晚上散步时，口袋里放着一大堆零钱，每走过一家有路灯的门口就投下一元买路钱。所以，对于正外部性效应，应该由政府出面加以解决。针对路灯事件，政府可以估计每一家一楼住户装置门灯所带来的社会收益有多大，然后支付费用给一楼住家。此时一楼住家装置门灯的个人收益与社会收益都包含在内，因此所有住户装置门灯的数量就可以达到全社会的最适数量。

政府解决外部性通常会使用以下几种方法。

1.税收和补贴

向施加外部不经济的厂商征收恰好等于外部边际成本的税收，而给予提供外部经济的厂商等于外部边际来收益的补贴，以便使得厂商的私人边际成本与社会边际成本相等，以使厂商提供最优的产量。但是这种方法遇到的最大问题是如何准确地以货币形式衡量外部性的成本收益，如污染环境所造成的社会成本到底有多大？有时政府只是近似地估计这些成本。

2.企业合并

将施加和接受外部成本或利益的经济单位合并是解决外部性的第二种手段，如果外部性的影响是小范围的，如一家小餐馆对一家洗衣店造成了污染，则由政府出面，以适合的价格把洗衣店卖给这家餐馆，通过合并，外部成本内部化。

3.明确产权

流行于西方的产权理论提出了解决外部性的影响的市场化思路。只要产权是明确的，则在交易成本为零的条件下，无论最初的产权赋予谁，最终效果都是有效率的。比如，如果一个公司知道自己的创新技术会被其他公司所利用，那么它就不会去创新，或者倾向于用很少的资源从事研究，这当然不利于整个国家的科技进步，专利法正是为了解决这一外部性设立的，专利制度使发明者可以在一定时期内排他性地使用自己的发明，其他公司依据法律没有使用该技术的权利，由于专利法，知识产权得到了保护，促进了科技创新。

植树造林带来的正外部性

经济学家发现，市场有些经济活动的有益影响超出了买卖双方，而扩大到旁观者身上，这被称为正外部性。为了自己建房子、生产水果或出售木材等目的而进行的植树造林就是这样的经济活动。

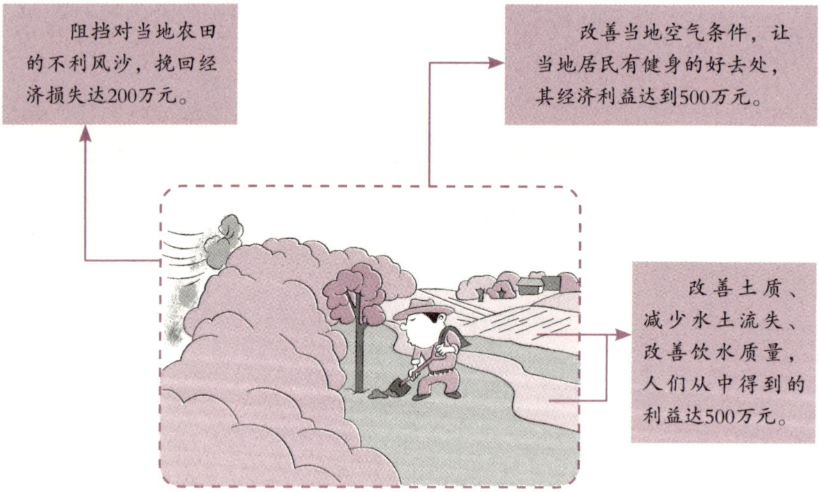

林场主人如果把这片经济林按林价卖出，可获得经济利益仅为100万元。因此，当地政府应该补贴足够的钱给林场主人以便管理好这片经济林，作为其对经济活动的正外部性补贴。

走私是高关税的外部性

从2003年上半年开始，陈乃智就和其兄陈乃强（另案处理）开始从事走私汽车活动牟取暴利。大部分情况下，他们先与内地买车者谈好，在香港帮买车者垫付车款后，从香港的车行将车提出。随后，陈氏兄弟委托香港一家公司办理这些汽车在香港的出境手续，并将汽车从香港运到越南，藏在越南的汽车修理厂内。

而在此之前，陈氏兄弟冒用美国一家公司的名义，与越南当地一家公司签订了加工汽车合同，委托这家越南公司办理好了汽车在越南的进出境手续。随后，陈乃强雇人将这些汽车用船从越南芒街经中越界河北仑河偷运到中国广西的东兴市，再从东兴市运到广东佛山南海区的九江镇，从这里再运到全国各地进行贩卖。

为了让走私活动隐蔽化，该团伙在香港设立专门账户，还设法窃取国内同型号合法车辆的信息资料，制造假车牌、假车证。

检察机关最后查实，从2004年2月至2005年9月案发，陈氏兄弟团伙以上述手法走私汽车共计2043辆，海关核计偷逃应缴税额223706411.54元。

从经济学的角度来看，外部性的概念是由马歇尔和庇古在20世纪初提出的，是指一个经济主体（生产者或消费者）在自己的活动中对旁观者的福利产生了一种有利影响或不利影响，这种有利影响或不利影响，就是外部性。高关税引起了走私的猖獗，所以有的国家就试图通过降低关税来降低外部性对经济的不利影响。

据巴基斯坦《每日时报》2011年3月4日报道，巴基斯坦摩托车配件进口和零售商协会会长哈尼夫日前称，巴基斯坦边境地区日益猖獗的汽车和摩托车零配件走私活动不仅给国内相关产业、进口商和贸易商带来直接冲击，还使国家蒙受巨额税收损失。为此，他呼吁政府采取适当措施，遏制从外国进口走私汽车及摩托车零配件。

哈尼夫还建议政府取消汽车和摩托车零配件进口17%的附加关税，并将进口关税由35%降至20%。他称，高关税对于走私活动起到推波助澜的作用。如果巴政府降低关税，通过合法渠道进口的汽车摩托车零配件数量将大幅增加，不仅能使巴基斯坦普通消费者受益，还会大幅增加国家财税收入。

外部性的主要问题在于外部性会影响其他人，但无法以市场机制来达到最适的数量。既然负外部性是由于缺乏市场所造成，所以政府就可以实行一些政策，可以把这些社会成本都转换成私人成本，也就是把这些外部效应“内部化”。

整个自由贸易的故事是这样的：当国外的优选品进入国内市场后，国内的次选品就会受到冷落。国内消费者得益了，国外优选品的厂商也得益了，而国内次选品的厂商则吃亏了。

国内次选品的厂商，要么迎头赶上，要么逐渐退出市场。本来要用于生产次选品的资源，将投放到其他的领域，生产其他更有价值的产品。总地看来，自由贸易为全社会带来的收益，大于它导致的损失。

追求价廉物美，是人之常情。因为国外的优选品和国内的次选品之间确实有差别，所以高额的关税蕴藏着高额利润。也正是因为存在这些利润，才诱发了举国震惊的远华走私案。

随着关税逐渐降低，高额的犯罪利润将随之消失。正当的商人将可以从事过去只有不正当的商人才从事的贸易活动。国际贸易的利润，也将由全社会来分享，而不是由不法商人和贪官来独占。

打击走私的方法

打击走私犯罪，办法有四种。

一是加强教育

二是加强执法

三是加重惩罚

四是降低关税

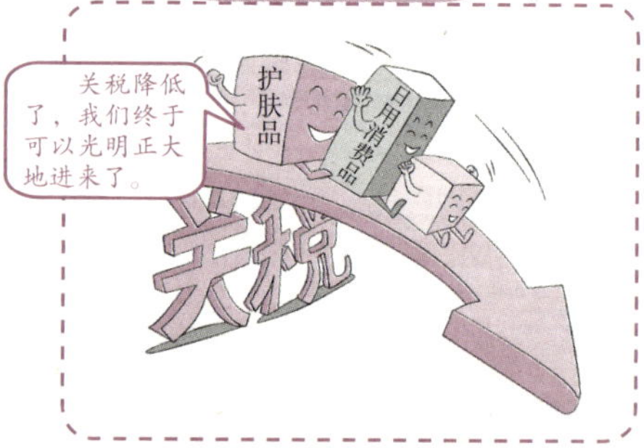

当然应该兼收并蓄、四管齐下，但相比之下，似乎只有逐步降低关税，甚至在某些项目上取消关税，才是消灭走私犯罪的绝招。

重复上演公共地悲剧

一群牧民在共同的一块公共草场放牧。其中，有一个牧民想多养一头牛，因为多养一头牛增加的收益大于其成本，是有利润的。虽然他明知草场上牛的数量已经太多了，再增加牛的数目，将使草场的质量下降。但对他自己来说，增加一头牛是有利的，因为草场退化的代价可以由大家负担。于是他增加了一头牛。当然，聪明人并不止这一个牧民，其他的牧民都认识到了这一点，都增加了一头牛。人人都增加了一头牛，整个牧场多了很多头牛，结果草地被过度放牧，导致草场退化。牧场再也承受不了牛群，于是，牛群数目开始大量减少。所有聪明牧民的如意算盘都落空了，大家都受到了严重的损失。

“公地悲剧”最初由英国留学生哈定于1968年提出，因此“公地悲剧”也被称为哈定悲剧。哈定说：“在共享公有物的社会中，每个人，也就是所有人都追求各自的最大利益。这就是悲剧的所在。每个人都被锁定在一个迫使他在有限范围内无节制地增加牲畜的制度中。毁灭是所有人都奔向的目的地。因为在信奉公有物自由的社会当中，每个人均追求自己的最大利益。公有物自由给所有人带来了毁灭。”

悲剧的产生在于每一个人都陷入了一个体系而不能自拔，这个体系迫使他们每个人在一个有限的世界里无限地增加自己的牲畜。在一个信仰自由的社会，每个人都在追求自己的最大利益，因此，毁灭成为大家不能逃脱的命运。

英国解决“公地悲剧”的办法是“圈地运动”。一些贵族通过暴力手段非法获得土地，开始用围栏将公共用地圈起来，据为己有，这就是我们历史书中学到的臭名昭著的“圈地运动”。“圈地运动”使大批的农民和牧民失去了维持生计的土地，历史书中称为血淋淋的“羊吃人”事件。“圈地运动”的阵痛过后，英国人惊奇地发现，草场变好了，英国人的整体收益提高了。

由于土地产权的确立，土地由公地变为私人领地的同时，拥有者对土地的管理更高效了，为了长远利益，土地所有者会尽力保持草场的质量。同时，土地兼并后以户为单位的生产单元演化为大规模流水线生产，劳动效率大为提高。

其实，对公共资源的悲剧有许多解决办法，哈定说，我们可以将之卖掉，使之成为私有财产；可以作为公共财产保留，但准许进入，这种准许可以以多种方式来进行。哈定说，这些意见均合理，也均有可反驳的地方，“但是我们必须选择，否则我们就等于认同了公共地的毁灭，我们只能在国家公园里回忆它们”。像公共草地、人口过度增长、武器竞赛这样的困境，没有技术的解决途径。所谓技术解决途径，是指“仅在自然科学中的技术的变化，而很少要求或不要求人类价值或道德观念的转变”。对公共资源悲剧的防止有两种办法：一是制度上的，即建立中心化的权力机构，无论这种权力机构是公共的还是私人的——私人对公共地的拥有及处置便是在使用权力；二是道德约束，道德约束与非中心化的奖惩联系在一起。在实际中也许可以避免这种悲剧。当悲剧未发生时，如果建立起来一套价值观或者一个中心化的权力机构，这种权力机构就可以通过牧牛成本控制数量或采取其他办法控制数量。

除了确定产权即卖掉使之成为私有财产，还可以作为公共财产保留，但准许进入。若有两家石油或天然气生产商的油井钻到了同一片地下油田，两家都有提高自己的开采速度、抢先夺取更大份额的激励。如果两家都这么做，过度开采实际上可能减少它们可以从这片油田收获的数量。在实践中，两家都意识到了这个问题，达成分享产量的协议，使从一片油田的所有油井开采出来的石油总数量保持在适当的水平。

获诺贝尔经济学奖的女经济学家奥斯特罗姆指出，历史上和现实生活中有大量集体行动困境的案例（比如公地悲剧），这些困境不是由更强的政府管制或者私有

如何阻止公地悲剧的发生

公地悲剧的产生无论对谁都是不利的，那么如何阻止这一悲剧的产生呢？下面介绍两种传统的方式：

一是政府通过征税制止侵犯公共物品的行为

二是将公共物品私有化

自由市场学派更偏向私有化，但经验显示，私有化很可能会导致“特权拥有化”，只有掌握了特权的人才会从这种私有化中得利。

化解决，而是通过自我约束解决，这意味着个体的利他行为会导致对公共物品的保护。很多群体通过有公益心的个体、民间团体和非政府组织来解决集体问题。

奥斯特罗姆建议政府和民间团体进行合作，给民间团体足够的空间和支持，来解决一些政府不能够有效解决的小问题。换言之，她反对那种简单的观点，认为世界的问题只是由政府和私有企业解决。公共物品领域需要公民以一种主人公身份参与进来。

第二节　产权是市场经济有效运作的前提

交通拥堵，收费合理吗

经济学中的一条铁律是，免税物品的需求通常远远超过供给，从而引起拥挤。在每个大城市和许多小城市，公路的免费使用导致交通拥堵。

在一天的大多数时候，不仅在纽约、洛杉矶、芝加哥还有美国其他城市，在墨西哥城、圣保罗、巴黎、罗马、伦敦、东京、北京、上海以及孟买，车行速度都非常缓慢。

交通拥堵的问题更加严重了，不仅在早上进城和晚上出城的高峰期拥堵，而且在高峰时段的反向道路也很堵。早上出城和晚上进城的时段交通同样拥堵，行车速度也十分缓慢。

堵车一直是困扰全世界大城市的难题，英国一家汽车主题网站公布世界上交通最为拥堵的城市排行榜，巴西圣保罗市和中国北京市分列第一、第二位。

位居第二位的是中国北京，曾出现堵车长达100公里的现象。

布鲁塞尔连续两年上榜，此次位居第三，该市司机一年花在堵车上的平均时间为65小时。

位居第四的是巴黎，其居民每年花在堵车上的时间为70小时。

第五位是波兰首都华沙。第六、第七位分别是墨西哥和洛杉矶。莫斯科位居第八位，堵车队伍长达6～7公里、车速每小时10公里已是司空见惯。第九位是伦敦，司机每年在堵车上平均花费54小时。位居第十位的是印度首都新德里。

交通拥堵的直接原因是汽车数量的急剧上升。不管道路上交通拥堵有多严重，大多数人还是选择自己开车，因为这样他们可以灵活地安排休闲或工作的时间。

当然，每个决定在高峰期开车出行的人给其他人带来的损害是微不足道的，因为他（她）仅仅使得人们花在路上的时间增加了一点点而已。但是，成千上万辆汽车的微小外部效应加起来，就会形成一个大的外部效应，就会造成严重的交通拥堵，个人在决定开车出行或者避开高峰期出行时是不会考虑到这一点的。

让司机认识到自己会给其他人造成交通拥堵的最好办法就是，规定在交通拥堵时段开车必须缴纳费用，而且费用随着拥堵程度的变化而变化。所以，这些费用在高峰期会相对高一些。在周末，交通往往比工作日通畅许多，这时费用会低一些。下雨或下雪时，费用应该高一些，因为坏天气会导致交通拥堵更加严重，部分原因是天气减缓汽车行驶速度，也可能因为下雨的时候更多的人会选择开车，而不是步行或者乘坐公共交通工具。

伦敦是第一个真正意义上大范围引入交通拥堵道路税的大城市。在2003年，伦敦实施了一个收费系统，主要针对在上班时间进入伦敦市中心的车辆。最初，通过伦敦市警戒线的车主每次需缴纳5英镑；2005年，这个费用提高到了8英镑。当汽车路过时，摄像机将记录汽车的牌照，任何妄想逃避税费的人一旦被抓住就会面临罚款。这个简单的办法所发挥的作用比许多分析人士预期的还要好，尽管经济学家从许多其他案例中得知，人们会想方设法地寻找抬价商品和服务的替代品。需求的基本原理也适用于高峰时段开车。伦敦市中心的汽车数量大约下降了20%左右，市中心的平均车速从8英里/小时上升到了11英里/小时，轿车和公交车在高峰时段所耽误的时间更是降低了不少。

人们转而使用公共交通、拼车、自行车或者步行去伦敦市中心。更多的人最后选择了公交而不是地铁，由于和公交争夺道路空间的小汽车数量减少了，公共汽车行驶的速度变得更快了。

政府滥用土地征用权

1866年，刚打赢对奥地利的战争的普鲁士国王威廉一世，来到他在波茨坦的一座行宫。他兴致勃勃地登高望远，然而，行宫前的一座破旧磨坊却让他大为扫兴。威廉一世让侍从去跟磨坊主交涉，付他一笔钱，让他拆除磨坊。磨坊主不肯，说这是祖业。威廉一世很生气，命令人强行拆除了磨坊。

不久，磨坊主一纸诉状将威廉一世告到法庭。法庭裁定：威廉一世擅用王权，侵犯原告由宪法规定的财产权利，被责成在原址重建一座同样大小的磨坊，并赔偿磨坊主的损失。威廉一世只好派人将磨坊在原地重建了起来。

现在这座磨坊还屹立在波茨坦的土地上，成为著名的游览景点。

皇帝与磨坊主的故事表明，磨坊属于磨坊主所有，他作为这一财产的所有者，其财产所有权和产权必须得到国家法律的相应保护。威廉一世的权力再大，也得服从法律。磨坊主的磨坊挡住了国王的视线，但磨坊的产权属于磨坊主，国王无权处置，产权是受到法律保护的。

《美国宪法第五修正案》的征用权条款规定“不给予公正赔偿，私有财产不得征来公用”，该条款允许私人土地征为公共使用，但是要求“公正赔偿”。

大家知道房地产是一种高价商品，因此，一个特定地块的所有者通常会索要一个高于市场价的特定价格。征用权的作用就是通过税收降低这个特定价格。如果市价是x美元，总价（包括特殊价格）是y美元，如果政府以征用权占用了该土地，政府最终会支付x美元，而所有者就会损失y-x美元。

某市15个房主反对将其家园出售给政府。很明显，这个房子的价值对他们来说比政府的评估值大得多。为什么要强迫他们以一个远远低于其心理价位的价格卖掉房子呢?

一般说来，在开放的市场中，政府想要哪块土地就应该像其他人一样花钱购买。如果政府可以征用土地而无须支付全价，其影响结果是，对社会来说，政府付出的成本比土地实际价值小。对政府来说，要是通过市场购买土地（这是一项私人成本而不是社会成本，因为政府必须支付全价才能得到它们）比征用土地更昂贵，政府就会选择征用土地作为替代。这个观点的假设前提是，政府想要得到土地，并试图使其自身成本最小化，而不是使社会总体成本最小化。然而，这个假设是理想化的。

当政府真的以征用权占用了私人土地，它就必须以土地的市场价补偿给所有者，但是市场价可能比所有者的心理价格低一些；否则，土地所有者就会以市场价卖给政府，也不会出现征用权的问题了。在所有者看来，其土地价格远远高于市场价格（这就是该土地属于他，而不是其他任何人的原因），因为土地的地理位置和附属设施（这是他购买该房产，而不是其他房产的原因）正合他的心意或是正满足他的需要，也可能出于搬家成本太高的考虑。

土地征用权是一项具体的行政征用权，是一种社会公共权力，用以垄断公共强制力资源，以抑制因个体任性而阻碍社会公共利益的实现。因此，许多国家的政府都是把它当作政府本来固有的权力来接受和行使的。中国处于农业社会向工业社会转型时期，经济发展和城市化进程不断加快，经济、政治、文化和社会等各项事业建设对土地的需求与日俱增，国有土地已远远不能满足建设的需要，政府行使征地权征用土地便成为土地管理的一项经常性工作。

在中国，政府征用更多地是指国家将农村集体所有的土地转变为国家所有的行为。这种特殊性缘于目前中国土地制度中的二元结构，也就是城镇土地所有权属于国家，农村土地所有权属于集体。

在这种制度架构下，如果非农建设用地需要使用集体土地，必须通过征用来改变其产权属性，将集体所有的土地转变为国有土地。对于这种征用行为，我国宪法第十条规定，“国家为了公共利益的需要，可以依照法律规定对土地进行征收或者征用并给予补偿”。此外，土地管理法第四十七条规定，“征收土地的，按照被征收土地的原用途给予补偿”。土地征用必须以公共利益为目标，以补偿为条件。

在可以预见的将来，删除政府的征用权条款明显不可行。但是，探讨土地征收的收益和成本，或者质疑其合理性仍然是有用的。一个否定的回答可能对法官、立法者还有出于公众利益的土地圈积支持者有所帮助。

土地征用权

土地征用权的特征

- 国家建设征用土地的主体必须是国家
- 国家建设征用土地是国家行政行为，具有强制性
- 国家建设征用土地是国家公共利益的需要
- 国家建设征用土地必须以土地补偿为必备条件
- 国家建设征用土地的标的只能是集体所有的土地

土地征用遵循的原则

- 十分珍惜、合理利用土地和切实保护耕地的原则 → 对被征用土地的生产单位要妥善安排生产
- 保证国家建设用地的原则 → 对征地范围内的拆迁户要妥善安置
- 妥善安置被征地单位和农民的原则 → 征用的耕地要适当补偿
- 谁使用土地谁补偿的原则 → 征地给农民造成的损失要适当补助

医药专利的强制许可

1996年7月8日，沃尼尔·朗伯公司（沃纳-兰伯特公司）和辉瑞爱尔兰药品公司共同申请了96195564.3号专利。该专利是用于治疗高脂血症、高胆固醇症的医药专利。目前，治疗高脂血症、高胆固醇症的药物主要包括他汀类、贝特类、烟酸类、树脂类和胆固醇吸收抑制剂。其中，他汀类是目前国际上应用最广泛的降胆固醇药物。

辉瑞制药有限公司是一家总部位于美国的跨国制药公司，其畅销产品包括降胆固醇药立普妥、口服抗真菌药大扶康、抗生素希舒美以及治疗ED的药物万艾可（俗称伟哥）等。由于万艾可的巨大成功，辉瑞制药成为仅次于葛兰素史克的世界第二大医药企业。目前，其降胆固醇类药物在全球范围内的销售额高达十几亿美元。

专利制度的目的是为了鼓励发明创造和技术创新，专利制度具有确认发明创造产权归属的功能。从产权经济学的角度来看，专利法赋予专利权人在法定期限内对其发明创造拥有排他性的独占权，从而在法律上确定了发明创造的产权归属，明确了发明人与创新成果之间的法律关系，肯定了发明人或其他专利权人的法律地位。

如果说药品专利是一种合法的知识财产权的话，那么，这种含有垄断性的财产权到底有没有其赖以存在的道德底线？换句话说，垄断性的药品专利权是否会受到来自公众健康权的限制？处在十字街头交汇的专利权和人权，究竟应该谁为谁让路？

同发达国家相比，发展中国家人口占全世界总人口数的3/4以上，可是药品的产量却不足全球总产量的1/10，公共健康危机日趋严重。全世界每年大约有1400万人死于各种类型的传染病，而这中间有许多疾病本来是可以预防或救治的，如急性呼吸感染、腹泻、疟疾和肺结核等疾病。发生在非洲和东南亚的人口死亡中大约有45%是由感染病造成的。据世界卫生组织统计，目前有3500万以上（占全世界的95%）的艾滋病（HIV/AIDS）感染者，生活在发展中国家，而抗逆录酶病毒治疗的最低年度成本即使大打折扣或按不包括研发成本的非专利价格也远远超过了大多数发展中国家的人均年度医疗费用。当前低收入发展中国家的人均医疗费用只有23美元/每年，而最便宜的抗逆录酶病毒的三重治疗每年成本却超过200美元。在缺乏药品和公共医疗卫生服务的额外资助的情况下，那些需要治疗的人连最便宜的非专利药都买不起。

世界卫生组织估计，在需要接受艾滋病治疗的人群中，真正能够接受抗逆录酶病毒治疗的不会超过5%。发展中国家有600万人需要这种治疗，但是，只有大约23万人能够获得治疗。

2008年3月10日，在药品强制许可审查政策计划遭遇1个月的抗议之后，泰国新任公共卫生部长猜耶·沙颂萨宣布泰国新政府将维持前任政府的决定，对三种治疗癌症专利药品实施强制许可。2008年2月7日，猜耶曾宣布将设立一个专门委员会，对前任公共卫生部长于2008年年初宣布的三种治疗癌症专利药品的强制许可令进行审查。

强制许可，是指专利行政部门依照专利法规定，不经专利权人同意，直接允许其他单位或个人实施其发明创造的一种许可方式，又称非自愿许可。

专利强制许可最早出现于《巴黎公约》，其目的是为了防止专利权人滥用专利权、阻碍发明创造的实施和利用、阻碍科学技术的进步与发展，以保证专利权人利益与公众利益的平衡，保证公平、正义目标的实现。根据《巴黎公约》，强制许可

药品专利的利与弊

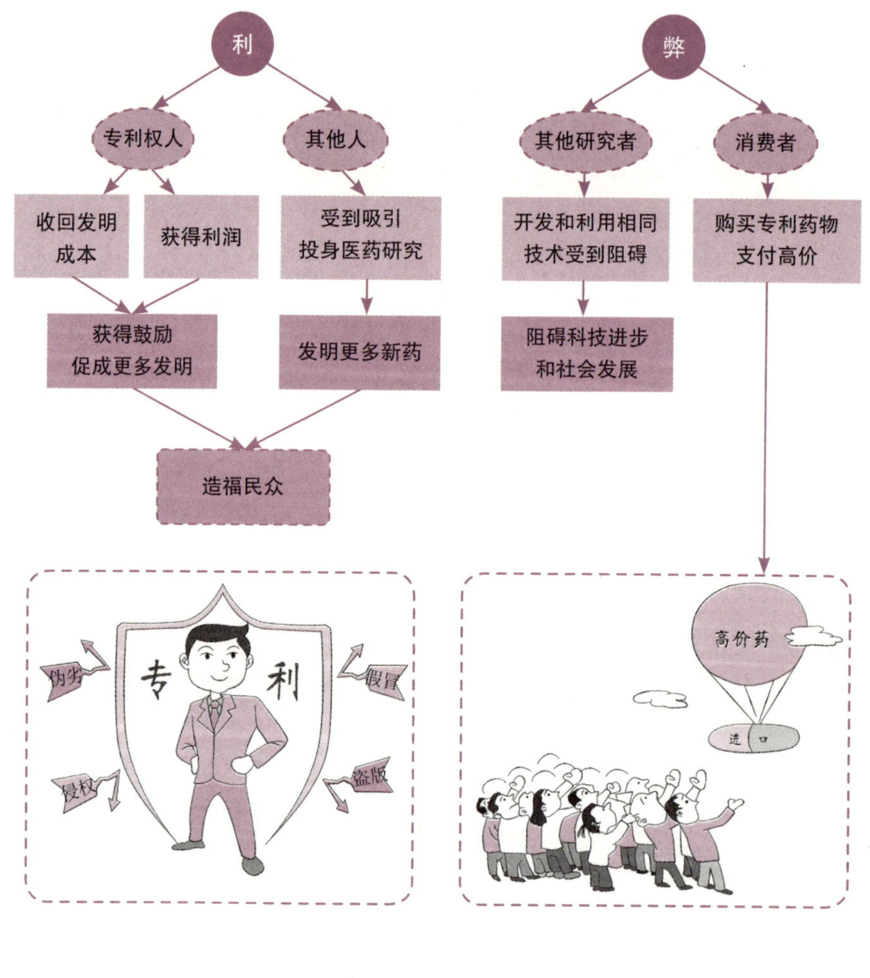

是在未征得专利权人同意的情况下，一国政府允许第三方生产专利产品或使用专利过程。尽管强制许可属于非自愿许可，但是，在实施强制许可时，使用人仍须向专利权人支付相应的费用，而且，这笔费用应该是“完全而合理的补偿”。

2001年11月14日在多哈举行的世贸组织第四次部长级会议上，发展中国家和发达国家达成了《TRIPS协定与公共健康宣言》，宣布TRIPS协定不会也不应阻止成员国采取保护公共健康的措施。为了保护公共健康的目的，成员国政府在紧急情况下可以对知识产权保护期内的药品行使强制许可。不过，该宣言未就紧急情况的定义制定统一标准，亦未规定必须履行的特定程序，而是把确定构成公共健康危机的紧急情况的权力完全交给了成员国政府。

继TRIPS协议生效以后，南非率先于1998年首次启用强制许可程序。南非是世界上艾滋病（AIDS）感染率最高的国家之一，其有15%的国民感染HIV/AIDS，在成年人中的比例更是高达20%。南非议会建议通过立法允许健康管理者无视药品专利，允许强制许可和药品的平行进口。1997年南非修改了法律，并通过了《药品和相关物品的控制法》。该法赋予保健部部长批准医药品的平行进口和强制许可的权力。1998年，南非制药协会（PMA）代表国内外39个制药公司向南非政府提起诉讼。在经过三年的马拉松式诉讼之后，在强大的舆论压力之下，这些制药公司终于2001年4月19日无条件撤回了其在南非的诉讼，并大幅度降低了药品的售价。

有产权不必然有效率

在市场经济中给厂商以刺激的胡萝卜是利润，给家庭以刺激的胡萝卜是收入。经济学家假设，个人更愿意不工作，至少工作不超过一定的限度。经济学家也假设人们宁愿要更多的物品而不是更少的物品。如果你想得更多的物品，你必须工作更加努力或者工作时间更长。对于商业性的厂商来说，追求利润的目标是它们进行有效率地生产、开发新产品、发现未被满足的需求和寻找更好的生产技术的动机。

一块土地的主人试图找出使用这块土地的最赢利方式，例如，是盖商店还是盖饭店。如果他犯了错误，在应该开商店时建造了一个饭店，他就得承受后果：收入受到损失。他因为决策正确获得的利润和他因为决策错误遭受的损失使他有动力来认真考虑决策并且进行必要的调查研究。一家商店的主人会尽量提供顾客所需要的商品品种和服务质量。他有动机来树立一个好名声，如果能够做到这一点，他就有更多的生意并且得到更多的利润。

店主也会希望维护他的财产——不仅是土地，还包括商店，因为他以后出卖商店时他会得到更多。同样，一所房子的主人也想维护他的财产，以便在他搬家的时候卖个更高的价钱。利润动机和私人财产结合在一起产生了刺激。

在公有牧场的情况下，每个人都有同样的使用权，也可以从这种使用中获利，但并不对牧场的退化负责。每个人都使用，但都不维护也不节制，这就使公有牧场草地退化、荒芜。圈地运动使牧场有了明确的所有者，他对草地的权责利一致，同时也可以卖给更有效率的人，草地的使用效率就提高了。这正说明了产权明晰是市场化的中心问题。

无论对于一个社会，还是一个企业，产权明晰都是效率的基础，我们判断一种产权，不是从伦理的角度，说它“好”还是“不好”，而是从效率的角度说它“有效率”，还是“无效率”。产权是实现效率的工具。工具无所谓好坏，只在于能否实现目的。我们不是把产权作为追求的目标，只是作为实现效率这个目标的工具。明白了这一点，才有思想解放。

在加利福尼亚州，政府把用水权授予一些群体。农场主、牧场主和城市居民都有权使用一定量的水。比如目前，牧场主有权使用本州水量的10%，稍少于居民区所使用的水量。但是这种产权有一个限制：不可转让，即牧场主不能把水卖给城里的用水者。水是稀缺的，因此用水权极为珍贵。

为放牧牛群种的草的总价值为1亿美元，这在加利福尼亚州价值6000亿美元的经济的1%中也仅占1/60，用水灌溉放牧用地不是水的最贵用法。城里人愿意出更高的价钱来购买水。现在有的牧场主仅为每英亩一英尺水量支付50美元，而旧金山的居民要支付256美元，是牧场主的5倍。在加利福尼亚州的一个县，有些城市居民为一加仑水支付的钱是农民的50倍。假如用水权可以买卖的话，牧牛业的人就会有强烈的动机把用水权卖给城里人。水对渴望水的城市消费者的价值——他们愿意为更多的水支付的价钱——超过养牛的利润。假如牧场主能够放弃养牛业转而去向城市居民出售用水权，大家都会得到好处。在这一场合，对产权的限制导致了无效率现象的出现。

作为产权的法定权利产权不总是意味着你拥有完全的所有权或者控制权。法定权利，如在一些大城市里普遍存在的、以受到控制的租金终生租用公寓的权利也是一种产权。尽管个人不拥有公寓，因而不能把它出售，但是他也不能被赶出公寓。

机场的通道也是这样。这些通道被分配给各个航空公司。因此，有幸分到通道的小航空公司就享有通道的法定权利。但是通道不为它们所有，所以不能出售。但是对于旅客众多的大公司来说通道的价值要比对于小公司的价值高出许多，比如，普林斯顿航空公司是一个小公司，它在全国最繁忙的机场之一华盛顿国家机场有一个通道。在一度允许航空公司出售通道的时期，普林斯顿航空公司把通道卖给一家大公司，得到一大笔钱。

部分的和有限的产权导致无效率现象的产生。由于住在租金受到控制的公寓里的人不能够（合法地）出售公寓的居住权，当他年龄大时，维修房子的动机就会减弱，更不用说对它加以改善了。

诺贝尔经济学奖获得者、曾任美国总统经济顾问委员会委员的约瑟夫·斯蒂

产权明晰为什么有效率呢

产权明晰为什么有效率呢？这是因为产权明晰解决了有效使用资源的两个关键问题。

一、实现了使用财产的权责利一致

利：获得并享受这种使用而得到的利益

权：所有者有权决定财产的使用

责：承担使用不当的损失的责任

当这三种权利集中于所有者一人时，他的利益与财产的使用密切相关，人趋利避害的本性引导他把财产用于最有效的用途。

二、保证了财产在转让中流动到最有效地使用它的人手中

财产是在使用和流动中增值的。假设有一个饭店，现在是A在经营，每年获利100万元，利率为10%。

A：每年可赢利100万元；饭店就价值1000万元；1000万元的饭店卖了1500万元，获利500万元

B：可以做到每年可赢利200万元；饭店就价值2000万元；2000万元的饭店花费1500万元，获利500万元

A以1500万元的价格转让给B

双方的利就来自饭店更有效使用的增值

格利茨指出："在经济学神话中，也许没有哪个神话像产权神话这样居于支配地位了。这个神话认为，人们所需要做的一切就是正确地界定产权。做到这一点就能保证效率。这是个非常危险的神话，因为它使许多处于转轨过程中的国家错误地把重点放在产权问题，即私有化问题上。"

第三节　征税是完美的措施吗

税收是文明社会所付出的必要代价

正如富兰克林所言，税收与死亡一样是不可避免的。只要人类依然需要结成一定的社会组织，只要人类社会仍然需要政府的存在，只要我们还需要政府提供公共设施和服务，我们就得为此付费。税收的影子无处不在，触及现代人生活的每一个角落。

税收往往是激烈的政治争论的起源：1776年的美国革命、历年美国总统的竞选，减税是一个经常被利用的话题。但是即便如此，仍然可以肯定地说，没有一个人否认税赋的必要性。温德尔赫尔姆斯曾经说过：税收是我们为文明社会所付出的代价。

假如国家没有税收，政府部门将全部崩溃，人们将没有了政府提供的各种保障，就会回到原始社会，甚至国家将消亡。所以说国家不能没有税收。

2010年7月1日，《网络商品交易及有关服务行为管理暂行办法》实施，《办法》规定，通过网络从事商品交易及有关服务行为的自然人，应当向提供网络交易平台服务的经营者提出申请，提交其姓名、地址、电话号码等真实身份信息。具备登记注册条件的，才允许依法办理工商登记注册。当时该条例的出台被认为是对全国网店实施征税的前奏。

对向个人网店征税，很多网上卖家都表示理解，并认为这是迟早的事情。在淘宝上经营着一家五钻级个人店铺的店主Yoko说："我们做淘宝就是因为房租税费等相关的费用太高，店铺做起来也不容易，都是不分白昼黑夜的。国家对个人卖家征税，这可以交，我们已经做好了心理准备，但关键是国家出台怎样的政策、怎样征税。"

在Yoko看来，国家在最近一段时间内应该不会对个人卖家征税，但从长远来看，征税是必然的趋势。

对于中国来说，税收对于我们国家的发展来说有着至关重要的作用。可以说，离开了日渐完善的税收制度，也就不会有现在这个文明发达的社会。中华人民共和国成立之初，经济基础非常薄弱，国家财政极为困难，再加上投机商人引发了物价波动的浪潮，为了克服财政困难，消灭预算赤字，平抑物价，政府统一全国税政，广泛开辟税源，充实和加强税务机构，到1951年，终于实现了收支平衡，略有盈余，把国家财政置于稳固可靠的基础之上。与此同时，随着税收收入的增加，财政支出的规模和结构有了很大改善，为之后的大规模经济建设奠定了基础。总之，这一时期的税收，在消灭预算赤字、平抑市场物价、恢复国民经济、争取整个财政经济状况的根本好转方面发挥了重要的作用。那么税收的重要性，你知道多少？

税收的分类

税收分类是从一定的目的和要求出发，按照一定的标准，对各不同税种隶属税类所做的一种划分。我国的税种分类主要有：

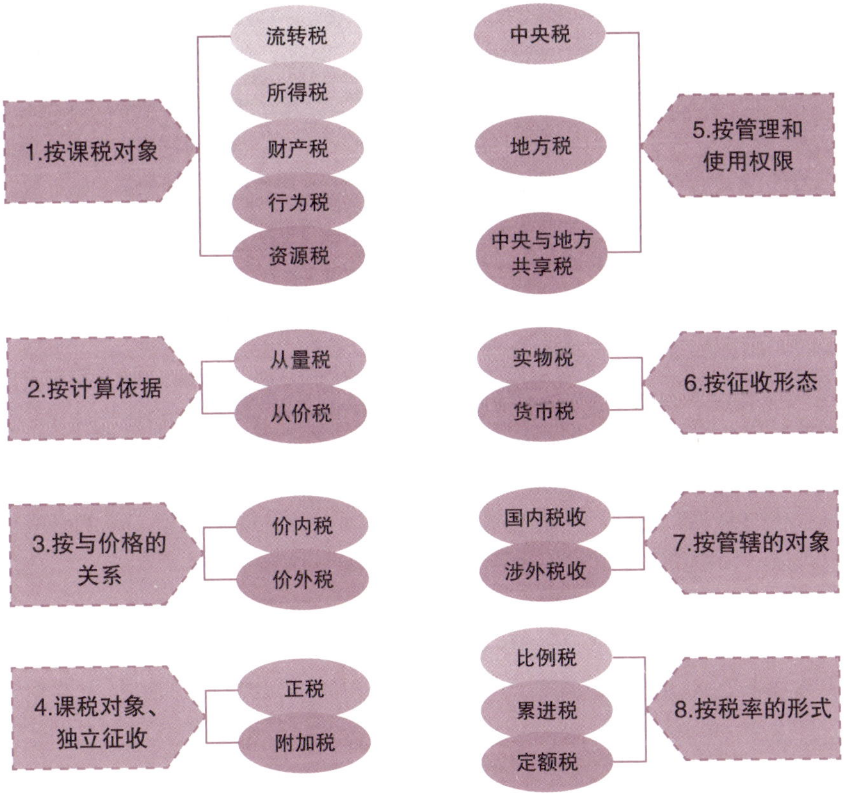

1.税收是国家组织财政收入的主要形式和工具

税收在保证和实现财政收入方面起着重要的作用。由于税收具有强制性、无偿性和固定性，因而能保证收入的稳定；同时，税收的征收十分广泛，能从多方筹集财政收入。

2.税收是国家调控经济的重要杠杆之一

国家通过税种的设置以及在税目、税率、加成征收或减免税等方面的规定，可以调节社会生产、交换、分配和消费，促进社会经济的健康发展。

3.税收具有维护国家政权的作用

国家政权是税收产生和存在的必要条件，而国家政权的存在又依赖于税收的存在。没有税收，国家机器就不可能有效运转。同时，税收分配不是按照等价原则和所有权原则分配的，而是凭借政治权力对物质利益进行调节，体现国家支持什么、限制什么，从而达到维护和巩固国家政权的目的。

4.税收具有监督经济活动的作用

在社会主义市场经济条件下，市场对资源配置起主导作用，但市场配置资源，也有它的局限性，可能出现市场失灵（如无法提供公共产品、外部效应、自然垄断等）。这时，就有必要通过税收保证公共产品的提供，以税收纠正外部效应，以税收配合价格调节具有自然垄断性质的企业和行业的生产，使资源配置更加有效。

（1）促进产业结构合理化。税收涉及面广，通过合理设置税种，确定税率，可以鼓励薄弱部门的发展，限制畸形部门的发展，实现国家的产业政策。

（2）促进产品结构合理化。通过税收配合国家价格政策，运用高低不同的税率，调节产品之间的利润差别，促进产品结构合理化。

（3）促进消费结构的合理化。通过对生活必须消费品和奢侈消费品采取区别对待的税收政策，促进消费结构的合理化。

保证社会经济运行的良好秩序。通过税收监督，积极配合公安、司法、工商行政管理等部门，严厉打击各类违法犯罪行为，自觉维护社会主义财经纪律。

此外，国家在征收税款过程中能发现纳税人在生产经营过程中，或是在缴纳税款过程中存在的问题。国家税务机关对征税过程中发现的问题，可以采取措施纠正，也可以通知纳税人或政府有关部门及时解决。

5.调节收入分配的作用

在市场经济条件下，由市场决定的分配机制，不可避免地会拉大收入分配上的差距，客观上要求通过税收调节，缩小这种收入差距。税收在调节收入分配方面的作用，具体表现在以下两方面：

（1）公平收入分配。通过开征个人所得税、遗产税等，可以适当调节个人间的收入水平，缓解社会分配不公的矛盾，促进经济发展和社会稳定。

（2）鼓励平等竞争。在市场机制失灵的情况下，由于价格、资源等外部因素引起的不平等竞争，需要通过税收进行合理调节，以创造平等竞争的经济环境，促进经济的稳定和发展。

现代文明社会，税收不仅是用于社会公共管理的，而且很大部分用于公民的基本福利社会保障，这已经是普遍共识。税收作为国家强制参与社会产品分配的主要形式，在筹集财政收入的同时，也起到了改变各阶级阶层、社会成员及各经济组织

税收可调节贫富差距

现代社会中，很多底层的工人兢兢业业、加班加点挣的钱仅够维持生活，贫富差距越来越大。

税收的一个重要功能就是调节收入差距。富人有义务多交一点税，然后由国家通过各种社会保障制度转移给穷人。

此外，从长远的角度看，如果贫富差距能够被有效抑制，社会稳定得到了保证，富人将成为他们所交纳的税金的最大受益者，因为他们避免了在社会失序的情况下被清算的命运。因此，可以说通过税收来调节贫富差距是合理的，所有的社会阶层都将从这一措施中受益。

的经济利益的作用。筹集财政收入的职能是基本的，是实现调节社会经济生活和监督社会经济生活两项职能的基础条件，随着市场经济的快速发展，调节社会经济生活和监督社会经济生活的职能，也将会变得越来越重要。

税收是我们想将文明社会一如既往地发展下去的必要前提，它确保了我们的国家能够稳定、坚定地前行。认识到这点，我们才能心甘情愿地履行自己的纳税义务，甚至协助税收人员始终如一地打击偷抗骗税等税收违法行为。

赋税的无谓损失，税收是一把双刃剑

“纳税光荣，偷税可耻”“税收取之于民，用之于民”，从小老师就这样教导我们要做个遵纪守法合格的公民，告诉我们纳税是每个公民应尽的义务和责任。

但是你知道税收背后的成本这一概念么？如果知道，你知道税收背后的成本有多大么？

税收的成本是多大？你可能会回答，无非就是纳税者向政府缴纳的金额。但是假设政府把这笔钱全部用来提供公共服务或者把这笔钱全部还给纳税人，那么我们就能说税收没有任何成本吗？

这种说法当然是错误的，因为税收和配额一样，会阻止有利于双方的交易发生。当征收5元钱的税收时，乘车者支付了20元而司机只得到了15元。因此有一些人愿意为每次乘车支付17元，而有一些司机愿意达成这样的共识，收取17元。如果这样的潜在乘客和司机能够碰到一起的话，这将会是使双方都获益的交易。但是这样的交易将是违法的，因为没有缴纳5元钱的税收。于是我们可以得出结论，由于存在税收，有无数个对乘客和司机都有利的乘坐机会被“错过”了。

所以销售税会引起实际缴纳税金之外的成本，这种额外成本表现为非效率。因为税收实际上阻碍了有利于买卖双方的交易发生。这种成本被称为税收产生的“超额负担”，或者“无谓损失”。现实世界中所有的税收都会带来一些超额负担，不过拟定得不好的税收造成的超额负担要比拟定得好的税收大。

经济学家认为，税收的真实成本并不是纳税人缴纳的税收而是他们没有缴纳的税收。这背后的意思就是人们为了避税而改变自己的行为，例如不乘坐出租车而改为步行，这样做错过了对交易双方都有利的消费机会。

A为B打扫房间每周得到200元。A的机会成本是150元，B对打扫房间的评价是250元。那么两人各得到50元的利益，总剩余100便是这一交易带来的好处。但是现在，政府对打扫房间的服务征收100元的税。由于不再能得到好处，两个人取消了交易。于是B只能生活在肮脏的房间里，A也没有了收入。税收使A和B的状况一共变坏了100元，同时政府也没有得到税收。我们说纯粹的无谓损失为100元。

那么总结来说，为什么税收会引起无谓损失？税收引起的无谓损失是因为它使买者和卖者不能实现某些贸易的好处。

什么是无谓损失

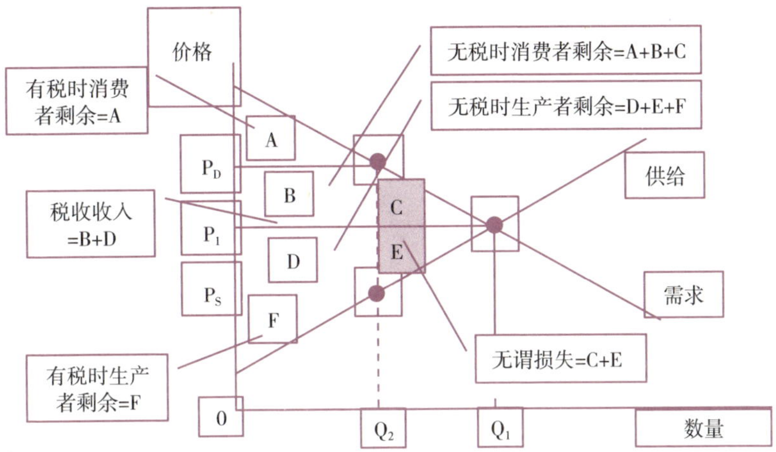

	没有税收时的福利	有税收时的福利	福利变动
消费者剩余	A+B+C	A	–（B+C）
生产者剩余	D+E+F	F	–（D+E）
税收收入		B+D	+（B+D）
总剩余	A+B+C+D+E+F	A+B+D+F	–（C+E）

从图中我们可以看出，征税前的福利：总剩余=A+B+C+D+E+F；而征税后的福利：总剩余=A+B+D+F。

买者和卖者因税收受到的损失大于政府筹集到的税收收入，市场总收入减少了面积C+E，这就是无谓损失了。

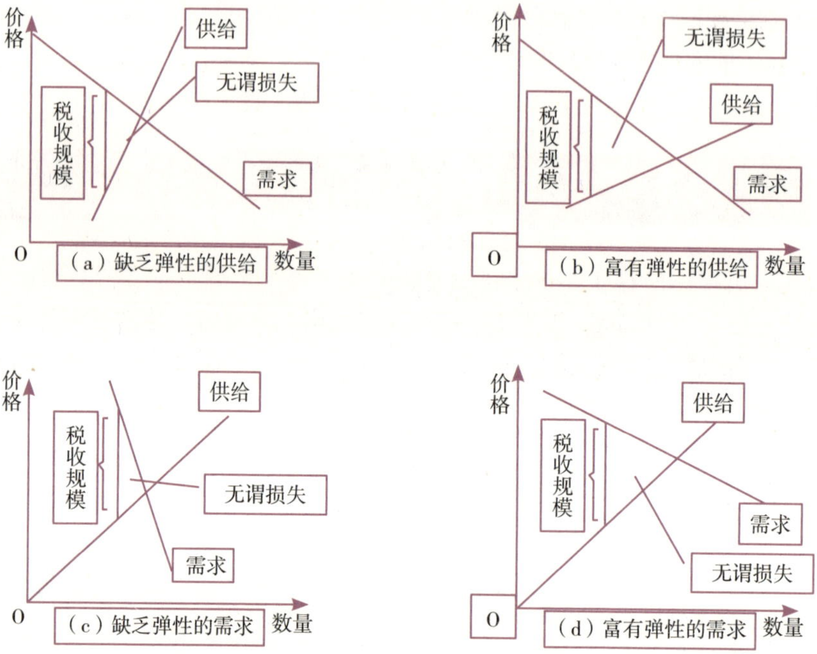

供给和需求的价格弹性决定了税收的负担率。供给和需求弹性越大，税收的无谓损失也就越大。供给的价格弹性越高，征税导致消费者付出的价格就越高，于是更大部分的税负就由消费者承担了；相反地，需求的价格弹性越高，征税导致生产者得到的价格就越低，于是更大部分税负就由生产者承担了。价格弹性更低的一方总是要承担更多的税收负担。

征税导致了效率损失，这种损失是由消费者支付的价格和生产者接受的价格之间的矛盾导致的，即无谓损失。增加一单位的消费带来的边际收益要大于增加一单位生产带来的边际成本，这就意味着经济社会损失了由增加生产和消费带来的潜在利益。全部无谓损失可由图中指示无谓损失的三角形的面积度量出来。无谓损失代表了税负过重，也就是说政府征税带来的社会成本大于政府获得的税收收入。

生产者生产产品获得利润的动机以及消费者消费商品获得满足的动机跟未征税前的完全不同，于是人们就改变了行为，无谓损失就产生了。所以，当征税动机被扭曲程度最小时，无谓损失也是最小的。因此在选择征税对象时，如果以无谓损失最小化为目标的话，则应该向那些反应最缺乏弹性的人征税，即向基本不会被税收改变行为的人征税。

最后，关于无谓损失尚有三点内容需要大家明确：

（1）税收带来了无谓损失，但是，如果没有税收，政府就无法提供更多的公共服务。

（2）劳动税会激励人们更少工作。

（3）在劳动的供给和土地的供给完全没有弹性的情况下，税收造成的无谓损失很小，人们的工作不会减少太多，土地供给者承担了全部税收。

该对收入征税，还是对消费征税

因为无谓损失的存在，税收给消费者和生产者造成的成本有时会远大于他们实际缴纳的税收。事实上，如果需求或供给（或者二者同时）非常富有弹性，税收能够造成相当大的损失而又不会给政府带来多少收入。这方面的一个典型的事例是1990年声名狼藉的“游艇税”。

“游艇税”是美国政府对价格超过10万美元的游艇征收的特别销售税。目的是从那些买得起如此之贵的游艇的富人身上征税。但是这项税收产生的政府收入比预计的要少得多。原因就是在美国价格超过10万美元的游艇的销量急剧地下降，降幅达到71%。游艇行业的就业职位，不论是制造还是销售方面的，也随之下降了大约25%。

游艇的潜在买主为了避开游艇税而改变了自己的行为。有些人干脆决定不买游艇了；另一些人则到不征收游艇税的地方例如巴哈马群岛去购买；还有一些人改为购买10万美元以下的游艇。换言之，对游艇的需求很富有弹性。这个行业的就业职位的急剧减少表明游艇的供给也是相对富有弹性的。

虽然事实上没有几个潜在的游艇买主缴纳了游艇税，但是我们可能不会说这项税收没有给生产者和消费者造成损失。避税对于消费者而言，本身就是有成本的，例如他人因为被迫到海外去买游艇，因此增加了花费和不便，或者本来想购买一艘华丽的游艇。但是现在只好买一艘便宜的，因此满意程度降低。而且游艇行业的销售和制造人员也丧失了一部分生产者剩余。政策制定者渐渐意识到了这项税收不但没有增加政府收入，还对社会造成了如此大的损失，所以后来这项税收在1993年被废除了。

需求数量和供给数量对价格变化的敏感程度如何来解释税收在消费者和生产者之间的分摊呢？换句话说，为什么需求的弹性不同时税收的分摊会不同？或者为什么供给的弹性不同时税收的分摊也会不同？为了说明税收负担如何在消费者和生产者之间分摊，我们假设政府对生产者征收销售税。生产者将竭力通过提高价格将税收转嫁给消费者。当需求弹性很大时，即使价格只上升一点点，商品的需求数量也会大幅下降。如果生产者试图通过提价把税收负担转嫁给消费者，需求数量下降的比例会超过价格上升的比例。因此，生产者并不能把税收转嫁出去，大部分税收负担将仍然由生产者来承担。反过来也是一样：当供给很富有弹性时，税收负担大部分会落在消费者头上。总的规律是，需求越富有弹性，税收负担落在生产者头上的部分越大；供给弹性越大，税收负担落在消费者头上的部分越大。

如果我们设想政府在每家煎饼店的柜台上放一个碗来收取0.5美元的煎饼税，也许就容易理解这种征税方式的相等性了。当政府向买者征税时，要求买者每买一个煎饼往碗里放0.5美元；当政府向卖者征税时，要求卖者每卖出一个煎饼往碗里放0.5美元，0.5美元是直接从买者的口袋进入碗内，还是间接从买者的口袋进入碗内，都无关紧要。一旦市场达到新均衡，无论向谁征税，都是买者与卖者分摊负担，在这两种情况下，税收在买者支付的价格和卖者得到的价格之间打入了一个楔子，无论

向买者征税还是向卖者征税

从前面的知识中，我们都知道供需曲线影响税收，那么，政府到底应该向消费者征税对税收的影响小，还是向销售者征税对税收的影响小呢？

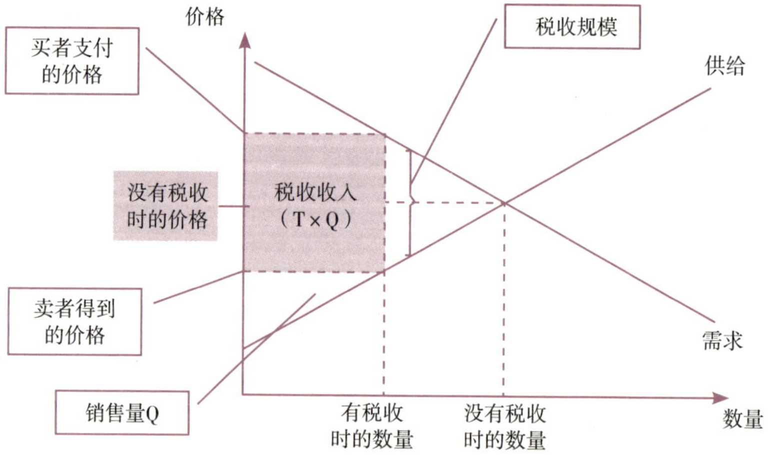

如上图可见，税收收入等于税收规模与销售量的乘积。

所以向买者征税还是向卖者征税，结果是一样的：买者支付价格上升、卖者得到的价格下降。买者和卖者分摊了税收负担。

税收是向买者征收还是向卖者征收，买者价格与卖者价格之间的楔子是相同的。在这两种情况下，这个楔子使供给和需求曲线的相对位置移动。在新均衡时，买者和卖者分摊税收负担。对买者征税和对卖者征税的唯一区别是谁把钱交给政府。

对中小企业主动减税能创造新的工作岗位吗

2007年年底，央视《经济半小时》播出过“珠三角上千企业倒闭调查：成本上升致企业外迁”。在广东的鞋厂加起来总共大概有五六千家，关闭的大中型的鞋厂在广东应该有一千多家，比如像在惠东，有三千多家鞋厂，在两三个月内，那种中小型的工厂就关闭了四五百家。珠三角地区遭遇困境的，不仅是制鞋企业，其他像制衣、玩具加工、电子加工等劳动密集型行业，都出现了同样的状况，不少企业开始外迁，有的已经倒闭。而接下来的2008年，中国中小企业普遍遭遇“地震”和“寒流”，生存境况堪忧。对中小企业的增值税减免无疑最好的模式，就是降低“小规模纳税人的税率”，将现行的4%、6%下调至2%。

我国现有中小企业超过4200万家。工信部提供的数据显示，我国中小企业创造的价值相当于国内生产总值的60%左右，缴税额占到国家税收总额的50%左右。中小企业需要缴纳的税负种类繁多，除了17%的增值税、25%的企业所得税之外，还需缴纳城建税、教育税附加、地方教育发展费、价格调节基金、堤防费、房产税、土地税、印花税、房屋租赁税、工会经费、残疾人基金，加上各种收费和罚没，中国企业的实际税负已经超过30%。所以除了融资难、生产成本不断增加，税负压力也成为中小企业生存艰难的原因之一。专家分析，若想从根本上破解中小企业生存困境，减税将是一项惠及面广、见效较快的政策选择。如果能够给予相应的税收优惠，中小企业的资金困境就可以得到一定程度的缓解。减税能够解决中小企业融资难题，降低中小企业财务成本；减税可以加大收益预期，促进民间资本的有效投入，有效促使中小企业的技术升级和转型，更加高效地投入竞争，维护市场的均衡状态。

为中小企业减税同样是创造新的就业岗位的有效措施。中国的中小型企业占全国企业总数的99%以上，创造了60%的GDP，更重要的是，承载着80%的就业人。越来越多的中小企业难以为继，意味着80%的就业人都面临着失去工作的压力，只有支撑中小企业的继续经营，才能有力的保证充足的就业岗位。

而对中小企业的扶持，鉴于中小企业对税收的极高的敏感性，政府若能对小型、微型企业和成长型高科技企业实行差异化税收政策优惠，将收到良好的效果。优惠形式也要多样化，比如直接减免、降低税率、加速折旧、设备投资抵免、放宽费用列支等多种优惠形式，进一步加大对中小企业的财政支持。应该针对建立公共技术服务平台、加强企业技术改造、员工培训、开拓国际市场等工作，继续增加中小企业专项资金。全国工商联主席黄孟复也表示，对于中小企业的减税、减费应该达成共识。“应该把中小企业看作发展、生产、创新和解决就业的主体，而不应该把中小企业作为税收、收费的主体。”

就在温州等地的中小企业屡传危情之时，多部委对中小企业的支持政策也正加紧酝酿，降税减负成为重中之重。据《上海证券报》了解，在中小企业划型标准明确之后，有关部门将根据新标准，对符合条件的中小企业进行减税。“减轻税负已经在较大范围内达成共识，并提出进一步做好企业减负工作的意见和建议，可能涉及取消和停止征收的行政事业性收费超过100项。”

一个小企业要得到一点利润真不容易，在困难的环境下创业，即使给予其所得税减半的待遇，实际上也就几百元，但此举意味着积极的政策信号。财政部财科所所长贾康坦言，尽管全球金融危机已暂告一段落，国内经济也处于相对高速发展的阶段，但结构性减税仍然有必要性，在具体方案上，“首先要对小企业延续所得税减半政策”。

解决了国内80%就业问题的中小企业如果能得到这样的政策优惠，势必会大大提高其生存能力和雇佣、支付薪水的能力。贾康还建议，在推行“增值税扩围”改革的同时，积极研究中小企业在此框架下的优惠政策。全国人大内务司法委员会副主任辜胜阻也建议，应该加大财税政策对中小企业的扶持力度。

下篇

宏观经济学

第一章

宏观经济的全景综览

第一节　宏观经济学的基本图景

图景1：萧条的解释就是宏观经济学的发展历史

1929年10月30日的《纽约时报》这样记录了此前一天华尔街股市的最后崩盘。从上一个周四，即1929年10月24日开始，上涨了7年的华尔街牛市走到了尽头。的确，那一代股民创造了金融史。到1932年，道·琼斯工业股票指数下探到41.22最低点时，该指数已经比1929年10月的最高点381.17点下跌了89%。

直到将近80年后的2008年冬天，由于次贷危机的爆发，人们才再一次领略了类似的恐慌。此时，执掌美联储的本·伯南克正是一位“大萧条”的研究者。

在伯南克的著作《大萧条》第1页，他写道：“解释大萧条是宏观经济学的‘圣杯’。大萧条的研究不仅使宏观经济学成为一个独立的研究领域，而且还持续影响着宏观经济学家的信条、政策建议和研究进程（这一点常常没被充分认识到）。”

在另一本有关大萧条的著作，由美国学者狄克逊·韦克特撰写的《大萧条时代》中，作者写下的第一句话是：“1929年10月中旬，展现在一个中产阶级普通美国人面前的，是一眼望不到头的繁荣兴旺的远景。上一年，刚刚走马上任的胡佛总统一本正经地宣布：征服贫穷不再是一个遥不可及的幻想。我们有机会沿袭过去8年的政策，继续向前。在上帝的帮助下，我们很快就会看到把贫穷从这个国家驱除出去的日子就在前头。”然而，让胡佛没有想到的是，仅仅几个月之后，上帝就歇工了。

经济大萧条持续了将近10年，但严重的失业现象却未曾消失，是故在此背景之下，凯恩斯（1883～1946年）在1936年发表了《就业、利息和货币通论》（The General Theory of Employment，Interest and Money）或简称为《通论》，而这也代表了现代宏观经济学的开始。凯恩斯曾这样形容人们在危机到来时候的窘境：“我们使自己陷入一场巨大的混乱之中，我们笨手笨脚，没有控制好一架精密的、我们不明白其运行原理的机器。的确，凯恩斯提出了一个极富创意的框架，他的总供给和总需求的分析框架仍然是现代宏观经济学的核心。尽管很多分析方法已经被我们摒弃了，但是宏观经济学却蓬勃发展起来了。凯恩斯认为市场经济不能平滑地自我调节，而投资者信心不足是造成大萧条爆发的主要因素；因而这样的经济萧条一旦出现，单靠市场的力量是不能迅速消除的，只有依靠政府支出和税收政策的调整，才能阻止经济衰退，保持经济稳定。

凯恩斯的这种观点逐渐被大家接受。在凯恩斯理论的指导下，美国渡过了大萧条的难关，他的思想也被公认为“凯恩斯革命”。然而随着资本主义社会滞胀的到来，人们发现凯恩斯主义不能解决所有的问题……

到了19世纪70年代，新的总体经济问题又产生了。在1974年至1975年及1980年至1982年期间，欧美各国陷入第二次世界大战之后最严重的经济衰退，因石油危机、高通货膨胀及高失业率产生的问题，逐渐地使凯恩斯理论受到了另一些不同理论的挑战。

这些理论包含了以米尔顿·弗里德曼为代表的货币学派和以小罗伯特·卢卡斯与托马斯·萨金特为代表的新兴古典学派的理论。而米尔顿·弗里德曼与小罗伯特·卢卡斯分别于1976年和1995年因各自的理论而获得了诺贝尔经济学奖。

弗里德曼和施瓦茨合著的《美国货币史1867～1960》是货币理论实证研究之巅峰杰作，是货币主义学派之核心文献，是弗里德曼诺贝尔奖之主要成就。时任《政治经济学杂志》主编的著名经济学者罗伯特·戈顿如此评述《美国货币史1867～1960》：“弗里德曼和施瓦茨的《美国货币史1867～1960》，乃是货币经济学发展史上的一个里程碑。他们以详尽历史事实令人信服地证明：在1867～1960年之漫长历史时期内，货币供应量之变动与国民收入之间，始终存在内在一致的逻辑联系。《美国货币史1867～1960》给19世纪30年代的大萧条以明确解释：在1929～1933年之间，货币供应量下降幅度高达1/3，乃是大萧条如此严酷和如此漫长的主要原因。过去15年以来，学术界之所以重新燃起对货币经济学的浓厚兴趣，《美国货币史1867～1960》是最重要的刺激和推动力量。”

当然对萧条的解释还有其他解释。麻省理工大学的查尔斯·金德尔伯格作出了更加新颖的解释，在他看来，主要国家没有能够阻挡住20世纪末的经济衰退，是因为没有一个经济上具有领导地位的国家，因此，衰退变成了大萧条。按照金德尔伯格的观点，大萧条发生的年代，英国正在失去世界的领袖地位，而美国在20世纪30年代还未能接过领导者的责任。因此，这种领导地位的缺失是历史的偶然，并且，当时也没有国际货币基金组织、世界银行这样的国际机构来为处于困境中的国家提供经济援助，因而这次萧条持续了10年。

彼得·特朗则提供了另外一种有趣的解释，他认为，大萧条源于第一次世界大战，并且是战争冲击迟到的结果，换句话，战争的冲突变成了和平的冲突。因为，

凯恩斯：宏观经济理论的奠基人

凯恩斯主义主张国家采用扩张性的经济政策，通过增加需求促进经济增长，即扩大政府开支，实行财政赤字，刺激经济，维持繁荣。其不仅在历史上对西方经济学和资本主义国家的经济政策产生过巨大影响，而且他的理论和政策观点今天仍在发生作用。

提出了有效需求原则

有效需求，是指商品的总需求与总供给相等时的总需求。

提出流通偏好

凯恩斯把人们对货币的需求称为流动偏好。流动偏好表示人们喜欢以货币形式保持一部分财富的愿望或动机。

凯恩斯对经济学的贡献

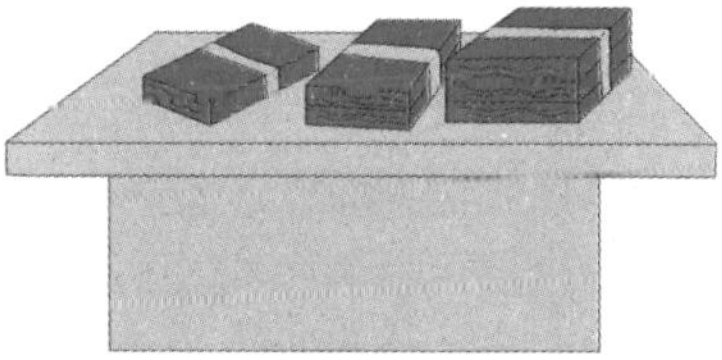

提出资本边际效率

资本边际效率是一种贴现率，这种贴现率正好使一项资本物品的使用期内各预期收益的现值之和等于这项资本品的供给价格或者重置资本。

当时的获胜国与战败国就战争赔款、国际贷款和其他金融问题争吵不休，脆弱的战争欠债和战争赔款使得大部分欧洲国家将财力耗尽，因而人们花费了10年才最终解决了这次萧条，这次萧条在相当程度上是各国之间的更深的恐惧和敌意的表现。那么又是什么力量使得萧条在这些国家之间蔓延呢？特朗认为，当时的金本位国际货币制度，是使得经济崩溃得以蔓延的主要因素，金本位制妨碍了各国独立的货币政策，或许最早摆脱金本位的国家也能最先从大萧条的深渊中走向复兴。

尽管我们还无法给上面的这些解释作出一个最终的评判，但是必须再次明确的是，1929年的大萧条原本是一次极为特殊的历史事件，关于大萧条的原因及讨论至今仍然没有停止，难怪保罗·克鲁格曼曾经不无感慨地说：“理解大萧条是现代宏观经济学的圣杯。”

今天的宏观经济学更像是一场登山比赛，不同的登山队从不同的路线攀登。没有一个登山队看到过这座山的山顶，因为它一直处在云雾遮掩之中。不同的登山队有时会在不同路线的交会处相遇，简单交流信息后又分手继续前行；在除去尘霜之后，各队还可能偶尔发现前人留下的足迹；有时一个队员走失了，或从此失去踪迹，或加入攀登速度看起来更快的另一队；有些路线后来证明是死路，但这也是有用信息，因为后来者不需重走；有时一个队宣布登顶，但云开雾散后发现前面还有更高更险的山峰；各队经常不得不改变路线……

图景2：宏观经济模型是企业、家庭、市场等共同形成的

经济学家常将宏观经济模型与蒸汽机相比较，内燃机通常是由活塞、阀门、点火系统等构成的，同样，在经济体系中，企业、家庭、市场等各个要素共同形成了这个复杂的经济体系。

与内燃机的模型相似，一个宏观经济模型复制了一个交互式系统的基本机构，就如同蒸汽机的机械示意图，显示了消费者、企业和政府这些不同的经济单位是如何相互作用的。宏观经济模型重点强调系统的主要功能部分，并告诉我们，消费者、企业、政府三者是如何相互作用来决定总开支、价格、生产、就业这些变量在我们生活中的变化，并如何影响我们和其他人的生活。

根据现代宏观经济学的理论，一国的宏观经济中有四个部门：家庭、企业、政府和其他国家，而人们对经济的认识程度也是逐渐深入的。

在最初的古典经济学中，只有家庭和企业的循环。如果要平衡，就要家庭的钱全部花了，企业的产品全部卖了，这样宏观经济才能够正常运行。其中，家庭的角色是将劳动出卖给企业，并以此获得收入，再用收入去购买企业的产品；而企业生产出产品，把产品卖出去，收回钱来继续生产。这样，当经济平衡时，家庭的花费恰好等于企业的收入，而企业的产品又要全部卖给家庭。

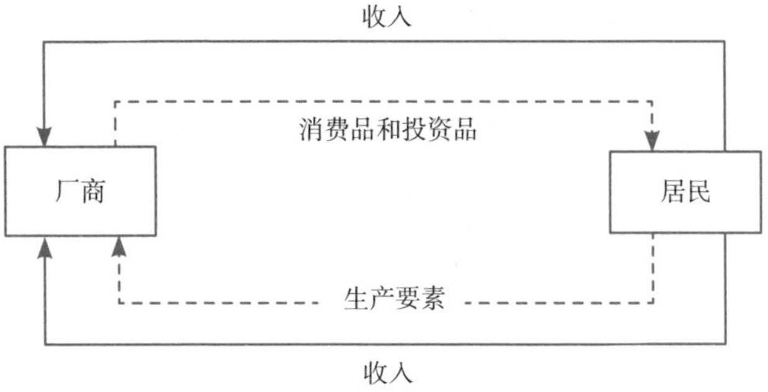

假设经济系统中所有的厂商生产了100个单位的最终产品，而这些产品又以消费品和投资品的方式被出售给家庭，继而转化为厂商的收入，表现为由厂商向家庭转移。从另一方面看，厂商出卖100个单位产品的收入是使用各种生产要素的代价，它构成了以利息、地租、利润、工资等形式出现的要素所有者的收入。这样，最终产品实现了一个循环流程，整个经济处于均衡运行之中。由此可见，一个经济系统活动规模或生产的最终产品的多少，可以由循环流转图中上方的产品流转或下方的收入流转加以度量。并且，就如同一种产品的市场价值可以由消费者对它的最终支出和销售者获得的最终收入度量一样，无论采取何种方式，所得到的度量结果都必然相同。

随后，经济循环中增添了政府的角色。政府为经济发展提供公共设施，并以此向社会征税，而政府以支出的形式向企业购买商品和劳务。这样，在三个部门组成的经济体中，如果要求经济正常循环，则要求政府税收等于政府支出。

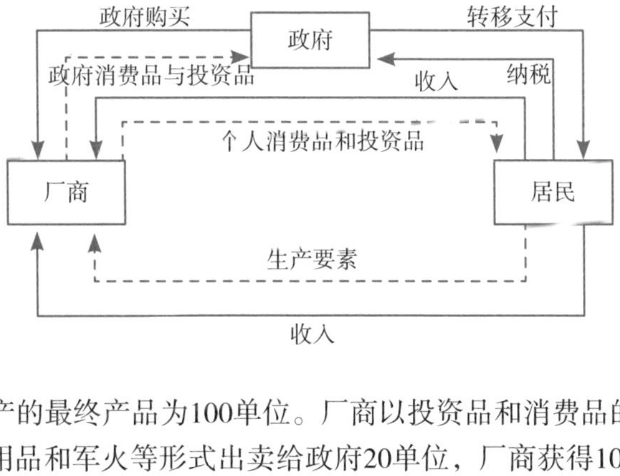

假设厂商生产的最终产品为100单位。厂商以投资品和消费品的形式出卖给家庭80单位，以办公用品和军火等形式出卖给政府20单位，厂商获得100单位的收入。另一方面，厂商100单位的收入将支付给作为要素所有者的家庭。同时，家庭获得100单位的收入以外，还将获得10单位的政府转移支付。家庭将80单位用于购买消费品和投资品，而将30单位用于纳税。从政府部门来看，政府获得30单位的税收收入，同时支付购买厂商产品和劳务20个单位以及给予家庭转移支付10个单位。这样，经济活动完成了一个循环流程。经济处于均衡之中。因此，国民经济产出规模仍然可以由家庭和政府对消费品、投资品的购买表现出来的价值量或由家庭和政府所得到的收入加以衡量，并且这两种方式得到的结果必然相等。

到如今，由于国家之间的联系日益紧密，各国通过国际贸易、资本流动、劳动力流动进行商品和服务的交换。这时，对于一个国家而言，进口意味着其他国家对本国的供给，而出口则意味着其他国家对本国的需求。所以，当经济平衡时，则要求进口等于出口。

图景3：经济中的总需求和总供给决定价格总水平

2003年，一场几乎遍及全国的“非典”疫情不仅向百姓生命和健康发出了挑战，还对国民经济产生了重大影响。

首先，“非典”约束和限制了居民的某些消费，主要是第三产业（旅游、酒店、交通运输、会展、餐饮、零售等）遭受严重打击。同时，疫情也刺激了某些行业的消费，如药品、医疗设备、互联网、电子商务等。

其次，疫情也一定程度上影响了投资、出口和政府支出。如，当时我国的农产品、食品和服装等出口受影响，来自国外订货明显减少。

疫情对总需求的影响主要表现在对消费需求的影响上，进一步影响到总的价格水平。

将总需求与总供给结合在一起放在一个坐标图上，用以解释国民收入和价格水平的决定，考察价格变化的原因以及社会经济如何实现总需求与总供给的均衡。

总需求—总供给模型是后凯恩斯主流派——新古典综合派用于分析国民收入决定的一个工具，这个模型是在凯恩斯的收入—支出模型和希克斯的IS—LM模型的基础之上，进一步将总需求和总供给结合起来解释国民收入的决定及相关经济现象，是对前两个模型仅强调总需求方面的片面性进行的补充和修正。所以，总需求—总供给模型所依据的理论已经不是标准的或纯粹的凯恩斯理论。

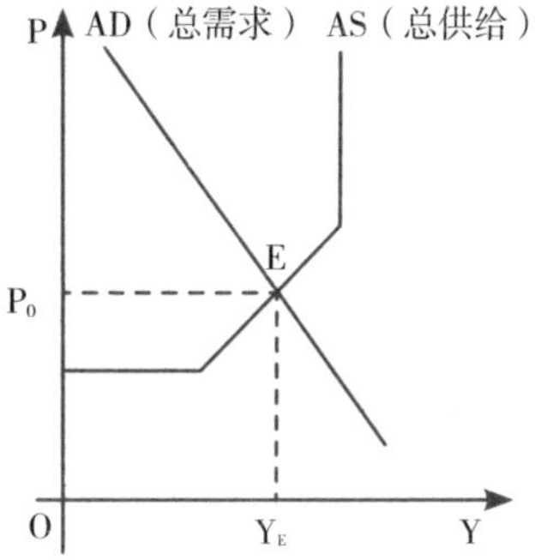

总需求–总供给模型

总需求，是指社会在一定价格水平下所愿意购买的产品和服务的总量，它包括国内居民对产品和服务的需求、企业购买资本品的需求、政府采购产品与服务的需求以及外国购买本国产品和服务的净需求。

总需求曲线显示了总价格水平和总需求量之间的关系。总需求曲线向右下方倾斜，表示随着价格水平的提高，人们所愿意购买的商品总量不断下降；而随着价格的下降，人们所愿意购买的商品总量则不断上升。

当总需求的非价格决定因素发生变化时，总需求曲线就会发生位移。从宏观经济角度来看，造成总需求曲线位移的主要因素有消费、投资、政府购买、净出口。

总供给是国民经济各部门在一定时期内所生产的产品和服务的总和。总供给可以用社会在一定时期内所供给的生产要素的总和或者生产要素所得到的报酬总和来表示。

总供给曲线显示了总价格水平和总供给量之间的关系。在长期中，总供给量并不取决于物价总水平，而是取决于经济体的资本、劳动以及用来把投入变为产出的生产技术，因此总供给曲线为垂直线。在短期中，当物价水平背离了人们的预期时，由于错觉、黏性工资或黏性价格的作用，供给量就背离了由各类生产要素所决定的自然水平。当物价高于预期水平时，供给量就高于其自然率，当物价水平低于预期水平时，供给量就低于其自然率，因此，短期总供给曲线向右上方倾斜。

在市场活动中，工资、利率、汇率等货币形式的经济变量都和价格总水平有着相互作用的关系，当价格总水平变动时，这些经济变量都会受到影响并作出相应的调整。

一般来说，价格总水平特别剧烈的、大幅度变化不利于经济增长，只有在短期内，在价格变动没有被市场主体预期的情况下，才可能对经济增长发生某种作用。

用来衡量价格水平的价格指数通常有：消费者价格指数、生产者价格指数和国内生产总值价格指数。宏观经济政策的制定者并不关心价格水平本身，他们关心的是价格水平的变动。因为影响人们生产水平的不是价格水平，而是在价格水平变动时发生的经济调整。也就是说，对人们产生影响的是价格水平变动的过程，即通货膨胀和通货紧缩的过程。

图景4：宏观经济学站在整个国民经济的高度分析经济问题

我们会经常遇见这样一些问题：诸如中国的总产出水平和就业量是由什么决定的；决定中国经济增长的因素有哪些；是什么引起世界经济的波动，是什么导致了失业，全球为什么会产生通货膨胀；全球经济体系对一国国民经济的运行有何影响；进出口贸易增长和下滑的问题；国际收入差额等问题；中国制定什么样的宏观经济政策才能改善经济运行状况等。对上述问题的探讨和分析构成了宏观经济学的主要内容。

宏观经济学站在整个国民经济的高度分析经济问题，其核心理论是国民收入理论，需要解决的问题是资源充分利用，实现充分就业，控制通货膨胀，实现经济增长；其主要手段为政府干预，即宏观经济政策。

宏观经济学要研究的问题是一个国家既有的各种生产资源（如劳动力、土地、自然资源以及资本）实际上会有多少被投入于各生产部门，并且研究投入后所产生的各种现象，以及研究这些现象背后的原因和规律。总的来说，存在三大问题：

1.商业周期问题

经济下滑和上扬的短期交替就是所谓商业周期。萧条是指经济的持续严重下滑。幸运的是，美国经济自20世纪30年代之后没有再次经历极端严重的大萧条。但是美国经济仍然会面临短期下滑引起的衰退，即产出和就业下跌的时期。相反，经济上扬，即产出和就业上升的时期，被称为扩张（有时也称为复苏）。

2.经济增长问题

经济增长问题也被称为经济增长理论或经济发展理论。其讨论的主要问题是在特定国家的历史发展过程中，制约和促进国民收入的主要因素和规律。从宏观经济学的角度讲，拉动一个国家或经济体增长的有三大要素，分别是投资、消费、出口，俗称“三驾马车”。研究经济增长问题的著名经济学家包括罗伯特·索洛（Robert Solow），保罗·罗默（PaulRomer）等，其中罗伯特·索洛获得了1987年诺贝尔经济学奖。

微观经济学与宏观经济学之间的另一个重要区别在于后者关注长期增长。在宏观经济学中，我们会思考以下这样的问题：什么因素会导致更高的长期经济增长率？有没有什么政府政策能够提高长期增长率？微观经济学关注的问题通常都把经济可能的产出量视为既定。例如，微观经济学可能会考虑以下问题，“给定全国性宽带互联网接入状况，应该如何确定宽带接入价格才能保证有效利用？”微观经济学考虑的是如何保证给定资源的使用效率。而宏观经济学则关注一个社会如何能够增加生产性资源的总量，从而达到更高的经济增长率和更高的生活水平。此外，政府应该做什么、不应该做什么，以便促进长期增长，这也是宏观经济学的重要研究议题。

3.国民收入和就业问题

国民收入和就业问题有时也被称为国民收入决定理论、就业理论或失业理论。具体来讲就是研究一个时期国民收入的总量和就业量（或失业量）是怎样决定的。

正如那些幸运或不幸的商学院毕业生所发现的，短期经济波动会影响失业，这是一个衡量经济中的失业工人总数的指标。我们也可以看到投资支出和储蓄对商业周期和长期经济增长的影响。投资支出是指经济中生产性的物质资本的增量，包括机器、厂房和库存。储蓄是指一个特定年份中家庭和政府部门的存储余额。宏观经济学中还用经常账户和资本账户来分析本国与其他国家经济之间的相互影响。经常账户是衡量产品和劳务的净出口总量的指标；资本账户是衡量出售给国外居民的资产净额的指标。

微观经济政策的主要任务是确保市场机制发挥作用，并在市场机制不起作用的情况下给予恰当的干预。但是从总体上说，微观经济学要求限制政府干预。相反，经济学家普遍相信，宏观经济学要求政府发挥更大的任务是，缓解短期波动和负面事件对经济的影响。在大萧条期间及以后，经济学家发展了现代宏观经济学工具——财政政策，即控制政府支出和税收的政策；以及货币政策，即控制利率和流通中的货币数量的政策——用于管理宏观经济。

现代宏观经济学

宏观经济学，是使用国民收入、经济整体的投资和消费等总体性的统计概念来分析经济运行规律的一个经济学领域。宏观经济学包括宏观经济理论、宏观经济政策和宏观经济计量模型。

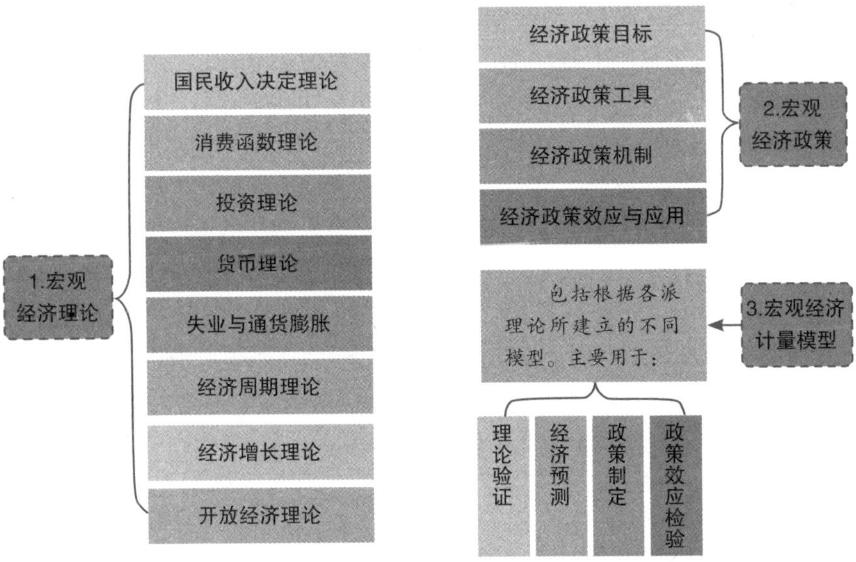

以上三个部分共同构成了现代宏观经济学。现代宏观经济学是为国家干预经济的政策服务的。战后凯恩斯主义宏观经济政策在西方各国得到广泛的运用，相当大程度上促进了经济的发展，但是，国家对经济的干预也引起了各种问题。

第二节　经济指标有多重要

消费者物价指数CPI，关于每个人的切身利益

有人曾经列举了30年前的1元钱与现在的1元钱之间的区别：

30年前，1元钱能做什么？

交一个孩子0.6个学期的学杂费（一个学期1.6元），治疗一次感冒发烧（含打针），买20个雪糕、7斤大米、50斤番茄、20斤小白菜、20个鸡蛋，到电影院看5次电影，乘20次公交车。

现在的某个不特定时间点，1元能够做什么？

乘公交车1次（非空调车）、买2个鸡蛋，夏天买0.5斤小白菜、0.8斤番茄、0.7斤大米，看病挂号1次（最便宜的门诊），缴纳小孩学杂费的1/800，看0.05次电影。

为什么我们会有如此巨大的差异感，简单地说，是由于物价（CPI）上涨了，钱不值钱了，所以1块钱买的东西会越来越少了。

经济危机之后，普通居民对物价的感觉是更贵了，CPI恐怕是大家谈论最多的经济词汇了。对于普通老百姓而言，大家对CPI的关注归根结底还是对日常生活所需品的价格变化，比如说猪肉的价格变化、面粉的价格变化、蔬菜的价格变化等的关注。那么CPI能如实地反映出老百姓最关心的日常生活费用的增长吗？

我们先来了解一下到底什么是CPI。所谓CPI，即消费者物价指数，英文缩写为CPI，是反映与居民生活有关的产品及劳务价格统计出来的物价变动指标，通常作为衡量通货膨胀水平的重要指标。

如果消费者物价指数升幅过大，表明通胀已经成为经济不稳定因素，央行会有紧缩货币政策和财政政策的风险，从而造成经济前景不明朗。一般说来，当CPI的增幅大于3%时，我们把它称通货膨胀；而当CPI的增幅大于5%时，我们把它称为严重的通货膨胀。鉴于以上原因，该指数过高的升幅往往不被市场欢迎。例如，某一年，消费者物价指数上升2.5%，则表示你的生活成本比上一年平均上升2.5%。当生活成本提高，你拥有的金钱价值便随之下降。一年前面值100元的纸币，现在只能买到价值97.5元的货品及服务。

物价指数计算的基本方法，是以计算期各种商品的价格与计算期各种商品销售量的乘积，再除以基期各种商品的价格与基期各种商品销售量的乘积，再乘以100。计算期各种商品的价格与计算期各种商品的销售量的乘积，减去基期各种商品的价格与基期各种商品销售量的乘积，表示消费者在计算期购买商品时，由于物价变动而节省或多付的金额。

在实际工作中，根据所掌握的资料情况，物价指数也可用算术平均数指数或调

和平均数指数来计算。我国商业零售商品牌价指数采用算术平均数计算，计算方法是，以各种商品的特定物价指数乘以各种商品销售额在全部商品销售额中所占的比重，然后求和。我国农副产品收购价格指数采用调和平均指数计算，计算方法为：以计算期各种商品的价格乘以计数分之一，再乘以计算期各种商品销售量的乘积，然后求和。

编制物价指数的目的，是为国家分析物价变动对国民经济与人民生活的影响，从而为制定有关物价宏观调控政策，加强物价管理提供依据。同时，也为企业作出相应的经济决策提供依据。

物价上涨，有可能是由以下几种原因造成的。

1.市场的波动，市场的格局发生了一些变化，导致某一种商品或者很多商品的价格上涨

最明显的例子是，石油价格上涨，比如，由于伊拉克打仗，或者伊朗的形势紧张，导致市场参与者预期石油的供应可能会紧张，这会推动石油价格上涨。但是，这种上涨跟通货膨胀没有关系。

2.价格的自由波动

这种涨跌恰恰就是市场机制在发挥作用。在计划经济条件下经常出现商品长期短缺，但在市场机制下，如果一种商品短缺，价格就会上涨，很快就会有很多企业去生产这些商品，短缺也就不存在了。因此，由于市场格局变化引起的物价上涨，实际上是市场启动了自己校正自己的一个过程，这个过程就可以驱动资源的重新配置。市场进行资源的有效配置，就是通过价格信号进行的。把这种物价上涨当作通货膨胀而对它进行调控，结果就是市场重新配置资源的机制被打断，只能扰乱市场秩序。

3.通货膨胀型物价上涨

奥地利学派认为，通货膨胀是一种货币现象，通货膨胀就是由于货币供应量持续、过快地增长，导致物价上涨。在奥地利学派看来，通货膨胀型物价上涨不一定是物价的普遍上涨。在通货膨胀期内，不同行业、不同商品、不同服务的价格，会在不同的时间上以不同的幅度上涨，这样，每一类的商品、服务上涨持续的时间也不一样，最后累计上涨的幅度也不一样。物价上涨并不是一个同时发生的普遍上涨，而是呈现为一个波浪式的上涨过程。

奥地利经济学家路德维希·冯·米塞斯提出的理论比较真实地模拟了现实中发生的情形：新增货币总是流入到经济体系的一个具体的点上。总是有些人先得到了若干货币，在他人之前花销这笔钱。这些人会是谁，则取决于实现货币流增加的具体方式。第一批得到增发货币的人会将这笔钱花出去，或者用于投资，或者用于消费。这样就会抬高他们所投资或购买的商品、服务的价格。于是，后一行业的企业的收入增加，他们又增加投资或消费，再对他们所需要的投资品或消费品的价格产生影响。

这就如同向水中扔进一块石头，涟漪从中心向四周扩散。而且，可以说，最早上涨的那些价格就必然会一直领先于其他价格，因为，在特定时期，新增货币源源

从100元的不同购买力看CPI

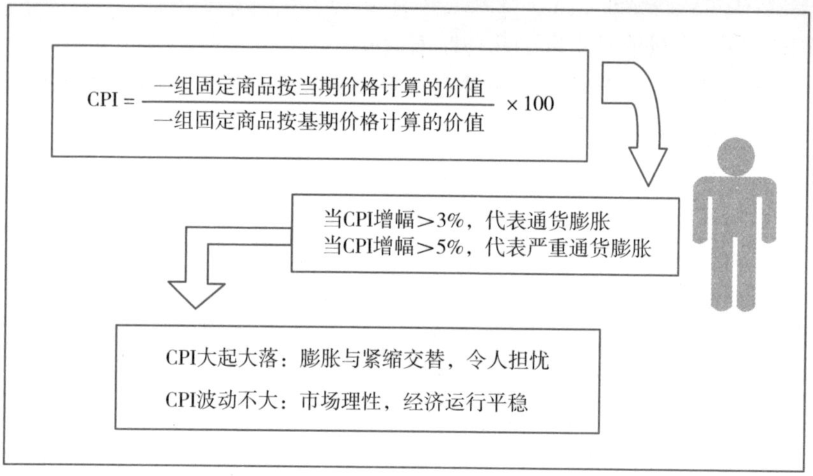

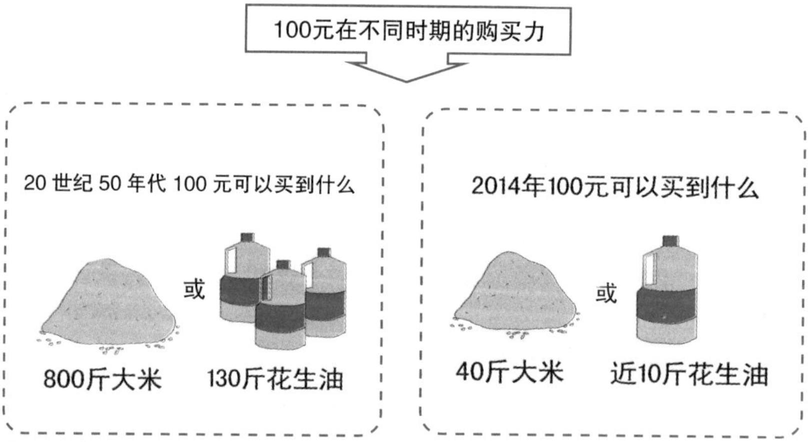

由图示可知，在过去几十年里，随着CPI的持续上涨，100元的购买力大大下降。

不断地流入这些行业。相反，越往后，价格上涨的幅度会越小，相关企业及其员工所能获得的收入增加就会越少。

这个时候，统计意义上的总体价格上涨水平，根本不能反映通货膨胀所导致的价格相对结构的重大变化，而正是这一点，影响着不同行业、不同地位的人们的收入。因为，如果价格同步上涨，则通货膨胀就不会影响人们的实际收入，只不过经历相同的货币贬值而已。但价格结构变化却意味着，相对于无通货膨胀时期，整个社会的收入分配格局会发生倾斜，其倾斜方向有利于增发货币流最早落到的商品和服务，而不利于货币后来才陆续落到的商品和服务。

相对来说，价格最晚上涨的，肯定是距离权力最远的企业和行业。而所有这些价格上涨会波及较为重要的最终消费品——食品上。应当说，距离权力最远者，比如农民，也可能因为猪肉、粮食价格上涨而享受到一点好处，但在他们所生产的产品价格上涨之前，其他商品与服务价格早就涨上去了，而彼时，他们的收入却并无增加。更重要的是，一旦这些商品和服务价格上涨，通货膨胀就已经成熟，政府必然要采取强有力的措施干预价格，于是，他们本来要得到的好处就流失了。总的来看，他们是通货膨胀的净损失者。

企业景气指数，事关经济主体活力

2008年，受全球金融危机的影响，很多人见面经常聊的话题就是“现在经济不景气了……”经济不景气，会给我们的生活信心、行为方式带来非常深远的影响，进而影响到整个国民经济的发展。企业是国民经济的主体，它的景气指数直接影响到我们的生活水平和经济发展。那么，什么是企业景气指数呢?

企业景气指数，是根据企业家对本企业综合生产经营情况的判断和预期而编制的指数，用以综合反映企业的生产经营状况。行业企业景气指数用以反映各行业企业的生产经营状况。其表现形式为纯正数，以100作为景气指数的临界值，其数值范围在0～200之间。编制景气指数时首先计算处于“好转”或“上升”状态的企业所占的比重和处于“恶化”或“下降”等状态的企业所占比重。然后用“上升”企业的所占比重减去“下降”企业的所占比重，即为企业景气指数。

企业景气调查采取全面调查与抽样调查相结合的方法。大型企业实行全面调查，中型企业实行与单位规模成比例的概率抽样（PPS），小型企业采用等距抽样的方法。在计算景气指数过程中，对不同规模的企业采用不同的加权方法计算。首先，分别计算大型企业和中小型企业占上报企业总数中的比例；其次，大型企业依据上年销售收入进行加权，计算出上升、持平、下降企业的比例；再次，计算中小型企业上升、持平、下降企业个数占中小型企业总数中的比例；最后，计算出全部样本企业的景气指数。

企业景气调查起源于西方国家，此后在世界范围内得到了迅速的推广和普及。1994年8月起，国家统计局开始进行企业景气调查工作，主要是借助信息公司的技术力量，开展对工业和建筑业企业直接问卷调查。全国范围的企业景气调查于1998年在统计系统正式进行，由国家统计局各级企业调查队组织实施。

企业景气指数可以反映各行业企业综合生产经营状况。例如，2004年三季度全国企业景气指数为127，这说明我国企业生产经营呈现出平稳向好的发展势头，国民经济增长的微观基础增强。

企业景气调查是通过对部分企业负责人定期进行问卷调查，并根据他们对企业经营状况及宏观经济环境的判断和预期来编制景气指数，从而准确、及时地反映宏观经济运行和企业经营状况，预测经济发展的变动趋势的一种调查统计方法。它是适应我国社会主义市场经济发展的新形势，借鉴西方国家的经验而建立起来的一项进行事前统计的调查制度，它是增强统计服务时效性、扩大统计服务范围，提高统计服务质量的一种新的调查工作。

企业生产经营的具体情况直接影响到企业景气指数的变化。例如，企业生产经营中产品销售价格持续低迷、企业产品订货有所萎缩等问题，就会对下一季度和第二年上半年的企业生产经营乃至国民经济的快速增长产生一定影响。

企业景气调查以问卷为调查形式，以定性为主、定量为辅，定性与定量相结合的景气指标为体系，以对企业的宏观经济环境判断和微观经营状况判断相结合的意向调查为内容。其信息具有较高的超前性、客观性、可靠性和连续性，无论在时间上还是在指标设置上都弥补了传统统计方法的不足。

企业景气调查范围为：采矿业、制造业、电力、燃气及水的生产和供应业、建筑业、交通运输、仓储及邮政业、批发和零售业、房地产业、社会服务业、信息传输、计算机服务和软件业，住宿和餐饮业。

调查对象为：上述调查范围内的全部大型及以上和部分抽中的中小型法人企业及其负责人。

企业景气调查包括以下四方面的内容。

（1）企业基本情况。

（2）企业负责人对本行业景气状况的判断：包括企业负责人对当前本行业景气状况的判断、对下期本行业的景气状况的预计等。

（3）企业负责人对企业生产经营景气状况的判断：包括对本期企业的生产成本、产销总量、价格、库存、资金、赢利、用工、投资及综合生产经营情况等景气状况的判断和下期景气状况的预计。因为不同行业的企业所反映企业生产经营景气状况的内容不同，故对不同行业所设置的反映企业生产经营景气状况的指标也不同。

（4）企业负责人对企业生产经营问题的判断：包括对目前本企业生产经营中的问题和生产经营的重点判断，以及企业对政府经济管理部门的要求等。

企业景气指数的表示形式

景气指数的表示形式一般有三种。

1.用正负百分数形式表示，以0作为景气指数的临界值，其数值范围在-100%～100%之间

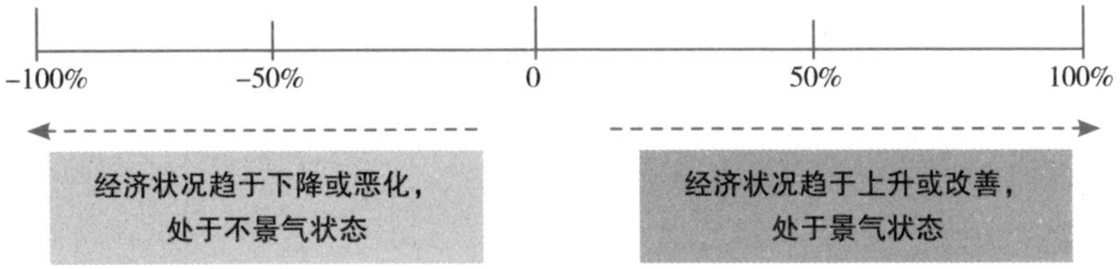

2.用正负小数形式表示，以0作为景气指数临界值，其数值范围在-1～1之间。

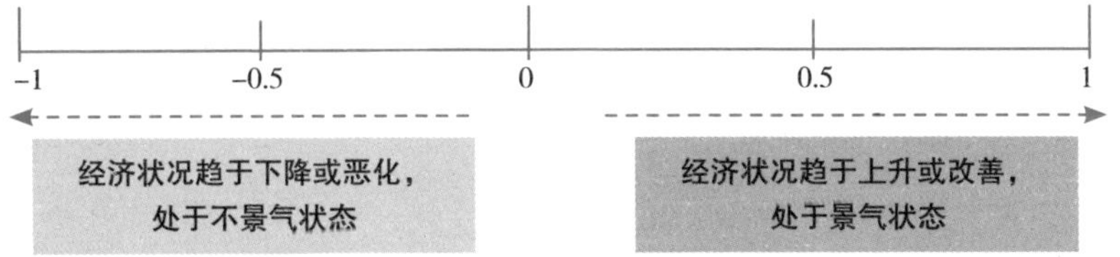

3.用纯正数形式表示，以100作为景气指数临界值，其数值范围在0～200之间。

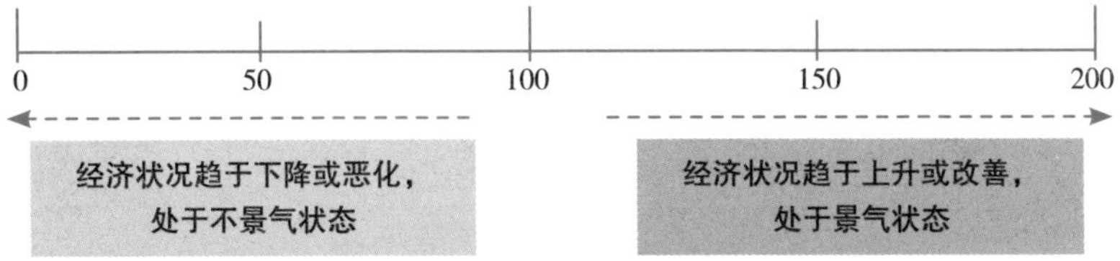

恩格尔系数，从“吃”衡量国民生活标准

34岁的章先生是一家企业的管理人员，从事经营工作，家庭年收入在30万～40万元之间。说起记账的初衷，章先生说，记账习惯与年龄无关，他五六年前就开始记账，是因为觉得只有把家庭生活经营得好了，才能把自己的经营管理工作做得更好。“做家庭账本和做公司的账一样，我每个月都要把家里的收入、支出、存量做平，对支出记账还要进行分类。”

“以我们的家庭收入，在西安应该还算是比较富裕的家庭。”章先生说，他们一家三口，孩子上幼儿园，现在已经不喝奶粉了，比起那些小孩喝奶粉的家庭，他们减少了这项支出。孩子每月托费1200元，平均下来每月花在孩子身上的钱就是2000元左右。其余的支出，除了吃，大项支出就是养车、房贷。每天记账，可以及时了解家庭支出的合理性。他以记账情况得出的结论仍是：食物支出的比例过大，生活质量有所下降。

过去，人们见面的第一句话通常是：“吃了没？”由此可见食物对人们的重要性。消费支出是指一个家庭日常生活的全部支出，包括食品、衣着、家庭设备用品及服务、医疗保健、交通和通信、娱乐教育文化服务、居住、杂项商品和服务八大类。消费支出反映了居民的物价消费水平，是很重要的宏观经济学变量，被作为宏观调控的依据之一。

这里我们所讲的恩格尔系数就是食品支出总额占个人消费支出总额的比重。它是19世纪德国统计学家恩格尔首先提出来的。恩格尔主要表述的是食品支出占总消费支出的比例随收入变化而变化的一定趋势。揭示了居民收入和食品支出之间的相关关系，用食品支出占消费总支出的比例来说明经济发展、收入增加对生活消费的影响程度。

恩格尔系数，是指居民家庭中食物支出占消费总支出的比重。德国统计学家恩格尔根据经验统计资料对消费结构的变动提出这一看法：一个家庭收入越少，家庭收入中或者家庭总支出中用来购买食物的支出所占的比例就越大，随着家庭收入的增加，家庭收入中或者家庭支出中用来购买食物的支出将会下降。恩格尔系数是用来衡量家庭富足程度的重要指标。

恩格尔定律的公式为：

$$\text{食物支出占总支出的比率}(R_1)=\frac{\text{食物支出变动百分比}}{\text{总支出变动百分比}}\times 100$$

或

$$\text{食物支出占收入的比率}(R_2)=\frac{\text{食物支出变动百分比}}{\text{收入变动百分比}}\times 100$$

恩格尔定律主要表述的是食品支出占总消费支出的比例随收入变化而变化的一定趋势。

恩格尔系数是国际上通用的衡量居民生活水平高低的一项重要指标，国际上常常用恩格尔系数来衡量一个国家和地区人民生活水平的状况。

吃是人类生存的第一需要，在收入水平较低时，其在消费支出中必然占有重要地位。随着收入的增加，在食物需求基本满足的情况下，消费的重心才会开始向穿、用等其他方面转移。因此，一个国家或家庭生活越贫困，恩格尔系数就越大；反之，生活越富裕，恩格尔系数就越小。

根据联合国粮农组织提出的标准，恩格尔系数在59%以上为贫困，50%～59%为温饱，40%～50%为小康，30%～40%为富裕，低于30%为最富裕。恩格尔系数一般随居民家庭收入和生活水平的提高而下降。

按此划分标准，20世纪90年代，恩格尔系数在20%以下的只有美国，达到16%；欧洲、日本、加拿大，一般在20%～30%之间，是富裕状态。东欧国家，一般在30%～40%之间，相对富裕，剩下的发展中国家，基本上分布在小康水平。

简单地说，一个家庭或国家的恩格尔系数越小，就说明这个家庭或国家经济越富裕。反之，如果这个家庭或国家的恩格尔系数越大，就说明这个家庭或国家的经济越困难。当然数据越精确，家庭或国家的经济情况反应也就越精确。

改革开放以来，我国城镇和农村居民家庭恩格尔系数已由1978年的57.5%和67.7%分别下降到2005年的36.7%和45.5%。2008年，我国城镇居民家庭恩格尔系数为37.9%；农村居民家庭恩格尔系数为43.7%。

一方面是不断飞涨的物价，另一方面是基本不动的收入。当物价上涨，居民食物支出的比重就要偏大。

在使用恩格尔系数时应注意，一是恩格尔系数是一种长期趋势，时间越长趋势越明显，某一年份恩格尔系数波动是正常的；二是在进行国际比较时应注意可比口径，在中国城市，由于住房、医疗、交通等方面存在大量补贴，因此进行国际比较时应调整到相同口径；三是地区间消费习惯不同，恩格尔系数略有不同。

在适用恩格尔系数进行国际比较时，由于各国的价格体系、福利补贴等方面差异较大，所以，要注意个人消费支出的实际构成情况，注意到运用恩格尔系数反映消费水平和生活质量会产生误差。

当然，恩格尔系数也并不是对每一个人或每一个家庭都完全适合的。如自诩为美食家的人，以吃尽天下美食为己任，他花在食物上的消费比例肯定比其他消费多，但依此断定他贫困或富裕就有失偏颇。

随着经济的迅速发展，人们花在食物上的支出相对于以前已经多出不少，但是

恩格尔系数你会算吗

恩格尔系数是国际上通用的衡量居民生活水平高低的一项重要指标，国际上常常用其衡量一个国家和地区人民生活水平的状况。

月总支出：1000元，食物支出：500元，恩格尔系数为50%，家庭属于温饱。

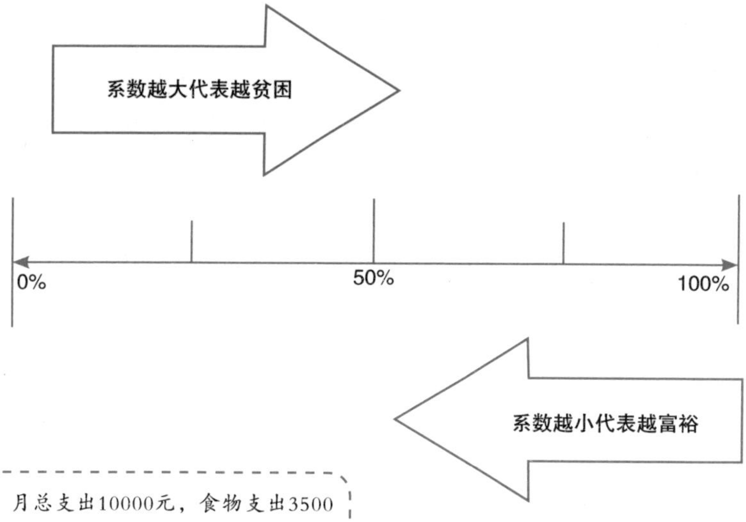

月总支出10000元，食物支出3500元，恩格尔系数为35%，家庭属于富裕。

$$恩格尔系数=\frac{食物支出总额}{家庭消费支出总额}\times 100\%$$

食物支出占整个家庭支出的比例已经呈现下降的趋势，花在住房、汽车、教育、娱乐等其他方面的支出占据越来越大的比重。这就是恩格尔系数在不断降低，但不排除在某一特殊时期会上升，如金融危机时期、通货膨胀时期，前面章先生的食品支出加大就是通货膨胀所造成的。

恩格尔定律是根据经验数据提出的，它是在假定其他一切变量都是常数的前提下才适用的，因此在考察食物支出在收入中所占比例的变动问题时，还应当考虑城市化程度、食品加工、饮食业和食物本身结构变化等因素都会影响家庭的食物支出增加。只有达到相当高的平均食物消费水平时，收入的进一步增加才不对食物支出发生重要的影响。

基尼系数，社会贫富差距的预警绳

在经济学中有一个社会现象：富者很富，穷者很穷。用经济学术语来说，这就是收入分配中的“马太效应”。在国民收入分配领域，马太效应进一步显现出贫者越贫、富者越富的状态，这种情况对经济的协调发展和社会的和谐进步产生一定影响。因此，用以测量贫富差异程度的基尼系数应运而生。

世界银行发表了一份数据，最高收入20%人口的平均收入和最低收入20%人口的平均收入，这两个数字的比在美国是8.4倍，俄罗斯是4.5倍，印度是4.9倍，最低的是日本，只有3.4倍。

基尼系数是意大利经济学家基尼于1912年提出的，定量测定收入分配差异程度，国际上用来综合考察居民内部收入分配差异状况的一个重要分析指标。

基尼系数的经济含义是：在全部居民收入中，用于进行不平均分配的那部分收入占总收入的百分比。基尼系数最大为“1”，最小等于“0”。前者表示居民之间的收入分配绝对不平均，即100%的收入被一个单位的人全部占有了；而后者则表示居民之间的收入分配绝对平均，即人与人之间收入完全平等，没有任何差异。但这两种情况只是在理论上的绝对化形式，在实际生活中一般不会出现。因此，基尼系数的实际数值只能介于0～1之间。

为了研究国民收入在国民之间的分配问题，美国统计学家洛伦兹1907年提出的了著名的洛伦兹曲线。它先将一国人口按收入由低到高排队，然后考虑收入最低的任意百分比人口所得到的收入百分比。将这样的人口累计百分比和收入累计百分比的对应关系描绘在图形上，即得到洛伦兹曲线。

如下页图所示，横轴OH表示人口（按收入由低到高分组）的累积百分比，纵轴OM表示收入的累积百分比，弧线OL为洛伦兹曲线。

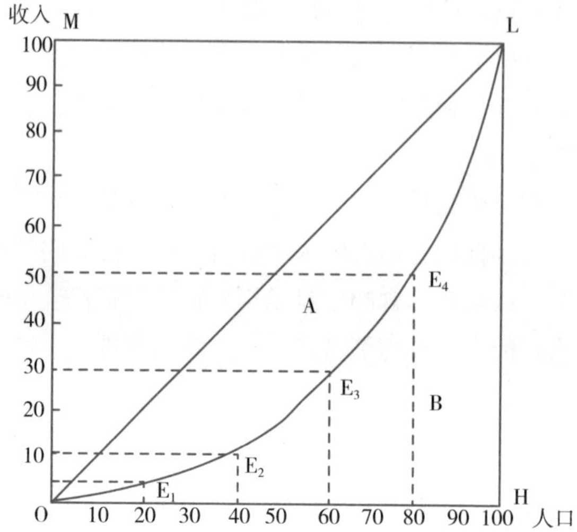

一般来讲，洛伦兹曲线反映了收入分配的不平等程度。弯曲程度越大，收入分配越不平等，反之亦然。特别是，如果所有收入都集中在一人手中，而其余人口均一无所获时，收入分配达到完全不平等，洛伦兹曲线成为折线OHL。另一方面，若任一人口百分比均等于其收入百分比，从而人口累计百分比等于收入累计百分比，则收入分配是完全平等的，洛伦兹曲线成为通过原点的倾斜角为45° 的直线OL。

一般来说，一个国家的收入分配，既不是完全不平等，也不是完全平等，而是介于两者之间。相应的洛伦兹曲线，既不是折线OHL，也不是45° 线OL，而是像图中这样向横轴突出的弧线OL，尽管突出的程度有所不同。

将洛伦兹曲线与45度线之间的部分A叫作“不平等面积”，当收入分配达到完全不平等时，洛伦兹曲线成为折线OHL，OHL与45° 线之间的面积A+B叫作“完全不平等面积”。不平等面积与完全不平等面积之比，就是基尼系数。用公式表达即G=A/（A+B）。显然，基尼系数不会大于1，也不会小于零。

目前，国际上用来分析和反映居民收入分配差距的方法和指标很多。基尼系数由于给出了反映居民之间贫富差异程度的数量界线，可以较客观、直观地反映和监测居民之间的贫富差距，预报、预警和防止居民之间出现贫富两极分化，因此得到世界各国的广泛认同和普遍采用。

国际上通常把0.4作为收入分配差距的“警戒线”。一般发达国家的基尼指数在0.24～0.36之间，美国偏高，为0.4。2007年，中国的基尼系数达到了0.48，已超过了0.4的警戒线。

一部分人已经先富起来了，这是中国的客观现实。大部分人虽然已经解决了温饱问题，收入有所提高，却还算不上富裕，也是中国的客观现实。居民收入差距不断地扩大，就是中国客观现实的反映。

2011年《社会蓝皮书》指出，近年来社会收入差距一直在扩大，当前反映收入分配差距的总体基尼系数（在香港地区称坚尼系数）在0.5左右，大大超过了国际公认的0.4的警戒线水平。

如何解决基尼系数过大所带来的执政危险？专家对基尼系数现状提出了应对措施：

1.改变现行税制在调节收入分配方面的制度缺陷，完善税收调节体系，使税收调节分配的功能在居民收入、存量财产、投资收益等各个环节得到有效发挥。

2.运用综合调控手段，加强对高收入阶层的税收调控。

（1）加快个人所得税改革，建立综合与分类相结合的税制模式。

（2）深化消费税制改革。充分发挥消费税商品课税再分配功能，对必需品适用低税率或免税，对奢侈品适用高税率。

（3）可考虑对储蓄存款利息课征的个人所得税采用累进税率，以及开征物业税、遗产税等税种。

3.把“富民优先”作为经济发展新阶段以及解决基尼系数拉大问题的重大经济政策，对低收入者实施积极的税收扶持政策。

（1）完善支持农业发展的税收政策措施。农业的基础地位和弱质产业特性，要求政府在取消农业税之后，进一步在提高农业生产专业化和规模化水平、大力发展农业产业集群、健全现代农产品市场体系等方面给予政策支持，具体讲要对农业生产资料采取更加优惠的增值税税率，降低生产资料价格，减轻农民负担。

（2）加大对中小企业的扶持力度，使民营经济得到长足发展。我国中小企业在解决社会就业、维护社会稳定方面发挥的重要作用是显而易见的。

（3）加大对城镇下岗失业人员再就业的税收支持力度，推进就业和再就业。

（4）建议开征社会保障税。

4.完善配套措施，加大对非常态高收入阶层收入的监管。

（1）加强对垄断收入的监管。

（2）积极推行存款实名制，并逐步创造条件实行金融资产实名制，限制非法收入。

（3）对黑色收入和腐败收入、灰色收入、钻各种政策空子所得的非常态收入要采取有效手段加以打击和取缔。

当然，在解决贫富悬殊、化解基尼系数“越警”方面，税收的作用毕竟是有限的，必须和政府其他宏观经济政策一起共同发挥作用，才能更好地解决我国收入分配差距扩大的问题，从而促进我国经济社会健康和谐发展。

基尼系数反应贫富差距

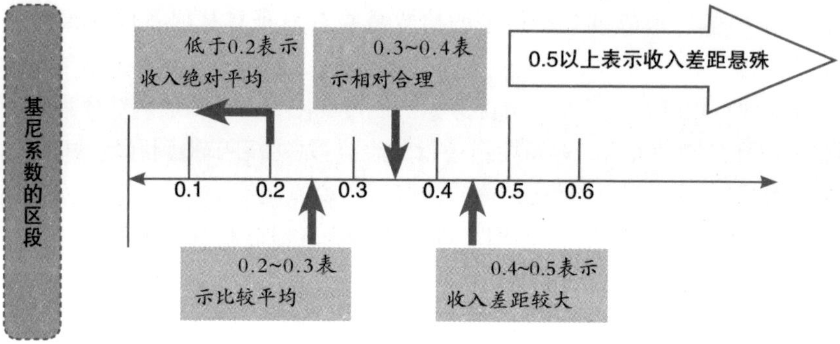

改革开放以来，我国在经济增长的同时，贫富差距逐步拉大，综合各类居民收入来看，基尼系数越过警戒线已是不争的事实。我国基尼系数已跨过0.5，（2011年《社会蓝皮书》公布的数据），中国社会的贫富差距已经突破了合理的限度。

道·琼斯指数，经济的晴雨表

对于金融世界，特别是投资股票的人们而言，道·琼斯指数和《华尔街日报》就是他们的圣经。当21世纪开始的时候，拜伦家庭的努力，使道·琼斯公司和道·琼斯指数跟上了时代发展的步伐，继续反映着美国经济，指导着投资者们的行动。美西战争的胜利和雄心勃勃的西奥多·罗斯福总统，使美国经济超越国界登上世界舞台。股票市场异常繁荣，道·琼斯指数记录了一个无可比拟的国内市场健康发展的重要时期。

道·琼斯指数是世界上历史最为悠久的股票指数，它的全称为股票价格平均指数。通常人们所说的道·琼斯指数有可能是指道·琼斯指数四组中的第一组道·琼斯工业平均指数。

道·琼斯指数最早是在1884年由道·琼斯公司的创始人查理斯·道开始编制的。其最初的道·琼斯股票价格平均指数是根据11种具有代表性的铁路公司的股票，采用算术平均法进行计算编制而成，发表在查理斯·道自己编辑出版的《每日通讯》上。

道·琼斯股票价格平均指数最初的计算方法是用简单算术平均法求得，当遇到股票的除权除息时，股票指数将发生不连续的现象。1928年后，道·琼斯股票价格平均数就改用新的计算方法，即在计点的股票除权或除息时采用连接技术，以保证股票指数的连续，从而使股票指数得到了完善，并逐渐推广到全世界。

整个20世纪20年代是道·琼斯指数的辉煌时期。到1928年，它已增加到30种股票。那些有钱的富人们一直把股票市场看作是他们的私人领域，但这时情况发生了变化。对于股市的狂热使人们想尽办法投身股市，于是他们得到一个新的极其危险的金融玩具，即定金交易。这种玩法十分刺激，人们花1美元便能买到价值10美元的股票，这使那些没有多少钱的人也参与了进来，电梯工、接线员、报童等所有人都跟金融巨头一样玩起了股票。他们为有这么多挣钱的机会而疯狂，却没有意识到市场涨得越高下跌的危险就越大。

1929年的经济大崩盘开始于10月24日星期四的抛售狂潮，结束于10月29日的彻底崩溃。10年的发展在几天之内毁于一旦，道·琼斯指数下跌了24%，几十亿美元一下子全消失了。一个煤炭公司的老板，看着正在下跌的指示板倒地死在经纪人的办公室里；一个正在法庭上的陪审员，因为被禁止出庭打电话而丢掉了8万美元；一些开船出海游玩的富人们，回来后发现他们已变成了身无分文的贫民了。道·琼斯的股票在几天里从381美元跌到41美元，仅相当于原价值的11%，而那些定金交易的人们则倾家荡产。股市是那么扣人心弦又不可捉摸，现在终于有一个可以抓握的东西了。人们不需要知道许多枝节，只要听到那一组数字，对经济就有一个大致的判断。道·琼斯指数就像天气预报报告着股市的阴晴。

道·琼斯指数以在纽约证券交易所挂牌上市的一部分有代表性的公司股票作为编制对象，由4组股价平均指数构成，分别是：

第一组是工业股票价格平均指数。它由30种有代表性的大工商业公司的股票组成，且随经济发展而变大，大致可以反映美国整个工商业股票的价格水平，这也就是人们通常所引用的道·琼斯工业平均指数。

第二组是运输业股票价格平均指数。它包括20种有代表性的运输业公司的股票，即8家铁路运输公司、8家航空公司和4家公路货运公司。

第三组是公用事业股票价格平均指数，是由代表着美国公用事业的15家煤气公司和电力公司的股票所组成。

第四组是平均价格综合指数。它是综合前三组股票价格平均指数65种股票而得出的综合指数，这组综合指数虽然为优等股票提供了直接的股票市场状况。

该指数目的在于反映美国股票市场的总体走势，涵盖金融、科技、娱乐、零售等多个行业。道·琼斯工业平均指数目前由《华尔街日报》编辑部维护，其成分股的选择标准包括成分股公司持续发展、规模较大、声誉卓著、具有行业代表性，并且为大多数投资者所追捧等指标。

目前，道·琼斯工业平均指数中的30种成分股是美国蓝筹股的代表。这个神秘的指数的细微变化，带给亿万人惊恐或狂喜，它已经不是一个普通的财务指标，而是世界金融文化的代号。

道·琼斯指数作为最有权威性的一种股票价格指数，被称为经济的晴雨表，有以下三方面原因。

一是道·琼斯股票价格平均指数所选用的股票都很有代表性，这些股票的发行公司都是本行业具有重要影响的著名公司，其股票行情为世界股票市场所瞩目，各国投资者都极为重视。为了保持这一特点，道·琼斯公司对其编制的股票价格平均指数所选用的股票经常予以调整，用具有活力的更有代表性的公司股票替代那些失去代表性的公司股票。自1928年以来，仅用于计算道·琼斯工业股票价格平均指数的30种工商业公司股票，已有30次更换，几乎每两年就要有一个新公司的股票代替老公司的股票。

二是公布道·琼斯股票价格平均指数的新闻载体——《华尔街日报》是世界金融界最有影响力的报纸。该报每天详尽报道其每个小时计算的采样股票平均指数、百分比变动率、每种采样股票的成交数额等，并注意对股票分股后的股票价格平均指数进行校正。在纽约证券交易营业时间里，每隔半小时公布一次道·琼斯股票价格平均指数。

三是这一股票价格平均指数自编制以来从未间断，可以用来比较不同时期的股票行情和经济发展情况，成为反映美国股市行情变化最敏感的股票价格平均指数之一，是观察市场动态和从事股票投资的主要参考。

消费者信心指数：你对经济是否还保有信心

据公布的数据显示：2011年一季度中国消费者信心指数为108，比2010年四季度上升8点。“一季度中国经济延续了平稳较快的增长态势，而且内生动力有所增强，推动了消费者信心的明显回升。”中国经济景气监测中心副主任潘建成表示。

调查显示，农村消费者信心指数延续上个季度的回升趋势，再度上升6点，达到

113，接近两年来高点。城市消费者信心指数也出现大幅回升。其中，一线城市消费者信心指数为101，比上季度上升6点，回到景气区间；二线城市消费者信心指数最高，达到105，比上季度上升7点；三线和四线城市消费者信心指数增幅最大，均比上季度上升8点，达到103。

看完这则报道，你知道什么是消费者信心指数吗？消费者信心指数是反映消费者信心强弱的指标，综合反映并量化消费者对当前经济形势评价和对经济前景、收入水平、收入预期以及消费心理状态的主观感受，由消费者满意指数和消费者预期指数构成。

20世纪40年代，美国密歇根大学的调查研究中心为了研究消费需求对经济周期的影响，首先编制了消费者信心指数，随后欧洲一些国家也先后开始建立和编制消费者信心指数。1997年12月，中国国家统计局景气监测中心开始编制中国消费者信心指数。北京作为全国的首都，在广泛借鉴国内外经验的基础上，于2002年年初，在省市一级率先建立了消费者信心指数调查制度。

消费者信心指数由消费者满意指数和消费者预期指数构成。消费者满意指数是指消费者对当前经济生活的评价，消费者预期指数是指消费者对未来经济生活发生变化的预期。消费者的满意指数和消费者预期指数分别由一些二级指标构成：对收入、生活质量、宏观经济、消费支出、就业状况、购买耐用消费品和储蓄的满意程度与未来一年的预期及未来两年在购买住房及装修、购买汽车和未来6个月股市变化的预期。

根据经济学的理论，消费是收入的函数。消费者信心（或情绪）归根结底是消费者对其家庭收入水平的估价和预期的反映，这种估价和预期建立在消费者对各种制约家庭收入水平因素的主观认识上。这些因素主要包括：国家或地区的经济发展形势、失业率、物价水平、利率等。一定时期这些因素的变动必然使得消费者信心（或情绪）产生变化，而消费者信心（或情绪）的变化导致其消费决策的改变从而影响经济发展的进程。消费者信心指数就是对消费者消费心理感受变化的测度，它是通过居民住户调查搜集资料，采用一定的统计方法计算得到的反映消费者信心变动程度的指标。

目前国际上通行的做法，对消费者信心（或情绪）调查采用的是问卷调查法。问卷的设计紧密围绕以下几个方面内容：经济发展形势、家庭收入和就业、物价水平、消费或购买意愿。每一方面由两类问题构成：对现状的看法和对未来的预期。前者指消费者对上述几个基本方面当前整体状况的评价；后者指消费者对几个基本方面未来一段时期（如半年或一年）发展变化趋势的估计或预期。如美国会议委员会发布的美国消费者信心指数自1967年开始至今调查问卷只含有5个问题，分别是：对目前经济形势的评价；对就业形势的评价；对未来6个月经济形势的评价；对消费意愿和家庭总收入的估计。

在调查问卷中每一问题一般有三个答案：肯定的（积极的）、否定的（消极的）和中性的（不变），由消费者根据自己的看法或判断选择其一。指数通常以加权平均法得出，结果以百分点表示。随着具体计算方法不同，指数的取值有两种：一是取值在0～200之间。100是中值，表明消费者的信心（或情绪）是一种中立态度。0表明极端悲观情绪，200反映的则是极度乐观情绪；二是取值在0～100之间。50是中值，100反映的则是极度乐观情绪。前面提到的美国会议委员会发布的美国消费者信心指数属于第一种取值形式。

根据调查结果，可以分别计算现状评价指数和预期指数，以及综合的消费者信心指数。指数的基期可以选择计算的初期为100（或50），也可以某一特定时期的消费者信心指数为基期值。例如美国会议委员会发布的美国消费者信心指数自1967年开始发布，基期就以1967年初为100，每两个月发布一次。从1977年6月开始，改为每月一次。至1986年起以1985年的各月平均值为指数基期值。

消费者信心指数主要是为了解消费者对经济环境的信心强弱程度，反映消费者对经济的看法以及购买意向。股市投资人偏好向上增长的消费者信心指数，因为其代表着消费者有较强烈消费商品与服务意愿，有利于经济扩张。债市投资人则偏好向下减少的消费者信心指数，因为其代表着消费意愿不强，经济趋缓的可能性提高。美元汇率通常从美联储寻求暗示，若消费者信心上升，则意味着消费增长，经济走强，美联储可能会提高利率，那美元就会相应走强。

而黄金是以美元标价的，所以美元涨黄金就会跌。美国消费者信心指数是对美国经济的一个预测，信心指数如果下降就是预示美国现在经济有所下降，导致美元走软。所以黄金会走强。

2009年1月28日，知名咨询调查公司尼尔森与中国国家统计局中国经济景气监测中心联合发布《中国消费者信心指数报告》。报告显示，2010年年初，中国消费者信心指数持续攀升，创下自2007年下半年以来的新高。

2010年年初调查显示，中国消费者信心指数在过去9个月时间里攀升了16点，达到104。这一指数大幅提升主要归因于消费者对就业市场的信心增强，以及个人财政状况改善。63%的中国消费者表示对未来12个月的个人财政状况充满信心。其中，中国西部地区消费者信心水平上升幅度最大，缩小了与全国其他地区的差距。

尼尔森公司大中华区总裁马祺指出："中国消费者的消费意愿有所增长。这是经济企稳回升，逐渐步入正轨的迹象。"他介绍说，2009年年初，中国消费者信心指数跌至低谷，"工作稳定"与"经济状况"成为消费者最关注的问题。如今，随着经济形势有所好转，收入与健康成为消费者关心的首要问题。

消费者信心指数在不同的时间段内，会因为政策、收入等原因产生波幅。而收入的良好预期对消费者信心的提升作用最大，而消费者对收入的良好预期与现实收入增长密切相关。2011年第一季度中国经济延续了平稳较快增长的态势，内生动力有所增强，开局良好，推动了消费者信心的明显回升。

消费者信心指数的变动可以对政府决策产生指导作用，告诉政府在哪些方面需要加强对市场的干预或者在哪些方面适度放松管制。上面的调查显示，中国消费者对购买高新科技产品兴趣浓厚。与其他城市相比，中国一线城市消费者更愿意将余钱投资于股市以及计划出游。针对消费者的这一需求，政府在实行相关的刺激经济增长的措施时，可以将刺激一线城市的旅游消费作为重要内容。

消费者信心指数与消费

消费者信心（Consumer Confidence），也有人称为消费者情绪（Consumer Sentiment），是指消费者根据国家或地区的经济发展形势，对就业、收入、物价、利率等问题综合判断后得出的一种看法和预期。

如果消费者认为未来充满了不确定性，为了预防意外对家庭的影响，就会降低目前的消费转而增加储蓄。

如果未来的就业稳定，收入提高足以抵消物价上涨，这种乐观的预期可以促使消费者大胆消费，甚至不惜借钱消费。

第三节 GDP是怎么一回事

要GDP，更要幸福感

“你幸福了吗？”央视名嘴白岩松在新书中问。有关数据显示，收入与幸福感逐渐呈背离的趋势。1979年至2005年GDP的平均年增速为9.6%，城镇和农村居民人均可支配收入年平均增长率分别为6.0%和7.0%；但据中国社会科学院发布的《2007中国社会形势分析与预测》，2004年、2005年、2006年中国城乡居民总体幸福感分别为3.79、3.73、3.64，呈下降趋势。

“GDP最初是为了衡量市场经济活动，不是衡量社会福利。但现在GDP被认为测量的是后者，这是错误的。”美国哥伦比亚大学教授、诺贝尔经济学奖获得者斯蒂格利茨在北京大学参加“政策对话倡议（IPD）暨2009年‘中国专项行动计划’论坛”期间接受CBN采访时表示，“实际上，它连市场经济活动也测量不好。”

20世纪30年代美国经济大萧条时期，经济学家西蒙·库兹涅茨应美国商务部要求，负责编制一种能反映经济全景的指标。后来，这一指标沿用至今，成为人们熟知的国民生产总值（GNP）。而属于同一统计体系下的国内生产总值（GDP）也逐渐成为经济主要指标。

半个多世纪以来，GDP曾被公认为衡量国家经济状况的最佳指标。很多人认为，GDP的计算方法清晰明了，计算结果客观可靠，其统一的标准也有利于各经济体横向比较。GDP甚至被一些人称为“经济卫星云图”，意思是GDP不仅可以用来分析现状，还能用于“经济天气预报”。

真正将GDP推向“被告席”的是2008年以来席卷全球的金融危机和经济衰退。斯蒂格利茨在接受CBN采访时说，这场危机显示，美国的GDP数据完全没有反映真实状况。单看美国GDP指标，2008年GDP比2000年有明显增长，但这并非可持续、公平的增长方式。“美国在危机前的数据被不真实的银行行为和资产泡沫扭曲了。”

斯蒂格利茨用“充满穷人的富裕”这个词来形容这种GDP指标与真实社会福利的脱节。

事实上，就世界范围来说，居民幸福感和收入背离是一种普遍现象，在经济学上被称为伊斯特林悖论。经济发展以追求效用最大化为目标，一般来说，随着经济发展和收入增加，人们的生活满意度和幸福指数也会同步增加，但令人遗憾和困惑的是，随着收入的不断增加，人们的幸福感并没有得到相应的同步均衡增长，产生了所谓的“伊斯特林悖论”。

研究显示，在人均GDP较低的阶段，GDP的增长使幸福曲线的上升坡度很陡，而到了人均3000～5000美元的水平之后，GDP进一步增长并不能带来同比例幸福感的增长。根据美国著名经济学家伊斯特林等学者的研究，在过去的50年中，尽管收入不断增加，但美国和日本国民的幸福感并没有增加，欧洲自1973年开始有记录以来国民幸福感也没有增加。

据日本发布的数据显示，2010年日本名义GDP为5.4742万亿美元。而我国统计局在早些时候公布的2010年全年GDP为5.88万亿美元，两相比较，中国GDP正式超越日本排名全球第二。这是日本自1968年超过当时的联邦德国成为全球第二大经济体后，保持了42年之久的座次被中国夺走。

对于中国来说，GDP总量跃居全球第二，无疑是一件具有里程碑意义的好事。但是，无法回避的一个事实是，我国这种发展模式，是以牺牲国民的部分幸福指标为代价的。经过30年的改革开放，我国的人均年收入目前仍只有1600美元，与GDP的全球第二地位很不相称，城乡差别和地区差距仍然很大，而由于分配制度的不尽合理，贫富之间的差距甚至正在进一步拉大。

除此之外，剥夺国民幸福感还有一个重要原因就是工作压力过大、工作时间过长、劳动保护差、劳动者精力透支和职业枯竭，而各种权利权益得不到保护更是重要因素。有关调查表明，中国职工的总体工作幸福指数处于中等偏下状态，基本上每10个在职人员就有3个人的工作幸福度偏低，工作压力已成为中国居民的第二大痛苦源，占痛苦来源的16.5%。在这样的事实面前，国人的幸福感怎能提升呢？

一个各方面都运转良好的社会，一定是经济社会发展与民众生活质量的提升并行不悖、平衡发展的社会。如果一个社会经济快速发展而人民群众的幸福感持续下滑，这个社会的发展就可能失衡，甚至引发社会动荡，阻碍经济发展。因此，我们要关注公众的幸福感，要关注社会不同利益群体幸福感的状况。

2008年7月，著名影星梁朝伟和刘嘉玲的一场婚礼让位于中国和印度之间的小国不丹名震一时。

坐落于喜马拉雅山南麓的不丹面积只有不到5万平方公里，人口不到80万人。不过，凭借20世纪70年代独创的“不丹模式”，不丹日益成为西方发达国家的关注对象。特别是2008年西方陷于金融海啸的浪涛中难以自拔时，几十位西方国家的经济学家和政策官员来到不丹，试图从“另类的不丹模式”中找出如何避免危机和走出危机的答案。

20世纪70年代初，不丹第四代国王旺楚克提出，人生基本的问题是如何在物质生活和精神生活之间保持平衡，社会发展的目标应该是提高“国民幸福总值”，而不只是提高GDP或GNP（国民生产总值）。“国民幸福总值”由四大支柱组成，分别是：社会经济均衡发展、保护自然环境、保护传统文化、实行善治良政。

在这种执政理念的指导下，为了追求公平发展，不丹全民提供免费医疗福利和教育福利；为了保护环境，它不进行急功近利的开发，并对入境游客的人数有严格限制。近几年人数上限在逐渐提高，但最新的规定依然相当严格：每年不超过2.8万人。

世界银行主管南亚地区的副总裁、日本人西水美惠子曾对不丹的创举作出评价：“我长期从事经济发展工作，对由于富裕带来的社会性疾病总感到痛心。这样的问题并不只存在于日本。但是我们绝不能悲观。因为世界上存在着唯一一个以物

钱都去哪儿了？幸福感呢？

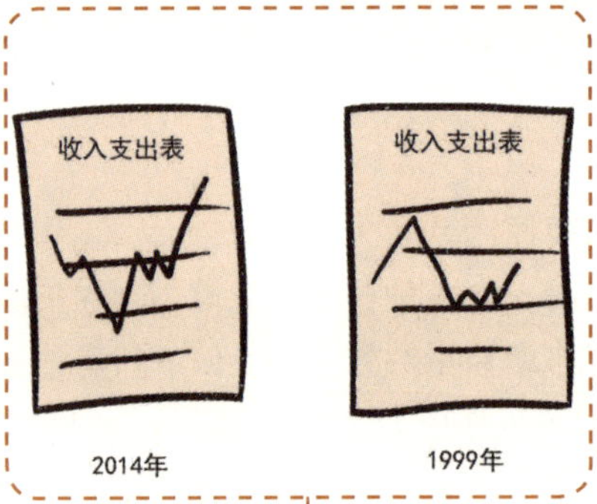

财富是增加了，支出也多了，感觉不到财富的增加。

通货膨胀，收入水平赶不上消费水平。

储蓄也不“安全”了，以前储蓄会增加财富，现在却面临贬值风险。

供房子……一年买房子，一生做房奴，被房贷套住。

质和精神的富有作为国家经济发展政策之源并取得成功的国家。这就是不丹，该国所倡导的‘国民幸福总值’远远比国民生产总值重要得多。”

能够关怀幸福，说明发展理论与发展实践上升了一个层次，发展的内涵更加丰富了，但这绝不是要在GDP与幸福感之间作非此即彼的选择。没有财富的积累和民众可支配收入的提高，也谈不上民众的幸福感。对GDP，应重视之而又不以之为尊。将GDP与幸福感等指标相互补充，作为考察社会发展进步的依据，才有益于社会的和谐。

理性看待GDP的增长

网上流传着一则有关GDP的笑话：

一天，两位正在散步的经济学家为了一个问题争论了起来。正在难分高下的时候，突然发现前面的草地上有一堆狗屎。甲就对乙说：“如果你能把它吃下去，我愿意出5000万元。”5000万元的诱惑可真不小，吃还是不吃呢？乙掏出纸笔，进行了精确的计算，很快得出了经济学上的最优解——吃！于是甲损失了5000万元，当然，乙的这顿饭吃得也并不轻松。

两个人继续散步，突然又发现了一堆狗屎，这时候乙开始剧烈反胃，而甲也有点心疼刚才花掉的5000万元。于是乙说：“你把它吃下去，我也给你5000万元。”于是，甲经过思考也得出了经济学最优解——吃！甲心满意足地收回了5000万元，而乙似乎也找到了一点心理平衡。

可突然，天才们同时号啕大哭：闹了半天我们什么也没得到，却白白吃了两堆狗屎！他们怎么也想不通，只好去请教他们的导师。

没想到，听了两位高徒的故事，泰斗无比激动，只见他颤巍巍地举起一根手指头说：“一个亿啊！一个亿啊！我亲爱的学生们，感谢你们，你们仅仅吃了两堆狗屎，就为国家的GDP贡献了一个亿的产值！”

吃狗屎能创造GDP，这是件可笑的事情。GDP即国内生产总值。通常对GDP的定义为：一定时期内（一个季度或一年），一个国家或地区的经济中所生产出的全部最终产品和提供劳务的市场价值的总值。

GDP是三个英文单词首字母的组合：gross，即毛的、总的；domestic，即国内的；product，即产值，翻译成汉语就是“国内生产总值”。

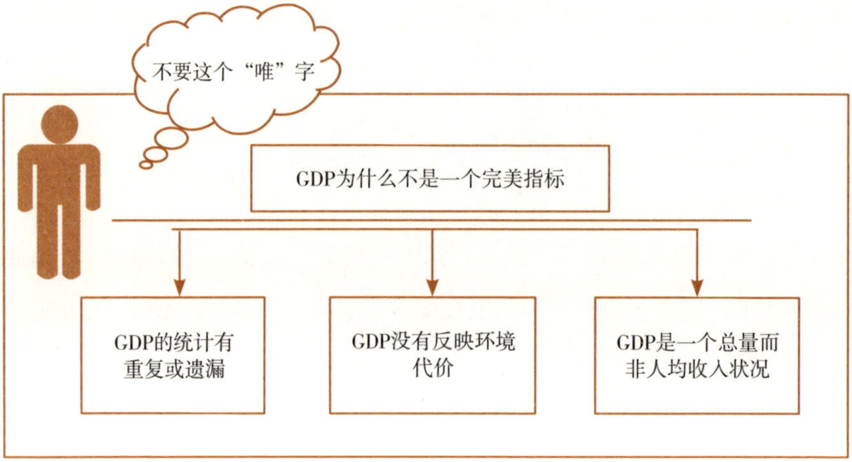

在经济学中，GDP常用来作为衡量该国或地区的经济发展综合水平通用的指标，这也是目前各个国家和地区常采用的衡量手段。GDP是宏观经济中最受关注的经济统计数字，因为它被认为是衡量国民经济发展情况最重要的一个指标。

GDP的计算方法通常有以下几种：

1.生产法

生产法是从生产角度计算国内生产总值的一种方法。从国民经济各部门一定时期内生产和提供的产品或劳务的总价值中，扣除生产过程中投入的中间产品的价值，从而得到各部门的增加值，各部门增加值的总和就是国内生产总值。

计算公式为：总产出-中间投入=增加值

GDP=各行业增加值之和

也可以表示为：GDP=∑各产业部门的总产出-∑各产业部门的中间消耗

2.收入法

收入法是从生产过程中各生产要素创造收入的角度计算GDP的一种方法。即各常驻单位的增加值等于劳动者报酬、固定资产折旧、生产税净额和营业盈余四项之和。这四项在投入产出中也称最初投入价值。各常住单位增加值的总和就是GDP。计算公式为：

GDP=∑各产业部门劳动者报酬+∑各产业部门固定资产折旧+∑各产业部门生产税净额+∑各产业部门营业利润

3.支出法

支出法是从最终使用的角度来计算GDP及其使用去向的一种方法。GDP的最终使用包括货物和服务的最终消费、资本形成总额和净出口三部分。计算公式为：

GDP=最终消费+资本形成总额+净出口

从生产角度，GDP等于各部门（包括第一、第二和第三产业）增加值之和；从收入角度，GDP等于固定资产折旧、劳动者报酬、生产税净额和营业盈余之和；从使用角度，GDP等于总消费、总投资和净出口之和。

现今世界上，每个国家都非常关心经济增长。因为没有经济的适当增长，就没有国家的经济繁荣和人民生活水平的提高。例如，西方国家认为中国富强，就是因为它的GDP增长迅速，同其他世界大国相比，在经济总量、GDP大小上，中国已经位居世界前二。

2011年2月，日本内阁府公布2010年全年经济数据，按可比价格计算，2010年日本名义GDP为5.4742万亿美元，比中国低4000多亿美元，排名世界第三。这也是1968年以来，日本经济首次退居世界第三。

2010年日本实际GDP增长3.9%，名义GDP增长1.8%。其中第四季度日本实际国内生产总值环比下降0.3%，这是日本经济五个季度来首次出现负增长。

国内生产总值——GDP

GDP是指一个国家在一年内，所生产的全部最终产品（包括劳务）的市场价格的总和。

GDP
- GDP是一个市场价值的概念
- GDP测度的是最终产品的价值
- GDP是一定时期内（一年）所生产而不是所销售的最终价值产品
- GDP一般仅指市场活动导致的价值

名义GDP：用生产物品和劳务的当年价格计算的全部最终产品的市场价值。

实际GDP：用从前某一年作为基础价格计算出来的全部最终产品的市场价值。

$$\text{GDP折算指数} = \frac{\text{名义GDP}}{\text{实际GDP}}$$

日本内阁官房长官枝野幸男公开表示，对日本GDP被中国赶超表示欢迎。他还表示，人均GDP方面日本仍然是中国的10倍多，重要的是日本应当如何汲取其活力。为了将发展优势传给下一代，日本将继续推进经济增长战略。

GDP是目前衡量国民财富总量无可替代的指标。中国在古代社会和农业社会一直位列全世界最发达的国家行列，自清代中后期以来才在工业革命浪潮中落后。20世纪初，中国GDP总量在世界排名最后20位，现在终于上升到世界第二，说明中国国力的增强。

“中国仍然是一个发展中国家，人均GDP不但只有日本的十分之一，甚至不到世界平均水平的一半。而日本的发展，比如城乡之间、经济社会之间的发展比较平衡，而我们发展不平衡问题突出，差距很大。”北京大学国民经济核算研究中心研究员蔡志洲表示。

按照国际标准，中高等发达国家的人均GDP也在5000美元至1万美元，而中国人均GDP才4000美元左右。刘霞辉表示，即便中国今后一直保持8%的增长速度，人均GDP要达到发达国家的高限标准——人均GDP1.2万美元以上，也需要15～20年。

工资增幅落后GDP，影响拉动内需

在大城市里，很多年轻人除去房租和日常开销，基本都是“月光族”。不是他们不想存钱，是真的存不下钱。即便是像IT行业这样近年来薪水增长比较快的领域，很多人还是过着“今朝有酒今朝醉”的日子。

调查显示，12.8%的职工反映，5年来未涨过工资；2009年23.6%的职工工资收入还有所下降。这使他们感觉政府公布的平均工资涨幅只是“假象”，掩盖了不同行业、企业之间收入差距不断扩大的事实。

对此，郎咸平教授说：“我们来做一个算术题，把全国人民的工资收入加在一起，除上这个国家的GDP，得到这样一个数字，我们来作个比较，欧美最高，大约是55%，南美洲平均是38%，东南亚包括菲律宾、泰国是28%，中东、伊朗、土耳其这些国家大概是25%，非洲国家都在20%以下，我过去讲课就问过一个问题，大家认为我们中国的比例会是多少，跟哪个国家比较接近，结果90%的人都说我们国家跟非洲是一个水平，然后我就跟他们说，你们简直是太乐观了，告诉你我们中国是8%。全世界最低。”

我国居民劳动报酬占GDP的比重，在1983年达到56.5%的峰值后，就持续下降，2005年已经下降到36.7%，22年间下降了近20个百分点。而从1978年到2005年，与劳动报酬比重的持续下降形成了鲜明对比的，是资本报酬占GDP的比重上升了20个百分点。中华全国总工会集体合同部部长张建国表示，当前备受关注的收入分配制度改革关键在于提高工人待遇。

劳动报酬占GDP比重22年连续下降，这个结果事实上意味着，劳动者分享社会发展成果的比例，22年一直处在一个不断下降的进程之中——工资增速被GDP增长越甩越远，劳动者在收入分配格局中日益被边缘化。如果用公众最朴素的民间话语来表述，其实就是那句经典的民生感叹：什么都涨，就是工资不涨。企业利润的大幅增长不仅没有带来员工收入的同步增长，反而直接以职工低收入作为代价。

我国工资长期处于较低状态。国际劳工组织最新公布的数据显示，2000年到2005年间，中国的人均产出增长了63.4%，超过了印度的26.9%和东盟的15.5%。这一数据显示出中国经济的增长是有效率而且是健康的。但是，该报告也指出，高劳动生产率却并没有体现在工资水平的增长上，这表明公民没有充分分享到劳动生产率提高的成果。由于工资增长缓慢，造成我国消费长期低迷不振。

这与世界银行发布的一份报告结论相同。世行认为，造成中国消费长期低迷的原因并不是公民的高储蓄，而是工资水平跟不上经济发展速度。许多关于刺激中国消费的传统看法主要将注意力集中在中国过高的家庭储蓄上，但实际上，中国消费的下降可以用工资等收入占经济比重在过去的变化来解释。工资水平作为衡量居民收入的指标，其在经济指标中的比重呈现持续下降态势，远远低于美国57%的水平。

劳动报酬占GDP的比重，在经济学中叫分配率，它是衡量国民收入初次分配是否公平的重要指标。分配率中劳动者的报酬总额占GDP的比重越高，社会分配就越公平。

为什么我国的分配率会一路走低呢？原因很多，究其大者，一般认为是“利润侵蚀工资”。

所谓“利润侵蚀工资”，是指在GDP的增量中，资本拿得多，员工拿得少。也就是说，企业所赚的钱大头被投资人拿走。同时，在很长一段时间里，低廉的劳动力价格一直是我国最重要的国际竞争力，所以，投鼠忌器，各地政府不敢大幅提升劳动力价格。

许多研究机构不约而同地把能否激活消费、拉动内需和我国工资较低的现状联系在了一起，开出的药方也是提高工资、让民众有钱消费，这难道仅仅是巧合？这一结论与我国现实情况相符。为了拉动内需，我国从20世纪90年代开始采取鼓励性措施，但效果平平，工资未能作出相应的调整不能说不是一个根本性原因——收入低拖了内需的后腿。

因此，我们现在所面临的最重要的问题，不是高工资导致的生产成本过高问题，而是工资落后于GDP增速所引发的内需不振问题。低工资状态下的廉价劳动力，虽然可以降低生产成本，但这种制度设计本身却让我国经济难以走出粗放式发展的局限。

增加工资，拉动内需

既然我们知道想要拉动内需，就需要增加居民的工资，那么，我国该如何增加员工的工资，让GDP健康增长呢？

1.提低保底，健全工资支付保障机制

提高最低工资标准，既能够直接拉动低收入员工工资的增长，还能够规范工资的按时足额支付。

2.推进工资集体协商

政府要通过经济、法律、信息手段等促进职工工资平等协商确定机制的形成，促使职工工资合理增长，劳资互利双赢。

3.国家实行工资调查制度

定期进行工资水平的调查比较，根据企业职工工资水平变动情况，相应安排机关事业单位人员工资的合理增长。

当然，加工资要以提高劳动生产率、提高员工素质，进一步做大蛋糕为前提，这样工资增长机制才能可持续。

无效GDP耗费，必须放弃的崇拜症

日本某地遭受百年未遇的特大洪水，大量房屋被冲毁，大片庄稼被淹没，老百姓哭天喊地痛心疾首。次年，他们硬着头皮透支储蓄或举债务搞灾后重建，建筑运输等业一片繁荣，这一年的GDP是往年的130%，但老百姓反倒感觉自己的生活质量比原来差了一大截。

原因很简单，洪水把多年来的劳动成果毁于一旦，而劳动成果就是往年GDP的累积，这些GDP因为洪水瞬间消失。如果一边是GDP增加，一边是GDP的消失；或者是GDP在不断地增加，但增加的却是一些无效的GDP，那么再高的GDP发展速度也不能证明社会的财富在增加，经济在发展，因为，只有保留下来并为人们所需要的GDP才是真正的财富。一个地方不断出现消失的GDP或者是无效的GDP，只能证明我们过去做了太多的无用功或者我们现在的决策有问题。

何为无效GDP？比如修建一条公路，结果没用一年，路面就破了，不能使用了。于是将路面挖掉，又来重建一次，那么挖掉破损路面和重建路面所浪费掉的资金，就是无效GDP。再比如某地建了一座办公楼，没用几年，便又拆掉再建一座更豪华气派的办公楼，那么这拆掉和重建所产生的费用，也是无效GDP！

近年来，有些地方和部门养成了以GDP崇拜为思维和行为模式的习惯，热衷于GDP数字的蹿升，所以大搞新项目、大项目，热衷于圈地、造楼，满足于GDP数字的大跳跃。有的地方，大搞各种园区，而不管这些园区是否能引来有持续性效益、环境保护合格的产业；有的搞面子工程，搞各种形式的大广场、大休闲中心之类的，而不管有多少人在这里游览和放松身心。有的强行搞大工程，结果大工程投进使用后却不能发挥作用产生效益。这些行为，固然创造了GDP数据，但是消耗大量人力、物力和财力，却没有创造出相应的符合社会和人们需要的物质财富，这就形成了无效的GDP。而由于创造这些无效GDP，需要投放大量的货币，以及消耗大量的物质财富，却没有形成符合社会需要的新物质财富，因此造成物质浪费、货币超出物质需要，形成了一种造成物价上涨的压力因素。

如今，中国正在进行着人类历史上最宏大的“造城”运动，这个过程还将持续下去。在“造城”过程中，许许多多的建筑在争先恐后地“出生”，又有许多的建筑被拆除，除了因质量问题造成的“被拆除”，更多的则是因“规划需要”而“要拆除”。

无论是旧建筑的“短命”，还是新建筑的迅速“出生”，都在吞噬着社会积累的财富。住房和城乡建设部副部长仇保兴在第六届国际绿色建筑与建筑节能大会上说，我国是世界上每年新建建筑量最大的国家，每年20亿平方米新建面积，相当于消耗了全世界40%的水泥和钢材，而只能持续25~30年。

财经评论家时寒冰在博客上就算过一笔账，“建筑寿命每缩短1年，意味着财富当年损耗掉4万亿元，缩短20年就是损耗80万亿元！如果与英国平均132年的建筑寿命相比，我们损耗的是408万亿元的财富！2009年，中国全年的税收收入是6.3万亿元。比较一下，就知道这种短命的损耗是何等可怕了！反过来说，如果我们把建筑寿命延长1年，就能节省出4万亿元。英国建筑寿命达到132年，悄悄累积了多少财富，这是一个惊人的数字。”

这种以无效甚至是消失的GDP为代价创造出来的GDP，造成了物价上涨的潜伏因素和隐患，终极会成为推动物价上涨的重要气力。这种因素，已经无疑是中国目前较高通货膨胀的重要推手之一。所以，要解决中国的通货膨胀，除了要解决贸易顺差和外汇储备过高引起的外汇占款畸高而导致的通货膨胀，和以投资大干快上而导致的货币超发与需求过旺导致的通货膨胀以外，也要解决那些由于GDP崇拜症而引起的大量无效和消失的GDP所导致的通货膨胀的题目。解决这个题目，就必须放弃GDP崇拜症，不搞政绩工程和面子工程，以市场和社会、人民的选择为导向，让GDP的形成符合真实的需要。只有这样，才会解决无效和消失的GDP题目，消除制造通货膨胀的另一个潜伏的因素。

第二章

经济周期的时间表

第一节　经济波动有没有章法可言

经济的波动有无规律

席卷全球的经济危机来了，不容我们有一刻的喘息。股票市场阴晴不定，反复涨跌，震荡不止。各国政府和中央银行长期以来的努力仿佛一夜之间都付诸东流，世界一片混沌。经济危机使遭遇它侵袭的各国陷入失业的深渊。经济危机造成的恐慌摆在我们面前，它不仅发生在生产行业、金融领域，还扩散到了宏观政策和文化艺术领域，甚至渗透我们生活的每个角落，似乎没有什么是真正可以相信的。

经济永远都在成长、衰退和危机之间循环往复，让我们常常从乐观的高峰跌入失望的深渊，又在某种契机下东山再起。对于经济的波动与循环，我们该如何理解和预测呢？

在西方经济理论中，关于经济周期的解释多种多样，它们从不同方面对经济周期性波动的原因作出了说明。传统的经济周期理论认为经济中存在引起波动的内在力量；实际的经济周期理论认为波动不过是随机的和未预期到大冲击的结果；货币主义者和新古典经济学家把波动主要归结为错误导向的货币政策的结果；而新凯恩斯主义者把波动看作来源于经济内部和外部的各种原因，不过他们认为现代经济的内在特征扩大了一些这样的干扰，并使其作用持续存在。

应该说，经济周期的形成是各种因素共同作用的结果，单纯地强调起源动力而忽略系统影响，强调冲击因素而忽略传导机制，是无助于正确理解经济周期波动的。因此，我们必须把经济周期波动的因素区分为内生和外生两种，从内在传导机制和外在冲击两方面进行系统分析。

内在传导机制是指经济系统内部结构特性所导致的对冲击的反应。这是一种内部缓冲机制或自我调节机制，反映了经济周期的“内生性”。一般来看，经济周期波动是大工业生产与大规模投资相互推动机制和供求约束机制互为因果、相互作用的过程。大工业的巨大扩张能力是形成经济周期波动的物质前提，它与大规模投资紧密相连。一方面，它既为大规模投资的进行提供了必要的物质基础，其建立与发展又反映了大规模投资的结果；另一方面，大规模投资所产生的巨大需求又是引起大工业生产急剧扩张的重要动因。因此，大工业生产和大规模投资两者的相互作

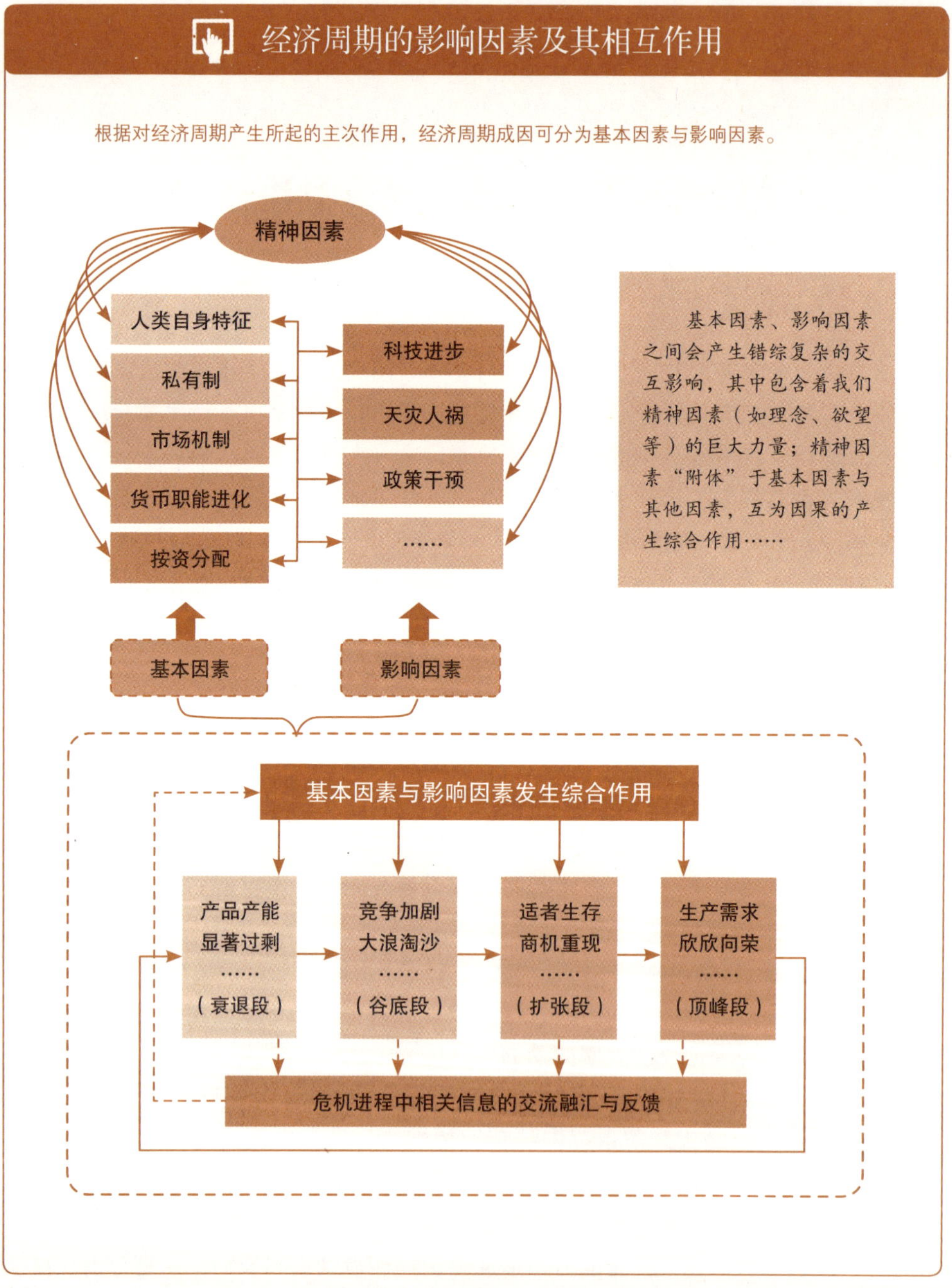

用，是形成经济周期波动的首要原因。同时，经济周期波动还与大工业的扩张力所遇阻力密切相关，这种阻力是由供求平衡状况形成的，或来自市场需求约束方面，或来自资源供给约束方面。因此，供求平衡约束是形成经济周期波动的另一个物质性的原因。

外在冲击机制，是指系统外的冲击通过系统内部传导而发生的经济活动，对来源于外生变量的自发性变化，可以是随机的或是周期的。外在冲击主要包括：货币供给性冲击；以投资和消费、财政和货币需求性的实际需求冲击；由于农业重大自然灾害或石油供应等而导致的实际供给冲击；体制变动冲击；国际政治和经济冲击等。

外在冲击是经济周期波动的初始原因，内在传导则是系统内部对冲击的自我响应和调整。几乎所有的外在冲击都要通过内在机制而最终对经济过程产生影响，因此，引起经济周期的基本原因来自于经济体系内所特有的推动力和抑制力。内在传导机制决定着经济波动的周期性和持续性，决定着经济周期的基本形态，而外在冲击只是通过内在传导机制对其产生叠加影响，使基本波型发生变形。经济的周期波动是经济内在的传导机制和外在冲击共同发生作用的结果。

各国和各个历史时期的经济活动都存在短期波动。经济波动是无规律的和无法预测的。经济中的波动通常称为经济周期。

但是，经济周期这个词有时也会引起误解，因为它似乎表明经济波动遵循一种有规律的、可预期的形势，实际上，经济波动根本没有规律，而且几乎不能较为准确地预测。衰退并不是有规律地逐个发生，有时衰退几乎是同时的，而有时经济在许多年都没有衰退。

总需求的变动与经济波动

从长期来看，随着劳动人口规模的增加和生产率的提高，一个经济体能够创造的实际GDP水平也在增加。的确，一种考虑长期经济成长的方法就是看该经济体潜在产出水平的增加。

社会总需求是指一个国家或地区在一定时期内（通常 1 年）由社会可用于投资和消费的支出所实际形成的对产品和劳务的购买力总量。它包括两个部分：一是国内需求，包括投资需求和消费需求。投资需求由固定资产投资需求和流动资产投资需求组成。消费需求由居民个人消费需求和社会集团消费需求组成。二是国外需求，即产品和劳务的输出。总需求取决于总的价格水平，并受到国内投资、净出口、政府开支、消费水平和货币供应等因素的影响。

过高的社会总需求，往往是导致经济过热的原因。如果社会总需求超过总供给，则对商品超出的需求必须通过资源的过度消耗来得到满足，比如通过就业职工额外轮班或超出推荐工作时间地使用机器的方式来实现。这种类型的生产被认为是不可持续的，因为过度的消耗是不能持续下去。往往当一个社会的总需求与总供给达到均衡或者接近均衡时，经济运行状况趋向于安全和平稳。当总供给与总需求相等时，经济处于均衡状态。在均衡点处，决定总需求的产品市场和货币市场以及决

总需求的构成

一般将总需求分为四大部分。

1.消费需求：是居民的日常消费。

2.投资需求：是企业在投资和再投资过程中形成的商品和劳务需求。

3.政府支出：是政府部门对商品和劳务的购买。

4.净出口：代表了国外对本国商品和劳务的需求。

定总供给的劳动市场同时处于均衡。此时，由产品和货币市场均衡决定的总需求恰好使得劳动市场均衡决定的就业量所生产出来的产品完全实现变化。

假设由于某种原因，悲观的情绪突然袭击了经济。原因可能是白宫丑闻、股票市场崩溃，或者国外爆发了战争。由于这些事件，许多人对未来失去信心并改变了他们的计划。家庭削减它们的支出，延迟了重大购买；企业则放弃了购买新设备。这种悲观情绪对经济有什么影响呢？这种事件减少了物品与劳务的总需求。这就是说，在物价水平既定时，家庭和企业现在想购买的物品与劳务减少了。

一般来说，整个社会经济的运行包括总供给和总需求两大部分。往往，评价一个经济是否过热就看它的总需求是否过于旺盛。2007年，中国物价水平开始走高时，著名的宏观经济学家宋国青做了一项研究。其中指出了总需求和经济增长之间的微妙关系。

测算社会总需求有两种方法：一是从需求形成角度测算，就是在生产指标基础上，按影响总需求的因素作出调整，以得到社会总购买力的方法。其计算公式为：社会总需求=本期国内生产总值−本期储蓄+本期银行信贷收入+本期财政赤字+本期出口。二是从需求使用角度测算，就是把社会总购买力可能使用去向的各个项目加总在一起的方法。其计算公式为：

社会总需求=本期投资需求总量+本期消费需求总量+本期国外需求总量

需求总量和供给总量比较，反映着以货币支付力所代表的需求与实物（包括劳务）供应之间的平衡状况。保持社会总需求与总供给的平衡，是国民经济持续快速健康发展的需要。长期经济建设的实践表明，总需求过大，投资膨胀，经济增长超过社会财力、物力、资源的承受能力，各方面都绷得很紧，这种状况难以持久，最终会引起经济上的大起大落，给国民经济造成巨大损失。因此，为促进国民经济持续快速健康发展，必须注意调控社会总需求与总供给的基本平衡。

总供给的变动与经济的波动

在1929～1933年之间，美国生产的几乎每种产品在任一给定价格水平上的需求量都下跌了。需求下降的一个结果是大多数产品及劳务价格的下降：到1933年，GDP平减指数比1929年下跌了26%；其他价格指数下跌与此类似。第二个结果是大多数产品及劳务产量的下降：1933年实际GDP比1929年低27%。第三个结果与实际GDP下降密切相关，失业率从3%骤升至25%。

总供给是经济社会的总产量，它描述了经济社会的基本资源用于生产时可能有的产量。一般而言，总供给主要是由生产性投入的数量和这些投入组合的效率决定的。总供给函数是指总供给和价格水平之间的关系。在以价格为纵坐标，总产出为横坐标的坐标系中，总供给函数的几何表示为总供给曲线。总供给曲线表明了价格与产量的相结合，即在某种价格水平时整个社会的厂商所愿意供给的产品总量。所有厂商所愿意供给的产品总量取决于它们在提供这些产品时所得到的价格，以及它们在生产这些产品时所必须支付的劳动与其他生产要素的费用。因此，总供给曲线反映了要素市场与产品市场的状态。

总供给曲线表明了价格与产量的相结合，反映了要素市场（特别是劳动市场）与产品市场的状态。

货币工资具有完全的伸缩性，它随劳动供求关系的变化而变化。当劳动市场存在超额劳动供给时，货币工资就会下降。反之，当劳动市场存在超额劳动需求时，货币工资就会提高。在古典总供给理论的假定下，劳动市场的运行毫无摩擦，总能维护劳动力的充分就业。既然在劳动市场，在工资的灵活调整下充分就业的状态总能被维持，那么，无论价格水平如何变化，经济中的产量总是与劳动力充分就业下的产量即潜在产量相对应，这也就是说，因为全部劳动力都得到了就业，即使价格总供给曲线水平再上升，产量也无法增加，即国民收入已经实现了充分就业，无法再增加了。故而总供给曲线是一条与价格水平无关的垂直线。

实际GDP和价格的双双下跌并非偶然。为了明白为什么会存在这种正相关关系，我们考虑一下生产者面临的最基本的问题是：是否多生产1单位可赢利的产品?

显然答案要取决于生产者得到的1单位产品的价格是大于还是小于生产1个单位产品的成本，即：每单位产品的利润=每单位产品的价格=每单位产品的成本。在任一特定时点上，生产者支出的许多成本是固定的，并不随时间的推移而变化。不变生产成本中最主要的部分是支付给工人的工资。这里的工资是指提供给工人的各种形式的报酬，包括薪水之外由雇主支付的医疗费用和退休福利。典型地说，工资属不变生产成本，按货币数量计算支付的工资也被称为名义工资，经常是在几年前就通过合约确定下来了；即使没有正式的合约，经营者和工人之间经常也有非正式的协议，所以当经济形势变化时公司改变工资也有滞后性。例如，公司通常在经济状况不佳时也不愿意降低工资——除非经济低迷的时期特别长并且非常严重——唯恐工人不满。相反地，在经济状态比较好的时候，它们一般也不会增加工人工资——除非它们面临被竞争对手挖走雇员的风险——因为它们不想鼓励工人习以为常的提高工资的请求。因此，正式的和非正式合约导致的结果是：名义工资是“黏性的”——失业率提高时缓慢下调，而劳动力短缺时工资上调也是缓慢进行。

短期内总价格水平与总产出供给数量之间存在正相关关系，设想一下，由于某种原因，总价格水平出现了下跌，也就是说一个有代表意义的最终产品和服务的生产者所获得的价格下跌了。因为许多生产成本在短期中是固定的，所以每单位产品的生产成本并不像它们的价格一样出现同比例的下跌。由于单位产品的赢利下降，所以短期生产者将减少产品供应。从经济总体来看，总产出水平将下跌。

总供给变动对市场价格的影响

在短期内，如果AD（需求曲线）不变，AS（供给曲线）曲线发生位移，则会产生市场价格与国民收入反方向的运动。

如果AS的水平下降，市场价格会上升，而国民收入则下降，产生经济发展停滞和通货膨胀共生的“滞胀”现象。

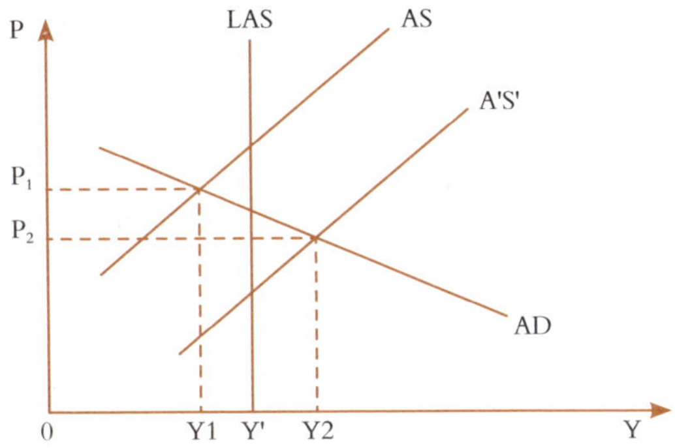

图中LAS为长期总供给曲线，AD为总需求曲线，这两条曲线不发生位置的移动。但是，短期总供给曲线（AS）可能由于投入的生产要素价格发生变动而发生位置的移动A'S'。

总供给曲线的斜率反映了总供给量对价格变动的反应程度。

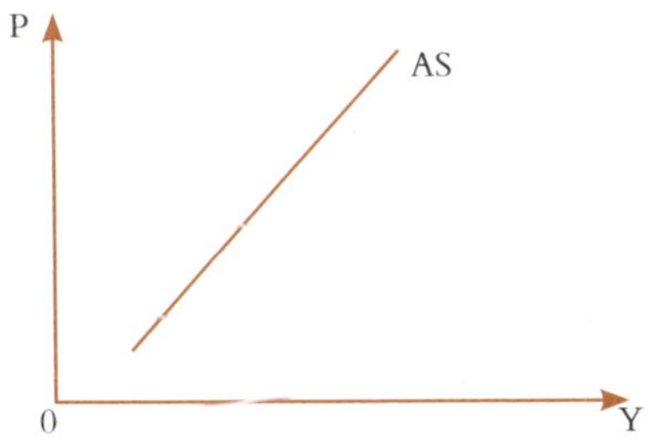

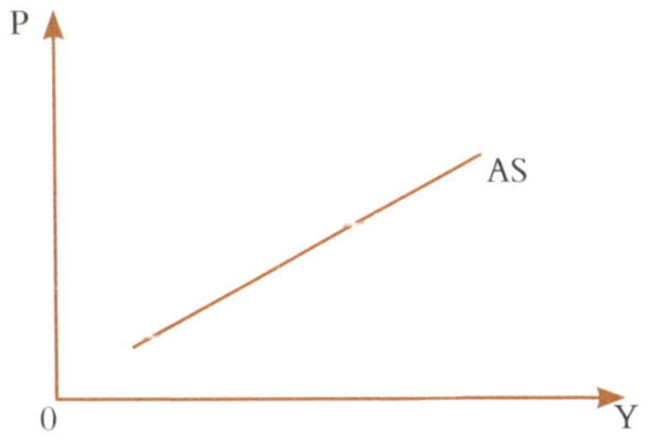

总供给曲线的斜率大（即总供给曲线较为陡峭），说明总供给量对价格变动的反应小。

总供给曲线的斜率小（即总供给曲线较为平坦），说明总供给量对价格变动的反应大。

当生产者愿意把任一特定总价格水平上总产出供给的数量减少的时候，总供给就减了，当生产者愿意在任一给定的总价格水平上增加他们供给的总产出数量的时候，总供给增加了，生产者做出生产决策是基于他们每单位产品的利润。短期总供给曲线说明的是总价格水平和总产出之间的关系，因为一些生产成本在短期是固定的，总价格水平的变化会引起生产者每单位产品利润的变化，利润变化反过来又会引起产量变化。但是除了总价格水平以外，能影响每单位产品利润以及产量变化的还有其他因素。正是其他因素的变化会引起短期总供给曲线发生变化。

综上所述，当总需求变动，即总需求曲线移动时，总供给曲线的斜率不同，所引起的价格与国民收入的变动情况也就不同。因此，在运用总需求-总供给模型分析问题时，总供给曲线的斜率大小是很重要的。总供给曲线的斜率取决于多种因素，如生产技术、生产要素的供给与价格等。

第二节　逃不开的经济周期

究竟什么是经济周期

1997～1998年的亚洲金融危机：1997年，国际投机者大量抛空泰铢，引起泰国金融体系波动。7月2日，泰国被迫宣布泰铢贬值，东南亚其他国家相继受到冲击，货币相继贬值。10月以后，金融危机蔓延到韩国和日本，导致货币贬值、股市暴跌和大公司纷纷破产，连一向被称为是发展奇迹的亚洲四小龙也逃脱不了这场厄运。危机中，大多数东亚经济的货币和资产价值跌落了30%～40%，遭受打击最为严重的几个经济下跌得更为厉害，东亚地区的银行和企业陷入空前的财务困境，泰国、印尼和韩国不得不请求国际货币基金组织（IMF）援助。

经济周期，又称商业周期或商业循环，它是指国民总产出、总收入和总就业的波动。这种波动以主要的宏观经济变量，如就业率、物价水平、总产量等普遍的扩张或收缩为基本特征。一般来说，一个完整的经济周期可以分为萧条、复苏、繁荣、衰退几个阶段，其中最主要的两个阶段是衰退阶段和扩张阶段。

经济周期中的上升阶段也称为繁荣，最高点称为顶峰。然而，顶峰也是经济由盛转衰的转折点，此后经济就进入下降阶段，即经济周期衰退。衰退严重则经济进入萧条，衰退的最低点称为谷底。当然，谷底也是经济由衰转盛的一个转折点，此后经济进入上升阶段。经济从一个顶峰到另一个顶峰，或者从一个谷底到另一个谷底，就是一次完整的经济周期。

现代经济学关于经济周期的定义，建立在经济增长率变化的基础上，指的是增长率上升和下降的交替过程。在市场经济条件下，企业家们越来越多地关心经济形势，也就是“经济大气候”的变化。一个企业生产经营状况的好坏，既受其内部条件的影响，又受其外部宏观经济环境和市场环境的影响。一个企业，无力决定它的外部环境，但可以通过内部条件的改善，来积极适应外部环境的变化，充分利用外部环境，并在一定范围内，改变自己的小环境，以增强自身活力，扩大市场占有率。因此，作为企业家对经济周期的波动必须了解、把握，并能制订相应的对策来适应周期的波动，否则将在波动中丧失生机。

经济周期的特征：

（1）经济的波动性：经济周期或经济的周期性波动，最突出的表现是经济中的实际GDP对潜在GDP呈现出来的阶段性的偏离。

（2）共同运动性：用与同期产出的相关系数表示。大多数宏观经济变量具有顺周期的特征。只有实际利率除外。

（3）持久性：西方经济学家一般认为，经济周期的形式和持续时间是不规则的。没有两个完全相同的经济周期，也没有像测定行星或钟摆那样的精确公式可用来预测经济周期的发生时间和持续时间。

下图反映了我国改革开放30年经济周期的情况。

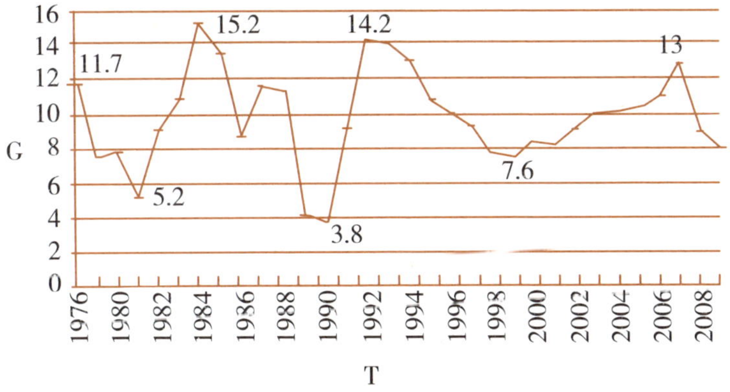

从1978年以来，我国经济增长率最高的波峰年分别是1978年（11.7%）、1984年（15.2%）、1992年（14.2%）和2007年（13%）；处于经济增长率最低的波谷的年份分别是1981年（5.2%）、1990年（3.8%）、1999年（7.6%）和2009年（假设2009年为本轮周期的波谷年，增长率为8%）。如果依据波峰年计算周期的长度，从1978年到2007年的29年间，总共形成了3个经济周期，周期的平均长度为9.66年；若依据波谷年计算周期的长度，从1981年到2009年的28年间也形成了3个经济周期，周期的平均长度为9.33年。

从工业化到现在，世界经济呈现出具有规律性的周期变动已经历了5个长周期，即分别以“早期机械化”技术革命、“蒸汽动力和铁路”技术革命、“电力和重型工程”技术革命、“福特制和大生产”技术革命和“信息和通信”技术革命为主导的世界经济周期。

经济周期的特征与划分

经济周期的特征

1.经济周期不可避免

2.经济周期是经济活动总体性、全局性的波动

3.一个周期由繁荣、衰退、萧条、复苏四个阶段组成

4.周期的长短由周期的具体性质决定

经济周期的划分

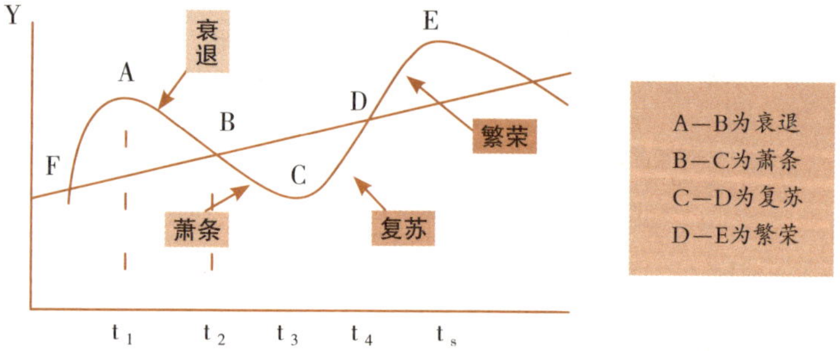

繁荣，即经济活动扩张或向上的阶段（高涨）

衰退，即由繁荣转向萧条的过渡阶段（危机）

萧条，即经济活动收缩或向下的阶段

复苏，即由萧条转向繁荣的过渡阶段

经济周期既有破坏作用，又有“自动调节”作用。在经济衰退中，一些企业破产，退出商海；一些企业亏损，陷入困境，寻求新的出路；一些企业顶住恶劣的气候，在逆境中站稳了脚跟，并求得新的生存和发展。

经济周期可以通过很多重要的渠道影响到我们。例如，当产出上升时，找工作变得比较容易；当产出下滑时，寻找一份理想的工作就会比较困难。

经济永远在繁荣和衰退之间循环，人们对于未来生活总是从乐观的高峰跌落到失望的深渊，又在某种契机下雄心再起。

经济周期不同阶段的影响：经济周期波动的扩张阶段，是宏观经济环境和市场环境日益活跃的季节。这时，市场需求旺盛，订货饱满，商品畅销，生产趋升，资金周转灵便。企业的供、产、销和人、财、物都比较好安排。企业处于较为宽松有利的外部环境中，经济周期波动的收缩阶段，是宏观经济环境和市场环境日趋紧缩的季节。这时，市场需求疲软，订货不足，商品滞销，生产下降，资金周转不畅。企业在供、产、销和人、财、物方面都会遇到很多困难，企业处于较恶劣的外部环境中。

作为市场经济中的任何一分子，对经济周期波动必须了解、把握。而作为政府部门，认识经济周期在市场经济中的运行规律和特征，有助于政府在制定扩张性或收缩性的经济政策以及进行政策转换时，增强预见性，避免滞后性。

发现经济周期的繁荣与崩溃

经济周期理论在金融界十分引人瞩目，从19世纪中叶至“二战”前这段时期，西方经济学家提出了数十种经济周期理论。鉴于这些理论的数量如此之多，国际联盟（联合国前身）特意指定当时著名学者哈伯勒撰写了《繁荣与萧条》一书，来对以往的各种理论进行总结。此后，仍有很多学者关注这一理论的发展，并将其应用到经济生活的很多领域。

一些经济学家认为，美国上一次金融危机是2000年的科技股泡沫的破灭。那时，纳斯达克从1998年10月的1569点上升到2000年3月的5132点后，就开始暴跌，2002年10月，从5132点暴跌到1108点，跌幅超过八成，下跌时间为2年半，据此数据估计，美国经济上一次高潮是在2000年，距离2008年危机再度爆发目前大约8年。也就是说，大约8年为一个经济周期，危机、萧条、复苏、繁荣，平均2年一个发展阶段。

经济学家将经济周期分为四个阶段：衰退、复苏、过热和滞胀。每一个阶段都可以由经济增长和通胀的变动方向来唯一确定。有趣的是，经济学家发现每一个阶段都对应着表现超过大市的某一特定资产类别：债券、股票、大宗商品或现金。

在衰退阶段，经济增长停滞。经济增长率低于潜在增长率，继续成减速趋势，产出负缺口（产出缺口：经济体的实际产出与潜在产出的差额）继续扩大，超额的生产能力和下跌的大宗商品价格使得通胀率更低。市场需求不足，企业赢利微弱并且实际收益率下降。在这个阶段，央行使用宽松的货币政策（减息）及积极的财政政策（减税）以刺激经济增长。减息导致收益率曲线急剧下行，债券是最佳选择，而在股票中金融股是较好的选择。

在复苏阶段，舒缓的政策起了作用，GDP增长率加速，并处于潜能之上。经济增长率呈加速趋势，产出负缺口逐渐减小。复苏初期通胀率仍继续下降，因为空置的生产能力还未耗尽，周期性的生产能力扩充也变得强劲，企业赢利上升，复苏后期随着经济活动的加速通胀也逐渐上行。中央银行仍保持低利率的宽松政策，债券的收益率处于低位。

这个阶段是股票投资的“黄金时期”，由于经济复苏往往伴随着高新技术出现、基础材料研究的突破，因此高新技术如计算机行业是超配的行业。

在过热阶段，企业生产能力增长减慢，开始面临产能约束，通胀抬头经济增长率超过潜在经济增长率，呈加速趋势，市场需求旺盛，企业产品库存减少，固定资产投资增加，导致企业利润明显增加，产出的正缺口逐渐扩大，经济活动的加速使通胀进一步上升。虽然物价和利率已经提高，但生产的发展和利润的增加幅度会大于物价和利率的上涨幅度，推动股价大幅上扬。当经济周期处于过热阶段的时候，央行加息以求降温，加息使收益率曲线上行并变得平缓，债券的表现非常糟糕。

经济活动的过热以及较高的通货膨胀使大宗商品成为收益最高的资产。而在股票中，估值波动小而且持续期短的价值型股票表现超出大市，与大宗商品相关的股票是较好的选择，矿业股对金属价格敏感，在过热阶段中表现得好。

在滞胀阶段，GDP的增长率降到潜能之下，但通胀却继续上升。前期经济增长率依然超过潜在增长率，但成减速趋势，产出的正缺口逐渐减小，通胀由于资源价格的高企，利率由于通胀也处在高位，企业成本日益上升，为了保持赢利而提高产品价格，导致成本、工资、价格螺旋上涨，但业绩开始出现停滞甚至下滑的趋势；只有失业率的大幅上升才能打破僵局。只有等通胀过了顶峰，中央银行才能有所作为，这就限制了债券市场的回暖步伐。企业的赢利恶化，股票表现非常糟糕。

央行在这个阶段通常实行紧缩银根的货币政策，在投资方向的选择上，现金是最佳选择。股票中需求弹性小的公用事业、医药等是较好的选择，能源股对石油价格敏感，在滞胀阶段前期表现超过大市。

按照美国的经验，连续两个季度是负增长，则定义为经济衰退，但是目前阶段，中国经济不会出现负增长的情况，因为中国有自己完整的经济体系。现在的中国再大的危机除以13亿就很小了；再小的投资机会乘以13亿就很大了。考虑到中国的经济改革必须要在一定的发展率中解决，所以中国最少要保持5%～6%的增长速度，如果经济增长速度下降到6%，则意味着中国经济已经衰退，当然也有专家认为我国低于8%的增长速度就是衰退。按照经济指标计算，中国虽然没有处于衰退阶段，但是从出口数据分析，已经有进入经济衰退的征兆，外贸出口订单在大幅度地衰减，所以目前阶段最佳的投资策略是选择债券和寻找未被经济周期所影响，价值被低估的股票，然后等待经济增长周期取得超额收益。

金融市场经常错误地将经济增长的短期偏离现象视为长期增长趋势发生了改变。结果是，在经济周期的顶点处，恰好是修正性政策变化即将发挥效力的时候，资产价格被严重扭曲。正确地识别增长的拐点，投资者可以通过转换资产以实现获利。这些道理可以解释最近历史上的失败例子。

例如，由于许多投资者在1999年末以为美国经济长期增长趋势将加快，科技类公司将从新经济中获取最大的收益，因此购买了昂贵的科技类股票。然而，美联储为了应对温和的通货膨胀，已提前一步开始实行紧缩货币政策，经济周期在2000年初达到顶点，互联网泡沫也随之破裂。随后的下滑促使激进的美联储放松银根，给

利用经济周期规避投资风险

读懂经济周期的循环，揭开经济周期的特征和规律，就可以理解和预测经济的走势，并由此规避风险，顺应形势地进行投资。

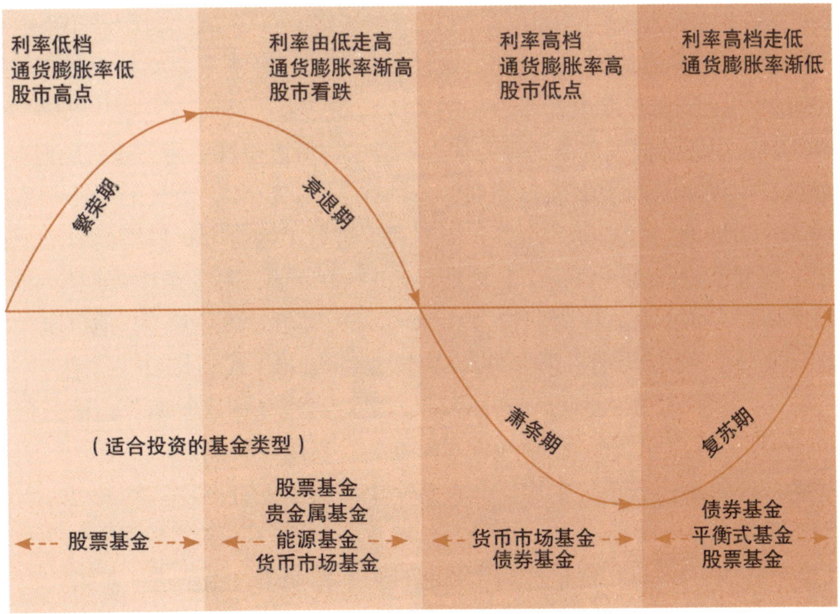

债券和房地产行业带来了巨大的收益。

经济永远都在成长、衰退和危机之间循环往复，经济周期是推动创造性毁灭和经济增长以及复兴的关键力量。

经济周期中隐藏决定力量

经济危机发生后的100多年里，无数的经济学家在对经济周期的类型进行研究和探讨，他们根据各自掌握的资料提出了不同类型和长度的经济周期。

短周期：基钦周期。短周期是1923年英国经济学家基钦提出的一种为期3～4年的经济周期。基钦认为经济周期实际上有主要周期与次要周期两种。主要周期即中周期，次要周期为3～4年一次的短周期。这种短周期就称基钦周期。

中周期：朱格拉周期。中周期是1860年法国经济学家朱格拉提出的一种为期9～10年的经济周期。该周期是以国民收入、失业率和大多数经济部门的生产、利润和价格的波动为标志加以划分的。

长周期或长波：康德拉季耶夫周期。长周期是1926年俄国经济学家康德拉季耶夫提出的一种为期50～60年的经济周期。该周期理论认为，从18世纪末叶以后，经历了3个长周期。第一个长周期从1789年到1849年，上升部分为25年，下降部分35年，共60年。第二个长周期从1849年到1896年，上升部分为24年，下降部分为23年，共47年。第三个长周期从1896年起，上升部分为24年，1920年以后进入下降期。

另一种长周期：库兹涅茨周期。这是1930年美国经济学家库兹涅茨提出的一种为期15～25年，平均长度为20年左右的经济周期。由于该周期主要是以建筑业的兴旺和衰落这一周期性波动现象为标志加以划分的，所以也被称为“建筑周期”。

熊彼特周期则是对上面几种周期的一种综合。1936年，著名的经济学家熊彼特以他的“创新理论”为基础，对各种周期理论进行了综合分析后提出了一个新的周期理论。该周期论认为，每一个长周期包括6个中周期，每一个中周期包括3个短周期。短周期约为40个月，中周期约为9～10年，长周期为48～60年。他以重大的创新为标志，划分了3个长周期。第一个长周期从18世纪80年代到1842年，是“产业革命时期”；第二个长周期从1842年到1897年，是“蒸汽和钢铁时期”；第三个长周期从1897年以后，是“电气、化学和汽车时期”。在每个长周期中仍有中等创新所引起的波动，这就形成若干个中周期。在每个中周期中还有小创新所引起的波动，形成若干个短周期。

根据马克思的理论，他也认为繁荣起自资本的积累，经济进一步繁荣，而在繁荣期之后高工资使得工业对于贷款的需求减少，放松的信贷就鼓励人们进行投机，再次刺激金融繁荣。但是当投机者的信贷周转不灵的时候，投机行为就崩溃了，这

经济危机的影响

经济危机指的是一个或多个国民经济或整个世界经济在一段比较长的时间内不断收缩（负的经济增长率），是资本主义经济发展过程中周期爆发的生产过剩的危机，是经济周期中的决定性阶段。经济危机有以下三方面的影响：

造成失业率持续上升，越来越多的人找不到工作。

出口下滑、内销不畅。

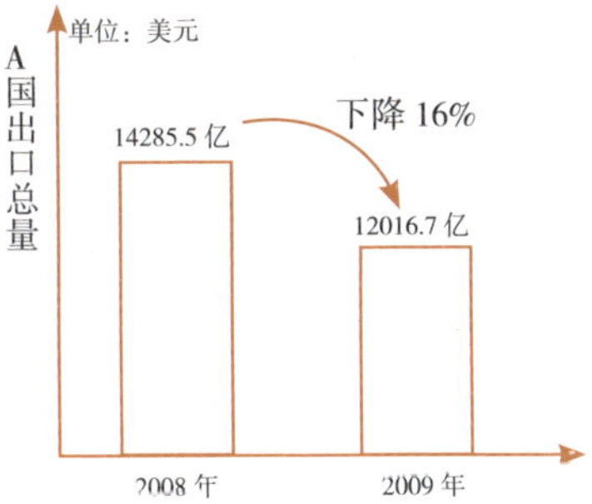

企业破产倒闭、裁员过冬。

时候就出现了危机。

危机之后的经济萧条期，资本会带来新的生产率更高的生产方式，从而出现了相对的盈余和相对的剩余价值。资本主义经济自我监管的性质，只有存在适当的国内和国际机制的情况下才有可能，另外一种危机是结构性的危机，和周期性危机不同的是，这是一种系统化的危机，是资本主义世界的这种霸权的变动带来的严重的结构性危机，20世纪30年代的危机就说明了这一点。而周期性危机的重复出现也不断积累着问题，也会改变这种积累资本的模式。

举例来说，在布雷顿森林体系下，很多的结构性赤字国家，比如说日本，由于有外汇的上限而采取了相应的政策，20世纪50年代的资本积累危机和60年代的资本危机可以用作我们的案例。当工资水平在繁荣期上升的时候，即便是在萧条期也不会下降，这种过程的重复就加剧了劳资之间在收入分配上的冲突，这样的冲突最终破坏了20世纪70年代黄金时期的资本积累，带来了70年代的通胀。70年代的危机改变了资本主义的资本积累模式，所以这第三种类型的危机就叫中间期的危机。

在20世纪80年代之后，工会要求出现一种新型的资本积累模式，特别是在美国和英国，过去30年来我们看到了这种经常项目的失衡、短期的资本流动带来经济繁荣，然后泡沫破灭，最后就是萧条。这种经济繁荣带来的GDP较低的波动性，有可能反映出经济活力不足，而在这种资本积累的模式下，没有工资的上升，因此经济发展的动力不足。这种情况下就出现了棘轮效应，利率的棘轮效应，因为降低工资之后工资又很难上升，而利率则越来越低。过去30年来，金融的脆弱性越来越严重，2000年的危机就是一种结构性的危机，这会改变世界经济结构中的霸权结构，这也就是说第三类型的危机会改变世界的结构。

第三节　通货膨胀的超强繁殖力

要价1500万津元的津巴布韦鸡

据此前媒体《先驱报》报道，津巴布韦中央银行开始发行一套新的货币，最大面值为1000万津元，最小面值为100万津元，成为当今世界上面值最大的货币。这是从2008年12月津巴布韦储备银行推出面值75万津元、50万津元和25万津元的货币以来，第二次发行巨额面值的钞票。储备银行行长戈诺说，发行新币主要是为了解决津巴布韦目前市面现金短缺的问题。按照津巴布韦目前的官方汇率，1美元可兑换3万津元。自去年10月以来，津巴布韦出现现金短缺现象，人们在银行门口和自动取款机前排成长队，等候取钱，但往往排一天队也取不到钱。据官方公布的统计数字，2008年10月津巴布韦的通胀率接近8000%。

通货膨胀，就是纸币在流通的条件下，货币的供给大于货币的实际需求，导致货币贬值，从而引起物价持续且普遍上涨的现象。

通货膨胀的本质，是一个货币现象。就一个国家来说，只要其央行控制住货币发行，就没有止不住的物价上涨。但是，如果现有世界金融格局的货币当局不愿意放弃这种向世界“抽水”剥削的货币增发行为，世界各国应如何应对？

通货膨胀只有在纸币流通的条件下才会出现，在金银货币流通的条件下不会出现此种现象。因为金银货币本身具有价值，作为贮藏手段的职能，可以自发地调节流通中的货币量，使它同商品流通所需要的货币量相适应。而在纸币流通的条件下，因为纸币本身不具有价值，它只是代表金银货币的符号，不能作为贮藏手段，因此，纸币的发行量如果超过了商品流通所需要的数量，就会贬值。例如：商品流通中所需要的金银货币量不变，而纸币发行量超过了金银货币量的一倍，单位纸币就只能代表单位金银货币价值量的1/2，在这种情况下，如果用纸币来计量物价，物价就上涨了一倍，这就是通常所说的货币贬值。此时，流通中的纸币量比流通中所需要的金银货币量增加了一倍，这就是通货膨胀。

在经济学中，通货膨胀主要是指价格和工资的普遍上涨，在经济运行中出现的全面、持续上涨的物价上涨的现象。纸币发行量超过流通中实际需要的货币量，是导致通货膨胀的主要原因之一。

在当今非洲国家津巴布韦，其通货膨胀达到了惊人的地步。在2009年2月，津巴布韦中央银行行长决定从其发行的巨额钞票上去掉12个零，这样一来，津巴布韦一万亿钞票相当于1元。此时，津巴布韦通货膨胀率已经达到百分之十亿，而一美元可兑换250万亿津巴布韦元。很多人笑言：在津巴布韦，人人都是“亿万富翁”。当然绝大部分人都不愿做这样的富翁！

其实在我们的社会生活中还有一类隐蔽的通货膨胀，就是指社会经济中存在着通货膨胀的压力或潜在的价格上升危机，但由于政府实施了严格的价格管制政策，使通货膨胀并没有真正发生。但是，一旦政府结束或放松这种管制措施，经济社会就会发生通货膨胀。

当发生通货膨胀，就意味着大众手里的钱开始不值钱，但是大家也不用提到“通货膨胀”即谈虎色变。一些经济学家认为，当物价上涨率达到2.5%时，叫作不知不觉的通货膨胀。以他们的观点来看，在经济发展过程中，搞一点温和的通货膨胀可以刺激经济的增长，因为提高物价可以使厂商多得一点利润，以刺激厂商投资的积极性。同时，温和的通货膨胀不会引起社会太大的动乱。温和的通货膨胀即将物价上涨控制在1%～2%，至多5%以内，则能像润滑油一样刺激经济的发展，这就是所谓的“润滑油政策”。

据摩根斯坦利在2008年6月的报告表明，“在190个被调查国家中，已经有50个正在经历高达两位数的通货膨胀”，包括绝大多数新兴市场。有数据表明，地球人口的一半正经历高达两位数的通胀。全球化第一次使通货膨胀的全球性传导成为可能。全球经济流动性过剩、美元贬值以及国际游资投机炒作，则是引发本轮全球性

超量发行货币的诱因

既然我们知道纸币发行量超过流通中实际需要的货币量会导致通货膨胀。那么一般在什么样的情况下，纸币的发行量会超过实际需要的货币量呢？

1.外贸顺差

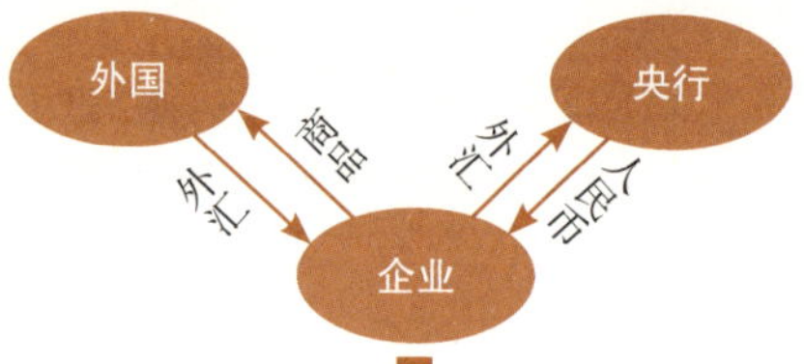

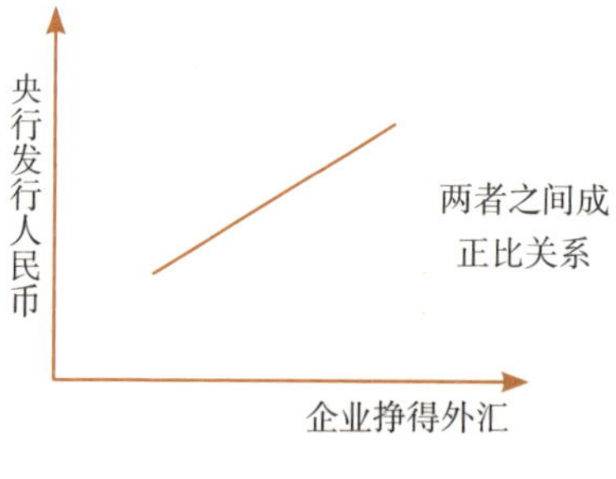

所以，企业挣得的外汇越多，央行发行纸币越多，但是国内商品流通量还是不变，那么就可能引发通货膨胀。

2.投资过热

某些发展中国家为了使投资拉动经济发展，会加大对基础设施建设的投入，那么就有可能印更多的纸币。

通货膨胀的实质就是社会总需求大于社会总供给，通常是由经济运行总层面中出现的问题引起的。

通胀的根本原因。伴随经济全球化的深入发展，通货膨胀全球联动性增强、传导渠道增多，主要表现为：通过贸易领域传导，除少数国家因宏观经济政策失误导致国内通货膨胀上升外，大多数国家的通货膨胀呈现出了输入型特点，进口产品价格的上涨成为带动国内物价上涨的主要因素。

从宏观上来讲，普通老百姓对抑制通货膨胀无能为力，必须要依靠政府进行调控。政府必须出台相关的经济政策和措施，例如上调存贷款利率，提高金融机构的存款准备金率，实行从紧的货币政策，包括限价调控等。对于我们普通人而言，应该有合理的措施来抵销通货膨胀对财产的侵蚀，如进行实物投资、减少货币的流入等，以减少通货膨胀带来的压力和损失。

从食盐抢购看政府稳定物价

日本九级大地震，使得内地罕见的“抢盐热”一度达到沸点。一夜之间，淘宝的“涉盐”调味品销量由不足20万件，暴涨到次日156万件。其中浙江地区的42127笔交易，占据总成交额的70%。相对于大超市1元钱一包的价格，淘宝店铺内3元一包的食用盐，价格是贵了但卖得依然很好。甚至有的店铺在近30天就销出了6800包。

“光卖盐，3个小时就能升皇冠，”成了流传在网商中的热门话题。不少店铺更是打出“满99送盐一包”甚至“买××眉笔5支送盐包邮”的广告。

防止物价过度变动，保持物价平稳，已经成为稳定人心、稳定社会的第一要素。确保物价平稳，尤其避免物价暴涨，不仅是重大民生，而且是当今最大的政治。物价问题涉及民生、关系全局、影响稳定。

物价变动是指商品或劳务的价格不同于它们以前在同一市场上的价格。物价是商品或劳务在市场上的交换价格，有输入价格和输出价格两种。输入价格是为生产或销售目的而取得商品或劳务的价格。输出价格是作为产品销售的商品或劳务的价格。企业按某一输入价格购买一项商品，再按较高的输出价格售给客户，这种情况不能视为该项商品的价格发生了变动，只有同是输入价格或输出价格增高或降低，才算物价发生了变动。

从2007年以来物价就一直走高，国家统计局发布的2011年2月份居民消费价格指数（CPI）同比上涨4.9%，涨幅与1月份持平。大大超过3%警戒线，粮、肉、蛋、菜等产品上涨幅度较大，商品房价格居高不下，这些问题都直接与民生相关，通胀压力加大，物价普涨，不涨价的商品越来越少。消费者会紧盯这些价格低廉和平稳的生活必需品的价格波动，并随时采取抢购和囤积行动，这其中就包括食盐。

那如何稳定物价？实行省长“米袋子”、市长“菜篮子”负责制，这是稳定物价的工作基础。内地出现“抢盐潮”后，政府多管齐下。及时辟谣。2011年3月21

日，杭州市公安局西湖分局作出处罚决定，依法给予在网上散布日本核电站爆炸污染山东海域谣言的杭州网民陈某行政拘留10天，并处罚款500元。加大食盐供应。多地政府也采取了类似措施，并依法惩处哄抬盐价的商家。

物价变动可分为物价上涨和物价下跌两类。现行商品或者劳务的价格高于它们以前在同一市场上的价格，称为物价上涨；现行商品或者劳务的价格低于它们以前在同一市场上的价格，称为物价下跌。物价持续较大幅度地上涨，称为通货膨胀。随着世界经济的持续发展，通货膨胀已成为世界上众多国家的共同问题，我国也不例外。

中国古话说："他山之石，可以攻玉。"当前物价上涨是全球性现象，原因错综复杂。各国为稳定物价，都采取了一些积极有效的措施。日本一直是世界上零售物价最稳定的国家之一，其稳定物价的成功做法主要有以下几个方面。

1.高度重视生活必需品供给的稳定

日本提出，确保市场上生活必需品的供给，对于物价总水平的稳定具有决定性的意义。以蔬菜为例，蔬菜等鲜活农产品的生产和供给状况极易受气候影响，价格波动的频度和幅度远大于其他生活必需品。因此，日本的各种经济组织，一方面指导蔬菜等农产品的生产和上市有计划地进行；另一方面，当出现菜价一定程度或大幅度上升时，"稳定蔬菜供给基金"等组织，根据市场的有效需要，不失时机地向市场增投蔬菜，扩大供应，保证需求，从而平抑菜价。

2.政府紧握流通的批发环节，调控生产和市场，稳定物价

在日本，农产品批发业主要是经营粮食、蔬菜、果品的批发。农产品批发的主要组织形式是各类农产品批发市场。考虑到分散交易很难看准市场的动态和价格变动的走向，只有当众多的交易对象聚集在一起时，才能通过"供求竞争"形成合理的价格。因此，政府高度重视并充分利用批发市场的作用，促进流通，调节供求，稳定物价。为此，大藏省和东京都联合出资兴建农产品中央批发市场，以便于政府对东京整体市场进行有效监督和调控，并促进市场的繁荣，进而为稳定物价奠定坚实的基础。

3.建立、健全有效的统计和信息系统，及时公开经济信息，引导消费，稳定物价

日本不仅把统计和信息系统作为制定政策的重要依据，而且把及时公开经济信息作为强化民众监督、防止"搭车涨价"和不正当竞争的手段加以运用，尽可能迅速地向国民提供有关商品供求、价格变动的正确信息，引导消费者保持合理的消费行为，防止因抢购、囤积等不正当的行为引起物价上涨。在经济企划厅物价局设置"物价热线电话"，倾听消费者对物价的意见和建议，接受消费者的投诉，解答消费者的咨询等。可靠信息有效传递，是稳定民心进而稳定物价不可或缺的环节。

物价变动的原因及影响

影响物价变动的原因有很多，一般说来有以下几个主要方面：

影响因素	对物价的影响
劳动生产率的变化	商品劳动生产率↑　商品的价格↓ 商品劳动生产率↓　商品的价格↑
技术革命	技术进步➡ 新产品价值↑　价格↑ 旧产品价值↓　价格↓
货币价值的变动	货币价值不变，商品价值↑　价格↑ 商品价值不变，货币价值↓　价格↑ 货币价值不变，商品价值↓　价格↓ 商品价值不变，货币价值↑　价格↓
供求关系	供不应求　商品的价格↑ 供过于求　商品的价格↓
竞争和垄断	竞争引起资本转移　商品的价格↓ 垄断引起价格操纵　商品的价格↑

政府治理通胀预期的主要政策环节

财政政策在治理通货膨胀时发挥了积极作用。2008年各项经济数据显示中央采用的紧缩性货币政策手段成效有限，货币发行量仍高于经济需求的货币量，但另一方面财政政策却更加有效。财政政策不仅可以调节需求，对供给方面也能产生影响，而且财政政策较少受到外部经济的影响，政策扭曲效果较小。

在纸币流通条件下，因货币供给大于货币实际需求，导致货币贬值，而引起的一段时间内物价持续而普遍地上涨现象。其实质是货币发行者为抵销负债而发行过多的货币。通货膨胀在现代经济学中意指整体物价水平上升。一般性通货膨胀为货币的市值或购买力下降，而货币贬值为两经济体间之币值相对性降低。

通胀预期是指人们已经估计到通货膨胀要来，预先打算做好准备要避免通胀给自己造成损害，然而防范通胀的措施本身就会造成资产价格的上升，即对通胀的预期本身就会加快通胀的到来。通胀预期，简单地说，就是人们对于通货膨胀率的心理预期。一种较为简便的算法是把前面几年的通货膨胀率相加，再除以年限，实际上就是一个算术平均数。

通胀预期是导致通胀的重要原因。一旦消费者和投资者形成强烈的通胀预期，就会改变其消费和投资行为，从而加剧通胀，并可能造成通胀螺旋式地上升。比如，如果消费者和投资者认为某些产品和资产（地产、股票、大宗商品等）价格会上升，且上升的速度快于存款利率的提升，就会将存款从银行提出，去购买这些产品或资产，以达到保值或对冲通胀的目的。这种预期导致的对产品和资产的需求会导致此类资产价格加速上涨。而这些产品或资产的价格一旦形成上涨趋势，会进一步加剧通胀预期，从而进一步加大购买需求，导致通胀的螺旋式上升。中国在1987年夏天出现的抢购商品潮、2007年的股票市场的疯涨和房地产价格的大幅上扬，都是通胀预期推动价格飙升的具体案例。

通货膨胀给社会带来的危害是严重的，对这些危害人们一般概括为物价上涨，社会动荡和人心不安等。但实际上，通货膨胀最严重的后果，是对于市场机制的破坏。这种破坏首先造成了对资源的错误引导；其次导致了对劳工的错误引导。因此政府需要加强对通货膨胀的预警，及早制定相应的应对通胀发生的政策，减轻通胀对经济带来的严重破坏。

政府治理通胀预期的主要手段是实行紧缩性的财政政策，即主要通过削减政府支出和增加财政收入来抑制通货膨胀。

收入政策的理论基础是成本推进型的通货膨胀。收入政策指通过限制提高工资和获取垄断利润，控制一般物价的上涨幅度。这种抑制性的收入政策主要有以下两种形式：

第一，工资、价格管制。即由政府颁布法令，强行规定工资、物价的上涨幅度，甚至暂时冻结工资和物价。工资、价格管制通常采用道义劝告和指导、冻结工资等手段进行。第二，利润管制。利润管制是指政府强行限制大企业或垄断性行业的利润，从而抑制通货膨胀。

从另一方面来讲，政府应同时加强对资本市场和房地产市场的监管，完善相关法律制度。政府需要运用税收和转移支付手段，给予企业和居民各项财政补贴。针对国际收支盈余增长过快的输入型通货膨胀，可以采取降低出口退税率，对国内稀缺的生产要素加征出口关税，减少出口。进一步削减进口关税，给予企业进口补贴，扩大进口，使贸易不平衡问题得以缓解。

运用财政政策治理通货膨胀的方式

通常来说，政府运用财政政策来治理通货膨胀有以下几种方式：

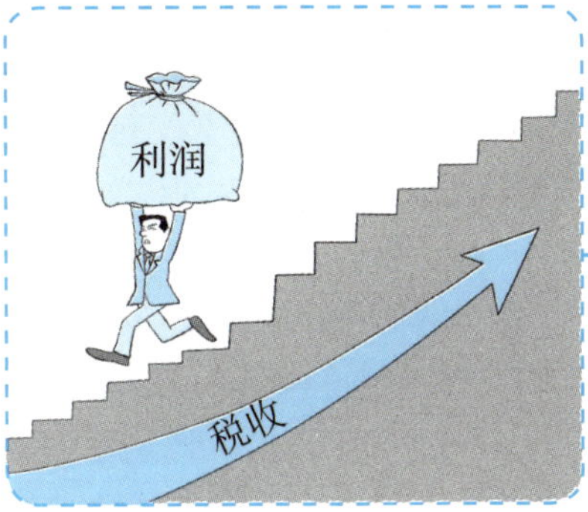

1.增加税收，使企业和个人的利润和收入减少，从而使其投资和消费支出减少。

2.削减政府的财政支出，以消除财政赤字、平衡预算，从而消除通货膨胀的隐患。

3.减少政府转移支付，减少社会福利开支，从而起到抑制个人收入增加的作用。

对于流进我国的热钱，可以采取征收托宾税的办法，防止资本市场膨胀带来的通货膨胀，稳定汇率和减少资本账户盈余。

针对成本和结构型通货膨胀，财政政策要适时扩大增值税转型试点范围，降低企业税率，同时对受到通货膨胀影响较大的企业，如粮油面、石油、电力等给予财政补贴，以减轻这些企业由于成本上升造成的通货膨胀压力。

通货膨胀还会对居民产生财富效应，尤其对低收入者的影响最大。在治理通货膨胀的过程中，政府要把财政支出不断地向教育、医疗卫生、社会保障领域倾斜，向低收入人群倾斜，使财政收入的分配格局更加合理化。这不仅有利于保障社会公平，而且有利于提高人民的生活水平和消费能力，扩大内需，保持经济又好又快发展。

当前，我国经济继续保持平稳快速增长，国内外对中国经济增长的信心增强，但与此同时，也面临物价上行的压力。2011年2月消费者价格指数（CPI）较上年同期增长4.9%，涨幅和1月持平；工业生产者出厂价格指数（PPI）较上年同期增长7.2%，涨幅比1月份增加0.56个百分点，创两年半以来的新高，未来CPI仍然面临上升压力。在此背景下，中央强调要更加注重稳定物价总水平，管理好通胀预期，防止经济出现大的波动。

从一定意义上讲，通胀预期是一种心理预期，不是真正的通胀，但它却能影响人们的行为。当消费者和投资者形成强烈的通胀预期时，就会改变消费和投资行为，造成通胀螺旋式上升，推动形成实际通胀，进而影响经济和社会稳定。因此，管理通胀预期不能有丝毫松懈和麻痹。

管理好通胀预期是当前我国宏观调控的重大任务之一。社会各主体应主动适应政策环境的变化，改变非理性预期，管理好自身的资产和负债，有效配置资金和风险，共同营造良好的经济金融环境。

谁是制造通货膨胀的实际幕后黑手

物价总水平上涨是因为流通中钱的总量太多，超过了商品和服务供给的可能。如果仅仅大力打压高价，抑制通胀就难以期望好效果。

通货膨胀是个侵蚀财富的大问题，物价总水平的持续、全面的上涨，就是所谓的通货膨胀。作为一种货币现象，大家所熟知它的原因之一就是印的纸币太多了。使货币供给的增长率远远高于经济体整个产出量的增长率，而让更多的货币在市场的供求中追逐和竞购较少的物品。

成本推动的通货膨胀：这种观点认为，由于生产成本增加而引起通货膨胀。资源价格上涨后生产率没有相应地提高，那么最终将导致产品价格提高。比方说，对一家汽车制造商来说，钢铁的成本便是钢铁制造商出售钢铁的价格，而当钢铁价格上升时，那么汽车生产的成本就会增加，由此带来整个价格水平的上升。

需求拉动的通货膨胀：这种观点认为，由于总需求过大而引起的物价水平上升。通货膨胀是由于总需求过度增长所引起的，即太多的货币追逐过少的产品，或是由于产品和劳务的需求超过了现行价格条件下可能的供给而导致物价水平上升。

货币主义者认为，在一个稳定的经济体内，货币供给与商品和服务的数量总体上是一种平衡关系。当然，在这一框架内，如果某一商品或服务的需求发生变化，那么其价格也将发生变化：不过，这种变化会被系统内的其他变化所抵销。总需求和总价格仍将保持不变。

高价背后总有钱多的影子。离开了钱多的推动，不可能有高物价。钱多为源，才生出高价之水；钱多为本，才长出通胀之木。因此从根本上来讲，导致总价格上涨的根本原因就是货币供给的扩张，或者说商品和服务供给的紧缩，这实质上是一个问题的两个方面。政府把价格上涨归咎于需求，实际上就等于把通货膨胀解释为经济增长。我们成了我们自身成功的受害者。真正意义的经济增长将导致消费价格下降，因为经济增长意味着生产性产出增加，也就是说商品和服务的数量增加。这样，在货币供给未发生变化的情况下，消费价格自然是下降的。

而从全球性的通货膨胀的客观原因来讲，美国的次贷危机是制造通货膨胀的幕后黑手。

经济学家莫瑞·罗斯巴德指出：通货膨胀惩罚节俭并鼓励举债，因为无论借多少钱，还款时的货币一定比当初借来时的购买力更低，因此，诱导大家先借钱后还款，而不是省下来钱借给别人。通货膨胀在创造“繁荣”的闪亮氛围中，降低了人民的生活水平。

在美国，奉献和创建更美好未来的观念已不再受人欢迎，取而代之的是今朝有酒今朝醉、轻松易得的信贷和消费导向。这正是美国人甚至不惜举债消费的根本原因。

如果从全球的视野来看，美元的霸权地位实际上在满足本国无限膨胀的消费欲望的同时，降低了世界其他国家人民的生活水平。在全球化大背景下，在世界范围内广泛流通、具有霸权地位的货币，便为掌控它的主人掠夺世界人民的财富提供了便利。简言之，拥有霸权货币支配地位的国家，通过加印纸币就可以合法地换取其他国家人民辛苦创造的财富。

在严峻的次贷危机形势下，美国继续实行宽松的货币政策，不断下调利率。同时，美国还联合各国央行为市场注入流动性，美元急剧贬值，货币数量的快速增长为未来发生更严重的通货膨胀埋下了伏笔。

在全球大宗商品价格飙升的过程中，美元持续、快速地贬值。美国施行的弱势美元政策，在客观上造成了向世界各国输送流动性的后果，从而，在大范围内造成了输入型通货膨胀的泛滥，导致一些国家所采取的应对通胀的措施无法产生预期效果。

美国通过不断发行货币换取其他国家辛辛苦苦生产出来的劳动成果，美元从本质上来讲，只是印上了美丽图案的纸，由于美国政府以信誉作为担保，赋予了它代表财富的功能。对于美国而言，它通过发行美元就可以“稀释”自己的债务，以纸张和印刷的低廉成本，换取世界的财富。

美元作为全球金融体系和贸易体系的计价单位、支付和储备手段，使得美国具有了天然的向世界输出通货膨胀的便利。

引发全球通货膨胀的根源

美元持续大幅贬值是引发全球通货膨胀的根源。

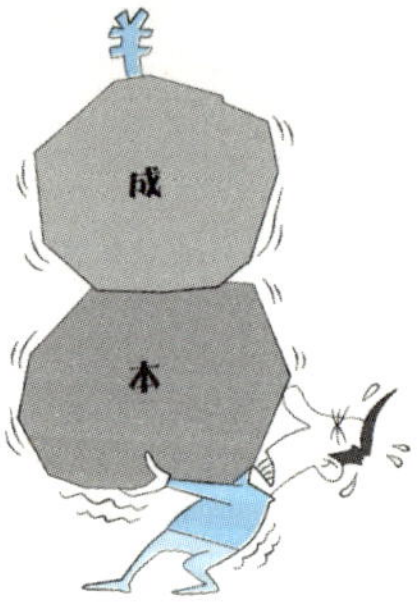

美元的贬值造成大宗商品价格飙升，生产成本大幅上升。

美国产业外迁

而美国早已经把污染严重的制造业转移到发展中国家，它既摆脱了环境污染之苦，又避免了原材料成本上升带来的利润损耗。

就这样，美国将通货膨胀的危机轻而易举地转嫁给了世界各国，引发了全球性的通货膨胀。

第四节　衰退的唯一原因是繁荣

“食草动物”是经济衰退惹的祸

2006年，日本著名社会评论家真深泽就用了一个特殊的词来形容日本年轻人：“食草动物”，或者叫“吃草的男人们”。

一本畅销书《食草类娘娘腔男人们正在改变日本》的作者牛洼惠说，至少有2/3年龄在20～34岁之间的日本男人被归类为“食草族”。她认为，“食草族”心态的形成是20世纪日本那些遵从陈规旧习、冷酷无情和工作狂们熏陶下的产物。

“食草族”们不愿去公司上班谋生，也不愿与同事们一起酗酒追逐漂亮女人了。他们很少工作，但却很追求个性服饰和化妆技巧，还经常与自己的母亲一起去购物。总部在东京的一家名为清洁的公司还专门卖男性胸罩，那些中年上班族就是老主顾。

许多观察家说，这是一种对生活的反叛行为，他们的父亲是罪魁祸首。35岁以上的日本人在1990年前日本的泡沫经济时期生活得很愉快。很多人怀念那段时期能够轻松赚钱、随意花大把钞票的感觉。

20世纪90年代和21世纪初通货紧缩蔓延后，日本人的生活水准下降了，就业体系也发生了历史性的改变。薪水低、福利少，而雇用率只有40%。

日本“食草族”男人的出现，既不是父亲的过错，也不是自身的过错，而是日本经济萧条的过错。从1956年起直到1990年日本经济一直处于高速发展之中，被称为日本经济神话。然而1990年后，日本经济出现了长达14年的明显衰退。

经济萧条是指长时期的高失业率、低产出、低投资、企业信心降低、价格下跌和企业普遍破产。工商业低落的一个温和的形式是衰退，它同萧条有许多共同点，但在程度上较弱。

今天，衰退的精确定义是实际国民生产总值至少连续两个季度下降。大萧条是以商业和普遍繁荣的衰退为特征的一种经济状况。经济萧条，人们失业了，高薪水也不再存在，所以日本男人只能降低生活标准了。

经济衰退不仅导致“食草族”，而且还会导致多项经济指标同时出现下滑，比如就业、投资和公司赢利，其他伴随现象还包括下跌的物价（通货紧缩）。当然，如果经济处于滞胀的状态下，物价也可能快速上涨。经济衰退表现为普遍性的经济活力下降，和随之产生的大量工人失业。严重的经济衰退会被定义为经济萧条。毁灭性的经济衰退则被称为经济崩溃。经济衰退与过量商品存货、消费量的下降（可能由于对未来失去信心）、技术创新和新资本积累的缺乏，以及股市的随机性有关。

市场经济的特点之一是经济周期的存在，然而经济衰退并非总是存在。经济学领域在“政府干涉是可以抹平经济周期（凯恩斯主义）、或是放大经济周期后果的影响（真实经济周期理论）还是制造了经济周期（货币主义）”的问题上存在着很多的争论。历史上最糟糕的经济衰退出现在20世纪30年代，当时的失业率大约是25%，也就是说4个人中就有1个人失业。这段经济大萧条给人们带来的困难不仅仅限于收入的减少，对于某些人来说，它还破坏了正常生活和健康的家庭关系。

1929年经济大衰退导致极权主义在德国和日本兴起，而且带给美、英、法等西方国家严重的失业及社会不稳定等问题，致使它们没有能力联合起来阻止极权国家的侵略行动。而罗斯福新政在一定程度上减缓了经济危机对美国经济的严重破坏，促进了社会生产力的恢复。由于经济的恢复，使社会矛盾相对缓和，从而遏制了美国的法西斯势力。正是由于20世纪的经验和教训，在遇到2008年经济危机的时候，美国经济免于遭遇第二次大萧条，在平息此轮经济危机中起到关键作用的是“大政府”的救助行为。

著名经济学家克鲁格曼认为，2008年年底经济危机爆发时，其严重程度几乎堪比20世纪30年代“大萧条”时期的银行业危机：世界贸易、世界工业产值、全球股市等一系列指标下降速度赶上甚至超过了当时。但与“大萧条”时代所不同的是，在金融危机中，美国经济并未如当时一般直线下滑，而是在经历了糟糕的一年后逐渐开始触底。他认为，美国之所以免于重蹈“大萧条”覆辙，答案是政府在两次危机中所扮演的角色截然不同。

首先，在金融危机中，最关键的并非政府有所为，而是政府有所不为：与私人部门不同，联邦政府没有大幅缩减开支。尽管财政收入在经济收缩的时期大幅下降，社会保险、医疗保险、公职人员收入等都得到了应有的保障。而这些方面的支出都对下滑的经济起到了一定的支撑作用，成为政府的“自动稳定器”。而在“大萧条”时代，政府支出占GDP总量的比例则相对小得多。尽管危机时期的大笔财政支出会导致政府的财政赤字，但是从避免危机深化的角度来说，赤字反能成为一件好事。

其次，政府除了持续发挥其自身的稳定效用之外，还进一步采取措施稳定金融部门，为银行提供救助资金。尽管也许现行的银行救助计划的规模及形式等方面存在缺憾，但是如果没有采取此类措施，情况势必会更加糟糕。在应对本轮危机时，政府没有采取20世纪30年代的放任不管、任由银行系统崩溃的态度，而这正是“大萧条”没有重现的另外一个重要原因。

最后，美国政府在经济刺激计划方面进行了深刻思考，并付出了努力。据预测，如果没有实施经济刺激计划，将有比现在多100万的美国人失去就业机会。正是经济刺激计划将美国经济从自由落体式下降的旋涡中拖了出来。

比通货膨胀更可怕的是通货紧缩

经济学有句话叫通缩比通胀更可怕，宁要通胀不要通缩。通货紧缩是指由于产能过剩或需求不足导致各类价格持续下跌的现象。大家也许会觉得奇怪，通货膨胀我们担心钱包里的钱贬值，而通货紧缩使得大家手里的钱越来越值钱，用同样的钱可以买到更多的东西，对消费者来说是求之不得的好事，还有什么可担心的呢？

通货紧缩与通货膨胀都属于货币领域的一种病态，但通货紧缩对经济发展的危害比通货膨胀更严重。比如，在通货紧缩的情况下，如果消费者能维持原有的收入，那么物价的下降将提高消费者的生活质量，但是很多情况下企业会因利润下降被迫降薪或裁员。

按照通货紧缩的发生程度不同，可以分为相对通货紧缩和绝对通货紧缩。相对通货紧缩是指物价水平在零值以上，在适合一国经济发展和充分就业的物价水平区间以下，在这种状态下，物价水平虽然还是正增长，但已经低于该国正常经济发展和充分就业所需要的物价水平，通货处于相对不足的状态。这种情形已经开始损害经济的正常发展，虽然是轻微的，但如果不加重视，可能会由量变到质变，对经济发展的损害会加重。

绝对通货紧缩是指物价水平在零值以下，即物价出现负增长，这种状态说明一国通货处于绝对不足状态。这种状态的出现，极易造成经济衰退和萧条。根据对经济的影响程度，又可以分为轻度通货紧缩、中度通货紧缩和严重通货紧缩。而这三者的划分标准主要是物价绝对下降的幅度和持续的时间长度。一般来说，物价出现负增长，但幅度不大（比如-5%），时间不超过两年的称为轻度通货紧缩。物价下降幅度较大（比如在-5%~-10%），时间超过两年的称为中度通货紧缩。物价下降幅度超过两位数，持续时间超过两年甚至更长的情况称为严重通货紧缩，20世纪30年代世界性的经济大萧条所对应的通货紧缩，就属此类。

界定通货紧缩，在一般情况下可以而且能够用物价水平的变动来衡量，因为通货紧缩与通货膨胀一样是一种货币现象。但是如果采取非市场的手段，硬性维持价格的稳定，就会出现实际产生了通货紧缩，但价格可能并没有降低下来的状况，而这种类型的通货紧缩就是隐性通货紧缩。

由于通货紧缩形成的原因比较复杂，并非由单一的某个方面的原因引起，而是由多种因素共同作用形成的混合性通货紧缩，因此治理的难度甚至比通货膨胀还要大，必须根据不同国家不同时期的具体情况进行认真研究，才能找到有针对性的治理措施。

反思我国通货紧缩局面的形成，无不跟政府主导型发展战略有关，像国有企业大量亏损，失业现象严重，重复建设造成经济结构的扭曲，短缺与无效供给的并存都与政府对市场的过度干预紧密相连。因此，要想尽快走出通货紧缩的困境，必须加大改革力度，充分发挥市场机制的作用，就必须增强企业的活力，使其真正发挥促进经济发展的关键作用。

一般而言，要治理通货紧缩，必须实行积极的财政政策，增加政府公共支出，调整政府收支结构。就是要在加大支出力度的基础上，既要刺激消费和投资需求，

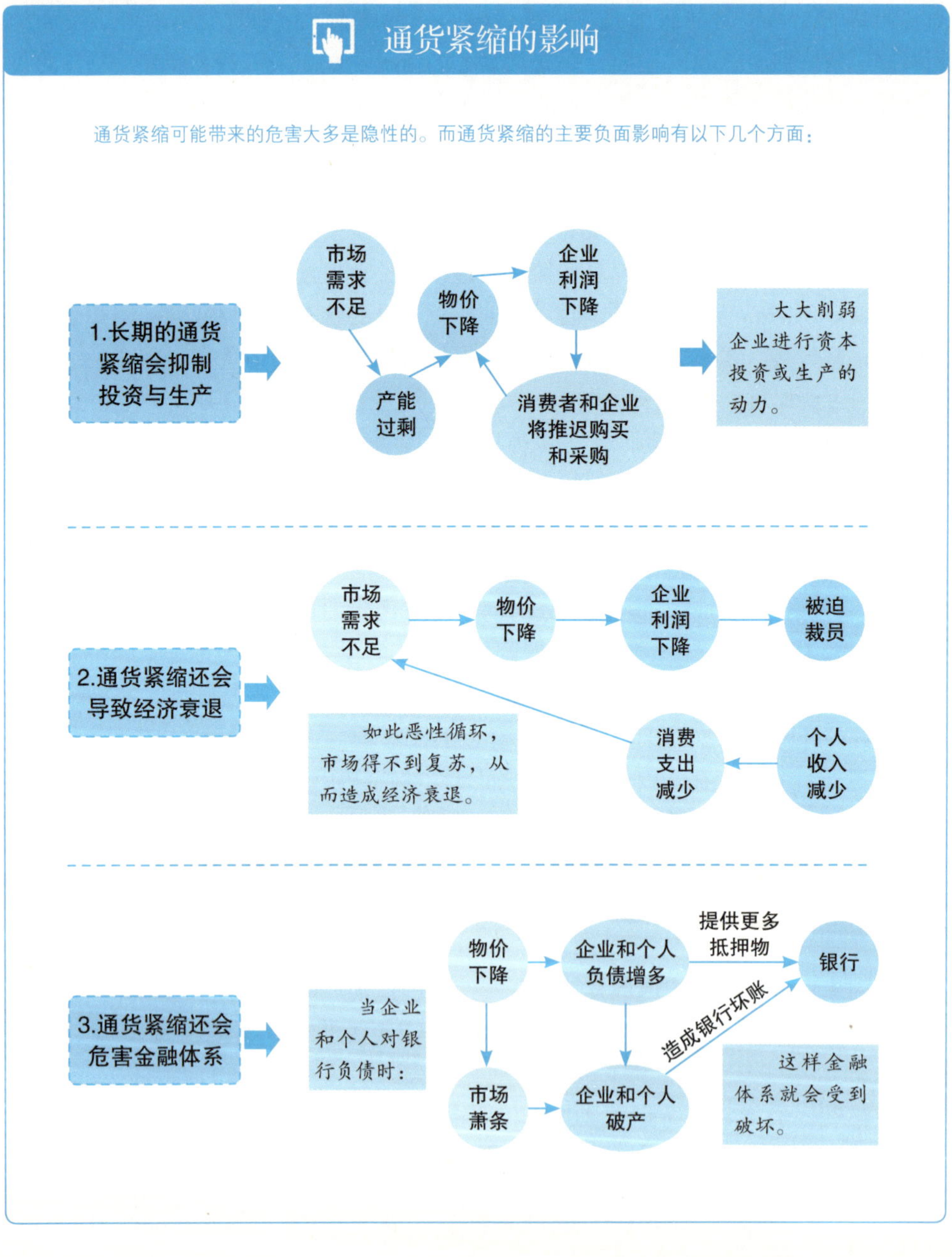

又要增加有效供给。而通货紧缩既然是一种货币现象，那么治理通货紧缩，也就必须采取扩张性的货币政策，增加货币供给，以满足社会对货币的需求。作为中央银行可以充分利用自己掌握的货币政策工具，影响和引导商业银行及社会公众的预期和行为，在通货紧缩时期，一般要降低中央银行的再贴现率和法定存款准备金率，从社会主体手中买进政府债券，同时采用一切可能的方法，鼓励商业银行扩张信用，从而增加货币供给。财政政策与货币政策的配合运用，是治理通货紧缩和通货膨胀的主要政策措施。

通过膨胀与通货紧缩的区别

通货膨胀	VS	通货紧缩
指纸币的发行量超过流通中所需要的数量，从而引起纸币贬值、物价上涨的经济现象。	含义不同	指在经济相对萎缩时期，物价总水平较长时间内持续下降，货币不断升值的经济现象。
社会总需求大于社会总供给。	实质不同	社会总供给持续大于社会总需求。
纸币贬值，物价上涨。	表现不同	物价指数在较长时间内持续低迷。
社会总需求大于社会总供给。	成因不同	社会总需求小于社会总供给。
直接使纸币贬值，造成社会经济生活秩序混乱。	危害性不同	影响投资者的信心和居民的消费心理，导致恶性的价格竞争。
实行适度从紧的货币政策和量入为出的财政政策等措施。	解决措施不同	实行积极的财政政策、稳健的货币政策、正确的消费政策。

应该如何应对通货紧缩

通货紧缩是指货币供应量少于流通领域对货币的实际需求量而引起的货币升值，从而引起商品和劳务的货币价格总水平持续下跌的现象。

购买力上升，物价下跌，造成通货紧缩。依据诺贝尔经济学奖得主保罗·萨缪尔森的定义：“价格和成本正在普遍下降即是通货紧缩。”经济学者普遍认为，当消费者物价指数（CPI）连跌两季，即表示已出现为通货紧缩。通货紧缩就是物价、工资、利率、粮食、能源等价格不能停顿的持续下跌，而且全部处于供过于求的状况。

很多人会认为，这不是正代表着抑制通货膨胀的目标得到了实现吗？这是好事啊。其实不然。这就是通货紧缩，整体物价水平下降，是一个与通货膨胀相反的概念。

通货紧缩对经济增长的影响有短期和长期之分。适度的短期通货紧缩有利于经济的增长。因为，通货紧缩将促使长期利率下降，有利于企业投资改善设备，提高生产率。在适度通货紧缩状态下，经济扩张的时间可以延长而不会威胁经济的稳定。而且，如果通货紧缩是与技术进步、效益提高相联系的，则物价水平的下降与经济增长是可以相互促进的。

长期的货币紧缩会抑制投资与生产，导致失业率升高及经济衰退。因为物价的持续下降会使生产者利润减少甚至亏损，继而减少生产或停产；生产投资减少会导致失业增加，居民收入减少，加剧总需求不足；同时使债务人受损，继而影响生产和投资。

通货紧缩时期，还债变得更艰难了。就算利率降低了，以货币的购买计算的话，实际利率却大大增加了。假设一个自主经营的小裁缝店在1年前从银行借了100元，那时候一件上衣的价格是100元。到了通货紧缩时期，货币的价值大幅上升，而价格却大幅下降。假设1年后，一件上衣的价格变成了50元，这位裁缝店在1年前制作1件上衣就可以还掉的贷款，在1年后却要制作2件上衣才能还清债务。也就是说，人们为了还债，必须要付出双倍的劳动。假设这个裁缝店店主努力工作，还1/2的债务，即50元。那么，市面上的货币由于又少了50元，因此变得更加紧缩。换句话说，债务还得越多，偿还剩余的债务就会变得越艰难。

通货紧缩是比通货膨胀更危险的敌人，通货紧缩通常被认为是经济衰退的先兆，严重的通货紧缩将会造成经济的大萧条，使经济发展倒退几十年，并且在较长时间内难以复苏。难怪日本经济学家把曾经发生在日本的一场通货紧缩称为“可怕的通货紧缩幽灵”。很多经济学家由此得出一个结论：“通货紧缩对经济所造成的损害要比通货膨胀大得多。”

2010年5月4日，诺贝尔经济学奖得主保罗·克鲁格曼警告说，日本式的通缩已初露端倪。

政府应对通货紧缩的办法

1.宽松货币政策和财政政策

扩大财政支出，降低利率，可以增加流通中的货币量，从而刺激总需求。

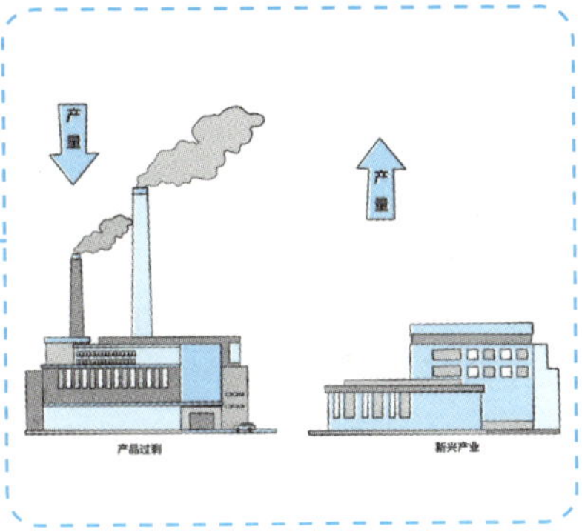

2.调整经济结构

减少过剩部门或行业的产量，鼓励新兴部门或行业发展，如发展新能源汽车等。

3.增加人民信心

政府通过各种宣传手段，增加公众对未来经济发展趋势的信心。

此外，还要完善社会保障。建立健全社会保障体系，适当改善国民收入的分配格局，提高中下层居民的收入水平和消费水平，以增加消费需求。

英国中央银行英格兰银行行长默文·金指出，2010年下半年直到2012年年底，英国的通货膨胀率将低于政府确定的2%的目标；同时，英国经济的衰退程度比以前估计的严重，而且即使经济开始复苏，步伐也将是缓慢的。

2010年6月英国通胀水平达到了1.8%，低于5月的2.2%，创下自2007年9月以来的最低纪录。英国央行同时预计，通货膨胀率还可能暂时跌破1%。这一报告也显示，英国经济正面临陷入通缩的风险。

“铜博士”会告诉我们经济何时复苏

经济从总体基本上可以认定是规律性波动，像声波一样有低谷，有高峰，经济学上将低谷定义为经济衰退或紧缩，高峰定义为经济过热或通胀，处在低谷向高峰的阶段是经济增长或逐渐衰退的时间段。经济复苏可以认定是从低谷向高峰的运动。

曾经一度暴涨的原材料价格也开始下跌。由于投资机构的去杠杆化，致使原材料价格下降，这也加速了经济停滞造成的需求下降。而原材料价格的急速下跌使人们陷入极度的恐慌之中。某种原材料的价格跌至生产成本价格，甚至跌至比生产成本更低的水平。

例如，石油价格曾上涨到每桶145美元，让人们切实经历了石油峰值的恐怖。但是，仅过了3个月，石油价格暴跌到每桶35美元，又让人们体会了谷底的恐慌。伊朗、俄罗斯、委内瑞拉等原油出口国的收入急剧缩减，俄罗斯更是雪上加霜地产生了外汇问题。

由于原材料价格下跌，生产原材料的企业陷入了资金紧张的困境。石油、煤炭和天然气的探索作业几乎被迫中断，负债的企业（进口商）到达了破产边缘。因此，许多原材料企业缩小规模，进入供给崩溃阶段。供给崩溃就是这样由价格问题引发的。

一些经验丰富的分析专家认为供给崩溃迟早会使原材料价格反弹，尤其是各国史无前例的经济复兴政策会致使原材料价格急剧走高。不远的将来，原材料价格虽有可能持续走高，但考虑到当今通货紧缩的规模，不可排除原材料价格还要在价格低谷徘徊好几年的时间。

“金融危机爆发以来，美国政府为了保持美元国际通货的地位而采取了多种救市举措，这些举措也确实能在一定程度上起到稳定市场、提振信心的作用，但是，如前所述，这场危机所深刻揭示出的全球经济、金融失衡不会因为这些举措而得到根本性扭转。以“购买美国产品”等为口号的贸易保护主义却重新抬头，其实无异于缘木求鱼，其结果不仅无助于根治美国国内储蓄、消费失衡的痼疾，反而还可能会因为祸水外引导致各国经济共同恶化。

尽管经济的复苏存在多重制约，但长期作为世界经济火车头的美国经济并不会

原材料价格大幅下跌的原因及影响

经济衰退时期，那些通过杠杆作用购买了期货、现货的投资机构开始亏本出售货物，市场上出现的原材料过多造成了供大于求的局面。

经济衰退导致了需求的减少。

原材料价格过低，相关原材料生产商就会缩小生产规模，从而引发供给崩溃的现象。而在未来，这种现象很可能会由于原材料的短缺而持续下去，并且供给崩溃现象会导致原材料价格跌至低谷。

就此一蹶不振，目前来看，支撑其能够在比较合理的时期内取得复苏的理由同样可分为短期、长期两类，其中前者包括：其一，爆发金融危机以来，美国迅速采取了连续降息、财政救助等多种手段，其力度之大、范围之广、行动之快，在西方集团内部可谓卓然；其二，包括金融危机等因素所导致的石油等大宗商品价格的深度回调，大大降低了美国经济运行的成本；其三，美元适度贬值，结果客观上有利于美国削减政府债务且大幅收窄贸易逆差；其四，在金融系统基本稳定的前提下，美国居民储蓄率有望企稳并取得小幅增长。

可以预测，这次的经济衰退结束时，原材料价格自然会上升。尽管各国政府错误的政策会阻碍经济复苏，但总有一天，经济结构会经由市场调节转换为适应现今经济发展的结构。

经济复苏，高油价是否会再次来临的隐忧再现。在可能出现的“石油开发瓶颈时代”，发展新能源，建立多元供应格局，仍将是一个长期课题。

当前美国提出新能源战略，是长期从能源科技、气候变化研究中得出的新认识和新策略，科技决定能源未来，人类必将从能源资源型社会走向能源科技型社会，这是新能源革命。

能源发展规律告诉我们，从木材时代到煤炭时代再走向石油时代，人类能源转换是被动的、无意识的，而从石油时代往后走，全世界都在主动研究。国内外共识是突破点和新增长点将出现在环保产业和新能源产业。清洁、高效、低碳、多元、可持续，这就是未来能源发展的方向。不论石油产量顶峰是否出现，现在整个环境污染已要求降低高碳能源使用，这是一个非常重要的环境议题。

对原材料的需要会引起原材料价格的自然上涨。铜和石油都是最重要的原材料，它们会告知我们这一时期何时到来。铜常被叫作“铜博士”，是我们必须多加留意的原材料。几乎所有的产业部门都要用到铜，所以，铜的需求增加和价格上升是显示经济复苏的重要信号。而且，其他原材料价格也会呈上升趋势。所以，根据铜的价格变化可以预测此后原材料价格的浮动。

从这一点来看，美国奥巴马政府的新能源政策具有积极的意义。奥巴马能源战略以后，新能源战略科技研究、气候变化研究得出了新的认识和新的策略。如何改造能源工业，创造智能型能源工业，科技将决定能源未来，科技将创造未来能源，人类社会将从能源资源型社会走向能源科技型社会，这将成为新的能源革命。

第三章

劳动是宏观经济的首要问题

第一节　谁偷走了我们的工作

失业问题令奥巴马如坐针毡

2009年12月，奥巴马在著名智库布鲁金斯学会表示，美国经济目前面临的形势仍然相当严峻，尤其是失业率居高不下，更是亟待解决的问题。

奥巴马在讲话中说："今天，我要提出提升就业率的大概步骤。第一，我们要采取措施帮助中小企业成长和雇用员工。第二，我们要加大对国家基础设施的投资，这已经是经济复苏计划中的一部分。第三，我呼吁国会考虑新的计划，为消费者翻新房屋、提高能源利用效率提供刺激方案，这能够创造工作岗位，为家庭省钱，还能够减少污染对环境的威胁。"

奥巴马敦促商界增加投资，创造更多就业机会。他说，如果商界正考虑未来增加投资，最好现在就行动起来，这样做有助美国经济增长。

失业有广义和狭义之分。广义的失业指的是生产资料和劳动者分离的一种状态。在这种状态下，劳动者的生产潜能和主观能动性无法发挥，不仅浪费社会资源，还对社会经济发展造成负面影响。狭义的失业指的是有劳动能力的处于法定劳动年龄阶段的并有就业愿望的劳动者失去或没有得到有报酬的工作岗位的社会现象。

在经济学中，一个人愿意并有能力为获取报酬而工作，但尚未找到工作的情况，就被认为是失业。按照国际劳工组织（ILO）的统计标准，凡是在规定年龄内一定期间内（如一周或一天）属于下列情况的均属于失业人口：

（1）没有工作，即在调查期间内没有从事有报酬的劳动或自我雇用。

（2）当前可以工作，就是当前如果有就业机会，就可以工作。

（3）正在寻找工作，就是在最近期间采取了具体的寻找工作的步骤，例如到公共的或私人的就业服务机构登记、到企业求职或刊登求职广告等方式寻找工作。

一般来说，人们都不愿意失业。虽然失业者可领取一定的失业救济金，但其数额少于就业时的工资水平，因而生活相对恶化，促使其重新就业。从这一点上来

如何缓解失业问题

1.人力培训计划

积极开展职业性技术教育和资助大学教育来提高工人的技术水平和应变能力，使失业的工人适应新兴工作岗位的需要。

2.失业保障制度

失业保障制度可以缓解失业人口的经济压力，为其提供经济补助。

3.公共部门就业

为了解决某一个地区的失业问题，政府可以有意识地兴办公共工程，来吸收这些劳动力，从而降低经济中的失业率。

说，不少西方经济学家认为，一个合理的失业率及其失业现象的存在，是促进社会发展所必需的条件之一。

美国布鲁金斯学会分析师加里・布特勒斯称，失业是衡量美国经济体质的最经典指标，也是一项严重滞后的经济指标。

失业一般可分为以下几种：

（1）摩擦性失业。指生产过程中难以避免的，由于转换职业等原因而造成的短期、局部失业。这种失业的性质是过渡性的或短期性的。

摩擦性失业的最终表现是求职者找不到满意的工作，用人单位也找不到需要的人才，造成就业难和招工难并存的现象。现在很多大学生毕业后找不到合适的工作，就属于摩擦性失业。

（2）结构性失业。是指劳动力的供给和需求不匹配所造成的失业，其特点是既有失业，也有职位空缺。结构性失业是由经济变化导致的，这些经济变化引起特定市场和区域中的特定类型劳动力的需求相对低于其供给。举一个简单的例子，美国新兴的计算机产业在迅速扩张时，炼钢工人却因为钢铁业的衰落面临失业。

（3）季节性失业。由于某些行业生产条件或产品受气候条件、社会风俗或购买习惯的影响，使生产对劳动力的需求出现季节性的波动而形成的失业。如雪糕厂在销售旺季时要扩招一些员工，而销售淡季时显然要裁减一些员工。

（4）周期性失业。是指经济周期中的衰退或萧条时，因社会总需求下降而造成的失业。当经济发展处于一个周期中的衰退期时，社会总需求不足，因而厂商的生产规模也缩小，从而导致较为普遍的失业现象。周期性失业对于不同行业的影响是不同的，需求的收入弹性越大的行业，周期性失业的影响越严重。

不过，现实社会如何确定具体的失业人员数量是非常困难的。在我国农村，就存在大量的隐性失业人口。造成失业的原因有很多，因此失业的结构与变动情况是观察重点。

不可避免的摩擦性失业

2010年8月6日，美国劳工部发布报告称，7月份美国非农业部门减少工作岗位13.1万个，失业率不变，为9.5%。报告显示，7月份美国失业者中有45%的人失业时间超过6个月。报告说，私人部门就业岗位数量增加7.1 万个，其中制造业继续表现强劲，7月份增加3.6万个就业岗位。但私营部门就业人数的增长不足以弥补政府部门就业人数减少的影响。

目前大约一半在美国生活的人没有就业。他们既没有为别人工作赚取工资，也没有在属于自己的企业里为自己工作。但是要说50%的美国人口失业，这会很荒谬。

美国人口中，几乎1/4的人年龄低于16岁，大约1/8的人年龄超过65岁。16岁至65岁之间的人中很多是全职工作的，但他们并不是在我们所说的意义上就业；他们的工作是养育子女，照顾家庭。显然，让我们烦恼的失业和仅仅是没有就业之间是有很大区别的。

失业率是劳动人口里符合“失业条件”者所占的比例。实际上，确定确实在找工作的失业人员数量是非常困难的，特别是确定在找到工作前失业救济金已经过期的那些人的数量。失业的历史就是工业化的历史。在农村这并不看作是一个问题，尽管农村劳动力的隐性失业人员几乎没什么事可做。国际劳工组织发布的“2010年全球失业趋势”报告说，2009年全球的失业人口已接近2 .12亿人，创下该组织1991年开始统计该项数据以来的最高纪录。

似乎所有人都认为，有一定数量的失业是正常的，没有人会为此担心。那么这个数量是多少呢？可以让人接受的失业率是多少呢？ 1944年，美国1.2%的劳动力被官方划分为失业人口，那时，全部劳动力的1/6就职于军队，人们被要求离开学校就业、放弃退休生活重新加入工作或者每周工作6 天或7 天。所有经历过那段劳动力紧缺的日子的人都不会相信，1944年居然有1.2%的劳动力找不到工作。

我们怎么区分失业是否有问题呢？在有些领域内，人们回避整个问题的一个通常说法是，只有在上升至“摩擦性”失业的水平以上时，失业才会成为问题。一定数量的摩擦性失业不会带来问题，因为它代表了劳动力市场的正常流动。如果我们有理由相信劳动力市场的正常流动是不随时间改变的确定的常量，那么这种说法也许能令人满意。但是，恰恰相反，有诸多非常合理的理由让我们认为劳动力市场的正常流动是一个变量，而非常量，而且这个变量是随着近年来不断变化的一些因素而变化的。

摩擦性失业通常是不同企业间劳动需求变动的结果。当消费者对康柏电脑的偏好大于戴尔电脑时，康柏公司增加就业，而戴尔公司裁减工人。戴尔公司的工人现在必须寻找新工作，而康柏公司必须决定雇用那些新工人从事空缺的各种工作。这种转变的结果是失业的时期。

同样，由于一国的不同地区生产不同的物品，所以，一个地区的就业可能增加，而另一个地区的就业可能减少。例如，考虑世界石油价格下跌时发生的情况，得克萨斯石油生产企业对价格下跌的反应是减少生产和就业。同时，廉价的汽油刺激了汽车销售，密歇根的汽车生产企业增加了生产和就业，各行业或各地区之间的需求构成变动称为部门移动，由于工人在新部门找工作需要时间，所以部门移动暂时引起失业。

摩擦性失业不可避免是因为经济总是在变动，一个世纪以前，美国就业最多的四个行业是棉纺织品、毛制品、男性服装以及木材，现在，四个就业最多的行业是汽车、飞机、通信与电子元件。随着这种转移的发生，一些企业创造出了工作岗

自愿失业与非自愿失业

失业根据主观愿意就业与否可以分为自愿失业与非自愿失业。

自愿失业是指工人所要求的实际工资超过其边际生产率，或者说不愿意接受现行的工作条件和收入水平而未被雇用而造成的失业。

由于这种失业是因为劳动人口主观不愿意就业而造成的，所以被称为自愿失业，无法通过经济手段和政策来消除，因此不是经济学所研究的范围。

另一种是非自愿失业，是指有劳动能力、愿意接受现行工资水平但仍然找不到工作的现象。

这种失业是由于客观原因所造成的，因而可以通过经济手段和政策来消除。经济学中的所讲的失业是指非自愿失业。

位，而另一些企业中的工作岗位则消失了。这一过程的最终结果是更高的生产率和生活水平。但是，伴随这一过程，处于衰落行业的工人发现他们失去了工作，并要寻找新工作。

数据表明，美国制造业中每年最少有10%的工作岗位被取消。此外，在普通的一个月中，有3%以上的工人失去了自己的工作，有时这是因为他们认识到，工作并不适合于他们的爱好和技能。许多这些工人，特别是年轻工人，转而寻找工资更高的工作。在一个运行良好而动态化的市场经济中，劳动力市场的这种变动是正常的，这些摩擦性失业也是不可避免的。

多大就业是“充分就业”

20世纪五六十年代美国的自然失业率为3.5%～4.5%，即95.5%～96.5%的劳动力人口就业率就是充分就业状态；20世纪70年代的自然失业率为4.5%～5.5%，即94.5%～95.5%的劳动力人口就业率就是充分就业状态；20世纪80年代的自然失业率为5.5%～6.5%，即93.5%～94.5%的劳动力人口就业率就是充分就业状态。

英国经济学家凯恩斯在《就业、利息和货币通论》一书中提出，在某一工资水平之下，所有愿意接受工作的人，都获得了就业机会。充分就业并不等于全部就业或者完全就业，而是仍然存在一定的失业。但所有的失业均属于摩擦性的和季节性的，而且失业的间隔期很短。通常把失业率等于自然失业率时的就业水平称为充分就业。

充分就业是指凡是愿意并有能力工作的人都得到了一个较为满意的就业岗位，与之相对应，失业是指愿意并有能力工作的人没有得到就业岗位，失业是想得到就业岗位而被动地失去了就业机会，那些有工作能力而又不愿意工作的人不被视为是真正严格意义上的失业，因而通常叫作自愿失业。

充分就业者在工作岗位上能够做到有效率地工作，人力资源能够得到优化配置。充分就业并不是人人都有就业岗位，在充分就业状态下仍然存在一定数量的结构性失业和摩擦性失业，即因技术进步、产业结构、劳动年龄和需求偏好变化而引起的职业转换过程中的暂时性失业，这种失业具有一定的自然合理性，属于劳动力人口的正常流动，是优化人力资源配置的动态调整过程，是经济发展和社会进步的需要，充分就业被认为是人力资源有效率配置的优化状态。

无论是在理论上还是在事实上充分就业都被认为是存在自然失业率的就业状态，自然失业率是长期均衡的失业率或充分就业的失业率，这时的经济运行周期处在高涨或繁荣阶段，失业补助、社会救济、福利开支、社会保障、生活水平、心理状况、人口规模、运行质态、社会认同，等等，都被认为是可以接受的状态。

现代市场经济运行中的实际失业率若大大高于自然失业率，则表明有效需求不足和市场疲软，经济运行质量有待改进和提升，实际失业率接近或等于零则不可能。在不同国家和不同时期具有不同的自然失业率的具体数值，各国政府可以依据具体情况来确定本国特定时期是否实现了充分就业。

在充分就业状态下，每个劳动者都找到了他所期望找到的就业岗位，劳动者在就业岗位上实在地证明了自身所拥有的自主决策、自愿选择、自由流动、自动就业和自我发展的真实权利，劳动者的可行能力得到了体现、证明和运用，其自身的内在需求偏好获得了满足，有可能实现符合个人意愿的全面发展。

充分就业状态下包括人力资源在内的所有社会资源都得到了最优化配置，实际经济产出GDP接近或等于潜在产出，经济运行曲线处在生产可能性曲线的边缘附近，经济周期处在繁荣和高涨阶段，国民经济蛋糕已经做到最大，即使收入分配比例保持不变，个人家庭收入和政府财政收入也都会获得相应增长，人口发展、经济增长和社会进步处在动态和谐的健康运行状态。

政府如何实现充分就业

在现代市场经济中，当人力资源充分就业时，其他一切非人力资源也同时得到最有效率的利用，整个国民经济的实际产出接近或等于潜在产出，经济产出状态处在生产可能性曲线的最大边缘，经济发展和经济增长处在经济周期的繁荣阶段。由于充分就业状态以及由此表征的整体经济运行状态处在人们期望的最优状态，实现充分就业就成为社会发展的重大关键问题，政府就有责任、有义务在充分就业领域大有作为，充分就业就成为政府职能结构中最重要的构成要件，也是任何国家政府宏观调控的首选目标。

对于社会来说，充分就业是社会经济增长的一个十分重要的条件。要实现充分就业，政府必须加强经济干预，力求达到或维持总需求的增长速度和一国经济生产能力的扩张速度的均衡。对于个人来说，充分就业关乎个人尊严、自我实现。一个人在没有人情味的商业生活中养活自己，是一个人体面地生活、维护自尊所必需的。同时，就业还是人们追求生活的中心目标——自我实现的媒介。费尔普斯指出，自我实现只能来自职业。

北京师范大学社会保障专业的房同学现在研究生在读，但是她的本科同学的求职过程让她对于就业难有自己的想法。她认为问题首先是因为经济大环境不景气，直接导致用人需求减少；其次是因为大学生自身操作能力不强，工作动手能力差，并且在大学学习过程中没怎么接触过实践课程；还有一点是大学生在获得就业信息和用人单位的用人需求信息中沟通不畅。

大学生供过于求。高校连续扩招及人口峰值的到来，使得近年来中国大学毕业生数量连年攀升。据人力资源和社会保障部统计，2011年，全国普通高校毕业生总数650万人，加上历年没有就业的人员，超过700万毕业生需要解决就业。

劳动力市场需求疲软。在全球范围的经济危机影响下，而金融危机和国内产业结构的调整使本就不景气的就业市场雪上加霜。

充分就业

充分就业的意义

- **权利保证** → 劳动者在岗位上可以证明自我权利，并且自身能力得到体现、证明和运用。
- **经济支撑** → 劳动者个人有了可靠的工作保障，找到了稳定可靠的收入来源。
- **精神满足** → 劳动者在岗位上证明了自己的社会价值，其精神需求会得到满足。
- **和谐发展** → 社会资源都得到最优化配置，人口发展、经济增长和社会进步处在动态和谐的健康运行状态。
- **消解冲突** → 人们各就其业，社会发展过程中潜藏的某些动荡、冲突、摩擦等不稳定因素得到及时消解。

中国政府和高校已展开了一系列帮助大学生就业的措施。2009年1月7日，国务院专门召开常务会议，确定了包括鼓励和支持毕业生自主创业等在内的几项就业工作措施。

鼓励和引导毕业生到城乡基层就业：大力开发基层管理和服务岗位，对到农村基层和城市社区工作的毕业生，给予薪酬或生活补贴，并按规定参加社会保险；对到中西部和艰苦边远地区县以下农村基层就业，并履行一定服务期限的毕业生，实施相应学费和助学贷款代偿；对应征入伍服义务兵役的高校毕业生实行学费补偿和助学贷款代偿。扩大中央有关部门实施的面向基层就业项目规模。

鼓励毕业生到中小企业和非公有制企业就业：对企业招用非本地户籍普通高校专科以上毕业生，直辖市以外的各地城市要取消落户限制。企业吸纳登记失业高校毕业生，可享受相关就业扶持政策。

鼓励骨干企业和科研项目吸纳和稳定高校毕业生就业：鼓励国有大中型企业特别是创新型企业吸纳更多高校毕业生，支持困难企业保留大学生技术骨干。承担国家和地方重大科研项目的单位要积极聘用优秀毕业生，高校的科研专项可吸收毕业生参与研究，其劳务性费用和有关社会保险费从项目经费中列支。

鼓励和支持毕业生自主创业：高校要积极开展创业教育和实践活动，建设完善一批大学生创业园和创业孵化基地，为高校毕业生创业提供“一条龙”服务。对高校毕业生从事个体经营符合条件的，免收行政事业性收费，落实税收优惠、小额担保贷款及贴息等扶持政策。

建立和完善困难毕业生援助制度：积极为离校后未就业回原籍的高校毕业生提供就业服务，将登记失业的高校毕业生纳入当地失业人员扶持政策体系，对就业困难和困难家庭毕业生给予重点帮扶。

第二节　失业的代价有多大

失业是经济社会的突出问题

20世纪70年代，高失业率和高速通货膨胀在美国并存，人们迅速地学会了如何辨别实际的工资增长和仅仅名义上的工资增长。当雇员开始对持续的通货膨胀有所认识，他们就不会再受假象的蒙蔽，不会再认为货币工资和实际工资是一回事了。但是假设政府采取了这种办法，然而发现故意制造通货膨胀的政策无法切实地降低失业率，于是决定不再使用这个政策。假设政府已经通过财政和金融等刺激手段制造了通货膨胀，而后决定缓和局面。一段时间之后，总消费可能会非常快地停止增长，制造商们将无法以他们预计的价格出售其商品。存货开始增加，生产减量，失业率上升。最终，销售商们不再预期价格会快速增长，将销售商品的价格下调，同时也将进货价格压低。于是销售又开始复苏，存货下降，生产增量，失业率（缓慢）下降。

为什么在经济衰退时失业激增，而在经济衰退结束、复苏开始后，又长时间地顽固盘踞呢？前一个问题可能不需要太多回答。如果对一个公司出售的产品的需求出现意料之外的下降，未出售的存货开始增长，这个公司就会限制生产，想办法削减成本。

劳动力成本通常构成公司边际成本中相当大的一部分，一旦出现经济衰退，能预料到的就只能是裁员和上升的失业率了。但是当经济复苏已经使产量恢复到经济衰退开始前的水平时，为什么失业率不能回到经济衰退前的水平呢？

显然，原因是雇用雇员所花的时间比解雇他们所花的时间长。经济衰退之时被解雇的人不会都在家里坐等电话把他们叫回去工作，多数人会找其他的工作，不少人会打零工，因此在经济复苏期间想要扩大招工的公司必须寻找和培训一些新雇员。很多公司在确定复苏是切切实实的发生之前不愿意这样做，它们更倾向于延长现有人员的劳动时间，而非增加新雇员，有些公司在经济衰退期间学会了如何使用更少的雇员干更多的活，而之前的长期的扩张促使公司雇用多于必需人数的人员。

一次又一次的经济衰退制造了削减开支、有效利用边际价格的强烈动机。经济衰退中学到的东西在经济衰退结束时并不会消失，因此经济衰退中被辞退的一些雇员在经济衰退结束后不会被重新雇用或者恢复职位。

失业代表了劳动力过剩：供给数量大于需求数量。推测起来，更低的工资可以减少供给数量，增加需求数量，直到工资达到市场出清的水平，如果一个工人的边际生产力超过了给出的工资，这个工人总是能够找到工作，另一方面，如果工资水平超过了雇员的边际产量，那么除非工资水平下调，不然该雇员将很难找到工作。如果一个雇员向公司要求的工资低于其边际产量的价值，其他雇员也会减少自己的收益，与这个雇员竞争，因此会加大该雇员工资水平的压力。在这里，劳动力市场的运行和其他所有市场的运行一样，劳动力市场中雇主（买方）和雇员（卖方）的调节会使边际产量价值和工资水平趋于相等，使市场出清。

但是劳动力市场的运行并不总是和农产品市场相同。有理由假设劳动力市场可能产生劳动力过剩，仅仅因为更多的雇主想要支付高于市场要求的工资（“效率工资”），雇员自愿或非自愿地离开现在的工作时，他们能够期望得到一份和现在一样好的新工作，这意味着雇员们有强烈的动机去放大在别处工作的优点。结果造成高人员流动率，这会为雇主带来大笔开支，因为培训新工人的费用总是大于零的。即使雇主的动力只来自对底线的关心，他们也还是希望他们的雇员认为现在的工作比可能在别处找到的工作要好。

如果雇员认为没有被公正对待，不论是否有合理的理由，其对工作的责任感都会很快被减弱。除了道德感之外，不这么做的一个很有力的理由是被解雇的代价会很大。工人的报酬总是多于他们的机会成本，这样，解雇的代价会很高。因此我们

发达国家治理失业的经验

一、实行积极的政策措施，促进就业

1.运用国家政策保持经济增长，吸纳劳动力就业，防止失业的恶化。

2.加强产业结构调整，发展新产业。

3.减少劳动者税收负担，提高就业积极性。

二、加强职业培训和职业服务，提高失业者的再就业能力

1.加大失业者再就业培训的资金投入。

2.重视在职培训。

3.加强就业服务体系的完善。

三、改革失业保障制度，促进就业保障制度

实现从消极被动的失业治理向主动的失业治理政策转变。

四、鼓励劳动力流动和迁徙，完善劳动力市场机制

再次看到出于对净收入的纯粹追求，很多雇主给出的工资会略高于使市场出清的工资水平。

当经济衰退来袭，公司对于劳动力的需求随着其销售的产品的需求量降低而降低，雇主有很有力的理由减少雇员而不是减少工资。很少有雇员会友好地应对削减工资。如果雇员们还没有加入工会，他们很可能在工资袋突然缩水的时候认真地考虑加入工会的问题。如果他们在工会合同的保障下工作，在没有征得工会同意的情况下，该合同很可能能够阻止工资的削减，即使是相信工资削减是为了保住就业机会，工会也是不可能同意的，因为工会领导由于削减工资遭受的责难很可能远比由于保住工作而受到的表扬多得多。与100个由于扣掉了10%的实得工资而不满的雇员组成的队伍相比，由90个满意的雇员组成的队伍有更高的生产力。

这一切的结果就是劳动力永久的过剩：供给数量总是高于需求数量。我们各种假设的推论几乎得到了所有工人普遍经验的确定。正在找工作的潜在雇员数量几乎总是比雇主提供的职位数量大得多。工作职位长期短缺，找工作的人长期过剩。

通过故意提高通货膨胀率的政策可以暂时性地降低失业率。劳动力人群中的成员失业是因为他们找不到他们认为有足够吸引力的工作机会，蓄意的通货膨胀策略提高了雇主货币工资水平的出价，让工作机会看起来更具吸引力。通货膨胀就是这样降低失业率的，但是工资水平更高的出价只是看起来更加诱人，只要潜在的雇员没有意识到他们现在接受的工作机会实际上不比之前他们拒绝的工作机会好，就业率就会确实上升。但是当雇员发现了事情的真相，即通货膨胀制造了更具吸引力的工资出价的假象，就业率又会开始降低。

通过提高通货膨胀率故意降低失业率的政策需要持续提高通货膨胀率，这样工人的预期总是低于实际的通货膨胀率。这样就能让他们不断地高估提供给他们的货币工资的实际价值。无论如何，该政策假设雇员只关注货币工资水平，而不关注实际的工资水平。这个假设表面上看起来有道理，因为我们知道雇员在确定工资出价是否够高之前，很少有人会查询最近消费价格指数的变化。他们看的是货币工资水平，即名义工资水平。但是一段时间之后，他们还是会发现用工资能买到的东西变少了，他们会调整对工资水平实际价值的认知。

财政和金融扩张政策提高了生产量，降低了失业率，因为公众不知道发生了什么，而且一直低估了成本和价格上涨的速度，这种上涨是当时的政策造成的。但是最终，人们明白了事情的真实状况，调整了他们的预期和行为。由此可见，需求扩张政策带来的只可能是通货膨胀率更快速的增长。

失业要交付高额的成本代价

获得工作的成本和不工作的成本，人和人之间的差异相当大，主要取决于技能、经验、年龄、家庭责任、其他收入来源，甚至是所尊重之人的价值观和想法。设想一下仍然住在家里的青少年，他们通常想工作，而且会积极地找工作，这让他们被划入到官方认定的失业人口的类别当中。

失去收入通常是失业的主要成本，任何保证人们在不工作的时候还能维持收入的东西都极有可能提升失业率。如果我们为更多的工人提供失业保险，延长受益期限，普遍放宽参保标准，这并不会让人们放弃让他们满意的高薪工作，开始领取失业补偿金。但是，更丰厚的失业保险金确实让人们对坚持目前的工作不那么坚定了，对接受新工作没那么渴望了，从而提升了失业率。多源收入家庭（不止一个家庭成员有收入）数量的增多，也会带来同类效果。如果我们把收入、基于收入的社会保障税和所有与工作相关的其他成本的影响放在一起考虑，那么当家庭中的次要收入成员在丢掉旧工作后寻找新工作的财务动机就会大大降低。有时，只要有失业补偿金的领取资格，其动机甚至会是负的。

经济决策取决于预期。人们加入到劳动力人群中，因为他们期望找到令人满意的工作。如果出于某种原因，很多劳动力的成员预期过高，不切实际，那么结果可能会是失业率的上升。例如，假设商业世界中，更多的机会向想进入管理层的女性们敞开。前景更好了，这会促使更多的女性加入或继续留在劳动力人群中。

同样，如果近来大学毕业生或律师新人们对他们的文凭在劳动力市场中的价值估计过高，他们这个人群的失业率就会上升。钢铁公司的工人已经习惯了自己的工资双倍于制造业的平均工资水平，当他们工作的公司歇业时，要他们接受一份工资较低的工作就会比较慢。在这点上，他们和要卖房子的房主们没有多大区别，这些房主们拒绝相信他们的房子在他们要求的价位上是卖不出去的。结果就是在行市下跌的房地产市场上，“待售”的牌子不断增加，而且牌子挂出的时间也越来越长。

失业会产生诸多影响，一般可以将其分成两种：社会影响和经济影响。失业的社会影响虽然难以估计和衡量，但它最易为人们所感受到。失业威胁着作为社会单位和经济单位的家庭的稳定。没有收入或收入遭受损失，户主就不能起到应有的作用。家庭的要求和需要得不到满足，家庭关系将因此而受到损害。西方有关的心理学研究表明，解雇造成的创伤不亚于亲友的去世或学业上的失败。此外，家庭之外的人际关系也受到失业的严重影响。一个失业者在就业的人员当中失去了自尊和影响力，面临着被同事拒绝的可能性，并且可能要失去自尊和自信。最终，失业者在情感上受到严重打击。

失业的经济影响可以用机会成本的概念来理解。当失业率上升时，经济中本可由失业工人生产出来的产品和劳务就损失了。衰退期间的损失，就好像是将众多的汽车、房屋、衣物和其他物品都销毁掉了。从产出核算的角度看，失业者的收入总损失等于生产的损失，因此，丧失的产量是计量周期性失业损失的主要尺度，因为它表明经济处于非充分就业状态。例如，实际失业率为8%，高于6%的自然失业率两个百分点，则实际GDP就将比潜在GDP低4%左右。

未来的一二十年是我国改革开放的关键时期，大量的农村富余劳动力要转移到城镇就业，城镇新增的适龄就业人员也有较大的就业需要，这就使得我国在未来这一二十年内面临着较大的就业压力，就业问题是我国政府宏观经济政策要解决的最主要问题之一。

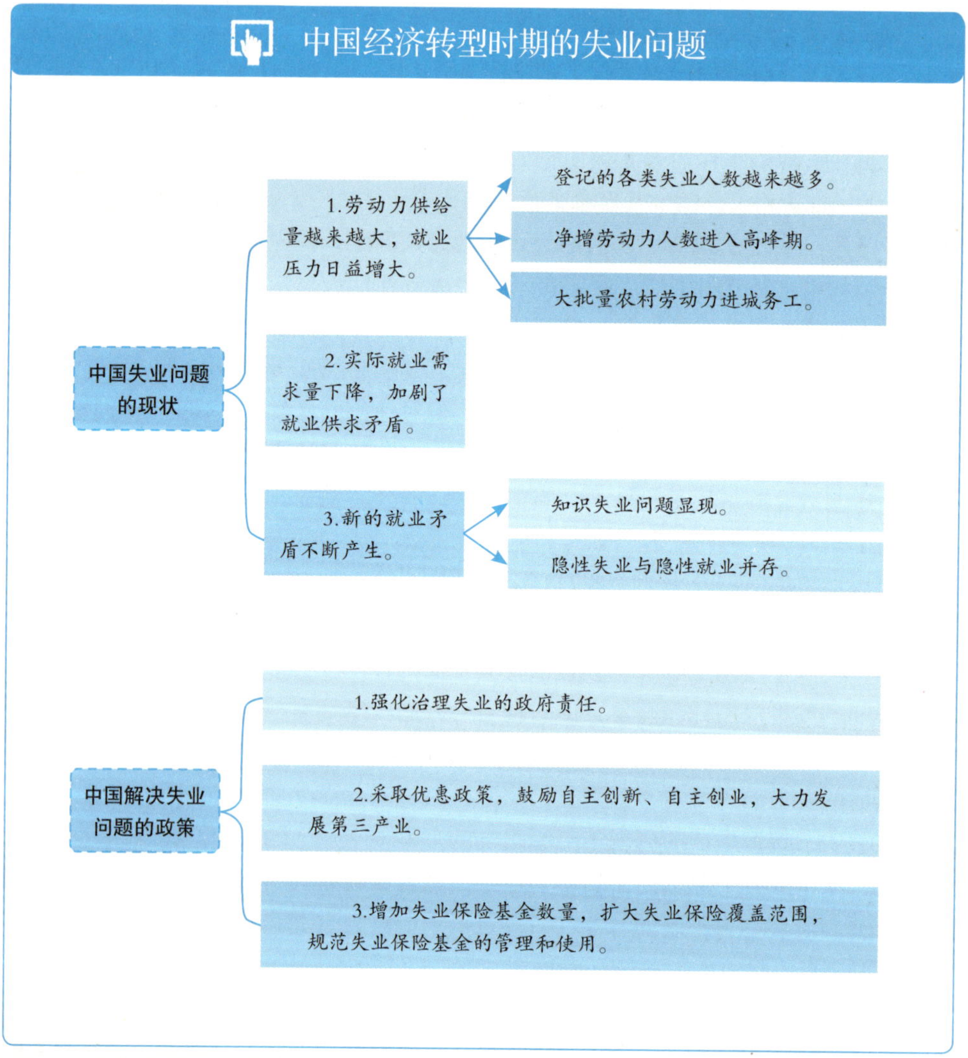

失业率与通货膨胀率之间的交替

1958年，菲利普斯根据英国1867～1957年的失业率和货币工资变动率的经验统计资料，提出了一条用以表示失业率和货币工资变动率之间交替关系的曲线。这条曲线表明：当失业率较低时，货币工资增长率较高；反之，当失业率较高时，货币工资增长率较低，甚至是负数。根据成本推动的通货膨胀理论，货币工资可以表示通货膨胀率。因此，这条曲线就可以表示失业率与通货膨胀率之间的交替关系。即失业率高表明经济处于萧条阶段，这时工资与物价水平都较低，从而通货膨胀率也就低；反之失业率低，表明经济处于繁荣阶段，这时工资与物价水平都较高，从而通货膨胀率也就高。失业率和通货膨胀率之间存在着反方向变动的关系。

最低可持续失业率是指那些作用于价格和工资膨胀的向上或向下的力量得以平衡时的失业率。经济处在这种失业率时，通货膨胀是稳定的，不存在加速上升或下降的趋势。最低可持续失业率是指在没有向上的通货膨胀压力的情况下，能够长期维持的最低失业率。

可以这样来理解这一理论：即在任何时点上，经济生活中都存在惯性的或可预期的通货膨胀率。如果（1）没有超额需求；（2）没有供给冲击，那么实际的通货膨胀就会一直保持原有的惯性比率。上述这两个条件表示什么意思呢？

条件（1）意味着失业处于一种不妨碍经济持续增长的水平。由工作机会所造成的提高工资的压力恰好与由失业所造成的压低工资的力量相等。条件（2）表明，生产成本没有因为工资或石油等原材料价格的变化而发生不寻常的变化，因而总供给曲线一直按照惯性通货膨胀率上升。条件（1）与（2）共同作用导致形成了一种能使通货膨胀一直按照其惯性的或可预期到的速率上升的局面。

失业与通货膨胀存在一种交替关系的曲线，通货膨胀率高时，失业率低；通货膨胀率低时，失业率高。以上简要讨论了通货膨胀的要点：只有惯性的或可预期的通货膨胀率保持不变，通货膨胀和失业之间的交替关系才会出现。如果惯性通货膨胀率发生变化，这种短期菲利普斯曲线也会有所变动。

我们可以将这一重要见解，即菲利普斯曲线移动的思想，理解成是按照下面所描述的一系列步骤来进行的。第一阶段，失业处于可持续失业率水平，不存在供给或需求的意外冲击。第二阶段，产出在经济扩张时期迅速增长，降低了失业率。随着失业率的下降，各企业倾向于积极招收新劳工和大幅度提高工资。由于产出超过潜在水平，生产能力利用程度会提高，并且商品价格也会标高，工资和物价开始加速上升。在这个阶段，较低的失业率却使通货膨胀率上升了。第三阶段，由于通货膨胀率上升，企业及工人们都开始预计将会出现更高的通货膨胀率。这种预期的高通货膨胀率随即会体现在工资和价格的制定当中，从而使预期通货膨胀率有所提高。第四阶段，在最后这个阶段，由于经济发展放慢，经济活动的缩减使产出回复到潜在产出水平，失业率也回复到原有的可持续失业率。于是由于失业率变得较高而使得通货膨胀率有所降低，但是一旦达到最低可持续失业率，新的预期通货膨胀率就又会升高。

一旦实际通货膨胀率上升到超出惯性的或可预期的水平，人们就会开始适应这种新的通货膨胀率水平，并预计会出现更高的通货膨胀率。于是，惯性通货膨胀率便会调整到新的水平，而短期菲利普斯曲线也会发生变动。表明菲利普斯曲线是用来表示失业与通货膨胀之间交替关系的曲线。

当失业率上升且实际通货膨胀率降低至惯性通货膨胀率以下时，我们有时可以看到经济中会出现一种“紧缩周期”的现象。在衰退期间，惯性通货膨胀率会有所下降，而且当经济运行回复到可持续失业率水平时，就会享有较低的通货膨胀率。

当失业率偏离最低可持续失业率水平时，通货膨胀率就可能发生变化。但若实际失业率和最低可持续失业率之间一直存在差距，将会发生什么情况呢？例如，让我们假定最低可持续失业率为6%，而实际失业率为4%。由于二者之间存在差距，通货膨胀率将会年复一年地上升。第一年，通货膨胀率可能是3%，第二年可能是4%，第三年是5%，并且此后很可能会逐年上升。

那么，这种螺旋式上升的势头将在何时停止呢？根据最低可持续失业率的理论，只有当失业回复到最低可持续失业率时，通货膨胀率的上升趋势才会停止。换言之只要失业率低于其可持续失业率，通货膨胀率就会有上升的趋势。

只有当失业率等于可持续失业率水平时，通货膨胀才会保持稳定；不同劳动市场上的供需力量的变动才会平衡。因此，根据可持续失业率理论，唯一能与稳定的通货膨胀率相适应的失业水平就是最低可持续失业率。

从政策角度讲，有关通货膨胀的可持续失业率理论表明了，现实中存在某一个点，使经济运行长期维持下去的最低失业水平。根据这一观点，一个国家不可能使失业率长期处于其可持续失业率水平以下，同时又不引起工资和物价的螺旋式上升。

另一方面也表明了，一国也许能够驾驭短期菲利普斯曲线。政府或许可以运用货币政策和财政政策迫使失业率低于可持续失业率，从而使国家能暂时享有低失业率。但是其经济繁荣却要以通货膨胀率的上升为代价。相反，当某国感到自己的惯性通货膨胀率过高时，如美国在1979～1982年的情形，它便会经历痛苦的紧缩时期，收紧银根引发经济衰退，从而降低通货膨胀。

第三节　奥巴马如何帮人们找工作

政府如何保障工作：失业保障

高福利欧洲国家往往有很高的失业保障金，以德国为例，德国的社会福利制度对失业者非常关心，其目的是通过社会的慈善事业来平息社会的不安定期。比如，已婚的失业者可领取高达900美元的支票。失业保障一般只面向那些由于雇主不再需要其技能而被解雇的失业者。而那些自己辞去工作，或者由于过失而被开除，或者刚刚进入劳动力市场的工人不能享受这种保障。

失业保障会增加一些失业人数，并使失业者找工作的积极程度受到一定抑制。但这完全不能降低失业保障所带来的积极影响。政府出于对社会公平的考虑会实行失业保障制度，以便给那些失去工作的工人提供一些保护。不过经济学家认为，客观看来，政府的这个计划可能会增加失业人数。

失业保障能够减轻工人的痛苦，也可能会增加失业量。由于当工人找到一份新工作时失业津贴才会停止，所以失业者不会努力地找工作，而且更可能拒绝缺乏吸引力的工作。此外，由于失业保障使失业不是那么难应付，所以，当工人就就业条件与雇主谈判时，不大想取得雇主关于工作保障的保证。

劳动经济学家的许多研究考察了美国失业保障的激励效应。一项研究考察了美国伊利诺伊州1985年进行的一项试验。当失业工人申请领取失业保障津贴时，州政府随机地选出一些人，并且告诉他们，如果能在11周内找到新工作，给每人500美元的特殊津贴。然后把这个群体与一个不提供这种激励的受控群体进行比较。提供特殊津贴的平均失业时间比受控群体缩短7%。这个试验说明，失业保障制度的设计影响了失业者寻找工作的努力程度。

几项其他研究通过跟踪不同时期的一个工人群体考察了他们寻找工作的努力程度。失业保障津贴并不是无限期地延长，通常是在半年或一年以后结束。这些研究发现，当失业者失去领取津贴资格时，他们找新工作的概率显著提高了。因此，领取失业保障津贴降低了失业者找工作的努力程度。一般看来，它会使工人寻找新的工作机会的努力受抑制，并且使其对工作产生挑剔的心理。工人在与雇主谈判时，不大愿意接受一些工作保障，从而增加了工作的不稳定度。

虽然失业保障降低了失业者找工作的努力程度并增加了失业，我们仍然不能否定这项政策的意义。这项计划达到了减少工人面临的收入不确定性的主要目标。此外，当工人拒绝所提供的没有吸引力的工作时，他们就有机会寻找更适合于他们爱好和技能的工作。与此同时，也能使企业得到适合其设置的职位的最满意的员工。一些经济学家认为，失业保障提高一个经济使每个工人与其最适合的工作相匹配的能力。

失业保障的研究表明，失业率是衡量一国整体经济福利水平的一个不完善的指标。大多数经济学家一致认为，取消失业保障会减少经济中的失业量。但经济学家们对这种政策改变将会提高还是降低经济福利的看法并不一致。

大多数经济学家仍然认为，虽然取消失业保障可能有助于减少失业量，但失业保障能在整体上提高了一个国家的经济福利。在解决就业失业矛盾之前，应该首先对这一矛盾的严重程度有一个科学、真实、客观的认识。失业问题不仅是一个经济问题，而且是关系到社会稳定的政治问题。目前失业情况已成为中国政府改革政策的一个决定性考虑因素，高估或低估失业率，都可能导致政策失当。

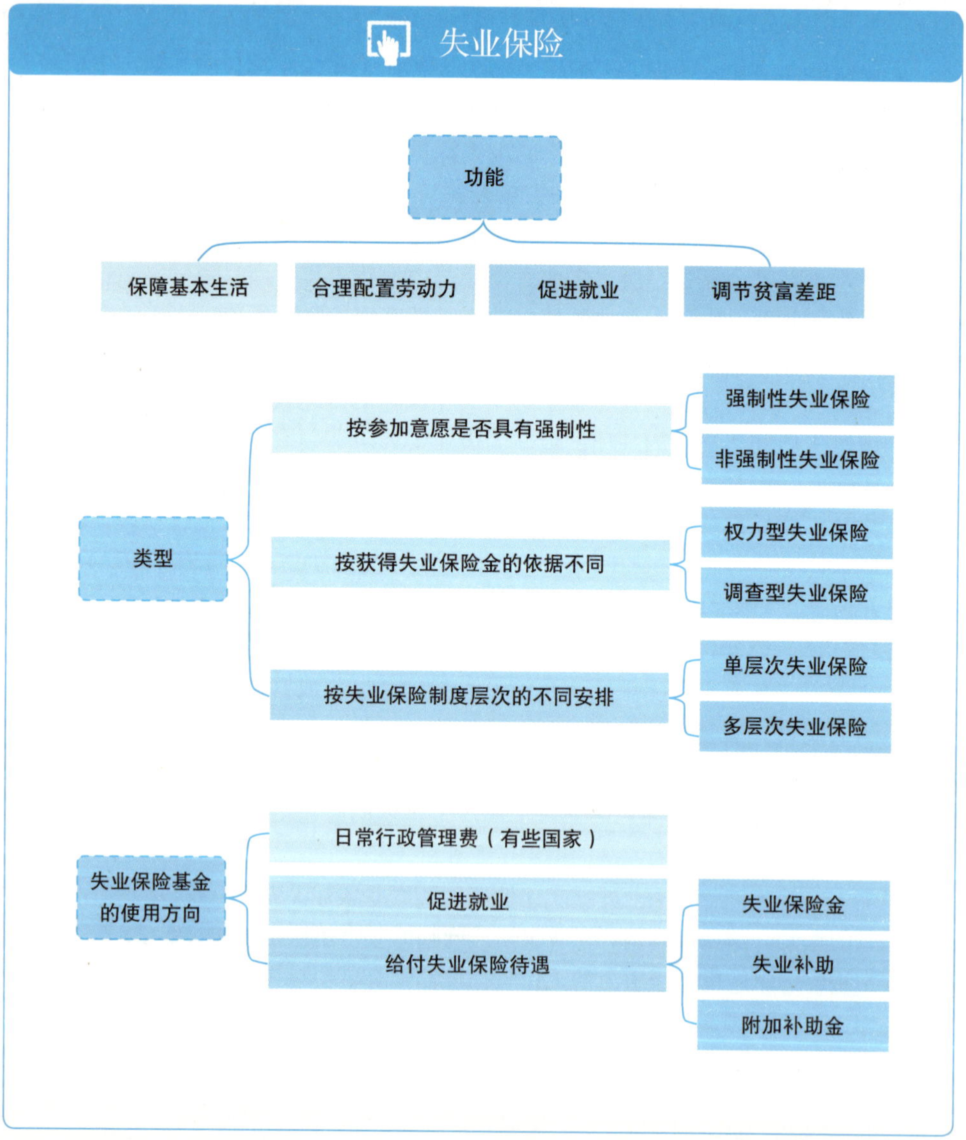

在失业保障的力度方面，有的学者认为目前我们对失业提供的保障还过小，制度承受力不够。城镇最低生活保障线水平低，不规范，资金来源尚未制度化。失业保险的承受力也不够。因此提出加强失业保障，提高失业保险金收入，加强各级财政的投入，提高失业保险金统筹层次，强化地区调剂。

由于中国存在严峻的人口压力，不能搞常规性失业保险。有的学者认为失业保险制度的效率不高，企业、行业之间的失业风险不同，贡献大小不一，企业缺乏积极性。此外，失业保险承诺得太多，在失业率居高不下的情况下，容易出现赤字问题。

因此，从保障失业者生活角度看，社会保险是对失业者提供保障的重要手段。社会保险的功能主要是定位于市场经济中的就业风险，而不是为无业者提供生活保障。从长远看，就业压力主要来自非正规部门，包括从农村转移出来的劳动力，失业保险如果把非正规部门排除在外，就可以减小压力。在正规部门建立失业保险，有利于劳动者分担风险。

同时可以将失业保险与失业救助结合起来，因为失业保险提供的保障力度还不够，还会出现一些特殊的困难群体，如单亲家庭的失业者、年龄较大的失业者以及健康欠佳者，对此应开展调查，探索建立专项救助制度，以弥补社会保险之不足。

谁的蛋糕更大，是你的还是你邻居的

在18世纪，托马斯·马尔萨斯很悲观地预测了人类的未来，他相信，随着整个社会变得更加富裕，人口会迅速增长——有更多孩子，会使这些收获不断被消耗。这些额外的嘴巴会狼吞虎咽般地吃尽剩余食品。按照他的观点，人类注定要生活在维持生计的边缘。在经济发展期，人们不计后果地生儿育女，然后在困难时期挨饿。正如保罗·克鲁格曼所指出，在最近57个世纪中的55个世纪，马尔萨斯的预测都是正确的。世界人口增加了，但是人类的生存条件没有显著改变。

曾经获得1999年诺贝尔经济学奖的罗伯特·福格尔在美国经济学会所作的主席演讲中指出，美国最穷的公民所获得舒适程度甚至是100年前皇室贵族所无缘享受的（例如，超过90%的公寓居民有彩电）。

随着工业革命的来临，人类才开始变得越来越富有。当父母的收入上升时，他们为孩子们花了更多的钱。但是，他们生的孩子更少了，在每个孩子身上花的钱更多了，正如人力资本理论所预测的。工业革命带来的经济转型，即生产率的大幅提高，使父母的时间变得更昂贵。随着拥有更多孩子的优势下降，现代人开始将他们不断上升的收入投资于他们孩子的成长质量，而不仅仅是数量。

1979～1997年，1/5最富的人的平均收入与1/5最穷的人的平均收入相比，其差距从9倍蹿升到了15倍。当美国史上最长的经济繁荣期结束时，富人更富，而穷人则原地踏步，甚至更穷。1/5最穷的美国人，其平均收入（经通货膨胀调整）实际上已经下降了3%，尽管在20世纪90年代末急剧上升。看看积累财富，而不仅仅是年收入，它甚至呈现出一幅更加不对称的画面——画面显示，美国贫富差距正在增大。

在美国，技术工人总是比非技术工人赚得的工资更多，这种差距已经开始以惊人的速度扩大。总之，人力资本变得越来越重要，回报率也比以前更高。人力资本重要性的一个体现是高中毕业生和大学毕业生的工资差距。在20世纪80年代初，大学毕业生的工资比高中毕业生的工资平均高出40%；如今，这个差距已经变成了80%。有研究生学位的人则比这些人赚得更多。

从国际范围来看，在全球化的市场上，商品的技术等级越高，价格也随之更高。由于价格水平决定着成本水平，高价格不仅能使国家承担起获得一流技术人才的高成本，并因此增强国家的国际竞争力，而且使国家形成高价格和高收入的良性循环式的增长。因此，只要具备技术条件，每个国家都会尽可能选择高端商品去生产，放弃或部分放弃低端商品的生产，同时通过进口来满足对低端商品的需求，这对任何国家都是一个好的选择。

每个国家能够选择的产业和贸易等级是由它的技术实力强制决定的，不存在人为超越的可能性。一些在技术水平和经济实力上并不具备条件，试图通过政府的产业和贸易政策人为提升产业等级的发展中国家，实际上只是在生产一些与发达国家主导产业同类商品中的低端商品（在性能、质量方面）。

技术水平越高，从而可生产的商品的范围越宽的国家，资源配置改善的状况越为明显。反之，技术水平越低、选择范围越窄的国家，资源配置改善的可能性越小。由于发展中国家主要是通过进口技术设备并进行模仿来实现本国的技术进步，同时贸易可以使发展中国家获得自己不能够生产的较高端的消费品，因此，发展中国家在国际贸易中获得了一小块蛋糕。

但是从国际贸易的收入分配来看，发达国家向发展中国家出口的高技术等级商品中，使用的要素主要是资本和高技术等级的劳动力。而从中国进口的商品中使用的要素主要是低技术等级的劳动力。因此，贸易的结果是提高了发达国家资本所有者和高技术劳动者的收入，降低了发展中国家低技术工人的收入。低技术等级商品的进入门槛很低，在全世界有广泛的供给来源，国际贸易又将全球的低技能工人置于更激烈的竞争之中。这无形当中就形成了发达国家对发展中国家在贸易中的不对等地位。

许多经济学家认为，只要每个人都生活得更好，我们无须担心贫富差距。我们应该关心穷人所得到的蛋糕有多大，而不管他相对于比尔·盖茨得到了多少蛋糕。

关于收入不平等日益扩大的话题，还有一个更实际的考虑。收入不平等会不会不再激励我们更加努力地工作，从而变得没有生产效率呢？当各种情况交织在一起的时候，这种情况就极有可能会发生。届时，穷人可能会抵制重要的政治经济制度，比如产权和法律法规。不平衡的收入分配可能导致富人将资源挥霍于越来越华而不实的奢侈品上，倘若将这钱花在其他投资上——为穷人的人力资本投资——将会产生更高的回报。有些研究发现，收入不均与经济增长之间存在负相关。而另一些研究结果则相反。随着时间推移，数字会说明这种关系。不管怎样，如果蛋糕在增大，我们每个人分到的蛋糕都或多或少会有所增加。

贫富差距

贫富差距也被称为贫富不均、收入不公平等，是指一个群体或社会中个人拥有的财富的差距。

- 原因
  - 国家政策
    - 经济运行机制的不健全
    - 税收制度的不合理
    - 社会保障制度的不完善
    - 不平等竞争存在
  - 地理位置 → 比如交通便利、沿海的城市发展好，人民收入高。
- 影响
  - 经济动力发展不足。
  - 导致社会的不安定。
  - 低收入者失去劳动积极性，降低生产效率。
- 应对措施
  - 完善社会保障
  - 加强法制建设
  - 降低垄断收入
  - 机会平等
  - 税收调节

增大经济蛋糕可以带来更多经济机会

美国前总统奥巴马指出，尽管经济开始从危机中转好，但在经济持续复苏路上，增加就业仍是一项严峻挑战。美国前总统奥巴马在北卡罗来纳州达勒姆的一家节能灯工厂发表讲话时指出，让人们重回工作岗位是当前美国经济面临的最严峻挑战，他将尽一切努力推动经济增长，增加就业。奥巴马说，本届政府稳定了经济，避免了金融业崩溃，并使经济从萎缩转为增长。他说，过去15个月，美国私营部门创造了200万个就业机会，但他对此“并不满意”，只有当任何想找到有保障的工作的人都能找到这类工作时，他才会满意。

考虑一个思维实验。想象在某个星期一的早晨，在芝加哥道富大街与麦迪逊大街的拐角处，从众多大巴车上跳下10万名高中失学者。那将是一个社会灾难。政府服务将扩大至极限，甚至超出它的能力范围。犯罪率将上升。企业将延缓在芝加哥市区落户的计划。议员们会请求州政府或联邦政府给予帮助：要么给我们足够的钱去帮助他们，要么帮助我们赶走他们。当加利福尼亚州萨克拉门托的商业领袖决定驱散这些无家可归者时，有一个办法是给他们提供一张出城的单程汽车票。

再来想象一下，在同一角落，从车上下来的是10万名顶级大学的毕业生。大巴停在了道富大街与麦迪逊大街的拐角处，从车上下来一大批律师、医生、艺术家、生物基因专家、软件工程师，以及大量具有通用技能的、聪明的、积极向上的人。他们之中许多人马上找到了工作。有些高技能的毕业生将自主创业，管理才能当然也是人力资本的重要组成部分。他们中一些人会离开这个地方，高技能工人比低技能工人有更强的流动性。在某些情况下，企业会利用人才暂时供过于求的局势，选择重新落户于芝加哥，或在芝加哥开设办事处和工厂。经济学家随后会将这辆想象的“大巴”描述为对芝加哥经济发展的恩惠，正如大量移民的迁入帮助美国经济发展一样。

经济增长是就业增长的基础条件，没有经济增长就谈不上就业增加。在2001年找工作要比1975年或1932年更容易。的确，水涨船高；经济增长对穷人来说是件大好事。相反，经济萧条通常给边缘劳动力带来的打击最大。但一定的经济增长在不同经济体和不同历史时期所带来的就业效应会有所不同，甚至差异很大，这取决于宏观经济环境及由此所决定的经济增长方式。我国正处在经济转型以及结构调整加速的特殊时期，经济增长只能是就业增长的必要条件，宏观经济环境对就业具有很大的影响。

这一规律充分描述了经济增长率与失业率之间的关系。该定律表明失业率与国民生产总值增长率之间呈反向变化即二者存在负相关关系，经济的高增长率伴随着低失业率，低增长率伴随着高失业率。

尽管各国经济增长率和失业率之间的数量变动关系不尽相同，但经济增长与就业同向变动、与失业反向变动的关系，已为许多国家的经济实践所证实。

经济增长率与失业率的关系

失业意味着生产要素的非充分利用，失业率的上升会伴随着实际GDP的下降，也就是说两者之间呈反比关系。描述失业率和GDP之间这一关系的经济规律称为奥肯定律。

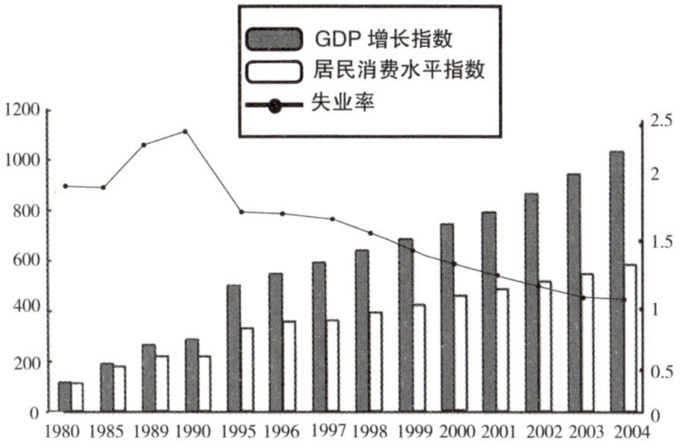

GDP与失业率

然而，当中国正在为经济增长欢呼时，却发现失业率也在增长。

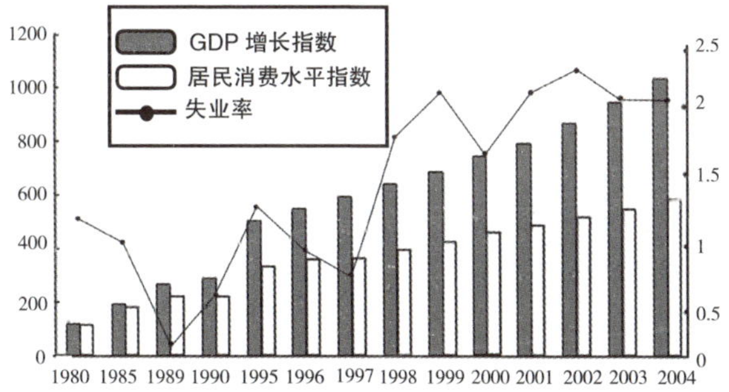

奥肯定律在中国失灵的原因

- 中国经济距离长期的良性发展还有一段距离。
- 中国国有企业改革加大了当前的就业压力。
- 农村剩余劳动力大量向城镇转移。

鉴于经济增长与失业率的作用关系，各国政府都在努力解决失业问题。奥巴马在会见了白宫就业与竞争力委员会后，宣布了一项通过公私合作项目，每年培训1万名新工程师的计划。他说，如果美国要在技术和创新方面保持领导地位，美国最好的企业需要世界最好的工人。他强调，就业增长最终要靠私营部门来驱动。

白宫就业与竞争力委员会是奥巴马2009年年初创立的，由通用电气公司首席执行官杰弗里·伊梅尔特担任主席。该委员会目标在于促进就业和增强美国的经济竞争力。目前美国失业率较高，居高不下的失业率成为奥巴马政府的最大挑战。随着美国下一届总统大选帷幕逐步拉开，共和党已经把就业问题作为攻击奥巴马执政能力的首要问题。

在布鲁金斯学会发表的演讲中奥巴马提出了一个刺激就业增长的一揽子计划，以求降低美国的失业率。奥巴马提议的措施包括向基础设施项目投入更多资金，减税和增强对小型企业的信贷。此外，奥巴马还提议向使自己的房屋变得更节能的消费者提供补贴。奥巴马指出，短期内增加投入以创造新就业机会将降低长期内的赤字。他建议政府在促进小型企业成长、基础设施投资和向节能领域投资三个领域采取行动来创造更多就业机会。

第四章

谁在掌控银行和货币

第一节　货币那些事儿

从香烟作为货币看货币的演变

第二次世界大战极大地扩展了香烟消费者的范围，美国士兵受到了被他们解放的人民的热情欢迎。作为一种友好表示或者是作为享受服务的回报，士兵们被大量派发香烟。几年后，遭受战争破坏的国家恢复了和平，美国香烟被作为一种半官方的货币进行易货贸易，士兵用10支烟就可以吃顿肉。10年后，美国香烟制造商开始积极推广战争时期流行起来的美制混合型香烟，并使其最终成为国际标准。

抽烟是烟民一种生理需求，有人声称：饭可以不吃，烟不能不抽。由于烟民对香烟有着强烈的依赖性，因此，香烟可以被用作交换物品的媒介，在特定的历史时期，充当了美国半官方的货币。

纵观100多年来国际货币形态的演变历史，实质上是支付体系的演进变化过程。支付体系是经济社会中进行交易的方式。我们通过考察支付体系的演进历史，可以更好地理解货币的功能和货币形式的发展。数个世纪以来，随着支付体系的演进，货币形式也在不断变化。黄金曾经一度是主要的支付手段，也是货币的主要形式。之后，支票和通货等纸质资产开始在支付体系中使用，并被视为货币。未来支付体系的发展方向影响着货币定义的变化。

商品货币

要把握支付体系未来的发展方向，我们有必要了解支付体系的演进历史。任何履行货币功能的物品必须是被普遍接受的；每个人都愿意用它来支付商品和服务。一种对任何人而言都具有价值的物品是最有可能成为货币的，于是，人们自然选择了金银等贵金属。由贵金属或其他有价值的商品构成的货币称为商品货币。除了最原始的社会，从远古到数百年之前，在几乎任何一个社会中，商品货币都发挥了交易媒介的功能。

商品货币包括实物货币和金属货币。从开始存在交换到金属货币的最终确立，人类经历了漫长的历史。在货币未从其他商品中独立出来的时候，调整实物货币即物物交换的“法律”只能是交换的规则。

从自由铸造和多种形式规格的货币逐步发展到统一形式的货币，是国家集中行使权力，发行和管理货币的开始。因为自由铸造和多形式规格并存的金属货币，仍主要以商品的形式出现，国家并无制定法律以管制之的必要。

当欧洲国家王权上升，统一行使权力于全国时，铸币权亦成为国王的权力。那时，各国关于货币的法律制度，主要包括下面几个方面的内容：（1）通过法律使货币定型，规定货币的成分、重量、规格、价值及统一货币的各种形态；（2）确定铸币权的归属，通常由民间铸造、地方铸造，最后归中央政权统一铸造，成为国家货币主权的基础；（3）货币的管理和保护，监督货币的使用情况，保障其法定价值，禁止伪造即私自熔铸，伪造重罚；（4）货币的法定流通范围通常是国家权力管辖范围，地方铸币只在当地使用。

在我国，在秦统一中国之后，才统一了币制，相应地颁布了《金布律》，把货币分为两等，“上币为黄金，以镒计；下币为铜”，定币名为“半两”。《金布律》是我国最早的货币立法，统一了货币单位秦“半两”，以及规定官府有管理货币的责任。

单纯由贵金属构成的支付体系的问题在于，这种形式的货币太重了，很难从一地运送到另一地。如果你只能用硬币购物的话，想想你口袋上的破洞吧！事实上，购买房屋之类的大宗商品，你真要租一辆卡车去运送货币。

信用货币

支付体系下一步的发展就是纸币（发挥交易媒介功能的纸片）。最初，纸币附有可以转化为硬币或一定数量的贵金属的承诺。

商品货币的信用是以自身的自然特性担保。但实际上，当铸币在形式上作为专职的货币出现之后，实际上它已经在流通中不断地被磨损，变成不再足值，只是因为其他人也同样接受它，所以人们仍信任铸币所标示的财产数量，马克思说：“它在尘世奔波中磨来磨去，日益失去自己的含量。它因使用而损耗。”

铸币的出现突破了“货币天然是金银”的结论，因为，不足值的铸币就表明货币所实现的并不是货币作为商品的价值量，而表明了一种社会关系，即出卖者对购买者或者社会获得等量补偿的经济关系。即使不存在货币，这种关系也能实现，例如赊销、记账、易货。当采用其他方式实现此关系比采用货币更方便、快捷时，人们便会毫不犹豫地利用其他方式。因此，铸币的出现促进了货币向两个方向发展，其中一个发展方向就是货币形态的变化，即纸币的出现。

纸币发展成不兑现纸币，即政府将纸币宣布为法定偿还货币（即在支付债务时，人们必须接受它），而不能转化成硬币或贵金属。纸币比硬币和贵金属轻得多，但是只有在人们对货币发行当局有充分的信任，并且印刷技术发展到足以使伪

货币的演变过程

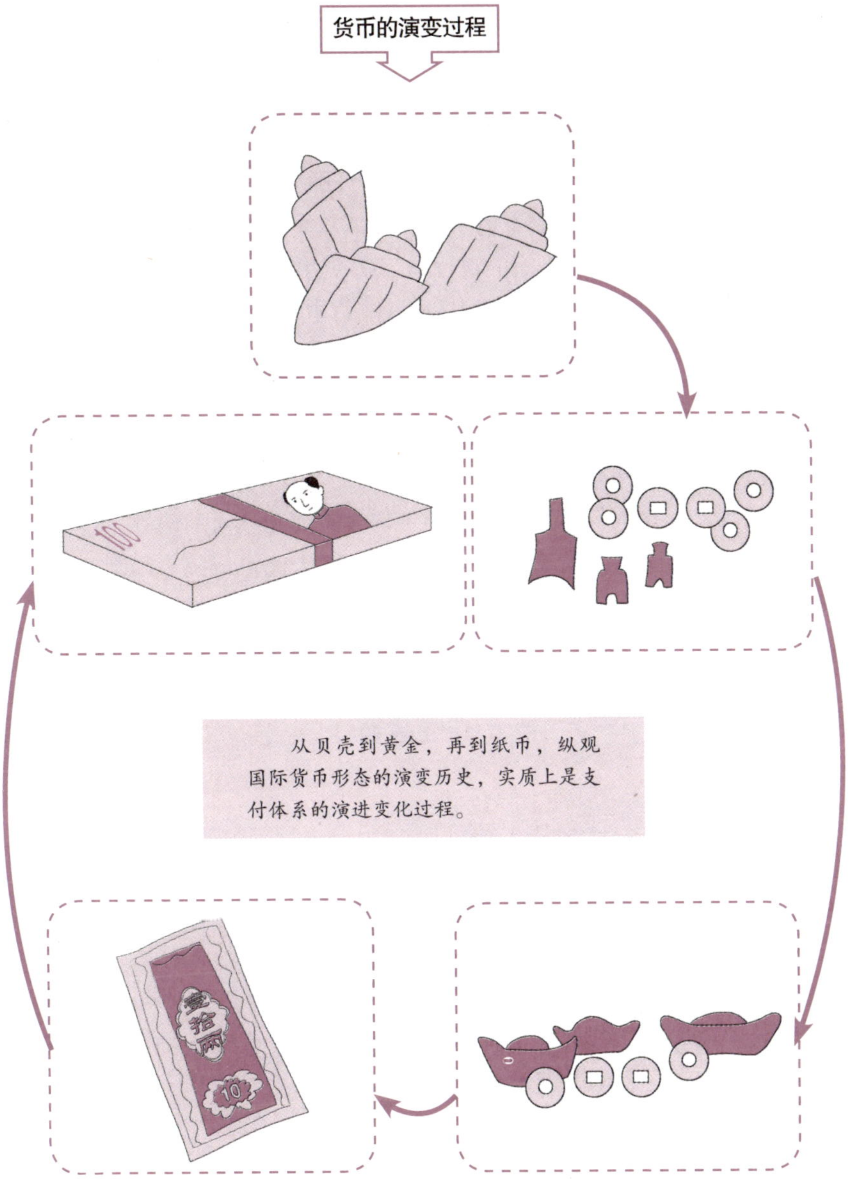

造极为困难的阶段时，纸币方可被接受为交易媒介。

在西方国家，纸币最早称为银行券。银行发行银行券，用以代替金属货币流通，以其商业信用保证银行券能够兑换金属货币。随着西方国家市场经济的高度发展，为维护国家的经济稳定，便把银行券的发行权集中于少数银行甚至中央银行的手中，用法律规定发行银行的发行条件、银行券的强制兑现以及发行储备等。在金银本位制的历史条件下，纸币基本是以其所代表的金属含量获得了广泛的流通，金银等金属则是作为它的等价物保存起来，但可以被要求进行兑换。

从纸币的发展历史可以看出，纸币从本质上分为两种：兑换型纸币和流通型纸币。兑换型纸币指在金银本位制下的可兑换金属货币的纸币，如中国的代替金属货币流通的飞钱、交子以及西方国家的银行券。流通型纸币指现在各国所实行的纸币本位制下的不能兑换金属的纸币。兑换型纸币并非货币形态的发展，它只是代替金属货币被使用的，因此，此时真正的货币仍然是金属货币。对于兑换型纸币来说，可称为“货币符号”“价值符号”，但不能推及流通型纸币。可见，兑换型纸币仍然是商品货币形态的一种表现形式，也是由商品货币形态向独立的信用货币形态过渡的形式。

我国《中国人民银行法》第15条规定：“中华人民共和国的法定货币是人民币。以人民币支付中华人民共和国境内的一切公共的和私人的债务，任何单位和个人不得拒收。”该法第17条规定：“人民币由中国人民银行统一印制、发行。”相关的第16条、18条、19条、20条、21条，都说明了我国现在的法定货币，就是流通中的纸币、辅币。《中国人民银行法》第15条用法律强制规定其支付职能，具有无限的法偿能力。所以说，人民币包括各种面额不同的纸币和不足值的金属铸币。在法律上，流通型纸币就是货币，而不是“货币符号”。

从符木到国债的信用货币历史

在12世纪的英国，完税凭证曾被当作货币使用。农夫们用粮食等缴纳税收，他们会拿到被称为“符木”（tallystick）的木条，它就是最初的完税凭证。符木上被写上纳税额，然后被剖成两半，分别由政府和农夫保管，以防止伪造。这些符木可以在市场上交换其他物品，起到货币的作用。缴完税的人可以持符木去市场上交换急需的物品。另一方面，用物品换来符木的人则可以不用缴税。符木与现代不兑现的纸币发行制度下的“货币”有着相似的功能。

12世纪的英国政府将未来的税收用符木的形式提前征收，用今天的话来说，这就相当于一种国债。国债其实是国家用来向人们保证会用未来的税收偿还借款的债务凭证。英国政府用符木通过金匠作为中间媒介来换取黄金。今天，国家在市场上发行国债筹措资金，买入国债的银行可以为此担保，向中央银行贷款；像目前这种非常时期，中央银行还可以行使货币发行权直接买入国债。

无论12世纪的英国政府的符木税收政策还是现代国家发行的国债，从本质来讲，都是源于信用。

现代货币制度是建立在符号货币（信用货币）的基础上的，即货币是以与自身实物价值无关的纸币或硬币的形式流通的。在此制度下，货币以1万韩元、10美元、10欧元、100日元等纸币上的标示面额进行流通，与用于制造纸币的纸的价值或用于制造硬币的金属的价值完全无关。信用货币只在一个前提下才能够存在，那就是该国必须以制度的形式确立该国使用货币的人对中央银行所发行的货币价值的信任。并且在此基础上形成这样一个约定：国家将以税收的形式回收此种货币。

信用（credit），指在得到或提供货物或服务后并不立即而是允诺在将来付给报酬的做法。从经济角度来讲，信用是一种借贷行为，它是以收回为条件的付出，或以归还为义务的取得；而且贷者之所以贷出，是因为有权取得利息，后者之所以可能借入，是因为承担了支付利息的义务。

信用货币是以某一权力机构为依托，在一定时期一定地域内推行的一种可以执行交换媒介、价值尺度、延期支付标准及作为完全流动的财富的储藏手段等功能的凭证。信用货币是以信用作为保证，通过一定的信用程序发行、充当流通手段和支付手段的货币形式，是货币发展中的现代形态。一般可以分为纸凭证及电子凭证，也就是人们常说的纸币及电子货币。

目前世界各国发行的货币，基本都属于信用货币。信用货币最显著的特征是作为商品的价值与作为货币的价值是不相同的。它是不可兑现的，只是一种符号，通过法律确定其偿付债务时必须被接受，即法偿货币。

最早的信用货币纸币出现于中国。很多学者认为中国的货币形成于北宋，称为交子。其实中国的纸币肇始于唐代的飞钱，唐后期出现的用于汇兑的飞钱，是钱荒的产物。当时因流通中货币不足，政府颁行禁铜出境的法令，各地效尤之，纷纷画地为牢，富商大贾采用汇兑方式以避之。纸币出现的另一个重要原因就是为了流通的方便和减少流通费用，大商人把金属货币存入钱庄或银行，由钱庄或银行出具收据，商人以该纸面收据向别人支付，无论该纸面收据的名称是什么，关键在于能在钱庄或银行得到兑付。钱庄开出的“交子”、银行保管金属货币出具的“银行券”，即使可以流通，实际上也是债权的证明。

信用货币是由银行提供的信用流通工具。其本身价值远远低于其货币价值，而且与代用货币不同，它与贵金属完全脱钩，不再直接代表任何贵金属。它是货币形式进一步发展的产物，是金属货币制度崩溃的直接结果。在20世纪30年代，发生了世界性的经济危机，引起经济的恐慌和金融混乱，迫使主要资本主义国家先后脱离金本位和银本位，国家所发行的纸币不能再兑换金属货币，因此，信用货币便应运而生。当今世界各国几乎都采用这一货币形态。

伴随着经济的发展，在现代经济中，信用货币的表现形式主要包括以下几种形态。

银行券：在商业票据流通的基础上产生并以银行信用为担保的银行券，也是一种信用货币。持有者可以用它来代替金属货币使用。它没有固定的支付日期，可随时兑换黄金；它的票面金额是固定的整数，便于流通；它以黄金和票据作担保，信用基础比较稳固，可以在银行信用所及的广大范围内流通。

期票：在商品赊购交易中，可以不必支付现款，只需开出一张定期偿付欠款的债务凭证交给对方。到期时，持票人可按票面金额向出票人索取现款。尚未到期的期票，经债权人在其背面签字表示承担债务，持票人也可以把它用作购买手段或支

信用货币制度

定义

信用货币制度是以中央银行或国家指定机构发行的信用货币作为本位币的货币制度。

特点

1.由中央银行发行的纸币为本位币，政府发行的铸币为辅币。

2.实行不可兑换制度，即本位币不与任何金属保持等值关系，纸币不能兑换金银。

3.实行自由本位制度，即纸币的发行可以自由变动，不受一国所拥有的黄金数量的限制。

4.银行券由银行通过信用渠道投入流通，存款货币通过银行转账结算。

5.实行管理纸币本位制度。

优点

克服了金本位制下货币供应缺乏弹性的致命缺陷。

政府货币当局在应对经济危机时有了更大的调控空间。

缺点

政府的货币发行规模摆脱了黄金储备的束缚之后，很容易失控。

一旦政府出现财政或货币危机，信用货币便会一文不值，从而造成社会危机。

付手段，去购买商品或偿还债务。

支票：随着资本主义银行业务的发展，支票便在流通中发挥了通货的作用，成为代替货币支付债款和在存款人之间进行转账结算的主要形式。在第二次世界大战前，银行支票便已成为主要的信用货币。利用支票作为支付手段，可以减少货币流通量，节约流通费用。但在经济危机阶段，支票往往不能兑现，这势必影响生产和流通的正常进行。所以，信用货币一方面有促进资本主义经济发展的积极作用，另一方面信用货币流通范围的过度扩展，使得货币作为支付手段所包孕的危机的可能性也增大了。

纸币：纸币多数由一国中央银行发行，其主要功能是承担人们日常生活用品的购买手段。

银行存款：存款是存款人对银行的债权，对银行来说，这种货币又是债务货币。存款除在银行账户的转移支付外，还要借助于支票等支付。目前在全社会的经济交易中，用银行存款作为支付手段的比重占绝大部分。随着信用的发展，一些小额交易，如顾客对零售商的支付、职工的工资等，也广泛使用这种类型的货币。

电子货币：由于科技飞速发展和电子计算技术的运用，货币的交易和支付方式进入了一个崭新的阶段。电子货币通常是利用电脑或储值卡来进行金融交易和支付活动，例如各种各样的信用卡、储值卡、电子钱包等。与此同时还可借助于上网的电脑、自动柜员机或用电话操作来对货币存储额进行补充。这种货币运用非常方便，还在不断完善和进一步发展。

货币危机的多米诺骨牌

20世纪20年代，随着第一次世界大战的结束，世界经济进入衰退时期，欧洲各国的货币都摇摇欲坠。在这个时期，法国政府上演了一场精彩的货币保卫战，成功地捍卫了法郎。

法郎危机也是伴随着第一次世界大战开始的。法国政府在第一次世界大战中花掉了大量军费，这个数字是1913～1914年所有主要参战国军事费用的两倍。第一次世界大战结束后，法国财政出现了62亿法郎的缺口，而且还有巨额贷款。1926年，法郎的汇率开始下滑。人们相信，法郎将会面临和德国马克一样的命运。当时的法国政府内阁束手无策，物价不停上涨，法郎持续贬值。

这时，总理雷蒙·恩加莱开始掌权。他通过提高短期利率把短期借款转为长期借款，提高税收和削减政府支出，同时从美国摩根银行借来了一笔巨额贷款，使法国银行的现汇得以补充。一系列措施恢复了人们对法郎的信任，从此，法郎币值开始走稳，法国经济和政局也渐趋稳定。

货币危机经常指的是本国货币的供给急剧增加，从而导致利率和货币币值急剧下降的过程。从通俗的角度说，货币危机也可以说是人们对一国的货币丧失信心，大量抛售该国货币，从而导致该国货币的汇率在短时间内急剧贬值的情形。如1994年墨西哥比索与美元的汇率和1997年泰国铢兑美元的汇率骤然下跌，都属于典型的货币危机。

当代国际经济社会很少发生一桩孤立的货币动荡事件。在全球化时代，由于国民经济与国际经济的联系越来越密切，一国货币危机常常会波及别国。货币危机在

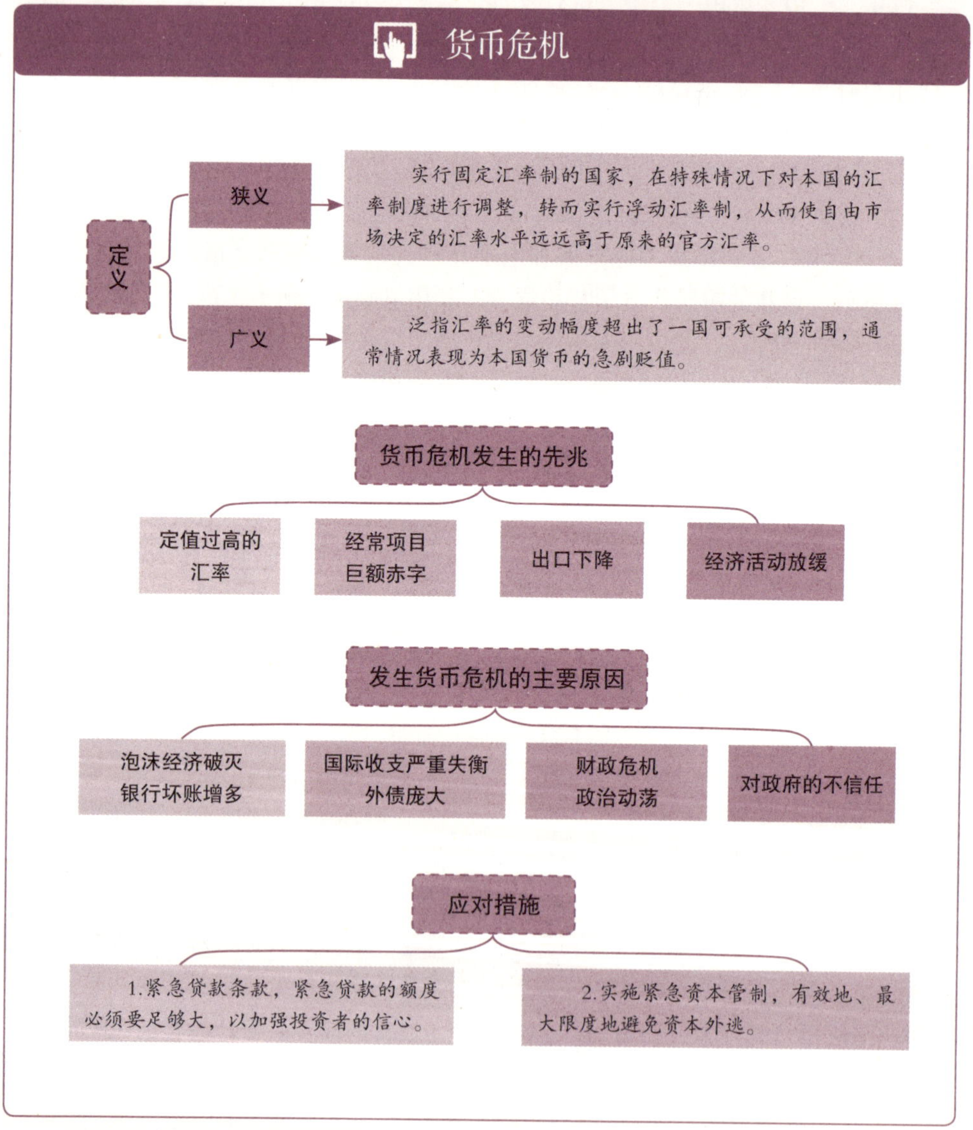

国际社会中的扩散现象被称为“传染效应”。

随着2008年金融危机的深入，据俄罗斯官方统计，从2009年的新年到2月初，卢布便贬值了23.1%。从2008年年初到2009年年初，卢布贬值了47.4%。而从2008年8月到2009年2月，卢布贬值了35%。而更坏的情况是，市场交易显示未来一年卢布可能进一步贬值20%。俄罗斯国内弥漫着一股悲观情绪，俄罗斯的经济学家对卢布充满了悲观，他们已经达成了一致，认为照目前的跌速，卢布继续贬值已经无法阻挡。对于俄罗斯央行在此次的货币危机中的表现，俄罗斯央行前第一副行长阿列克萨申科批评说，在卢布贬值问题上，央行犯了个大错误：去年该贬的时候不贬。现在市场已经开始疯狂测试卢布贬值的临界点，看央行“是否能撑到只剩最后一滴血”。

为了支撑卢币，俄罗斯政府动用了外汇储备的1/3来做支撑，但这依然没有起到正面效果。经济学家称，卢布在未来仍将继续贬值。在外汇储备骤减、资本流出加快的时候，人们对俄罗斯主权的评级下调到仅比垃圾级高两档。内外交困之中，执着于卢布挂钩美元的俄罗斯当局未来的选择将变得更加艰难。

阿根廷、俄罗斯等国的货币危机表明，庞大的财政赤字同样具有极大的危害性，这是因为：其一，由于央行缺乏独立性，政府通过行政力量直接向银行举债，这不仅影响了银行的稳健经营，而且易于引发通货膨胀；其二，由于政府的巨额资金需求，导致市场利率上扬，私人部门筹措资金的成本居高不下；其三，政府为增加财政收入而向企业征收五花八门的税收，增加企业负担。严重财政赤字的危害被越来越多的国家所重视，最突出的要算是不断扩展与深化的欧洲货币联盟，欧盟的《稳定与增长公约》规定，凡是准备或业已加入欧元的国家，其年度财政赤字不得超过其GDP的3%。欧盟的这一硬性标准被经济学家普遍用来衡量一国经济与金融安全的警戒线。

汇率是国际间联系的“纽带”，对于如何选择合适的汇率制度，实施相配套的经济政策，已成为经济开放条件下，决策者必须考虑的重要课题。随着市场经济的发展与全球化的加速，经济增长的停滞已不再是导致货币危机的主要原因。

第二节　银行如何创造货币

货币是如何在经济中流动的

货币是如何被创造出来的？很多时候听到的答案就是：那是中央银行印出来的。而且当人们议论一国扩大货币投放时，一般也都形象地说“某某国家或中央银行开足马力印钞票”，电视在报道时，也都习惯于配以印钞机“哗哗”地印制钞票的画面。但这并不够准确，很容易产生误导。

货币是整个经济领域最基本、最核心的度量衡。如何控制货币总量是一个世界性难题，正因为如此，流动性过剩才最终引发了全球性金融大危机。要控制货币总量，要正确制定货币政策，首先必须准确把握货币投放有哪些渠道。

实际上，中央银行印制并投入到社会上流通的货币，只是货币总量中所谓的“流通中的现金”，也就是社会上通常所讲的“现钞”，现在，在整个社会货币总量中只占很小的比例。

例如，在中国，流通中现金占广义货币总量的比重约为6%，而在美国，这一比例仅仅约为3%。而且这一比例仍呈下降趋势。现在，全社会的货币绝大部分都表现为企事业单位、国家机关和居民个人等在银行的存款。显然，说货币都是中央银行印出来的，是不够准确的。

历史上，纸币的出现首先是以黄金或白银为本位制的，因此，货币的发行最常见的就是通过收购或者收押黄金或白银实现的，而出售或抵押金银的人再用纸币对外支付，使得货币在全社会流通起来。这样，金银，特别是黄金就成为全世界最主要的货币储备物。

除金银外，不同的国家可能还有其他不同的货币储备物，如中华人民共和国成立初期我国曾以粮食、棉花、食盐等战略物资作为货币储备物。而今天，很多国家都将外汇作为重要的货币储备物。例如中国，到2011年1月末，中央银行因购买外汇（形成国家外汇储备）而投放的货币（中央银行资产负债表中的“外币占款”）已达23.08万亿元，占整个货币总量近1/3。

那么，银行到底应该留多少准备金呢？它只能准备一部分，不可能把存款全部作为准备金，否则银行还怎么赚钱呢？如果中央银行规定法定准备金率是10%，就是说储户存了100元，商业银行必须把其中10元缴存到中央银行；如果准备金率是20%，商业银行就必须缴存20元，这就是法定准备金。

当大家把钱存进银行的时候，经济就可以开始加速了。因为你把钱放进银行，银行把它贷给别人，别人再放进银行，银行接着再贷出去。就这样，一笔钱一直这样存贷下去，货币供给量可能成倍地增加，经济规模和增长速度可能成倍地放大。

银行的信誉越好，它创造货币供给的能力就越大；一国的法定准备金率越低，银行创造的货币供给就越多。这就好比一个货币的水龙头，当法定准备金率降低时，水就会流出来；当法定准备金率提高时，资金之水就开始被抽走。明白了这一点，你就会知道为什么中央银行调整法定准备金率会发挥出很强的调控宏观经济的作用，可以牵一发而动全身。同时还能明白，现代社会的经济是一环一环扣在银行身上而加速运行的。

商业银行具有创造货币供给的职能

现代社会流动的资金是在银行创造的，银行通过什么来创造货币呢？它通过信用创造货币供给，这些货币叫作信用货币。我们日常用的钞票确实是印钞厂印出来的，但是作为全社会的货币供给，却是银行通过信用创造出来的。

假设我国的法定准备金率是20%，一个储户将100元存入工行，工行必须把20元留下交给中央银行——中国人民银行，它就只能贷出80元了。

有个人正好去工行借80元，这个人拿80元买东西，商家又把这80元存入它的开户银行——工行。

工商银行收到这80元钱后又将其中16元上交中国人民银行，它只能贷出64。

工行接到这笔钱后，还要把20%的法定准备金交到中国人民银行，于是只能贷出51.2元……

贷款人在书店消费64元，这家书店又把这64元存入开户的工行。

如此循环下去……

如此下去，储户的100元存款通过银行系统不断存贷而放大，最后变成了多少钱呢？答案是在账面上银行新增贷款是400元，货币总量增加了500元，法定准备金是100元。通过这个例子你就可以知道钱是怎么通过银行信用创造出来的。所以，商业银行具有创造货币供给的功能。

银行的利润是依靠贷款产生的，银行当然希望把钱贷出去越多越好，因为贷出得多，收回的贷款利息就多，银行的赢利就高。当储户把钱存进银行的时候，银行不可以把这些钱全部贷出去，因为如果银行把全部存款贷出去，当储户取钱的时候，银行就没钱支付了。可是当大家都去取款的时候，银行没有钱意味着什么？所有的储户都会恐慌，他们全跑到银行去提钱，就会发生挤兑现象。因此，为了应对这种情况，各国中央银行都规定了一个法定准备金率。

货币投放渠道是社会融资渠道的一部分，但货币的投放渠道与社会的融资渠道并不完全相同。货币投放到社会之后，就会像血液一样不断流动，不断变换所有者和持有者，改变货币的表现形态，这其中就会形成各种各样的投融资方式和渠道。

中央银行在控制货币投放时，不能只盯住银行贷款，还应该将所有提供间接融资，甚至包括银行假借信托贷款、委托贷款、代客理财等方式发放的贷款纳入考量。这应该得到严格审查，要求银行如实进行账务处理，不允许弄虚作假。这些都应纳入货币投放的统计和监控范围。因此，完全有必要考虑在监管上将间接融资统一归类为“广义贷款”。

商业银行等贷款类金融机构，对政府、企业等非金融机构类筹资人提供间接融资。其中，最典型的就是商业银行发放的贷款，包括企业或公司债、企业融资券、应收票据（票据贴现）、应收账款等，也还应该包括非银行类贷款机构提供的贷款或类似的间接融资，如小额贷款公司或者贷款公司、消费金融公司、汽车融资公司等提供的贷款，以及典当行提供的典当款，等等。

按照投、融资双方是否直接转让货币所有权，是否增加社会货币总量区分，可以分为直接融资和间接融资两大类。如果属于社会上投、融资双方直接办理并转移货币所有权和购买力的，即属于直接融资，是不会增加新的货币购买力并影响货币总量的，因此，并不属于货币投放渠道，不应纳入货币投放监控的范围。

明确货币投放渠道与社会融资渠道非常重要，只有这样才能在纷繁复杂的社会融资渠道中准确区分出和把握好货币投放渠道，才能有效地实施货币投放控制。

货币供给是如何衡量的

货币供给是指某一国或货币区的银行系统向经济体中投入、创造、扩张（或收缩）货币的金融过程。货币供给指一个国家在某一特定时点上由家庭和厂商持有的政府和银行系统以外的货币总和。

货币供给的主要内容包括：货币层次的划分；货币创造过程；货币供给的决定因素等。在现代市场经济中，货币流通的范围和形式不断扩大，现金和活期存款普遍认为是货币，定期存款和某些可以随时转化为现金的信用工具（如公债、人寿保险单、信用卡）也被广泛认为具有货币性质。

货币乘数是指货币供给量对基础货币的倍数关系。在货币供给过程中，中央银行的初始货币提供量与社会货币最终形成量之间客观存在着数倍扩张（或收缩）的效果或反应，这即所谓的乘数效应。

货币乘数效应是宏观经济学的一个概念，也是一种宏观经济控制手段，是指支出的变化导致经济总需求与其不成比例的变化。当政府投资或公共支出扩大、税收减少时，对国民收入有加倍扩大的作用，从而产生宏观经济的扩张效应；当政府投资或公共支出削减、税收增加时，对国民收入有加倍收缩的作用，从而产生宏观经济的紧缩效应。

货币乘数的大小决定了货币供给扩张能力的大小。而货币乘数的大小又由以下四个因素决定。

（1）法定准备金率。定期存款与活期存款的法定准备金率均由中央银行直接决定。通常，法定准备金率越高，货币乘数越小；反之，货币乘数越大。

（2）现金比率。现金比率是指流通中的现金与商业银行活期存款的比率。现金比率的高低与货币需求的大小正相关。因此，凡影响货币需求的因素，都可以影响现金比率。

例如银行存款利息率下降，导致生息资产收益减少，人们就会减少在银行的存款而宁愿多持有现金，这样就加大了现金比率。现金比率与货币乘数负相关，现金比率越高，说明现金退出存款货币的扩张过程而流入日常流通的量越多，因而直接减少了银行的可贷资金量，制约了存款派生能力，货币乘数就越小。

（3）定期存款与活期存款间的比率。由于定期存款的派生能力低于活期存款，各国中央银行都针对商业银行存款的不同种类规定不同的法定准备金率，通常定期存款的法定准备金率要比活期存款的低。这样即便在法定准备金率不变的情况下，定期存款与活期存款间的比率改变也会引起实际的平均法定存款准备金率改变，最终影响货币乘数的大小。一般来说，在其他因素不变的情况下，定期存款对活期存款比率上升，货币乘数就会变大；反之，货币乘数会变小。

（4）超额准备金率。商业银行保有的超过法定准备金的准备金与存款总额之比，称为超额准备金率。显而易见，超额准备金的存在相应减少了银行创造派生存款的能力，因此，超额准备金率与货币乘数之间也呈反方向变动关系，超额准备金率越高，货币乘数越小；反之，货币乘数就越大。

在宏观经济学中，支出的变化会导致经济总需求与其不成比例的变化，最初投资的增加所引起的一系列连锁反应会带来国民收入的数倍增加。假设投资增加了100亿元，若这个增加导致国民收入增加300亿元，那么乘数就是3，如果所引起的国民收入增加量是400亿元，那么乘数就是4。

货币乘数反映了基础货币转化为货币供给的倍数。由于货币乘数大于1，因此基础货币又被称为高能货币；基础货币每变动1美元所引起的货币供给的变动超过1美元。

货币供给的步骤

货币供给通常包括三个步骤：

1.由一国货币当局下属的印制部门（隶属于中央银行或隶属于财政部）印刷和铸造通货。

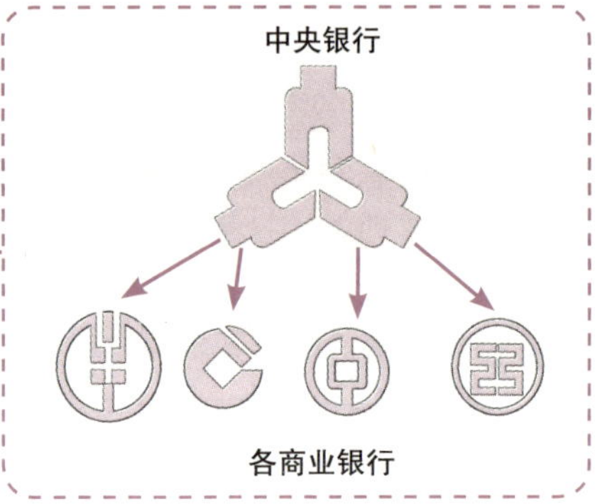

2.商业银行因其业务经营活动而需要通货进行支付时，便按规定程序通知中央银行，由中央银行运出通货，并相应贷给商业银行账户。

3.商业银行通过存款兑现方式对客户进行支付，将通货注入流通，供给到非银行部门手中。

另一方面，货币乘数反映了基础货币等因素对货币供给的影响，储户对现金和支票存款持有水平的决定是影响货币乘数的主要因素。除此之外，美联储针对银行体系制定的法定准备金率和银行有关超额准备金的政策都会影响货币乘数。

货币乘数的推导中，一个重要特征是，由现金增加1美元所引起的基础货币增加1美元，不会支持额外的存款。因为这种增长导致等式右端等量增加，而现金不发生变化。基础货币中的现金部分不引起多倍存款创造，而准备金部分则会引起多倍存款创造。如果基础货币的增加是由现金增加导致的，就没有乘数效应，而用来支持存款的基础货币的增加，则存在乘数效应。

货币供给公式的另外一个重要特征是，如果基础货币增加1美元是由超额准备金增加所引起的，就不会支持任何额外的现金和存款。这是因为，如果银行持有超额准备金，就不会增加贷款发放，这些超额准备金就不会引起存款的创造。因此，如果美联储注入银行体系的准备金被用作超额准备金，就不会对存款和现金产生影响，货币供给也就不会变动。

超额准备金可以看作准备金中没有被使用的闲置部分，不能用于支持任何存款，虽然它们对于银行的流动性管理十分重要。这意味着，给定准备金水平，超额准备金规模越大，银行体系事实上用于支持存款的准备金就越少。

是谁控制了货币的发行权

从你的钱包里任意取出一张人民币，都可以在上面找到“中国人民银行”的字样，这就是发币行。当然如果你有外币，那么也可以看到欧元钞票上印有“欧洲中央银行”，日元上则印有“日本银行”。钞票由中央银行印制和发行，这在许多国家都是如此，但为什么会这样呢？

在中国，有法律规定：任何单位和个人不得印制、发售代币票券以代替人民币流通。这意味着无论纸币还是硬币，无论主币还是辅币，均统一集中由中国人民银行发行，中国人民银行具有垄断的货币发行权。除此之外，财政部、其他金融机构以及其他任何单位和个人均无权发行货币和代用货币。也就是说，中央银行享有完全的货币发行权力。

其实并不是一开始就由中央银行垄断发行货币的权力的。距今300多年前，中央银行才出现。在此之前，流通中的钞票是由一些商业银行发行的，我们称为银行券。这是一种信用货币，如果发钞银行倒闭了，它发行的钞票差不多就变成一张张废纸，买不来任何东西。在19世纪的美国，有1600多家银行竞相发行钞票，一时间竟有3万多种钞票进入市场流通。这些钞票良莠不齐。很多钞票根本无法兑现，既不便于流通，也在无形中劫掠了平民百姓的财富。混乱的货币秩序让很多国家吃过苦头，反反复复地教训使人们意识到，需要有一家银行垄断货币的发行。于是，许多国家纷纷通过立法将发行货币的特权集中到本国的一家银行，中央银行由此逐渐演变形成。

中央银行发行一国货币，币值的稳定与否是一国经济是否健康的一个重要指标。如果一国货币在升值的话，就说明该国的经济好了。如果大家都认可你，都来要你的货币的时候，你的货币就会升值；如果大家都不相信你，都去抛出你的货币，当然你的货币就要贬值。所以货币标志着一个国家的经济实力。它是一种信心的象征，人们愿意要这种货币是因为它的足值和稳定。如果市场上的货币太多，物价自然就会上涨。比如非洲国家津巴布韦在罗伯特·穆加贝当总统的这几年中，中央银行不断地印刷钞票，政府的收入中超过50%来自发行钞票的铸币收入。结果是物价暴涨——物价每小时就涨一倍。

那么如何防范中央银行滥发纸币呢？各国的货币发行制度因国情不同而内容各异，最核心的是设置发行准备金原则的区别。发行准备一般分为两种。一种是现金准备，包括有十足货币价值的金银条块、金银币和可直接用于对国外进行货币清算的外汇结存。另一种是保证准备（又称信用担保），即以政府债券、财政短期库券、短期商业票据及其他有高度变现能力的资产作为发行担保。

从历史上看，货币发行准备金制度有过五种基本类型：十足现金准备制又称单纯准备制，即发行的兑换券、银行券要有十足的现金准备，发行的纸质货币面值要同金银等现金的价值等值，实际上这种纸质货币只是金属货币的直接代用品，只是为了便于流通。这种制度仅在金属货币时代适用。

部分准备制又称部分信用发行制、发行额直接限定制、最高保证准备制。部分准备制最先在英国出现，其要点是由国家规定银行券信用发行的最高限额，超过部分须有100%的现金准备。随着发行权的集中，这种限额可以在一定限度内增加。

发行额间接限制制包括：证券托存制，即以国家有价证券作为发行保证。在这种制度下，国家公债是银行券发行的保证，如1863年美国的《国民银行条倒》；伸缩限制制，即国家规定信用发行限额，经政府批准的超额发行须缴纳一定的发行税，1875年德国曾采用此制；比例准备制，即规定纸币发行额须有一定比例的现金准备，如1913年美国的《联邦储备法》。

最高限额发行制又称法定最高限额发行制，即以法律规定或调整银行券发行的最高限额，实际发行额和现金准备比率由中央银行掌握。以上发行准备金制度的实行，就可以在最大程度上保证中央银行无法滥发纸币，进而维持币值的稳定。

而为政府管钱其实也就是代理国库。政府开支所需资金最主要的来源是税收。税收由财政部来管，但财政部不能把钱放在财政部的办公大楼里，也要存到银行去。财政部把钱存到哪个银行呢？财政部只能把钱存入中央银行。财政部的收入与开支就通过它在中央银行开设的各种账户来进行。

中央银行的三大职能

中央银行具有三项主要职能：制定和执行货币金融政策、对金融活动实施监督管理和提供支付清算服务。

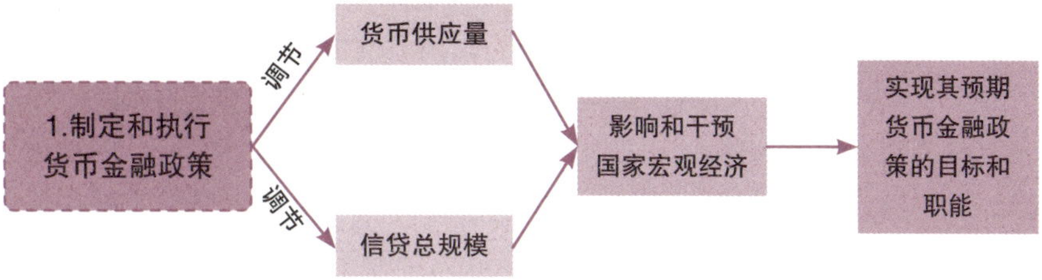

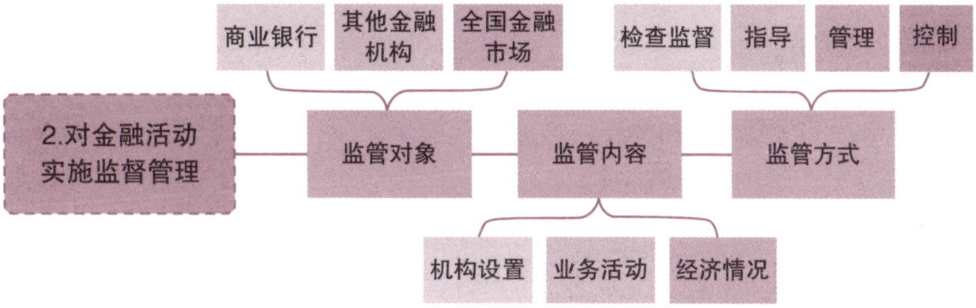

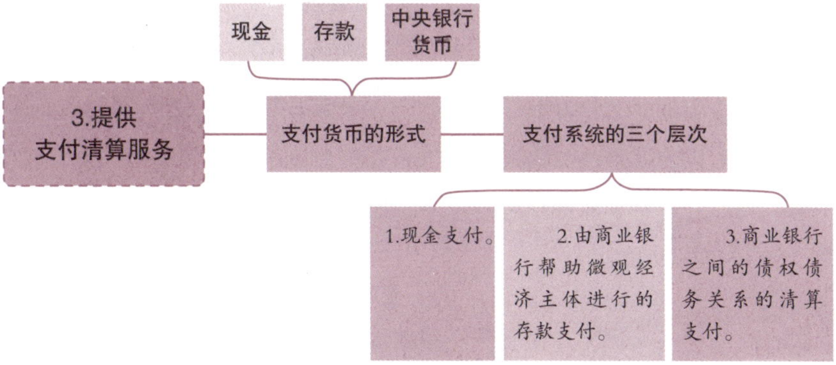

最后我们再说一下人民币发行的程序。具体而言，发行程序主要环节为：首先，制定货币发行总限。货币发行总限是计划期间（通常为一年）内货币发行的最高限额，是中国人民银行根据国家经济发展的实际需要，通过编制全国信贷计划和现金计划提出来的，经提交国家计划委员会在每年国民经济计划综合平衡的基础上核定，报经国务院批准后执行。货币发行总限额是一项指令性的国民经济计划指标，必须严格遵守和有效贯彻。这是货币发行的最关键的一个程序。

而早期许多国家成立中央银行的初衷是利用它来为政府筹钱，帮政府理财。中央银行一开始就与政府建立了密切的联系。正是有政府信用作支撑，加之自身有发行货币的垄断性特权，中央银行的实力和信誉远远超过同时代的其他银行。

有权利当然也就有义务，中央银行的义务就是代政府管钱，并且保持币值的稳定。中央银行成为一种普遍的制度，是从1920年开始的。布鲁塞尔国际经济会议决定，凡未成立中央银行的国家，应尽快成立，以稳定国际金融，消除混乱局面。

一个国家的公民持有本国的货币，他会要求手中的钱能够买到足值的东西。保证货币足值和币值稳定的任务，就落到中央银行的头上。当有银行发生资金周转困难或濒临倒闭时，中央银行会拿出钱来帮助银行，它也由此开始承担起“最后贷款人”的角色。此后，中央银行发现，等到银行出事后再去救助，太过于被动，在平时就应该主动监督管理银行，使之稳健经营，这样，中央银行又具有了监管其他银行的权力，随后又逐渐利用手中的工具调控国家的经济。至此，现代意义的中央银行便演变形成。

第三节　货币政策的高招

货币的流动偏好理论

自从有了钱作为交易的媒介出现以后，这些钱就成为无数人关注的焦点。买卖成为赚取更多的钱的最直接的方式。那么钱是如何流动的？货币的流动不仅涉及个人的生活消费，也影响着企业、金融机构、股票市场乃至一个国家的兴衰。只有掌握了金钱流转的定律，才可以拥有开启财富大门的金钥匙。

货币流动性（Monetary Liquidity）是由世界著名金融学家凯恩斯提出的，它反映了货币供应的一种基本状况。在宏观经济层面上，我们常把流动性直接理解为货币的信贷总量。居民和企业在商业银行的存款，乃至银行承兑汇票、短期国债、政策性金融债、货币市场基金等其他一些高流动性资产，都可以根据分析的需要而纳入不同的宏观流动性范畴。

约翰·梅纳德·凯恩斯在1936 年出版的著名的《就业、利息和货币通论》一书中，摒弃了古典学派将货币流通速度视为常量的观点，提出了一种强调利率重要性的货币需求理论。他将他的货币需求理论称为流动性偏好理论（Liquidity Preference theory），该理论提出了这样的问题：为什么人们会持有货币？凯恩斯假定货币需求的背后是三个动机：交易动机、预防动机和投机动机。凯恩斯强调货币需求的这一组成要素主要取决于人们的交易规模。他假定货币需求的交易部分与收入成比例。

预防动机：人们之所以持有货币，不仅是为了完成当期交易，而且还用来预防意料之外的需求，例如，你想买一套时髦的音响，在途经一家商店时，恰好发现你想要的商品正在减价50% 出售。此时如果你持有为预防诸如此类事件发生的货币，就可以立即购买，否则你就只能坐失良机。此外，当你遇到意想不到的支出，比如汽车大修理或住院，预防性货币持有也可马上派上用场。

投机动机：假如凯恩斯的理论仅仅停留在交易动机和预防动机上，则收入将是决定货币需求的唯一重要因素，那么凯恩斯的研究也就不可能大大丰富古典理论的内容。但是，凯恩斯认为货币具有财富储藏的功能，他将持有货币的这一理由称为投机动机。因为他认为财富与收入密切相关。但是，凯恩斯更加仔细地分析了影响人们为储藏财富而持有货币数量的因素，尤其是利率。

凯恩斯在将持有货币余额的三种动机综合起来推导货币需求方程式的时候，对名义数量和实际数量进行了严格的区分。货币的价值应当用它能够购买到的东西来衡量。例如，假设经济中所有的价格都上涨了一倍（物价水平上涨一倍），那么同样数量的名义货币所能购买到的商品数量，只相当于原来的一半。因此，凯恩斯推断人们要持有的是一定数量的实际货币余额（Real Money Balances，用实际值表示的货币数量）。他的三种持币动机表明，这一数额与实际收入以及利率有关。凯恩斯的货币需求方程式被称为流动性偏好函数（Liquidity Preference Function），通过流动性偏好函数求解货币流通速度，我们就会发现，凯恩斯的货币需求理论意味着，货币流通速度并非常量，而是随着利率的变动而波动。

我们还发现，货币需求与利率负相关。换句话说，在收入水平既定的前提下，利率上升激励人们减少所持有的实际货币余额，因此，货币的周转率（货币流通速度）必定上升。这一推理过程表明，因为利率波动剧烈，所以货币需求的流动性偏好理论表明货币流通速度的波动也很剧烈。

在经济衰退时期，货币流通速度下降或其增长速度下降。流动性偏好理论表明，利率上升将同时导致流通速度加快，所以利率的顺周期运动导致货币流通速度的变动也应是顺周期的。

凯恩斯货币需求模型的重要内涵在于，它认为货币流通速度并非常量，而与波动剧烈的利率正向相关。他的理论反对将货币流通速度视为常量的另一个理由是：人们对正常利率水平预期的变动将导致货币需求的变动，从而也导致货币流通速度

货币流动性的影响

1.货币流动的传导机 → 货币流动速度提高 → 短期利率下降 → 债券资产回报率下降 → 大量资金涌入股票市场 → 股票价格上涨

2.货币流动过快会带来物价上涨 → 居民所拥有的财富增加 → 物价保持稳定 → 财富流向资产 → 资产价格上涨 → 投资的成本增加 → 引起物价水平随之上涨

由此可见，货币流动性对包括债券、股票和房地产价格等方面都具有重要的影响，不容忽视。

发生变动。这样，凯恩斯的流动性偏好理论对古典数量论提出了质疑，后者认为名义收入主要是由货币数量的变动决定的。

假如人们对正常利率水平的认识发生了变化，那么将会对货币需求造成什么影响呢？例如，假设人们预期未来正常利率水平比现在高，货币需求会发生什么变化呢？因为预期未来利率升高，所以许多人都预期债券价格下跌，从而将遭受资本损失。这样，持有债券的预期回报率将下降，相对于债券来说，货币会更具有吸引力。结果货币需求增加，这意味着利率将上升，从而货币流通速度下降。人们对未来正常利率水平的预期发生变动，货币流通速度将随之变化，对未来正常利率水平的预期不稳定将导致货币流通速度的不稳定。这就是凯恩斯反对将货币流通速度视为常数的另一个理由。

货币政策的扩张与紧缩

在美国货币政策调节历史上，曾出现过关于货币政策执行方式的争论。货币主义学派代表人物米尔顿·弗里德曼从20世纪50～70年代一直鼓吹的“单一规则”，主张货币当局盯住货币供给量，将每年的货币供给增长率固化在4% 的水准上。这种政策主张曾经被时任美联储主席的保罗·沃尔克于1979年10月宣布采用。但到了1982年，由于形势所迫，沃尔克又宣布放弃了所谓“单一规则”的货币政策执行方式。

全世界的中央银行没有一家采用固定货币供给增长率的调节方式。近20 年来出现的所谓“泰勒规则”“通货膨胀锚”，理论根据都是以物价、市场利率为优先考虑因素，采取扩张与紧缩。

货币政策分为扩张性的和紧缩性的两种：扩张性的货币政策是通过提高货币供应增长速度来刺激总需求，在这种政策下，取得信贷更为容易，利息率会降低。因此，当总需求与经济的生产能力相比很低时，使用扩张性的货币政策最合适。

紧缩性的货币政策是通过削减货币供应的增长率来降低总需求水平，在紧缩性货币政策下，取得信贷较为困难，利息率也随之提高。因此，在通货膨胀较严重时，采用紧缩性的货币政策较合适。

货币政策调节的对象是货币供应量，即全社会总的购买力，具体表现形式为：流通中的现金和个人、企事业单位在银行的存款。流通中的现金与消费物价水平变动密切相关，是最活跃的货币，一直是中央银行关注和调节的重要目标。

中央银行以货币政策工具为手段来对货币政策目标进行调控。货币政策是涉及经济全局的宏观政策，与财政政策、投资政策、分配政策和外资政策等关系十分密切，必须实施综合配套措施才能保持币值稳定。

运用货币政策所采取的主要措施

1.控制货币发行 → 作用

- 钞票可以整齐划一，防止币制混乱。
- 中央银行可以掌握资金来源，作为控制商业银行信贷活动的基础。
- 中央银行可以利用货币发行权调节和控制货币供应量。

2.控制和调节对政府的贷款 → 为了防止政府滥用贷款助长通货膨胀，资本主义国家一般都规定以短期贷款为限，当税款或债款收入时就要还清。

3.推行公开市场业务 → 调节货币供应量，扩大或紧缩银行信贷，进而起到调节经济的作用。

4.改变存款准备金率 → 控制商业银行贷款、影响商业银行的信贷活动。

5.调整再贴现率 → 控制和调节信贷规模，影响货币供应量。

6.选择性信用管制 → 对特定的对象分别进行专项管理

- 证券交易信用管理
- 消费信用管理
- 不动产信用管理

7.直接信用管制 → 中央银行采取对商业银行的信贷活动直接进行干预和控制的措施，以控制和引导商业银行的信贷活动。

在全球金融危机爆发之后，清华经济学家李稻葵主张政府应该实行宽松的货币政策与刺激性的财政政策，但考虑到通胀形势也比较严峻，如果CPI超过3%，再考虑到未来的通胀预期，货币政策可以通过加息来进行调整。

2011年3月18日，日本央行行长白川方明在七国集团同意联手干预日元后表示，日本仍将保持超宽松的货币政策。“日本央行将会推行强有力的宽松货币政策，并继续提供充足的流动性，以保持市场稳定。”央行当天的声明表示。3月18日，七国集团财长决定联手干预日元汇率，随后日本央行又向金融系统注资3 万亿日元（合370亿美元）。此前财经新闻报道，日本政府可能发行超过10万亿日元（约合1268亿美元）的紧急债券，而日本央行会全部买下这些债券。

日本所执行的量化宽松货币政策，是指中央银行在实行零利率或近似零利率政策后，通过购买国债等中长期债券，增加基础货币供给，向市场注入大量流动性的干预方式。与利率杠杆等传统工具不同，量化宽松被视为一种非常规的工具。

地震、海啸和核危机给日本经济造成的损失超过20万亿日元。他还表示，重建需要的预算肯定会超过1995 年阪神大地震后3.3万亿日元的重建费用。日本央行继续向金融系统注入资金，数量超过银行能够消化的数额，以保持较低市场利率。

中国货币政策总体框架

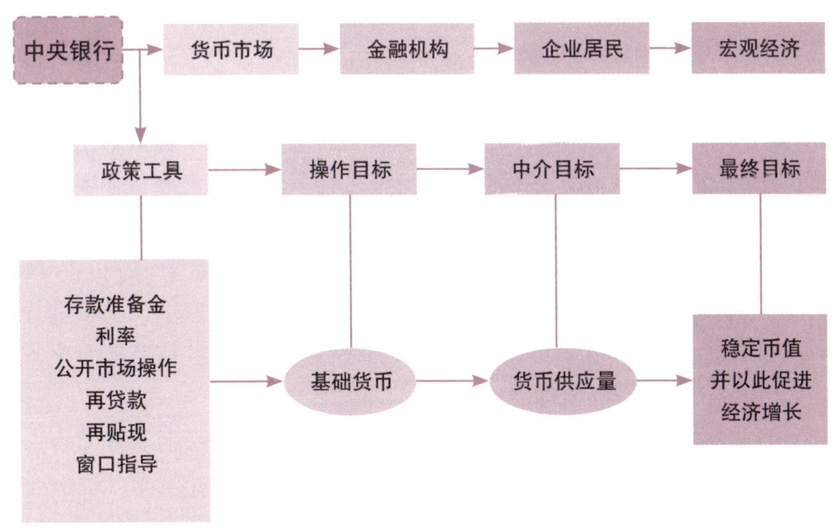

而回顾过去，2001~2006年，在通货紧缩的长期困扰下，日本中央银行曾将政策利率降至零并定量购买中长期国债的政策就是一种典型方式。这些政策的最终意图是通过扩大中央银行自身的资产负债表，进一步增加货币供给，降低中长期市场利率，避免通货紧缩预期加剧，以促进信贷市场恢复，防止经济持续恶化。

量化宽松有利于抑制通货紧缩预期的恶化，但对降低市场利率及促进信贷市场恢复的作用并不明显，并且或将给后期全球经济发展带来一定风险。中国国际经济研究会副会长张其佐认为，“毫无疑问，主要央行量化宽松货币政策的开启，将带来全球通胀的风险”。实施量化宽松的货币政策，将形成日元走软、商品价格上涨的局面。

货币政策的三大法宝之一：法定准备金率

随着2007年投资继续过热，通货膨胀加重的经济变化，央行加大上调存款准备金的力度。2007年央行共10次上调准备金！2008年年底存款类金融机构人民币存款准备金率达到17.5%的历史新高！如此强大的货币政策取得了明显的成效，国内通货膨胀得到了明显的遏制，物价回归到合理的水平。存款准备金为何有如此强大的威力?

存款准备金是指金融机构为保证客户提取存款和资金清算需要而准备的在中央银行的存款，中央银行要求的存款准备金占其存款总额的比例就是存款准备金率。2011年以来，我国央行以每月一次的频率，连续4次上调存款准备金率，如此频繁的调升节奏历史罕见。2011年6月14日，央行宣布上调存款准备金率0.5个百分点。这也是央行在该年内第6次上调存款准备金率。

在我们讨论银行挤兑时，我们说联邦储备银行会设定一个最低准备金率，目前对于可开支票账户为10%。如果在两个星期内银行平均的法定准备金率无法达到要求，将会面临处罚。

当银行似乎无法达到联邦储备银行的准备金要求时它会怎样应对？一般它们会向其他银行去借多余的准备金。银行之间相互借贷是在联邦基金市场中进行的。这是一个金融市场，在其间准备金达不到要求的银行可以从那些持有超额准备金的银行处借到准备金，一般是隔夜拆借。

银行可以从联邦储备银行那里借准备金。为了防止银行转向联邦储备银行借准备金，联邦储备银行向银行提供贷款时收取一定的利率称为贴现率。现阶段，贴现率被设定在比联邦基金利率高1%的水平上。

当联邦储备银行从私人商业银行买进美国政府财政债券后，基础货币增加。当联邦储备委员会购买了1亿美元美国政府财政债券后，是通过给私人银行增加1亿美元的银行存款准备金来付款的，所以基础货币增加了1亿美元。商业银行把这些多出来的准备金贷出，通过乘数效应增加货币供给。联邦储备银行卖出美国政府财政债券后会导致基础货币减少。1亿美元的美国政府财政债券卖出，将导致商业银行的准备金减少1亿美元，基础货币也减少1亿美元。银行存款准备金减少后，将削减贷款，通过乘数效应减少货币供给。

此外，存款准备金率与利率的变动关系紧密。在通常情况下，存款准备金率上升，会使得利率随之上升，这是实行货币紧缩政策的信号。存款准备金率针对的是银行等金融机构，对客户存款利息率产生间接的影响；利率是针对最终客户的，直接影响到客户的存款利息率。

如果法定准备金率提高，那么，在任何给定的利率水平上，法定准备^{d}金和准备金需求量都会扩大。因此法定准备金率的提高推动下图中的需求曲线从R_1右移至R_2，均衡点由点1移动到点2，从而将联邦基金利率从i_{ff}提高到i_{ff}。

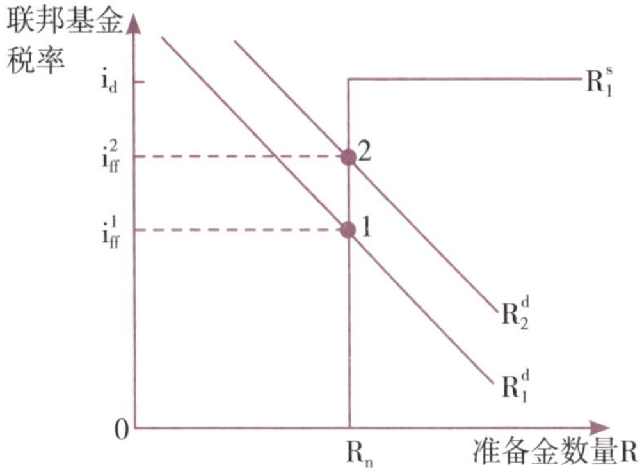

结论是，如果美联储提高法定准备金率，联邦基金利率上升。

同理，降低法定准备金率会减少准备金的需求量，推动需求曲线向左移动。

联邦基金利率，在联邦基金市场中决定的利率，在现代货币政策中扮演着一个关键角色。如果联邦储备银行缩小联邦基金利率和贴现率之间的差距，银行将增加贷款，因为准备金不足的成本降低了，货币供给将增加。如果联邦储备银行扩大联邦基金利率和贴现率之间的差距，银行贷款将减少，货币供给也将减少。在实践中，美国联邦储备银行既不使用法定准备金率也不使用贴现率作为主动影响货币供给的工具。

如果银行选择这么做，联邦储备银行可以改变法定准备金率或贴现率，或者双管齐下。任何一个手段的变化都会影响货币供给。如果联邦储备银行降低法定准备金要求，银行就可以把更大比例的存款贷出，导致贷款增加，通过乘数增加货币供给。如果联邦储备银行提高法定准备金要求，银行将被迫削减贷款数额，最终导致

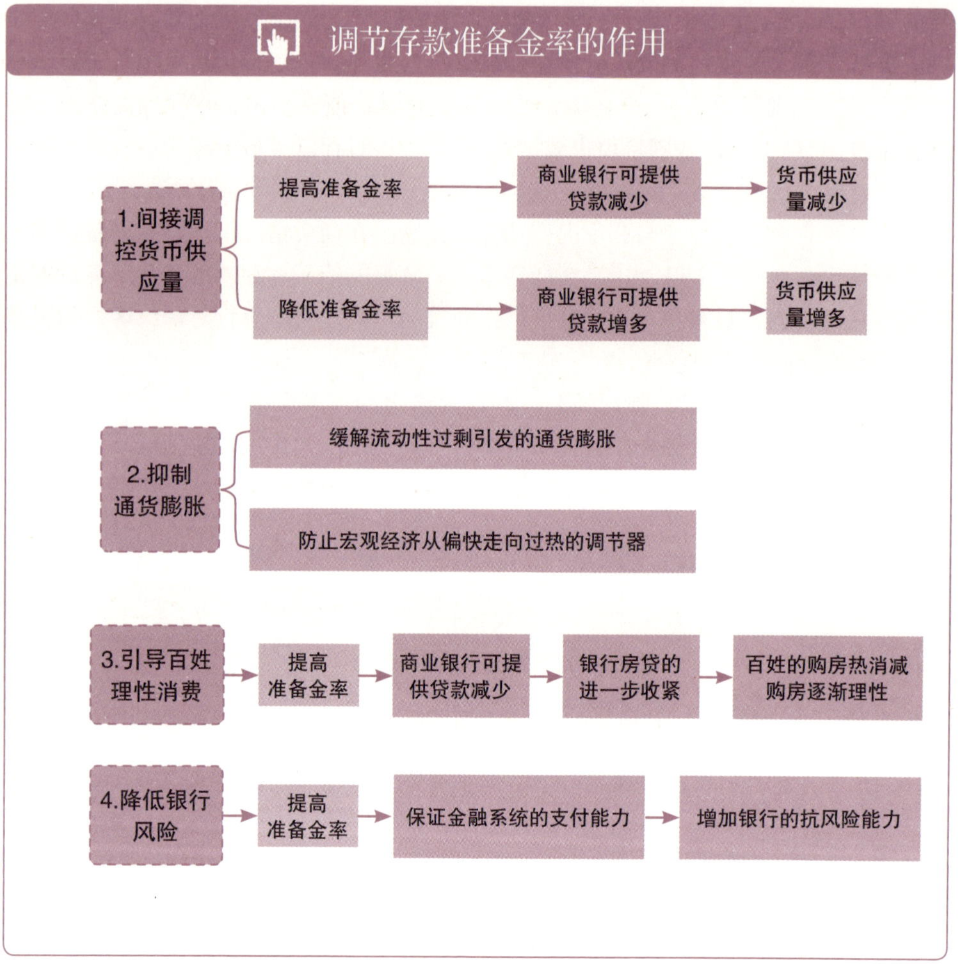

联邦基金利率下跌。如果美联储降低法定准备金率，会导致联邦基金利率下跌。

货币政策的三大法宝之二：贴现率

2001年9月11日，在恐怖分子撞毁了纽约世界贸易中心的几个小时之后，联邦储备委员会还是立即宣布向美国各地的银行运送现金，以保证银行的支付，即贴现政策。为了保证整个美国的银行系统和金融机构的正常运行，恐怖袭击后的第二天，美联储已经向美国银行系统补充了382.5亿美元的特别临时储备资金。在美国，没有一个城市发生挤提存款事件，没有一家银行因为支付危机而倒闭，甚至也没有一家银行出现支付困难。无疑，央行再贴现政策的雪中送炭给市场送去了信心和温暖。

中央银行的另一个“法宝”就是再贴现政策。如果您持有还没到期的票据，但又急着用钱，就可以把票据转让给商业银行获得现款，代价是贴付一定利息，这就叫贴现。可商业银行也有周转不开的时候，它也可以把手中未到期的票据暂时“卖”给中央银行，这就叫再贴现。商业银行也得向中央银行支付一定利息，这个利率就叫再贴现率。

再贴现最初也不是一种货币政策工具，它原本是用来帮助商业银行周转资金的。商业银行虽然经营的就是“钱”，但它们也有“手头紧”的时候。为了帮助“手头紧”的银行渡过难关，中央银行就为他们开设了再贴现的窗口，为它们提供资金援助。

早在美联储创建之际，变动贴现率就成为货币政策的首要工具，《联邦储备法》没有规定美联储可以变动法定准备金率。货币政策实施的指导原则是，只要贷款是用于生产性用途，向银行体系提供用于发放这些贷款的准备金，就不会引发通货膨胀。事实上，只要成员商业银行在贴现窗口出示合格票据，即证明贷款是用于满足商品和服务生产和销售的需要，美联储就会向其贷款。美联储向成员银行发放贷款的行为最初被称为再贴现，因为银行最初向工商企业发放的贷款是以贴现（贴现额少于贷款面值）的方式进行的，而美联储会对这些贷款再次进行贴现。

渐渐地，再贴现变成中央银行的一大“法宝”。当中央银行降低再贴现率的时候，商业银行发现从中央银行再贴现借钱比较划算，就会更多地申请再贴现。这样一来，中央银行的基础货币投放增加了，货币供应量自然也会增加。而且，再贴现利率的降低也会最终带动其他利率水平的下降，起到刺激投资和增长的作用。反过来，中央银行也可以提高再贴现率，实现相反的意图。

再贴现这个“法宝”不但能调控货币总量，还能调整结构。比如，中央银行规定哪些票据可以被再贴现，哪些机构可以申请再贴现，这样分门别类、区别对待，使得政策效果更加精确。

再贴现政策具有以下三方面作用。

（1）能影响商业银行的资金成本和超额准备，从而影响商业银行的融资决策，使其改变放款和投资活动。

（2）能产生告示效果，通常能表明中央银行的政策意向，从而影响到商业银行及社会公众的预期。

（3）能决定何种票据具有再贴现资格，从而影响商业银行的资金投向。

当然，再贴现政策效果能否很好地发挥，还要看货币市场的弹性。一般说来，有些国家商业银行主要靠中央银行融通资金，再贴现政策在货币市场的弹性较大，效果也就较大，相反有些国家商业银行靠中央银行融通资金数量较小，再贴现政策在货币市场上的弹性较小，效果也就较小。虽然这样，再贴现率的调整，对货币市场仍有较广泛的影响。

尽管再贴现政策有上述的一些作用，但也存在着某些局限性：

（1）从控制货币供应量来看，再贴现政策并不是一个理想的控制工具。首先，中央银行处于被动地位。商业银行是否愿意到中央银行申请贴现，或者贴现多少，决定于商业银行，如果商业银行可以通过其他途径筹措资金，而不依赖于再贴现，则中央银行就不能有效地控制货币供应量。其次，增加对中央银行的压力。如商业银行依赖于中央银行再贴现，这就增加了对中央银行的压力，从而削弱控制货币供应量的能力。再次，再贴现率高低有一定限度，而在经济繁荣或经济萧条时期，再贴现率无论高低，都无法限制或阻止商业银行向中央银行再贴现或借款，这也使中央银行难以有效地控制货币供应量。

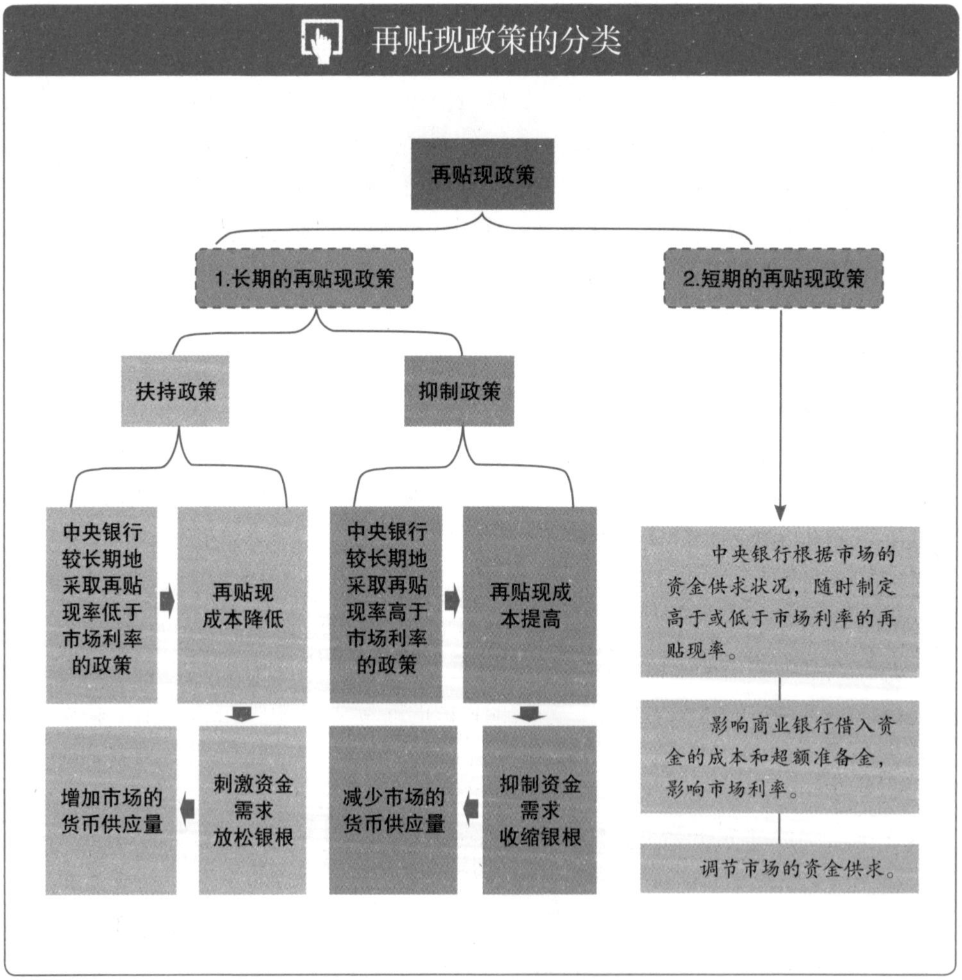

（2）从对利率的影响看，调整再贴现利率，通常不能改变利率的结构，只能影响利率水平。即使影响利率水平，也必须具备两个假定条件：一是中央银行能随时准备按其规定的再贴现率自由地提供贷款，以此来调整对商业银行的放款量；二是商业银行为了尽可能地增加利润，愿意从中央银行借款。当市场利率高于再贴利率，而利差足以弥补承担的风险和放款管理费用时，商业银行就向中央银行借款然后再放出去：当市场利率高于再贴现率的利差，不足以弥补上述费用时，商业银行就从市场上收回放款，并偿还其向中央银行的借款，也只有在这样的条件下，中央银行的再贴现率才能支配市场利率。然而，实际情况往往并非完全如此。

（3）就其弹性而言，再贴现政策是缺乏弹性的，一方面，再贴现率的随时调整，通常会引起市场利率的经常性波动，这会使企业或商业银行无所适从；另一方面，再贴现率不随时调整，又不宜于中央银行灵活地调节市场货币供应量，因此，再贴现政策的弹性是很小的。

上述缺点决定了再贴政策并不是完美的货币政策工具。

货币政策的三大法宝之三：公开市场业务

2008年年初，中国股市、楼市等相继出现投资过热的情况，物价水平高企。央行2月上旬开始首次公开市场操作，净回笼资金2960亿元。之后央行通过两期分别为28天期限和91天期限正回购操作，合计交易量达到350亿元。央行在1天之内就回笼了950亿元的流动性资金，这表明了央行大力度回笼流动性的决心，使得市场信心增强。公开市场维持净回笼态势成为定局。

公开市场操作又称为公开市场业务，是中央银行调节市场流动性的主要货币政策工具，通过中央银行与指定交易商进行有价证券和外汇交易，实现货币政策调控目标。

当联邦储备银行买入美国政府财政债券时，它是通过在商业银行账户中贷记额外存款来支付款项的，这就增加了银行的准备金。如下页图（a）所示：联邦储备银行从商业银行购买了1亿美元的美国政府财政债券后，基础货币增加了1亿美元，因为银行存款准备金增加了1亿美元。当联邦储备委员会向商业银行卖出美国政府财政债券时，它在这些银行账户借记，并减少它们的准备金。如图（b）所示，联邦储备银行卖出1亿美元美国政府财政债券后，银行存款准备金和基础货币都减少了。

20世纪20年代初期，发生了一件特别重要的事情：美联储无意间发现了公开市场操作。美联储创建之初，其收入全部来源于向成员银行发放贴现贷款的利息。1920~1921年经济萧条时期之后，贴现贷款的规模急剧萎缩，美联储经济拮据。为了解决这个问题，它购买了一些盈透证券。在这个过程中，美联储注意到，银行体系的准备金增加，银行贷款和存款出现多倍扩张。这个现象对现在来说是显而易见

的，但对于当时的美联储，却是一个重大发现。一个新的政策工具就此诞生，到20

（a）通过公开市场买入1亿美元美国政府财政债券

	资产	负债
联邦储备银行	政府债券+1亿美元	基础货币 （通货加银行存款准备金）+1亿美元
商业银行	政府债券-1亿美元 准备金+1亿美元	没有变化

（b）通过公开市场卖出1亿美元美国政府财政债券

	资产	负债
联邦储备银行	政府债券-1亿美元	基础货币 （通货加银行存款准备金）-1亿美元
商业银行	政府债券+1亿美元 准备金-1亿美元	没有变化

联邦储备银行进行公开市场业务

年代末期，它已经成为美联储“军火库”中最重要的“武器”了。

公开市场操作是利率和基础货币变动最主要的决定因素，而基础货币又是货币供给变动的重要来源，因此，公开市场操作是最重要的货币政策工具。公开市场购买可以扩大准备金和基础货币规模，从而增加货币供给和降低短期利率。公开市场出售会减少准备金和基础货币，进而降低货币供给和提高短期利率。下面我们来考察联邦储备体系如何进行公开市场操作，以达到控制短期利率和货币供给的目标。

公开市场操作有两种类型：旨在改变准备金和基础货币规模的能动性公开市场操作；旨在抵销影响准备金和基础货币的其他因素（例如在美联储的财政存款和浮款）变动的防御性公开市场操作。美联储实施公开市场操作的对象是美国国债和政府机构债券，尤其是美国国库券。美联储大部分公开市场操作是针对国债进行的，因为国债市场最具流动性，且交易规模最大，这一市场有能力吸收美联储庞大的交易量，而不会引起可能导致市场混乱的价格过度波动。

我国自恢复公开市场业务以来，制定了相关的债券交易资金清算制度和操作规则，正在逐步朝拓展交易工具、实现交易对象的扩大化、交易期限品种的丰富化等方向发展，并且在不断尝试不同的交易方式。作为央行货币政策的先行风向标，公开市场操作传递出央行对货币市场利率的调控意图。调节商业银行的准备金，并影响其信用扩张的能力和信用紧缩的规模，为政府债券买卖提供了一个有组织的方便场所。配合积极财政政策的实施，支持国债发行，通过影响利率来控制汇率和国际黄金流动。

公开市场操作的优点

与其他货币政策工具相比，公开市场操作有以下几个优点。

1.公开市场操作是中央银行主动进行的。中央银行能够完全控制交易的规模。

2.公开市场操作灵活且精确，它可用于各种规模。

3.公开市场操作很容易对冲。如果在实施公开市场操作中出现错误，中央银行可以立即对冲。

4.公开市场操作可以立即执行，不存在管理时滞。

第五章

金融市场的魔力

第一节　利率的作用方程式

利率，使用资本的应付代价

印度第二大手机服务供应商曾表示，希望从中国国家开发银行那里筹措19亿美元的资金，其中13亿美元将用于偿还现有债务。印度信实电力将筹借11亿美元的资金用于对该公司现有在建的电厂项目提供资金支持。2019年，印度评级居前的企业债务收益率增长了73个基点至8.95%，创出自2006年以来的最大涨幅。而目前中国贷款利率相对较低，比印度国内便宜1%～3%。因此，向中国的银行申请贷款将会成为一个非常不错的选择。

那么利率是怎样分类，怎样计算的呢？它在金融商品的投资中，又起到了什么样的作用？

利率也叫利息率。表示一定时期内利息量与本金的比率，通常用百分比表示，按年计算则称为年利率。其计算公式是：利息率=利息量÷本金÷时间×100%。

凯恩斯把利率看作“使用货币的代价”。当你去银行存钱，银行会按照存期划分的不同利率来给客户计算利息。存款利率是货币利率的一种，利率又称利息率，是一定时期借贷资本所要偿还的利息同资本总额的比率，利率是单位货币在单位时间内的利息水平，表明利息的多少。

利率可以看作是因为暂时放弃货币的使用权而获得的报酬，是对放弃货币流通性的一种补偿，如果人们愿意推迟消费，则需要为人们这一行为提供额外的消费。从借款人的角度来看，利率是使用资本的单位成本，是借款人使用贷款人的货币资本而向贷款人支付的价格；从贷款人的角度来看，利率是贷款人借出货币资本所获得的报酬率。

利率的存在告诉我们，通过放弃价值1元的现期消费，能够得到多少未来消费。这正是现在与未来之间的相对价格。整体利率的多少，对于现值至关重要，必须了解现值才能了解远期的金融终值，而利率正是联系现值和终值的一座桥梁。

那么利率的水平是怎样确定的呢？换句话说，确定利率水平的依据是什么呢？

首先是物价总水平。这是维护存款人利益的重要依据。利率高于同期物价上涨率，就可以保证存款人的实际利息收益为正值；相反，如果利率低于物价上涨率，存款人的实际利息收益就会变成负值。因此，看利率水平的高低不仅要看名义利率的水平，更重要的是还要看是正利率还是负利率。

其次是国有大中型企业的利息负担。长期以来，国有大中型企业生产发展的资金大部分依赖银行贷款，利率水平的变动对企业成本和利润有着直接的影响，因此，利率水平的确定必须考虑企业的承受能力。

再次是国家财政和银行的利益。利率调整对财政收支的影响，主要是通过影响企业和银行上缴财政税收的增加或减少而间接产生的。因此，在调整利率水平时，必须综合考虑国家财政的收支状况。银行是经营货币资金的特殊企业，存贷款利差是银行收入的主要来源，利率水平的确定还要保持合适的存贷款利差，以保证银行正常经营。

最后是国家政策和社会资金供求状况。利率政策要服从国家经济政策的大方针，并体现不同时期国家政策的要求。与其他商品的价格一样，利率水平的确且也要考虑社会资金的供求状况，受资金供求规律的制约。

此外，期限、风险等其他因素也是确定利率水平的重要依据。利率风险是指市场利率变动的不确定性给商业银行造成损失的可能性。巴塞尔委员会在1997年发布的《利率风险管理原则》中将利率风险定义为：利率变化使商业银行的实际收益与预期收益或实际成本与预期成本发生背离，使其实际收益低于预期收益，或实际成本高于预期成本，从而使商业银行有遭受损失的可能性。

一般来讲，期限越长的债券，其价格波动受利率影响的程度就越大。这一结论有助于解释债券市场上的一个重要事实：长期债券的价格和回报率的波动性比短期债券大。对于距离到期日还有20年以上的债券，每年价格与回报率的波动幅度在-20%～20%之间的情况十分常见。

我们现在可以发现，利率的变动导致长期债券的投资风险相当大。事实上，由于利率变动所引起的资产回报率的风险十分重要，控制利率风险是金融机构的经理和投资者经常需要关注的事情。

由于许多投资者希望了解他们所面临的利率风险，一些共同基金公司试图教给投资者有关利率风险的知识，并提供与投资者偏好相匹配的多种投资工具。

例如，投资债券共同基金，可以通过计算利率上升或下降1%时债券价值的变动来说明利率变动的影响。如果其中三种债券型基金投资于平均期限为1～3年的债券，那么这项投资可以看作低利率风险的产品。

一般来讲，当利率波动时，不同的存款人和投资者作出不同的行为选择。如果不考虑个别存款人的流动性需求，忽略高级别存款人的短期行为，当利率上升时，存款人和银行的长期均衡选择应该是不提款。在进行金融产品的投资之前，投资者必须密切关注利率的走势，提高防范利率风险的能力。

利率的杠杆作用

利率政策是货币政策的重要组成部分，也是货币政策实施的主要手段之一。央行根据货币政策实施的需要，适时地运用利率工具，对利率水平和利率结构进行调整，进而影响社会资金供求状况，实现货币政策的既定目标。

一年期基准利率

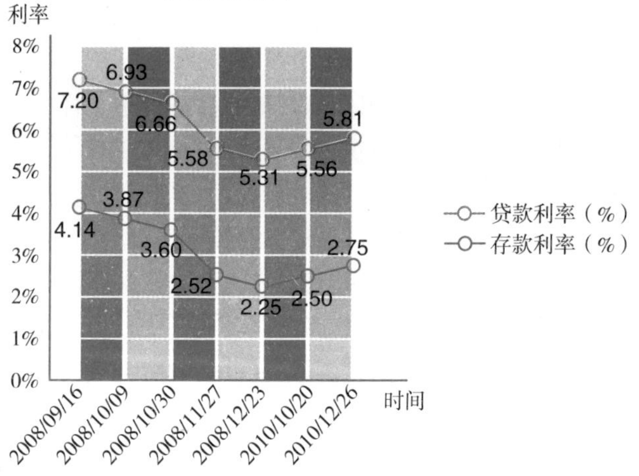

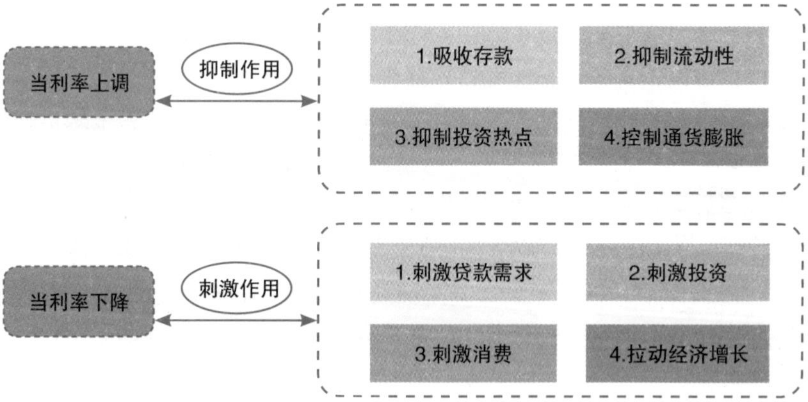

利率的变动影响到了谁

对于一笔25年期贷款而言，年偿付额为126美元，到期收益率为12%。不动产经纪人通常随身携带这样的袖珍计算器，从而可以立即告诉打算利用抵押贷款购房的买主每年（或每月）需要偿付的金额。更一般地，对于一笔固定支付贷款而言，每年固定的偿付额与到期前贷款年限都是已知的，只有到期收益率是未知的。

利率风险是指市场利率变动的不确定性给银行以及投资者造成损失的可能性。利率风险是银行的主要金融风险之一，由于影响利率变动的因素很多，利率变动更加难以预测。

银行日常管理的重点之一就是怎样控制利率风险。利率风险的管理在很大程度上依赖于银行对自身的存款结构进行管理，以及运用一些新的金融工具来规避风险或设法从风险中受益。

风险管理是现代商业银行经营管理的核心内容之一。伴随着利率市场化进程的推进，利率风险也将成为我国商业银行面临的最重要的风险之一，一般将利率风险按照来源不同分为重新定价风险、收益率曲线风险、基准风险和期权性风险。

重新定价风险：如果银行以短期存款作为长期固定利率贷款的融资来源，当利率上升时，贷款的利息收入是固定的，但存款的利息支出却会随着利率的上升而增加，从而使银行的未来收益减少和经济价值降低。

收益率曲线风险：重新定价的不对称性会使收益率曲线斜率、形态发生变化，即收益率曲线的非平行移动，对银行的收益或内在经济价值产生不利影响，从而形成收益率曲线风险。例如，若以5年期政府债券的空头头寸为10年期政府债券的多头头寸进行保值，当收益率曲线变陡的时候，虽然上述安排已经对收益率曲线的平行移动进行了保值，但该10年期债券多头头寸的经济价值还是会下降。

基准风险：一家银行可能用一年期存款作为一年期贷款的融资来源，贷款按照美国国库券利率每月重新定价一次，而存款则按照伦敦同业拆借市场利率每月重新定价一次。虽然用一年期的存款为来源发放一年期的贷款，由于利率敏感性负债与利率敏感性资产重新定价期限完全相同而不存在重新定价风险，但因为其基准利率的变化可能不完全相关，变化不同步，仍然会使该银行面临因基准利率的利差发生变化而带来的基准风险。

期权性风险：若利率变动对存款人或借款有利，存款人就可能选择重新安排存款，借款人可能选择重新安排贷款，从而对银行产生不利影响。如今，越来越多的期权品种因具有较高的杠杆效应，还会进一步增大期权头寸，可能会对银行财务状况产生不利影响。

对于老百姓，也存在利率风险的问题。很多追求稳定回报的投资者来说，大多会选择风险小、信用度高的理财产品，比如银行存款和有“金边债券”之称的国债，不少投资者认为，银行存款和国债绝对没有风险，利率事先已经确定，到期连本带息是少不了的，的确，至少从目前来看，银行和国家的信用是最高的，与之相关的金融产品风险也很小，但并不是说完全没有风险，比如央行加息，无论是银行存款还是国债，相关风险也会随之而产生，这里就是利率风险中的一种。

定期存款是普通老百姓再熟悉不过的理财方式，一次性存入，存入一定的期限（最短 3 个月，最长 5 年），到期按存入时公布的固定利率计息，一次性还本付息。想来这是没有什么风险可言，但一旦遇到利率调高，因为定期存款是不分段计息的，不会按已经调高的利率来计算利息，那些存期较长的定期存款就只能按存入日相对较低的利率来计息，相比已调高的利率就显得划不来了。

那么如何规避风险呢？平时应该尽量关注宏观经济政策的变化，如果货币政策

影响利率变动的因素

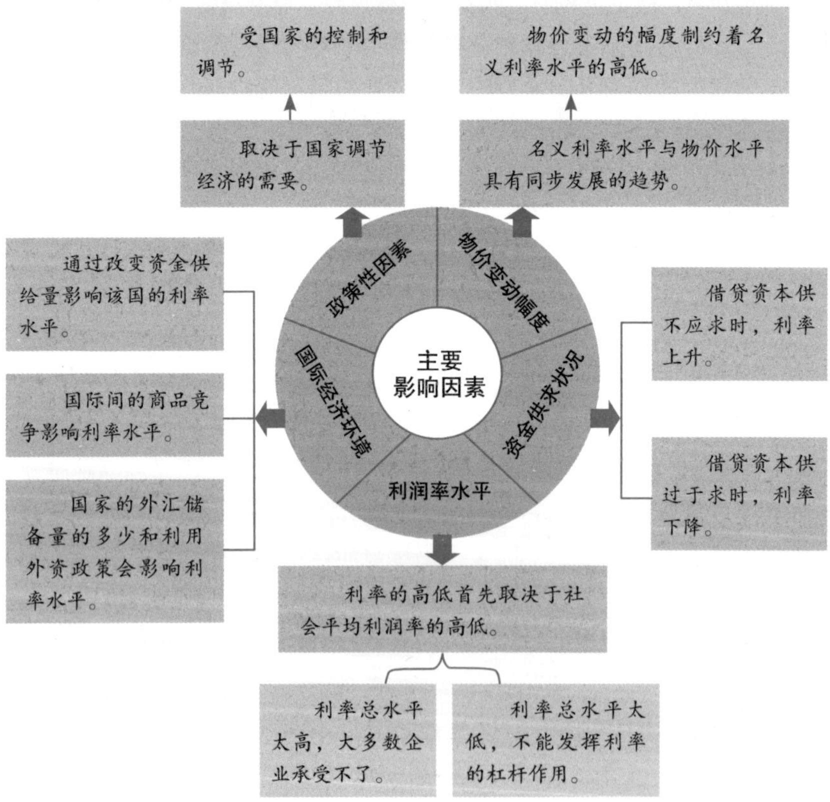

向紧缩方向发展，存入的期限最好不要太长，1 年期比较适当；如果货币政策宽松的话则相反，从而规避利率下跌的风险；如果存入时间不长的话，可以到银行办理重新转存的业务。

而凭证式国债也是老百姓最喜欢的投资产品之一，其因免税和利率较高而受到追捧，不少地方在发行时根本买不到，于是不少人购买国债时就选择长期的，也就是买 5 年期的，却不知一旦市场利率上升，国债的利率肯定也会水涨船高。

类似于银行定期存款，国债提前支取要收取千分之一的手续费，而且半年之内是没有利息的。扣除了这些因素后，如果划得来的话，可以提前支取转买新一期利率更高的国债。

而关注记账式国债的人比较少，但其确实是一种较好的投资，记账式国债收益可分为固定收益和做市价差收益（亏损），固定利率是经投标确定的加权平均中标利率，一般会高于银行，其风险主要来自债券的价格，如果进入加息周期，债券的价格就会看跌，债券的全价（债券净价加应计息）可能会低于银行存款利率甚至亏损。

由于债券价格与市场利率成反比，利率降低，债券价格上升；利率上升，则债券价格下跌，因此，投资者在投资记账式国债的时候可以根据利率的变化和预期作出判断，若预计利率将上升，可卖出手中债券，待利率上升导致债券价格下跌时再买入债券，这时的债券实际收益率会高于票面利率。

总之，利率也是有风险的，投资者一定要根据自己的实际情况合理地进行资产配置，在财务安全的前提下获得更高的收益。

利率变动对资本价值的影响

如果你将1000美元存入银行账户，利率为10%，那么你每年都可以取出100美元的利息，第10年末你的账户余额为1000美元。购买面值为1000美元、息票利率为10%的债券，每年息票利息为100美元，第10年末归还1000美元。如果债券价格等于其面值1000美元，它的到期收益率必然等于息票利率10%。这一推理过程适用于任何息票债券，即如果息票债券按其面值购买，到期收益率与息票利率必然相等。

面值为1000美元、期限为10年、每年息票利息为100美元（10%的息票利率）的债券，其现值计算方法如下：第1年末支付的息票利息100美元的现值为100/（1+i）美元；第2年年末100美元息票利息的现值为100/（1+i）^{2}美元；以此类推，在到期日，为100美元息票利息的现值100/（1+i）^{10}美元，加上所偿付的1000美元面值的现值1000/（1+i）^{10}。令债券今天的价值（即债券的现价，以P表示）与债券所有偿付额的现值相等，即

$$P=\frac{100}{1+i}+\frac{100}{(1+i)^2}+\frac{100}{(1+i)^3}+\cdots\frac{100}{(1+i)^{10}}+\frac{1000}{(1+i)^{10}}$$

$$P=\frac{C}{1+i}+\frac{C}{(1+i)^2}+\frac{C}{(1+i)^3}+\cdots\frac{C}{(1+i)^n}+\frac{F}{(1+i)^n}$$

其中，P为债券的现价；C为每年的息票利息；F为债券的面值；n为距到期日的年数。

在公式中，息票利息、面值、期限与债券价格都是已知的，只有到期收益率未知，因此，我们可以从这个公式中求解出到期收益率。与固定支付贷款相同，这个计算过程比较烦琐，商用袖珍计算器都安装了求解这一公式的程序。

如果你想进行美元和欧元的外汇投资，那么美元和欧元的存款利率走势可以告诉我们，美元和欧元的价值经过一年后会如何变化。为了比较美元存款和欧元存款的收益率，我们需要知道的另一方面的信息是，在这一年中美元/欧元汇率的预期变动。为了知道美元和欧元哪一种货币的预期收益率高，你必须问自己：如果我用美元购买欧元存款，一年之后我能拿回多少美元？当你回答这一问题时，你会计算欧元存款的美元收益率，因为你会比较这笔欧元目前的美元价格和一年之后的美元价格。

如何进行这种计算？我们来看下面的例子：假设今天的汇率是1.10美元/欧元，但你预计一年后汇率将变为1.165美元/欧元（可能因为你预期美国经济发展将出现不利情况），再假设美元利率为每年10%，欧元利率为5%，这意味着1美元的存款一年后值1.10美元，而1欧元存款一年后值1.05欧元，哪一种存款的收益更高？

你可以分五步求出答案。

第一步，用目前的美元/欧元汇率，计算出欧元存款（例如1欧元存款）的美元价格。如果今天的汇率是每欧元1.10美元，则1欧元存款的美元价格为1.10美元。

第二步，用欧元利率计算出如果现在买入1欧元存款一年后将获得的欧元数额。欧元存款的年利率为5%，所以在年末，1欧元存款将值1.05欧元。

第三步，用你所预期的一年后的汇率，计算出第二步中计算得出的欧元的美元价值。由于你预计在未来一年中，美元将对欧元贬值，所以12个月后的汇率将为1.165美元/欧元。于是，你的欧元存款一年后的预期美元价值是1.165美元/欧元×1.05欧元=1.223美元。

第四步，已知今天的1欧元存款的美元价格（1.10美元）并预测到一年后的价值为1.223美元，就可以计算出欧元存款的预期美元收益率为（1.223–1.10）/1.10=0.11或11%。

第五步，因为美元存款的美元收益率（美元利率）仅为10%，你预计以欧元存款形式持有你的财富更为有利。尽管事实上美元年利率要比欧元高5%，欧元的预期升值给欧元持有者带来的未来资本收益会使得欧元存款成为高回报的资产。

下面我们来考察几个已知面值为1000美元、息票利率为10%、期限为10年的债券，以求解到期收益率。如果债券的买入价格为1000美元，无论利用安装有该程序的袖珍计算器，还是在债券表中查找，我们可以找到到期收益率为10%。如果价格为900美元，到期收益率就是11.75%。

我们可以发现三个有趣的事实：

第一，如果息票债券的价格等于其面值，到期收益率就等于息票利率。第二，息票债券的价格与到期收益率是负向相关的。也就是说，当到期收益率上升时，债券价格下跌；反之，当到期收益率下降时，债券价格上升。第三，当债券价格低于其面值时，到期收益率要高于息票利率。

债券价格与到期收益率之间的负向相关关系显而易见。当到期收益率上升时，债券价格公式中所有的分母必然上升。于是，以到期收益率表示的利率的上升意味着债券价格的下跌。利率上升引起债券价格下跌还可以从另外一个角度解释，利率越高，未来的息票利息与最终偿付的款项所折现的价值就越少，因此，债券的价格必然更低。

我们发现，统一公债的到期收益率的计算十分简单（虽然它永远不会到期）。例如，对于每年支付100美元、价格为2000美元的统一公债，很容易计算出它的到期收益率为5%（100/2000）。贴现发行债券的到期收益率的计算类似于普通贷款。以1年期美国国库券这样的贴现发行债券为例，假定1年到期时偿付其面值1000美元。如果债券的现价为900美元，那么，利用前述公式，令债券价格等于1年后收到的1000美元的现值，可以得到

$$P=\frac{1000}{1+i}$$

求解 i：

$$i=\frac{1000-900}{900}=0.111=11.1\%$$

更一般地，对于任何 1 年期的贴现发行债券，其到期收益率都可以写作：

$$i=\frac{F-P}{P}$$

其中，F为贴现发行债券的面值；P为贴现发行债券的现价。

换句话说，在通常情况下，投资者持有这些债券的收益为正，因此，贴现发行意味着债券的价格低于其面值。

把利率的决定权还给市场

如果媒体经常报道利率下调，物价就会上涨，市民的生活负担会因通货膨胀而加重。另一方面，基准利率如果上调，百姓偿还贷款利息又会变得艰难。所以说，“利率上调，百姓受损；利率下调，百姓依然受损”，而非常不幸的是这种矛盾现象的存在是不争的事实。

利率降低，储蓄的百姓和每月领取固定工资的百姓会蒙受损失；利率提高，贷款消费的百姓则会受损。银行也是相同的道理。利率降低，会比过去通货膨胀时所贷出债务的利率要低，银行的资本反而会缩水。

如此说来，利率的变动对百姓、企业、银行等所有人来说，皆随着各自情况的不同或受益或受损。也就是说，谁会获益将取决于基准利率的升降。基准利率是投资规划中非常重要的一个参考指标。它带来的不仅是利息上的负担，更是说明市场有多少储蓄的最重要指标。

基准利率是人民银行公布的商业银行存款、贷款、贴现等业务的指导性利率，存款利率暂时不能上、下浮动，贷款利率可以在基准利率基础上下浮10%至上浮70%。基准利率是金融市场上具有普遍参照作用的利率，其他利率水平或金融资产价格均可根据这一基准利率水平来确定。基准利率是利率市场化的重要前提之一，在利率市场化条件下，融资者衡量融资成本，投资者计算投资收益，客观上都要求有一个普遍公认的利率水平作参考。所以，基准利率也就成了利率市场化机制形成的核心。

一般来说，基准利率必须具备以下几个基本特征：第一，市场化。这是显而易见的，基准利率必须是由市场供求关系决定，而且不仅反映实际市场供求状况，还要反映市场对未来的预期；第二，基础性。基准利率在利率体系、金融产品价格体系中处于基础性地位，它与其他金融市场的利率或金融资产的价格具有较强的关联性；第三，传递性。基准利率所反映的市场信号，或者中央银行通过基准利率所发出的调控信号，能有效地传递到其他金融市场和金融产品价格上。

基准利率算得上是利率家族中的老大，对其他利率有决定性的影响，当它发生变动时，其他利率也会跟着变动。基准利率一般由中央银行调控。只要掌控基准利率，中央银行就能对其他利率施加影响，进而影响全国的资金流动。在我国，一年期存贷款利率是最重要的基准利率。媒体经常报道中国人民银行宣布加息或减息的决定，那个“息”一般就是指一年期存贷款利率。中央银行总是着眼于宏观经济，仔细权衡利率调整对方方面面的影响，谨慎地作出调整利率的决定。

无论哪个国家，如果发生地震导致工厂和农业无法正常生产，物价肯定会上涨。在每天都发生着巨大变化的社会里，如何决定需要多少货币呢？又应该由谁来决定？难道每次都由国民投票来决定利率的调整吗？

试想如果由国家决定降低橙汁价格，谁都不想再种植橙子。那么橙子就会从市场上消失，最后必须由国家统一种植。货币市场也是同样的道理。如果风险度比利率或者通货膨胀率更高，谁都不会想以低利率把钱借出去。货币自然会从市场上消失，结果国家就成为“最后的银行”了。

国家控制市场价格已经被证明是个失败的模式。但是，如果让市场自己来决定利率又会有过敏反应，持反对意见者往往都声称为了“百姓”，因为他们认为这样会加重百姓的利息负担，而且会出现横行霸道的高利贷者，给人们的生活带来不安和恐惧。国家最应该做的事情就是要保护债务人的人权，政府首先应该做的事情就是制定更加简单方便的、能够保护债务人的破产制度。作为债权人的银行必须改变原来的认识，银行的作用不仅是发放贷款，更是进行一种投资。

利率取决于储蓄的人和需要贷款的人的需求和供给，低利率则表明用于消费的储蓄很多。因此，低利率条件下适宜制订需要很多资金的投资计划，表明这种投资是可以受益的。但是，中央银行和政府若是人为地降低利率干预市场，即使没有储

确定基准利率水平时要考虑的因素

在瞬息万变的社会里，中央银行基准利率的决定往往要考虑以下四个宏观经济因素：

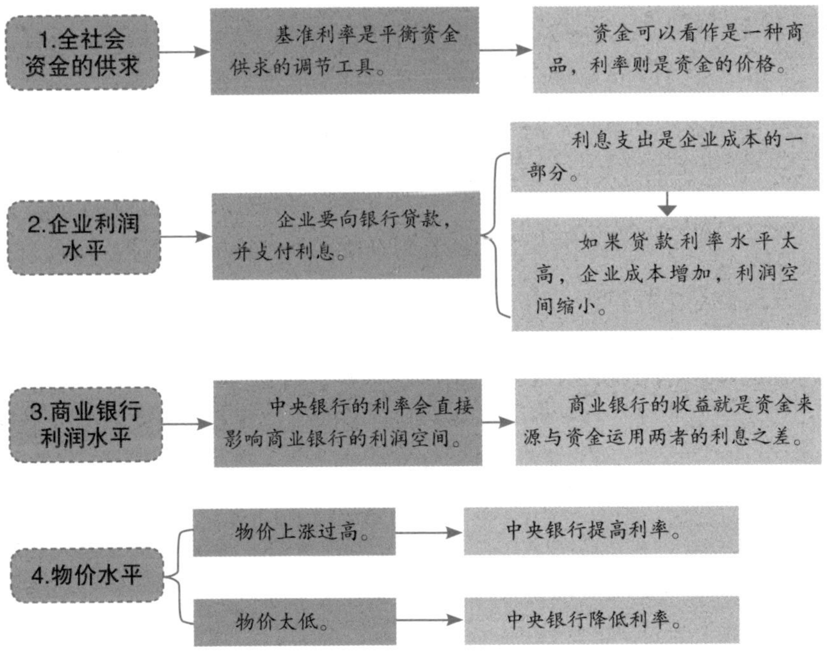

蓄也可以提供资金，企业和个人就会制订错误的投资计划。

长短期利率是用来表示长短期贷款风险度的重要指标。风险度提高，利率就会提高；风险度降低，利率就会降低。风险度高的话，投资者当然会要求高利率，并会减少对同一领域的新的投资计划。所以，利率是衡量投资风险度的重要指标。

要解决前文所说的问题，应该由市场根据储蓄和贷款的供求关系来决定利率的升降。只有依据市场来决定价格，才能制定出合理利率。

第二节　金融工具应用分析

现值：衡量货币的时间价值

一年后你收入的1元不如你现在收入的1元值钱。这个常识是千真万确的。假设你买彩票获得了2000万元。主办方承诺，这2000万元将在未来的20年中以每年100万元的数额分批支付。你真的完全获得了这2000万元奖金吗？我们假定利率为10%，第1次支付的100万元显然等于现在的100万元，但是第二年支付的100万元用今天的价值来衡量，就远远少于100万元。接下来支付的就会更少，将这些现值相加，实际上只有940万元。为什么会无形中会消失了一半。

现值，指资金折算至基准年的数值，也称折现值、在用价值，是指对未来现金流量以恰当的折现率进行折现后的价值。指资产按照预计从其持续使用和最终处置中所产生的未来净现金流入量折现的金额，负债按照预计期限内需要偿还的未来净现金流出量折现的金额。

现值是现在和将来（或过去）的一笔支付或支付流在今天的价值。在现值计量下，资产按照预计从其持续使用和最终处置中所产生的未来净现金流入量的折现金额计量，负债按照预计期限内需要偿还的未来净现金流出量的折现金额计量。

例如：在确定固定资产、无形资产等可收回金额时，通常需要计算资产预计未来现金流量的现值；对于持有至到期投资、贷款等以摊余成本计量的金融资产，通常需要使用实际利率法将这些资产在预期存续期间或适用的更短期间内的未来现金流量折现，再通过相应的调整确定其摊余成本。

我们来观察最为简单的债务工具形式，我们称为普通贷款。在这种贷款中，贷款人向借款人提供一定数量的资金即本金，借款人在到期日必须偿还本金，并额外支付利息。例如，如果你向你的朋友珍妮发放了一笔金额为100美元的1年期普通贷款，你会要求她1年后偿还100美元本金以及一定的利息，譬如说10美元。在类似于这样的普通贷款的案例中，计算利息最简单的办法就是用支付的利息除以贷款的金额。这样所得到的利率被称为单利率，如果你发放这笔100美元的贷款，第1年末你将获取110美元，如果你之后再将这110美元贷放出去，第2年年末你将获取：110×（1+0.1）=121（美元）。这个等式等价于100×（1+0.1）×（1+0.1）=100×（1+0.1）^{2}=121（美元）继续发放这笔贷款，第3年末你将获取121×（1+0.1）=100×（1+0.1）^{3}=133（美元）。概括起来，我们可以看出，在第n年末，你的100美元将会变成100×（1+i）^{n}美元（i为银行单利率）。

这个公式可以立即告诉我们，今天的100美元与1年后的110美元是相等的（当然，你必须确保珍妮可以归还这笔贷款）。或者说，今天的100美元相当于2年后的121美元、3年后的133美元或n年后的100×（1+0.1）^{n}美元。这个时间轴还意味着，我们可以从未来的收益倒算现在的价值。例如，3年后的133美元相当于今天的100美元。

我们上面所计算的是未来收入在今天的价值，这个过程被称为对未来的贴现。如果有人承诺10年后支付你1美元，那么这1美元远远没有现在的1美元值钱。这是因为，如果你现在拥有这1美元，你可以将其用于投资，那么10年后你获取的将不止1美元。

现值的概念非常有用，因为在它的帮助下，我们可以将所有未来回报的现值相加，从而计算出单利率为i的信用市场工具今天的价值（价格）。这样我们就可以比较两种偿付时间不同的工具。

现值原则应用于所有基于未来现金流量的计量，包括：（1）递延所得税；（2）确定未包含的资产（特别是存货、建筑合同余额和递延所得税资产）的可收回金额以用于减值测试。

对于目前仅仅基于未来现金流量计量的资产和负债，现值概念应：（1）在其影响是重要的少有情况下，原则上被用于预付款和预收款；（2）被用于建筑合同，以允许在不同时期发生在现金流量的更有意义的加总；（3）不被用于决定折旧和摊销，因为这时运用现值概念的成本将超过其效益。

经济学家通过分析失业风险酬金的数据获得了一个代表性的发现，美国人对自己生命的估价不超过300万美元，而在较贫穷的国家，人们的自我估价更低。一些科学家认为除非人类找到新的替代性能源，数百万年后太阳的能源将被耗尽，地球也将毁灭。现值告诉我们为什么这并不值得担心。假设一百万年后地球上有100亿人口，并且每个人都认为自己的生命价值1992年的100万亿美元。那么即使是按2%的极低利率计算，太阳能源耗尽带来的损失的现值低于1欧元。

期货：创造价值的“买空卖空”

期货是相对现货而言的。期货的英文为Futures，是由“未来”一词演化而来，其含义是：交易双方不必在买卖发生的初期就交收实货，而是共同约定在未来的某一时候交收实货，因此中国人称其为“期货”。现在所说的期货一般指期货合约，

影响期货价格的因素

1.供求关系

期货交易是市场经济的产物，因此，它的价格变化受市场供求关系的影响。

2.政治因素

期货市场对国家、地区和世界政治局势的变化非常敏感，罢工、大选、政变、内战、国际冲突等，都会导致期货价格的变化。

3.心理因素

所谓心理因素，就是交易者对市场的信心程度。

就是指由期货交易所统一制定的、规定在将来某一特定的时间和地点交割一定数量标的物的标准化合约。

期货合约规定了在未来一个特定的时间和地点，参与该合约交易的人要交割一定数量的标的物。所谓的标的物，是期货合约交易的基础资产，是交割的依据或对象。

期货投资，通俗点说就是利用今天的钱，买卖明天的货。期货是期货合约的简称，是由期货交易所统一制定的一种供投资者买卖的投资工具。

最初的期货交易是从现货远期交易发展而来，最初的现货远期交易是双方口头承诺在某一时间交割一定数量的商品，后来随着交易范围的扩大，口头承诺逐渐被买卖契约代替。这种契约行为日益复杂化，需要有中间人担保，以便监督买卖双方按期交货和付款，于是便出现了1571年伦敦开设的世界第一家商品远期合同交易所——皇家交易所。

为了适应商品经济的不断发展，1848年，82位商人发起组织了芝加哥期货交易所（CBOT），目的是改进运输与储存条件，为会员提供信息；1851年芝加哥期货交易所引进远期合同；1865年芝加哥谷物交易所推出了一种被称为“期货合约”的标准化协议，取代原先沿用的远期合同。使用这种标准化合约，允许合约转手买卖，并逐步完善了保证金制度，于是一种专门买卖标准化合约的期货市场形成了，期货成为投资者的一种投资理财工具。1882年交易所允许以对冲方式免除履约责任，增加了期货交易的流动性。

期货与股票、现货的区别

在小麦每吨2000元时，估计麦价要下跌，于是投资者在期货市场上与买家签订了一份合约，约定在半年内，可以随时卖给买家10吨标准小麦，价格是每吨2000元。5个月后，果然小麦价格跌到1600元每吨，投资者估计跌得差不多了，马上以1600元的价格买了10吨小麦，转手按照契约上以2000元的价格卖给买家，转眼就赚了4000元，原先缴纳的保证金也返还了，投资者就这样获利平仓了。

这其实是卖开仓，就是说投资者的手上并没有小麦，但因为期货可以实行做空机制，可以先与买家签订买卖合约。而买家为什么要与投资者签订合约呢？因为他对小麦看涨。事实证明，投资者的判断是准确的，否则如果在半年内小麦价格没有下跌，反而涨到2400元，那么在合约到期前，投资者必须被迫高价购买10吨小麦然后以契约价卖给买家，这样就亏损了，而买家就会赚4000元。

期货交易是一种特殊的交易方式，它有不同于其他交易的鲜明特点。

1. 期货交易买卖的是期货合约

期货买卖的对象并不是铜那样的实物或者股票价格指数那样的金融指标，是和这些东西有关的合约，一份合约代表了买卖双方所承担的履行合约的权利和义务。合约对标的物（也就是大豆、股票价格指数等）的相关属性和时间地点等问题提前进行了详细的规定，买卖合约的双方都要遵守这个规定。买卖双方对合约报出价格，买方买的是合约，卖方卖的也是合约。

2. 合约标准化

同一家交易所对标的物相同的合约都作出同样的规定。例如，在上海期货交易所上市交易的铜期货合约，每张合约的内容都是一样的，交易品种都是阴极铜，交易单位都是5 吨，交割品级都要符合国标GB/T467—1997 标准，其他的有关规定包括报价单位、最小变动价位、每日价格最大波动限制、交易时间、最后交易日、最低交易保证金、交易手续费等，这些规定对每份铜期货合约来说都是相同的。

3. 在期货交易所交易

大部分的期货都在期货交易所上市。期货交易所不仅有严密的组织结构和章程，还有特定的交易场所和相对制度化的交易、结算、交割流程。因此，期货交易往往被称为场内交易。我国国内的期货产品都是在期货交易所交易的。

4. 双向交易

我们既可以先买一张期货合约，在合约到期之前卖出平仓（或者到期时接受卖方交割），也可以先卖一张合约，在合约到期之前买进平仓（或者到期时交出实物或者通过现金进行交割）。就算手头没有一张合约，依然可以先卖出。这种可以先买也可以先卖的交易被称为双向交易。

5. 保证金交易

进行期货买卖的时候，不需要支付全部金额，只要交出一个比例（通常为5%~10%）的金额作为履约的担保就行了，这个一定比例的金额就是保证金。

6. 到期交割

期货合约是有到期日的，合约到期需要进行交割履行义务，了结合约。商品期货到期交割的是商品，合约的卖方要把铜或者大豆这样的标的物运到指定的交易仓库，被买方拉走，这被称为实物交割，商品期货都是实物交割。股指期货的标的物是一篮子股票，实物交割在操作上存在困难，因而采用现金交割。在股指期货合约到期时，依照对应的股指期货的价格，也即合约规定的交割结算价，计算出盈亏，交易者通过交易账户的资金划转完成交割。

投资者根据自己对期货价格走势的判断，作出买进或卖出的决定，以获取价差为最终目的。其收益直接来源于价差。如果这种判断与市场价格走势相同，则投资者平仓出局后可获取投资利润；如果判断与价格走势相反，则投资者平仓出局后承担投机损失。投资者主动承担风险，他的出现促进了市场的流动性，保障了价格发现功能的实现。

对市场而言，投资者的出现缓解了市场价格可能产生的过大波动。投资者提供

导致期货风险的内部因素

1. 交易主体不健全

在我国，从投资者结构上来看，呈现出典型的散户型特点。这样易造成机构投资者操作市场的情况。

另外其自身的投资风险意识和投机性心理也增加了期货运作中的风险。

2. 期货交易者的内部控制缺陷导致的风险

（1）从业人员的专业技能差。

（2）内部约束机制不完善，部门之间没有形成严格的监控关系。

（3）对员工的职业道德教育不够。

套期保值者所需要的风险资金。投资者的参与，使相关市场或商品的价格变化步调趋于一致，增加了市场交易量，从而增加了市场流动性，便于套期保值者对冲其合约，自由进出市场。期货的产生使投资者找到了一个相对有效的规避市场价格风险的渠道，有助于稳定国民经济，也有助于市场经济体系的建立与完善。

期权：只有权利，没有义务

目前世界上最大的期权交易所是芝加哥期权交易所；欧洲最大期权交易所是欧洲期货与期权交易所，它的前身为德意志期货交易所与瑞士期权与金融期货交易所；亚洲方面，韩国的期权市场发展迅速，并且其交易规模巨大，目前是全球期权发展最好的国家，中国香港地区以及中国台湾地区都有期权交易所。

期权又称为选择权，是在期货的基础上产生的一种衍生性金融工具。从其本质上讲，期权实质上是在金融领域中将权利和义务分开进行定价，使得权利的受让人在规定时间内对于是否进行交易，行使其权利，而义务方必须履行。在期权的交易中，购买期权的一方称作买方，而出售期权的一方则叫作卖方；买方即是权利的受让人，而卖方则是必须履行买方行使权利的义务人。

假设标的物是铜期货。甲公司向乙公司买铜，可是，甲公司的资金有限，需要去银行贷款。甲公司估计大概需5个月的时间才能拿到贷款，担心在这段时间内，铜价格会涨。所以，甲公司与乙公司商定，甲公司付10元/吨给乙公司，乙公司同意甲公司有权在5个月之内任何时间，以商定的30000元/吨的价格购买铜。

第一种情况：5个月后，铜价格涨到40000元/吨。甲公司就按约定以30000元/吨的价钱买下，再以40000元/吨的价钱在市场卖出，扣除本金30000元/吨和权力金2000元/吨，甲公司从中获得的差额收益就是8000元/吨。

第二种情况：在3个月后，铜价格跌到20000元/吨。甲公司就可以放弃铜的认购权力，而转向市场直接以20000/吨的价格买入铜，甲公司损失的金额仅限于已经付给乙公司的2000元/吨的权力金。

期权市场是由于风险管理的需要，随着时间的推移慢慢产生的。期权市场的风险管理是重中之重。当相关标的期权市场出现较大波动的时候，一些下单活动往往变得十分活跃，比如说频繁地取消订单、更改订单和重新下单。在这种紧张的环境中，难免会出现投资者在交易时因为无意识地犯一些愚蠢的小错误却酿成了大损失的情况。对此，也有独特的措施来避免这类错误的发生：

（1）在履约结算方面，规定在开始第一笔交易之前，交易者必须首先缴纳一定数额的保证金。之后，在每次下单之前，计算机系统将自动对其保证金进行计算并检查该会员账户是否持有足够的保证金数额。采用的是将期货和期权持仓合并计算的保证金系统。初始保证金为15%，维持保证金为10%。这些风险防范措施可以保证期货市场更加健康地发展。

（2）对每单最大交易量做了限制，现行规定是投资者在期货交易中每单交易量不能超过1000张期货合约，在期权交易中每单不能超过5000张期权合约。

（3）为防止有人对市场进行恶意操纵，随时监视会员的持仓情况。会员的期货净持仓不能超过5000手，但其中不包括套利和经查属实的对冲仓位。

（4）限制了下一交易日的权利金价格的波动范围，即：期权权利金的波动幅度不能超过该期权的理论价格加/减KOSPI200指数当日收盘的15%。

从买入看涨期权看期权的优势

期权投资有一定的优势，投资者通过对相关期货市场价格变动的分析，认定相关期货市场价格较大幅度上涨的可能性很大，就买入期权，支付一定数额的权利金。投资者的行为有以下两种结局：

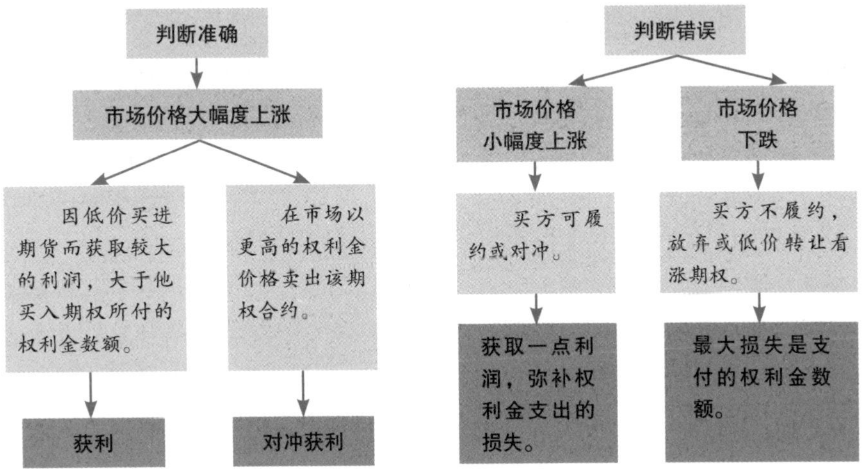

这就是期权市场的优势，它给从业者提供了一个非常灵活的避险工具。买进一定敲定价格的看涨期权，在支付一笔很少权利金后，便可享有买入相关期货的权利。

（5）对期权权利金的变动情况进行限制。比如当市场价格波幅超过5%时，系统就暂停交易1分钟或者更长的时间。

期权交易中，买卖双方的权利义务不同，使买卖双方面临着不同的风险状况。对于期权交易者来说，买方与卖方均面临着权利金不利变化的风险。这点与期货相同，即在权利金的范围内，如果买得低而卖得高，平仓就能获利。相反则亏损。与期货不同的是，期权多头的风险底线已经确定和支付，其风险控制在权利金范围内。期权空头持仓的风险则存在与期货相同的不确定性。由于期权卖方收到的权利金能够为其提供相应的担保，从而在价格发生不利变动时，能够抵销期权卖方的部分损失。

虽然期权买方的风险有限，但其亏损的比例却有可能是100%，有限的亏损加起来就变成了较大的亏损。期权卖方可以收到权利金，一旦价格发生较大的不利变化或者波动率大幅升高，尽管期货的价格不可能跌至零，也不可能无限上涨，但从资金管理的角度来讲，对于许多交易者来说，此时的损失已相当于“无限”了。因此，在进行期权投资之前，投资者一定要全面客观地认识期权交易的风险。

投资者们更关心的是中国期权市场的发展状况，国际期货市场现在热闹非常，今天油价高涨，明天铜价大跌，而这一切似乎也多多少少跟中国有些关系。而中国的经济发展也越来越受到国外的重视，国外的越来越多的金融领域希望对中国的经济有所反映。现在，我国已具备推出商品期权交易的条件，业界和投资者也迫切希望商品期权的上市。目前我国的期货市场已经日渐成熟，相信一旦引入期权，广阔而又活跃的中国市场一定会发展得更快更好！

投资银行：兴也勃焉，亡也忽焉

2008年是华尔街的多事之秋。2008年9月15日至21日是华尔街历史上最黑暗的一周。雷曼兄弟申请破产保护、美林被美洲银行收购、摩根斯坦利与高盛宣布转为银行控股公司。再加上2008年3月被摩根大通收购的贝尔斯登，曾经风光无限的华尔街五大投行集体消失。对于熟悉美国金融体系的专业人士来说，如此巨变可谓“天翻地覆”！

投资银行是主要从事证券发行、承销、交易、企业重组、兼并与收购、投资分析、风险投资、项目融资等业务的非银行金融机构，是资本市场上的主要金融中介。在中国，投资银行的主要代表有中国国际金融有限公司、中信证券、投资银行在线等。

投资银行是证券和股份公司制度发展到特定阶段的产物，是发达证券市场和成熟金融体系的重要主体，在现代社会经济发展中发挥着沟通资金供求、构造证券市场、推动企业并购、促进产业集中和规模经济形成、优化资源配置等重要作用。

当我们说到投资银行时，总会想到高盛、摩根斯坦利等，其实中国也有投资银行。只不过叫法不同而已。在日本和中国，具备投资银行职能的金融机构被称为“证券公司”。它们除了为企业承销股票和债券、负责企业兼并重组及破产清算事宜之外，还负担着证券分析和证券经纪人的角色。日本最大的证券公司如东洋证券。中国知名证券公司如申银万国，既为企业融资充当经纪人，又为大小投资者买卖股票充当经纪人。因此，中国的大型证券公司实际上就相当于美国的投资银行。只是人们往往没有注意到这一点而已。

投资银行其实是一个美国词汇，在其他的国家和地区，投资银行有着不同的称谓：在英国被称为“商人银行”，在其他国家和地区则被称为“证券公司”。需要指出的是，虽然都被称为“银行”，商业银行与投资银行其实是两种不同的金融机构。在传统的金融学教科书里，“银行”是经营间接融资业务的，通过储户存款与企业贷款之间的利息差距赚取利润；而投资银行却是经营直接融资业务的，一般来说，它既不接受存款也不发放贷款，而是为企业提供发行股票、债券或重组、清算业务，从中抽取佣金。

追溯起来，美国投资银行与商业银行的分离最早发生在1929年的大股灾之后，当时联邦政府认为投资银行业务有较高的风险，禁止商业银行利用储户的资金参加投行业务，结果一大批综合性银行被迫分解为商业银行和投资银行，其中最典型的例子就是摩根银行分解为从事投资银行业务的摩根斯坦利以及从事商业银行业务的摩根大通。不过这种情况并没有发生在欧洲，欧洲各国政府一直没有颁布这样的限制，投资银行业务一般都是由商业银行来完成的，如德意志银行、荷兰银行、瑞士银行、瑞士信贷银行，等等。有趣的是这样做在欧洲不但没有引起金融危机，反而在一定程度上加强了融资效率，降低了金融系统的风险。

近20年来，在国际经济全球化和市场竞争日益激烈的趋势下，投资银行业完全跳开了传统证券承销和证券经纪狭窄的业务框架，跻身于金融业务的国际化、多样化、专业化和集中化之中，努力开拓各种市场空间。这些变化不断改变着投资银行和投资银行业，对世界经济和金融体系产生了深远的影响，并已形成鲜明而强大的发展趋势。

投资银行以其强大的赢利能力而为世人所瞩目。以最常见的股票发行业务为例，投资银行一般要抽取7%的佣金，也就是说，如果客户发行价值100亿美元的股票，投资银行就要吃掉7亿美元。

在公司并购业务中，投资银行同样大赚特赚。自19世纪80年代以来，美国至少经历了四次公司并购浪潮，这就为投资银行提供了相当可观的收入来源。近年来欧美动辄发生价值几百亿美元甚至几千亿美元的超级兼并案，如美国在线兼并时代华纳、沃达丰兼并曼内斯曼、惠普兼并康柏等，背后都有投资银行的推波助澜。因为兼并业务的技术含量很高，利润又很丰厚，一般被认为是投资银行的核心业务，从事这一业务的银行家是整个金融领域最炙手可热的人物。

投资银行

由于投资银行业的发展日新月异，对投资银行的界定也显得十分困难。投资银行是美国的称谓，英国称为商人银行，在日本则指证券公司。

国际上对投资银行的定义主要有四种

1.任何经营华尔街金融业务的金融机构都可以称为投资银行。

2.只有经营一部分或全部资本市场业务的金融机构才是投资银行。

3.把从事证券承销和企业并购的金融机构称为投资银行。

4.仅把在一级市场上承销证券和二级市场交易证券的金融机构称为投资银行。

投资银行的特点

投资银行的特点	
1.属于金融服务业	区别一般性咨询、中介服务业的标志。
2.主要服务于资本市场	区别商业银行的标志。
3.是智力密集型行业	区别其他专业性金融服务机构的标志。

复利计算的魔力与72法则

爱因斯坦曾经这样感慨道："复利堪称是世界第八大奇迹，其威力甚至超过原子弹。"古印度的一个传说证实了爱因斯坦的这种感慨。

古印度的舍罕王准备奖励自己的宰相西萨班达依尔，此人发明了国际象棋。舍罕王问西萨班达依尔想要什么，西萨班达依尔拿出一个小小的国际象棋棋盘，然后对国王说："陛下，金银财宝我都不要，我只要麦子。您在这张棋盘的第1个小格里，放1粒麦子，在第2个小格里给2粒，第3个小格放4粒，以后每个小格都比前一小格多一倍。然后，您将摆满棋盘上所有64格的麦子，都赏给我就可以了！"

舍罕王看了看那个小棋盘，觉得这个要求实在太容易满足了，当场就答应了下来。

不过，当国王的奴隶们将麦子一格格开始放时，舍罕王才发现：就是把全印度甚至全世界的麦子都拿过来，也满足不了宰相的要求。

那么这个宰相要求的麦粒究竟有多少呢？有人曾计算过，按照这种方式填满整个棋盘大约需要820亿吨麦子。即使按照现在全球麦子的产量来计算，也需要550年才能满足西萨班达依尔的要求。

复利竟有如此神奇的力量，那么究竟什么是复利呢？

复利是指在每经过一个计息期后，都要将所生利息加入本金，以计算下期的利息。这样，在每一个计息期，上一个计息期的利息都将成为生息的本金，即以利生利。复利和高利贷的计算方法基本一致，它是将本金及其产生的利息一并计算，也就是人们常说的"利滚利"。

复利的计算是对本金及其产生的利息一并计算，也就是利上有利。复利计算的特点是：把上期末的本利和作为下一期的本金，在计算时每一期本金的数额是不同的。复利的计算公式是：$S=P(1+i)^n$

复利现值是指在计算复利的情况下，要达到未来某一特定的资金金额，现在必须投入的本金。所谓复利也称利上加利，是指一笔存款或者投资获得回报之后，再连本带利进行新一轮投资的方法。复利终值是指本金在约定的期限内获得利息后，将利息加入本金再计利息，逐期滚算到约定期末的本金之和。

例如：拿10万元进行投资的话，以每年15%的收益来计算，第二年的收益并入本金就是11.5万元，然后将这11.5万元作为本金再次投资，等到15年之后拥有的资产就是原来的8倍也就是80万元，而且这笔投资还将继续以每5年翻一番的速度急速增长。

这其实是一个按照100%复利计算递增的事例。不过在现实中，理想中100%的复利增长是很难出现的，即使是股神巴菲特的伯克希尔-哈撒韦公司，在1993～2007年的这15年里年平均回报率也仅为23.5%。

不过，即使只有这样的复利增长，其结果也是惊人的。金融领域有个著名的72法则：如果以1%的复利来计息，经过72年后，本金就会翻一番。根据这个法则，用72除以投资回报率，就能够轻易算出本金翻番所需要的时间。

比如，如果投资的平均年回报率为10%，那么只要7.2年后，本金就可以翻一番。如果投资10万元，7.2年后就变成20万元，14.4年后变成40万元，21.6年之后变成80万元，28.8年之后就可以达到160万元。每年10%的投资回报率，并非难事，由此可见复利的威力。要想财富增值，首先必须进行投资。根据72法则，回报率越高，

比原子弹更可怕的复利

复利，就是复合利息，它是指每年的收益还可以产生收益，即俗称的“利滚利”。而投资的最大魅力就在于复利的增长。

复利的力量

神奇的复利

成功的投资理财在于长期坚持。而长期投资的最大魅力，就是创造亿万富翁不可思议的复利效应。

单利与复利的区别

单利就是利不生利，即本金固定，到期后一次性结算利息，而本金所产生的利息不再计算利息。

复利其实就是利滚利，即把上一期的本金和利息作为下一期的本金来计算利息。

复利就是一张纸连续折叠很多次，单利是一张纸折叠一次，然后再折叠另一张纸。显然52 张纸各折叠一次，远远不如一张纸连续折叠52 次。

复利带来的收益越大。而银行的存款利息过低，所以储蓄并不是增值财富的根本选择。要想保持高的收益，让复利一展神奇的话，那就需要进行高回报率的投资。

从复利的增长趋势来看，时间越长，复利产生的效应也就越大。所以，如果希望得到较高的回报，就要充分利用这种效应。进行投资的时间越早，复利带来的收益越大。在条件允许的情况下，只要有了资金来源，就需要进行制订并开始执行投资理财的计划。

复利的原理告诉我们，只要保持稳定的常年收益率，就能够实现丰厚的利润。在进行投资的选择时，一定要注重那些有着持续稳定收益率的领域。一般情况下，年收益率在15%左右最为理想，这样的收益率既不高也不低，稳定易于实现。找到稳定收益率的领域后，只要坚持长期投资，复利会让财富迅速增值。

还要注意到，复利的收益是在连续计算的时候，才会有神奇的效应。这就要求我们在投资的时候，要防止亏损。如果一两年内，收益平平还不要紧，一旦出现严重亏损，就会前功尽弃，复利的神奇也会消失殆尽，一切又得从头开始。利用复利进行投资时，需要谨记的是：避免出现大的亏损，一切以“稳”为重。

李嘉诚先生自16岁白手起家，到73岁时，57年的时间里他的资产达到了126亿美元。对于普通人来说，这是一个天文数字，李嘉诚最终却做到了。李嘉诚的成功并不是一次两次的暴利，而在于他有着持久、稳定的收益。

让李嘉诚的财富不断增值的神奇工具就是复利。复利的神奇在于资本的稳步增长，要想利用复利使财富增值，就得注重资本的逐步积累。改掉随意花钱的习惯，这是普通人走向复利增值的第一步。

所以，我们要学会每天积累一些资金，持续进行投资，现在的钱种子就可以在将来养成大树。所以说成功的关键就是端正态度，设立一个长期可行的方案持之以恒地去做，这样成功会离我们越来越近。

提供投资资金的金融中介机构

2008年3月美国第五大投资银行贝尔斯登因濒临破产而被摩根大通收购近半年之后，华尔街再次爆出令人吃惊的消息：美国第三大投资银行美林证券被美国银行以近440亿美元收购，美国第四大投资银行雷曼兄弟因为收购谈判“流产”而破产。华尔街五大投行仅剩高盛集团和摩根斯坦利公司。美国联邦储备局星期日深夜宣布，批准美国金融危机发生后至今幸存的最后两大投资银行高盛和摩根斯坦利“变身”，转为银行控股公司。这个消息也意味着，独立投资银行在华尔街叱咤风云超过20 年的黄金时代已宣告结束，美国金融机构正面临20 世纪30 年代经济大萧条以来最大规模和最彻底的重组。

金融中介机构是指从资金的盈余单位吸收资金提供给资金赤字单位以及提供各种金融服务的经济体。它是一个对资金供给者吸收资金，再将资金对资金需求者融通的媒介机构。通常我们所知道的商业银行、信用社和保险公司等都可以归为金融中介机构。

从20世纪50年代以来，随着跨国公司国际投资的发展，金融中介机构逐步向海外扩张，金融机构的发展出现了很多新的变化。金融机构在业务上的不断创新，呈现出多元化的业务的趋势。在国际化的大趋势中，很多商业公司通过上市，将业务扩大到国外。

在发展方向上金融机构也趋于综合，兼并重组成为现代金融机构整合的有效手段。金融机构的经营管理方式频繁创新，尤其是在机构的风险管理上得以凸显。

金融市场中规模经济现象的存在，可以用来解释金融中介得以发展，并成为金融结构重要组成部分的原因。规模经济促进金融中介发展的一个典型案例就是共同基金。

共同基金是通过向个人销售份额筹集资金，并投资于股票或债券的金融中介机构。由于共同基金购买的股票或债券的规模很大，因此可以享受较低的交易成本。因为共同基金以管理账户的名义将这些成本以管理费的形式扣除，于是，单个投资者也可以享受成本节约的好处。对于单个投资者而言，共同基金的另外一个好处是，它们的资金规模非常庞大，足以购买高度多样化的证券组合，从而可以降低单个投资者的风险。

规模经济在降低其他成本方面也十分重要。例如可以降低金融机构用于实现运行的计算机技术的成本。一旦共同基金斥巨资建立起通信系统，就可以用于大量的交易，从而降低了每笔交易的成本。

规模经济将许多投资者的资金集聚在一起，从而可以利用规模经济的优势，即每一美元投资的交易成本随着交易规模的扩大而减少。通过集聚投资者的资金，单个投资者的交易成本被大大降低。规模经济之所以存在，是因为在金融市场中，随着交易规模的扩大，单笔交易的总成本只有少量的增加：例如，购买20000股股票的成本并不比购买100股股票的成本高多少。

金融中介的发展已经可以降低交易成本，从而允许小额储蓄者和借款人能够从金融市场中获利。专门技术金融中介还可以开发专门技术用于降低交易成本。它们在计算机技术方面的专门技术可以为客户提供更为便利的服务，例如投资者可以通过一个免费的电话号码来了解自己的投资状况，并且可以依据其账户签发支票。

金融中介降低交易成本的一个重要结果就是，可以向其客户提供流动性服务，使其更为容易地完成交易。例如，货币市场共同基金不仅可以为其份额持有者提供较高的利率，还允许客户签发支票来付账单。

金融中介实现了资金流、资源、信息三者之间的高效整合。金融中介扩大资

金融中介机构的分类

金融中介机构可以分为三类：存款机构（银行）、契约性储蓄机构与投资中介机构。

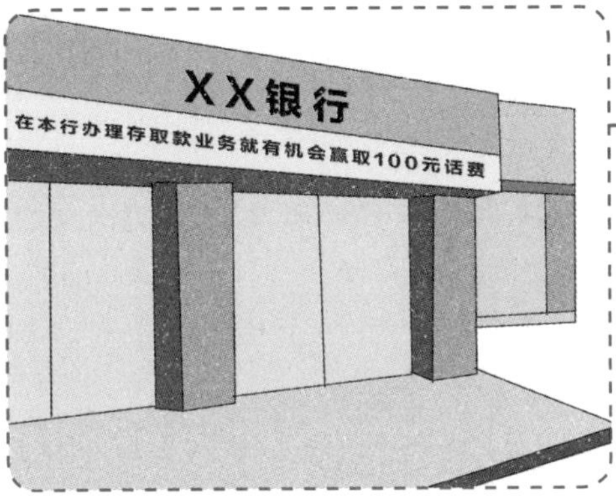

1.存款机构

存款机构（本书采用的是其简称“银行”）是从个人和机构手中吸收存款和发放贷款的金融中介机构。这些机构包括商业银行以及被称为储蓄机构的储蓄和贷款协会、互助储蓄银行和信用社。

2.契约性储蓄机构

例如保险公司和养老基金，是在契约的基础上定期取得资金的金融中介机构。由于它们能够相当准确地预测未来年度里向受益人支付的金额，因此它们不必像存款机构那样担心资金减少。

3.投资中介机构

这类金融中介机构包括财务公司、共同基金与货币市场共同基金。它们将资金贷放给那些需要购买家具、汽车或是修缮住房的消费者以及小型企业。

本的流通范围，拓展了信息沟通，减少了投资的盲目性，实现了调节供需失衡的作用。金融中介使资源配置效率化。金融中介在构造和活化金融市场的同时，进而活化整个社会经济，使整个社会的资源配置真正进入了效率化时代。金融中介发展推动了企业组织的合理发展。金融中介的活动，把对企业经营者的监督机制从单一银行体系扩展到了社会的方方面面，使企业的经营机制获得了极大改善，提高了企业应对市场变化的能力。

第三节　优化你的投资方案

揭开股指的神秘面纱

道·琼斯股票指数是世界上历史最为悠久的股票指数，它的全称为股票价格平均数。它是在1884年由道·琼斯公司的创始人查理斯·道开始编制的。其最初的道·琼斯股票价格平均指数是根据11种具有代表性的铁路公司的股票，采用算术平均法进行计算编制而成，发表在查理斯·道自己编辑出版的《每日通讯》上。

股指，全称为“股票价格指数”，是描述股票市场总的价格水平变化的指标。简称为股票指数。它是由证券交易所或金融服务机构编制的表明股票行市变动的一种供参考的指示数字。其作用在于为股民们提供一个衡量股市价值变化的参考依据，因为买卖股票是一种投资行为，具有收益和风险并存的特征。

为了帮助投资者实现投资增值的目的，建立正常的股票投资环境，就需要有一种能够反映股票投资发展变化情况的指标作依据。借助股票指数，投资者就可以观察和分析股票市场的发展动态，研究有关国家和地区的政治、经济发展趋势，制订投资计划。因此，为了给投资者创造这种条件，所有的股市几乎都是在股价变化的同时及时公布股票价格指数。

更简单地说，股指就像温度计一样，我们平日只要看温度计就知道周围温度有多高，同理，知道股指也就了解了股市行情变动的状况。股指之所以具有这样的“温度计”功能，原因在于股指是通过选取股市中有代表性的一组股票，把它们的价格进行加权平均，再通过一定的计算得到。因此，这个价格在一定程度上就反映了股市中大多数公司的情况，也就是“大盘”的情况。

由于股票价格起伏无常，投资者必然面临市场价格风险。对于具体某一种股票的价格变化，公开发布，作为市场价格变动的指标。投资者据此就可以检验自己的投资的效果，并用以预测股票市场的动向。

股指的计算公式为：股票价格平均数＝入选股票的价格之和/入选股票的数量。

自1897年起，道·琼斯股票价格平均指数开始分成工业与运输业两大类，其中工业股票价格平均指数包括12种股票，运输业平均指数则包括20种股票，并且开始在道·琼斯公司出版的《华尔街日报》上公布。

以道·琼斯公司的股票指数为风向标，股票指数经历了由算术平均法进行计算编制到使用计点的股票除权或除息时采用连接技术的转变。在1929年，道·琼斯股票价格平均指数又增加了公用事业类股票，使其所包含的股票达到65种。分别是：

（1）以30家著名的工业公司股票为编制对象的道·琼斯工业股价平均指数；

（2）以20家著名的交通运输业公司股票为编制对象的道·琼斯运输业股价平均指数；

（3）以6家著名的公用事业公司股票为编制对象的道·琼斯公用事业股价平均指数；

（4）以上述3种股价平均指数所涉及的56家公司股票为编制对象的道·琼斯股价综合平均指数。

除了道·琼斯股票价格指数外，还有其他价格指数：

标准·普尔股票价格指数在美国也很有影响，它是美国最大的证券研究机构即标准·普尔公司编制的股票价格指数。

纽约证券交易所股票价格指数。这是由纽约证券交易所编制的股票价格指数。它起自1966年6月，先是普通股股票价格指数，后来改为混合指数，包括在纽约证券交易所上市的1500家公司的1570种股票。

日经道·琼斯股价指数系由日本经济新闻社编制并公布的反映日本股票市场价格变动的股票价格平均数。该指数从1950年9月开始编制。

香港恒生指数是香港股票市场上历史最久、影响最大的股票价格指数，由香港恒生银行于1969年11月24日开始发表。恒生股票价格指数包括从香港500多家上市公司中挑选出来的33家有代表性且经济实力雄厚的大公司股票作为成分股。

我国有两个价格指数：上证价格指数和深圳综合股票指数。它是我国股民和证券从业人员研判股票价格变化趋势必不可少的参考依据。

10多年前，在上海证券交易所大门前，有一位卖《上海证券报》的老太婆，她自己也开有上海的股东户头。当她的报纸每天卖不到10份时，她就叫人帮她填单买进600601延中实业（现在称方正科技），根本不管是啥价位，只要买进就行。当她的报纸每天卖出超过100份时，她就叫人帮她填单卖出，不管股票价位如何只要能卖出就行。结果是她竟然从没有赔过！老太婆的操作手法其实是遵循了股票指数的价格走势。凭借对生活的细致观察，就成了炒股高手。老太婆的操作方法就是低位时吸入，高位时卖出。

股票总的面值相对而言是固定的。如果经济行情或者人们对股市的预期看涨，大量资金进入股市，股票的价格就上扬，股票便升值，指数也上升。如果经济行情或者人们对股市的预期看跌，那么大量的股票持有者就抛售手中股票，换取现金退出股市，于是股价下跌，指数下降，整个股市内的资金总量快速减少。所以不论是上学的小孩，还是不懂股票的年轻人，他们炒股没有像那些专家去看公司的财务报表，去看产品的创新，他们看的是股票指数。

投资股票前要了解的知识

影响投资者的心理误区

- 只能分享收益不能承担风险
- 害怕本金亏损却又想赚大钱
- 明白价值投资却又难免从众
- 打算长期投资却又频繁买卖

应对之策

- 制定明确的投资目标
- 设定数量化的投资标准
- 控制投资环境避免盲从
- 构建严密系统交易模式

五方面着手构建自己的交易模式

第一，要认识到金融交易是一种概率游戏。

第二，确定交易系统的关键绩效指标。

第三，交易系统的设计。

第四，交易系统的测试。

第五，交易系统的上线。

总量股票市场异象

18世纪下半叶英国开始了工业革命，大机器生产逐步取代了工场手工业。在这场变革中，股份制立下了汗马功劳。随着工业革命向其他国家扩展，股份制也传遍了资本主义世界。

到了21世纪，纽约股票交易所成为主要的股票市场，它买卖一千多种证券。每一个大的金融中心都有股票交易所，其中最主要的位于东京、伦敦、法兰克福、中国香港、多伦多、苏黎世，当然还有纽约。股票交易是现代市场经济的一个重要部分。当东欧国家决定打碎其中央计划体制而转向市场经济时，它们首先采取的措施之一，就是通过建立股票市场来买卖公司的所有权。

股票市场（stockmarket）是买卖公众所拥有的公司的股票的场所，标以各上市公司名称的股票都在这里买进和卖出。1996年，美国这类所有权凭证的价值估计为89万亿美元，1年的销售额可能有3万亿美元。股票市场是我们研究公司经济的中心内容。

最早的股份公司、产生于17世纪初荷兰和英国成立的海外贸易公司，这些公司通过募集股份资本而建立，具有明显的股份公司特征：具有法人地位；成立董事会；股东大会是公司最高权力机构；按股分红；实行有限责任制……股份公司的成功经营和迅速发展，使更多的企业群起效仿，在荷兰和英同掀起了成立股份公司的浪潮。到1695年，英国成立了约100家新股份公司。

股票市场就是一个投机的金融市场。它的投机买卖股票的手法与赌博市场、彩票市场是相同的，或者说没有本质上的区别。赚钱的人卖掉股票，没有赚到钱的人买进股票成为新的投资者或股东。等待下一次冲浪。而下一次冲浪的到来，赚钱的人离场，没有赚钱的人又走进来，这样一波一波地循环下去。但是，没有永远上升的股票，当股价上升到一定高度时，一定会下降。在高位买进的人持股不放，成为长线投机者，又在等待时机再次出售。

当股价往下跌落时，也有不少人进场买股票，他们认为该股票已跌落到位，当他买下当天的股票后，第二天该股票还是往下掉。这个买进股票的人又成为长线投机者。如此一波一波往下掉，一波一波地被套住而又成为长线投机者。这些长线投机者又在等待股票上升到自己的入市价位。然而，没有永远下跌的股票，当股价跌到一定程度时，股票的价格一定会上升。当股票的价格上升到一定的价位，在低价位买进股票的人卖出手中的股票，买进股票的人等待股票价格的进一步升值。

在进行股票交易时，某只股票之所以被买进，是因为购买该股票的投资者或投资机构认为在买进股票后价格会向上升：而卖出股票的投资者或投资机构则认为在卖出这只股票后价格会向下降。前者在做“多头”，后者在做“空头”。在交易后的一段时间里，股票的价格上升到了一定的幅度，此时做“多头”的卖出股票赚了钱，做“空头”的赔了钱。当然，现在的中国股票市场并没有做空机制，多头和空头的输赢不会立刻反映出来，而是他卖出股票后才反映出来。这种单边操作，投机者出现风险的次数可减少一半。举个例子，假如每一个人的资本是一样的，100个人赢了钱就一定有100个人输了钱。如少部分做多头赚了大钱，一定有少部分做空头的输了大钱或者多数人输了小钱而平衡被少数人赢走的大钱，输赢人数比例发生很大变化，其结果是少数人赢钱，多数人赔钱。股票市场就是这样一个公开、公平和公正的投机博弈场所。

在股票市场上，按照持股操作的时间长短分为短线投资和长线投资。短线与长线本无优劣之分，而取决各人的投资偏好。在有风险控制手段的前提下，短线能积少成多，在一轮行情中也能取得超额收益。在选对股票的前提下，长线更能取得非常稳健的高收益。

有人形象地说，短线交易者是艺术家，因为无论行情涨跌，他时刻需要保持对行情的热情，并始终处于紧张和兴奋的状态。而长线交易者是工程师，他需要对整个过程进行控制与修正，并且需要忍受期间市场的合理调整与异常时期的宽幅震荡，以及市场低迷时期的寂寞与孤独。因此，前者需要的是激情，后者需要的是理性。

价格是反映经济动向的晴雨表，它能灵敏地反映出资金供求状况、市场供求、行业前景和政治形势的变化，是进行经济预测和分析的重要指标，对于企业来说，股权的转移和股票行市的涨落是其经营状况的指示器，还能为企业及时提供大量信息，有助于它们的经营决策和改善经营管理。

金融市场的大涨或大跌通常和经济的真正变革的关系不大，却往往是由一些较小的事件引起的，例如某个并购计划在什么时候宣告流产等。原因大家都知道，就是投资人的一种群体本能。投资人在作决定之前会先判断别人会怎么做，然后根据这个判断来决定自己要采取什么行动。

在纽约的华尔街，大家对这种投资人的群体效应早就耳熟能详了。约翰·凯恩斯在好几年前就说过：“专业投资人和市场投机者把精力和技术都用来预期一般投资人认为别的投资人到底会怎么想。”这句话虽然是很早以前讲的，但在现代的金融市场里，还是发人深省。

不管目前的股价是高是低，投资人对股价总是没有多大的信心，因为他们没有把握别人到底会怎么做。因此，即便股价只出现小小的波动，也会被拿来当成判断别人意图的指标。于是股价下跌的时候，投资人通常不会积极进场；股价上扬的时候，投资人也不会把手里的股票卖掉。事实上，当股价出现波动的时候，大部分投资人不是留在场外观望，就是死抱着股票不放。一直要到股价跌了很多以后，才会有人开始逢低进场，要不就是要到股价涨幅很大的时候，持股人才愿意抛售手里的股票。

对于选股，不同类型的股民都应该注意些什么

每个人都有自己的个性，不同类型的股民在投资上会表现出不同的特点。按照自己的个性选股，是比较稳妥可靠的方法。

稳健型投资者
- 公司经营状况和赢利状况都较稳定
- 股票的市盈率较低
- 红利水平较高
- 股本较大，一般不会有市场主力光顾

激进型投资者
- 股票以往表现较为活跃
- 最好有主力资金的介入
- 有炒作题材配合
- 量价关系配合良好
- 技术指标发出较为明显的信号

进取型投资者
- 赢利和红利的增长潜力大
- 红利水平较低
- 预期收益率较高
- 赢利增长率较高

由于股票市场是一个高风险的市场，投资者往往追求高收益而忽略其风险因素，所以我国的大部分投资者都属于激进型和进取型。

在过去几年里，股价虽然曾经出现较大幅度的波动，但经济却仍然表现强劲。股票市场用升升跌跌、赢赢输输这种特有的形式吸引了成千上万民众参与其中，从而达到为企业筹集资金的目的。正是股票价格的升升跌跌，创造了投机赚钱的机会，并成为投机者的天堂，才使得股票市场几百年来经久不衰，遍布全世界。对于投资者来说，当你准备进入股票市场时就要时刻提醒自己：你是在投资更是在冒险。在这个市场上，可能血本无归，其风险程度不比赌博市场和彩票市场小。

投资股票，还是在高买低卖

在纽约股票交易所内，紧张热烈的气氛深深吸引了丘吉尔。虽然当时他已经年过五旬，但好斗之心让他决心也试一试炒股。在丘吉尔看来，炒股应该就是小事一桩，然而不幸的是，1929年改变世界经济乃至世界政治格局的美国股灾爆发了，丘吉尔回到纽约的时间和华尔街股票市场崩溃的开始时间恰巧惊人一致。结果仅仅在10月24日一天之内，他几乎损失了投入股市的所有的50万英镑。

这就是股票投机，投机的后果很可能就是毁灭。一个合理的建议是，如果你想在股票市场上做投资，那么最安全的办法就是坚持价值投资理念，选择成长股投资。或者关于价值投资你已经听过很多了，但你是否真正地尝试过呢？

如果你希望利用股票投资创造财富，那么不妨试试价值投资。很多股票投资大师都认为投资人更应该集中精力选择能够使自己以最小的代价和风险来获得最大收益的公司，也就是选择真正的“成长股”。

如果认为一家公司能够符合价值投资中相当多的要点，则具有比较高的投资价值，也就可以称为“成长股”。简单说来价值投资大致围绕着以下的四个方面来考察一家公司：

第一是公司面临的市场状态和它的竞争能力：这家公司的营业额在几年之内能否大幅增长？有没有优越的销售渠道？这两个问题的答案是判断一个公司是否值得研究的基本条件。

营业额的增长前景首先取决于需求增长的状况，公司的管理水平也必须保持在较高的水平上。另外，对于企业销售能力的分析往往被忽视，绝大多数分析人员只满足于依赖一些粗略的指标来分析企业的销售能力。价值投资大师费雪认为这些比率太过粗疏，根本不足以成为判断投资价值的依据，要了解一家企业真正的行销能力，必须要到其竞争对手和客户那里去做艰苦而细致的调查。

第二是公司的研发水平：该公司研发活动的效率如何？为了进一步提高总体销售水平，发现新的产品增长点，管理层推进研发活动的决心有多大？

费雪认为，一家公司财务稳健的最根本的保证就在于能够不断开发新的、能够保证相当利润量的产品线，而这直接取决于研发活动的水平。观察研发活动有两个最重要的角度：一是研发活动的经济效益如何；再者就是公司高层对于研发活动的态度如何，是否能够认识到目前市场的增长极限并且未雨绸缪。

第三就是公司的成本与收益状况：公司的成本控制水平如何？利润处在什么水平上，有没有采取什么得力的措施来维持或者改善利润水平？有没有长期的盈利展望？利润率低的公司财务体质过于虚弱，抗打击能力弱，在经济不景气中最可能首先倒下。

第四也是最重要的一点就是公司的管理水平：公司的人事关系、管理团队内部的关系如何？公司管理阶层的深度够吗？在可预见的将来，这家公司是否还会继续发行股票筹资，现有持股人的利益是否因预期中的成长而大幅受损？管理层的诚信态度是否不容置疑？

费雪认为良好的人事关系（特别是管理团队内部的良好氛围）和管理层足够的深度是保证企业能够高效发展的基本保证之一。而对于公司的融资能力，他旗帜鲜明地指出：如果几年内公司将增发新股融资，而现有的每股盈余只会小幅增加，则我们只能有一个结论，也就是管理阶层的财务判断能力相当差，因此该公司不值得投资。

进行价值投资还应该准确判断投资人对于入市时机的把握能力。一种方法是看其资金分配决策（即资金投资股票的比例）是如何随时间推移而改变的。一些投资方案允许投资者选择专注于某些工业或部门的基金。我们研究过一个投资方案数据，这一方案鼓励员工投资技术基金。1998年，技术公司的股票开始急剧上扬，但却仅有12%的员工投资技术基金。截至2000年，当技术股股价到达峰值时，有37%的员工投资这类基金。2001年，这些股票价格下跌之后，投资这一方面基金的投资者下降为18%。后来，当技术股票再次上升到顶峰时，人们又开始大量买进，而在股价下跌之后再次卖出。

这一方法的问题在于，多数人几乎从不改变自己的投资策略，除非在他们因变换工作而不得不重新填表时才会作出一些变动。因此，要判断人们的想法，最好是看决定投资股票的新投资者其投资数额占其持有资金的比例。

在购买股票时，投资者怎样把握买卖点呢？投资者最好不要去预测所谓经济景气高点和低点，以作为买入或卖出的根据。对于买入时机而言，如果花精力预测经济趋势，是得不偿失的。如果投资者有耐心查询每年在商业周刊上刊登的经济学家对未来的预测就会发现，他们成功的概率极低。经济学家花费在经济预测上的时间，如果拿去思考如何提升生产力可能对人类的贡献更大。投资者应选择在非常能干的管理层领导下的公司，他们偶尔也会遭遇到始料不及的问题，之后还会否极泰来。投资者应该知晓这些问题是暂时的，不会永远存在。如果这些问题引发股价重挫，但可望在几个月内解决问题，而不是拖上好几年，那么此时买入股票可能相当安全。

综合来看，一个好的公司（符合上面选股标准的公司）+好的管理团队（符合上面选股标准的团队）+企业的危机或失误，就是一个好的买入时机。除了股票本身，我们还要考虑的要素有：经济景气情况、利率趋势、政府对投资和私人企业的整体态度、通货膨胀的长期趋势，最后最重要的一点要素是，新发明和新技术对旧行业的影响。

那么，什么时候卖出呢？就是当初买进行为犯下错误，某特定公司的实际状况显著不如原先设想那么美好。在某种程度上，要看投资者能否坦诚面对自己。另

如何卖出股票

买股票是为了赚钱，但也会让投资者发生亏损。为了避免资金发生大的损失，投资者需要学习如何卖股票。

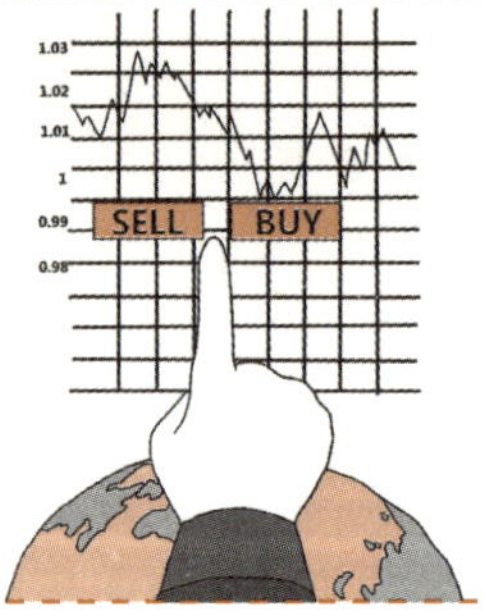

学习和使用卖股票方法

1.学习一些有用的卖出规则

2.在你所有的市场活动中遵循这些规则

3.永远不要违反这些规则

卖出股票的法则要遵循

- 低于买入价7%~8% 坚决止损
- 高潮之后卖出股票
- 获利20% 后抛出股票
- 当一只股票突破最新的平台失败时卖出股票

买入股票后就应该时刻保持警惕，在符合卖出规则的情况发生时坚决卖出股票。严格执行卖出规则，不仅可以帮助你避免大的损失，而且将帮助你增长财富。

外，就是当成长股成长潜力消耗殆尽，股票与持有原则严重脱节时，就应该卖出。最后一个理由就是有前景更加远大的成长股可以选择。

如何优化你的资产配置方案

早在400年前，莎士比亚在《威尼斯商人》中就传达了“分散投资”的思想——在剧幕刚刚开场的时候，安东尼奥告诉他的老友，其实他并没有因为担心他的货物而忧愁：“不，相信我；感谢我的命运，我的买卖的成败并不完全寄托在一艘船上，更不是倚赖着一处地方；我的全部财产，也不会因为这一年的盈亏而受到影响。”可见资产配置的概念并非近代的产物。

资产配置其实就是指投资者根据个别的情况和投资目标，把投资分配在不同种类的资产上，如股票、债券、房地产及现金等，在获取理想回报之余，把风险减至最低。

实际上我们的钱是分成三类的，一类是日常生活开销，像柴米油盐等生活要消费掉的钱，这个钱您肯定是不能做一些风险投资。第二类是保命的钱，有一天，突然有一些应急的事，您要应对这些事情，可能要把它配置到保险上去，这个资金也是不能用来做风险投资的。第三类，即您可以用来投资的闲置资金。我们对这部分资产会进行一个配置，包括权益类资产，比如股票或股票式基金，固定收益类资产，包括债券、债券型基金、现金类资产、货币市场基金、存款，等等。比如，我希望达到每年15%的收益率，那么分解下来可能是：权益类资产占60%，回报为20%；固定收益类资产占30%，回报为8%；现金类产品占10%，回报为2%。加权算出来就是：

60%×20%+30%×8%+10%×2%=14.6%

每年综合回报率为14.6%，已经很高了，按照72法则，差不多5年资产翻一番呢！

作为一个理财概念，我们需要根据每个人投资计划的时限及可承受的风险，来配置资产组合。您所有的资产投在不同的产品项下，每个产品有它固有的属性，有些产品属于收益比较好，波动性很高的，但是它往下也会波动。有些产品收益比较低，比如活期或者定期存款。有些产品是随时能变现的，什么时候想用都行，当然收益率就会低。综合所有这些收益率，能符合你具体情况的组合就是好组合。

作为普通投资者，要想达到投资的目的，将个人风险降到最低，重点在于把握资产配置。很多人认为，只有资产雄厚的人才需要进行资产配置，如果钱本来不多，索性赌一把，就无须再配置了。其实不然，资产配置的本意就是指为了规避投资风险，在可接受风险范围内获取最高收益。其方法是通过确定投资组合中不同资产的类别及比例，以各种资产性质的不同，在相同的市场条件下可能会呈现截然不同的反应，而进行风险抵消，享受平均收益。比如，股票收益高，风险也高。债券收益不高，但较稳定。银行利息较低，但适当的储蓄能保证遇到意外时不愁无资金周转。有了这样的组合，即使某项投资发生严重亏损，也不至于让自己陷入窘境。

那么在国际金融风暴冲击下，应该如何做好资产配置呢？

确定风险偏好是做好资产配置的首要前提，通过银行的风险测评系统，可以对不同客户的风险偏好及风险承受能力作个大致的预测，再结合投资者自身的家庭财务状况和未来目标等因素，为投资者配置理财产品，确定基金和保险等所占的比重，既科学又直观，在为投资者把握了投资机会的同时又可以降低投资的风险，可

家庭投资理财规划金字塔

这里简单地勾勒一个“家庭投资理财的金字塔”图形，将让您一目了然地注意到，银行存款是家庭生活正常的保障基石，在理财规划中占有重要的地位。

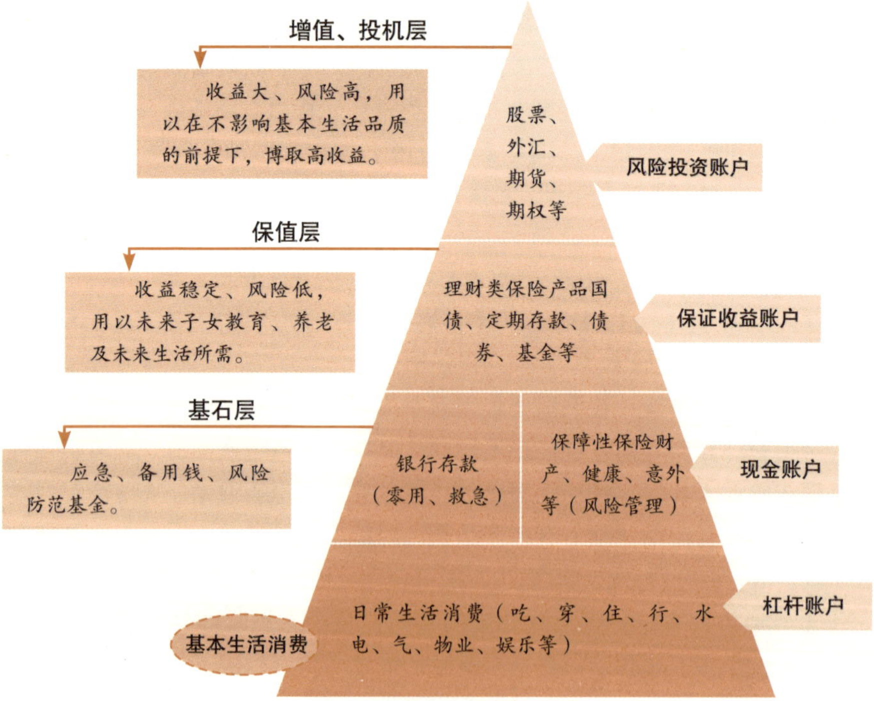

以说是为投资者起到了量身定制的效果。

如果已经通过风险测评系统做好了各项产品的占比配置，接下来就要在具体品种的选择上动一番脑筋了。因为同样的产品类型，细分到各个具体的产品上，投资表现往往有好有坏，有时甚至大相径庭，所以作好产品的“精挑细选”也是非常重要的一环。

在不同期限、不同币种、不同投资市场和不同风险层次的投资工具中，需要根据不同客户对产品配置的需求，来确定不同的投资组合，这样才更能达到合理分散风险、把握投资机会、财富保值增值的目标。

若以投资期限的不同来划分，可将资产配置划分为短期、中期和长期三种方式。短期产品以“超短期灵通快线”，七天滚动型、二十八天滚动型理财产品和货币基金为主；中期产品由“稳得利”理财产品及债券型基金、股票型基金组成；长期产品则以万能型、分红型保险、保本型基金居多。

若以风险程度的不同来划分，可将资产配置划分为保守型、稳健型、进取型三大类。保守型配置，由“灵通快线”系列理财产品、货币型基金、分红型保险等组成；稳健型配置，由“稳得利”理财产品、保本型基金、万能型保险等组成；进取型配置，由偏股型基金、混合型基金、投资联结型保险等组成。

若以投资币种和市场来划分，更有美元、澳元、欧元、港币等“安享回报”系列理财产品和QDII基金可供选择。

另外，作为资产配置的一部分，个人投资者也不应忽视黄金这一投资品种，无论是出于资产保值或是投资的目的，都可以将黄金作为资产配置的考虑对象。像工行的纸黄金、实物黄金和黄金回购业务的展开，也为广大投资者提供了一个很好的投资平台。

在如此众多的选择前提下，再配合以理财师的专业眼光和科学分析，为投资者精选各种投资工具的具体品种，让你尽享资产配置的好处与优势。

把我们的口袋从水里捞出来

从历史上来看，在美国大多数养老金固定缴款计划都没有默认选项，参加养老保险的人会得到一份选择清单，清单上有关于如何在所提供的基金里面进行资金分配的指导。在采用自动登记之前，是不需要默认选项的。如果参与者参与自动登记，那么他们必须亲自登记特别的资产分配方式。从传统情况来看，公司都是选择最保守的一种投资方案作为默认选项，这种投资方案经常是货币市场账户。

好的选择体系可以在多个层面对选择者提供帮助。近年来，美国民众越来越关注选择体系，原因是各种备选方案所提供的选择越来越多，从而使人们更难作出选择。大多数专业人士认为，将100% 的资金投入货币市场账户有些过于保守。这些基金的回报率低（只是略高于通货膨胀率），并且许多员工的养老保险缴存比例也较低，这两点便足以使你在退休之后深陷贫困。公司之所以会作出这一选择，并不是因为它们认为这是一个好的选择，而是因为它们担心，如果它们通过默认选项使员工作出别的更为明智（风险也更大）的选择会遭到起诉。美国劳工部不愿意正式发布有关保值增值的指导更加重了这一担心。但是最终，劳工部终于出台了新的有参考价值的指导，从而为设置良好的默认选项消除了法律上的障碍。

我们有许多好的默认选项。其中一种是向人们提供一整套投资组合方案，每一种方案的风险程度都各不相同。我们已经注意到，一些方案涵盖了冒险型、稳中求进型和保守型“生活方式”的投资组合，投资者所需要做的仅仅是选出一种最符合自己风险承受能力的生活方式基金。

一些方案发起者已开始为投资组合选择提供自动解决方案，特别是一些方案发起者会基于标准退休年龄自动向投资人推介目标成熟基金。还有一些方案发起者会给投资者提供“受管理账户”的默认选项。“受管理账户”是典型的股票和债券组合投资，其分配原则基于投资人的年龄和其他一些相关的因素。

一个优秀的方案，它可以为兴趣和能力各异的投资人作出满意的决定提供了一种选项。其中一种方法是告诉新的登记者，如果他们不愿意选择自己的投资方案，他们可以选择由专业人士精心搭配的默认基金。这可以通过上述提到的“受管理账户”做到。对于那些愿意更深入参与的投资者，他们会得到一整套平衡或者生活方式基金中的一个选择（这一选择旨在使每一名参与者将其全部资金都只投入某一项基金）。对于那些的确想购买基金的人来说，应当向他们提供一整套共有基金，从而使那些经验丰富的投资者（或者那些自认为经验丰富的投资者）具备自由选择的能力。

多数人并不十分了解诸如缴存比例和预计投资回报率等数字将如何影响他们年老之后的生活方式，这些抽象的概念需要转化成任何人都看得懂的概念才能引起人们的注意。比如，公司可以设计出一些买房选择方案，这些选择根据人们不同的退休收入而不同。最差的结果是一处窄小破旧的公寓，而好的情况是宽敞且带游泳池的住处。这些带有视频刺激的方案都可以促使参与者想象自己如何利用退休金而达到颐养天年的目的。因此，我们可以在年报中告诉参与者，以他（她）目前的情况，他（她）在退休后可以住进一处陋室，但如果此刻他马上提高自己的养老保险缴存比例（或者加入“明天储蓄更多”方案），那他就可以得到一处两居室的公寓。

形成并实施一项长期投资方案是一件非常困难的事情。对于大多数的公司来说，它们都会在一些内部专家以及外部顾问的协助下对公司的资产实施长期管理。然而，对于个人来讲，他们只能独立完成这项工作，即便他们能够得到拥有这方面知识的同事或者亲戚的帮助。但由于这些人缺乏专业的培训，最终也无法取得很好的效果。结果，我们的理财会像自己给自己理发一样搞得一团糟。大多数人都需要帮助，而好的选择体系和精心设计的助推方案便能够实现这一点。

三种投资组合

由于投资者类型和投资目标不同，我们合理选择投资组合时可以选择下面三种基本模式：

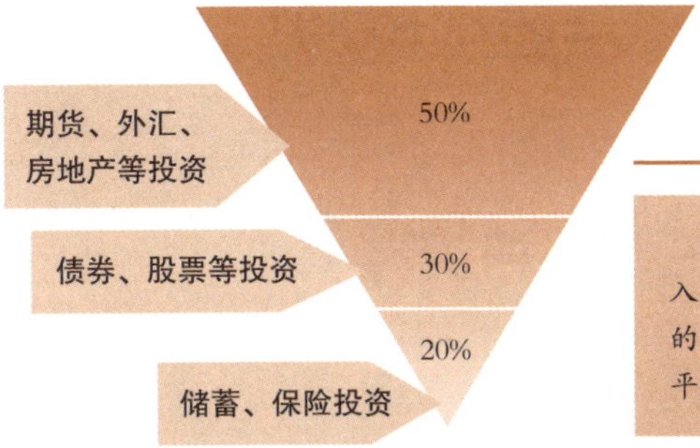

1. 冒险速进型投资组合

这一投资组合模式适用于那些收入颇丰、资金实力雄厚、没有后顾之忧的个人投资者。其特点是风险和收益水平都很高，投机的成分比较重。

2. 稳中求进型投资组合

这一类投资组合模式适用于中等以上收入，有较大风险承受能力，不满足于只是获取平均收益的投资者，他们与保守安全型投资者相比更希望个人财富能迅速增长。

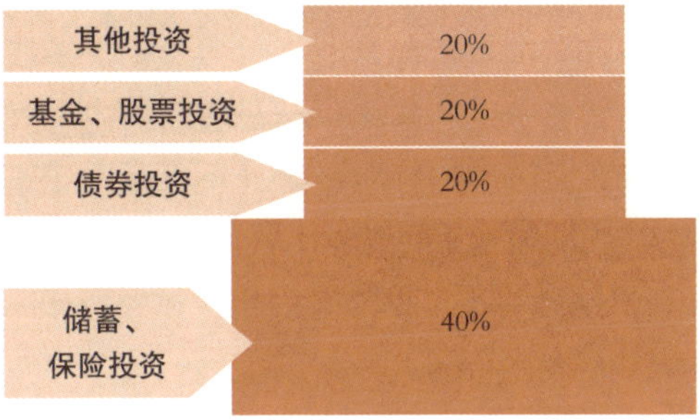

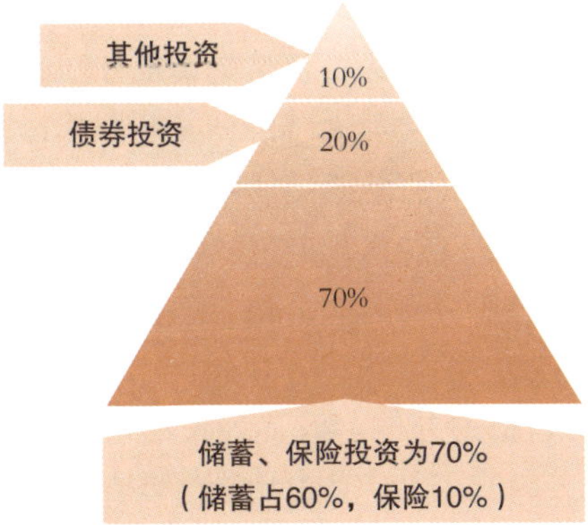

3. 保守安全型投资组合

这一类投资组合模式适用于收入不高，追求资金安全的投资者。保守安全型投资组合市场风险较低，投资收益十分稳定。其选择基本上是一些安全性较高，收益较低，但资金流动性较好的投资工具。

第六章

走赢国际贸易的棋局

第一节　流动中的国际要素

玫瑰的流动：出口、进口以及净出口

当你决定买一辆汽车时，你可以对福特公司和丰田公司提供的最新车型作个比较。当你有下一次假期时，你可以考虑在佛罗里达海滩或墨西哥海滩度假。当你开始为退休后的生活储蓄时，可以在购买美国公司股票的共同基金和购买外国公司股票的共同基金之间作出选择。在所有这些情况下，你不仅参与了美国经济，而且参与了世界经济。国际贸易已经不再是一个离我们很遥远的词汇，它如同经济学一样，已然在不知不觉间走进了我们的生活。

一个开放经济以两种方式和其他经济相互交易：它在世界产品市场上购买并出售物品与劳务；它在世界金融市场购买并出售资本资产。下面我们就来阐释一下什么是物品的流动、出口、进口以及净出口。

简单来说出口就是在国外销售而在国内生产的物品与劳务。而进口，则是指向非居民购买生产或消费所需的原材料、产品、服务，目的是获得更低成本的生产投入，或者是谋求本国没有的产品与服务的垄断利润。进口贸易是指把外国商品输入到本国的一种贸易活动，是国际贸易的组成部分。

当美国飞机制造商波音公司建造了一架飞机并把它卖给法国航空公司时，这种销售对美国而言是出口，对法国而言是进口。当瑞典汽车制造商沃尔沃公司生产了一辆汽车并把它卖给一个美国居民时，这种销售对美国而言是进口，对瑞典而言是出口。

任何一国的净出口是其出口值与其进口值的差值。波音公司的销售增加了美国的净出口，而沃尔沃公司的销售减少了美国的净出口。由于净出口告诉我们一国在总量上是世界物品与劳务市场的卖者还是买者，所以，净出口又称为贸易余额。如果净出口是正的。即出口大于进口，这表明一国在国外出售的物品与劳务大于它向其他国家的购买。在这种情况下。可以说该国有贸易盈余。如果净出口是负的，

贸易顺差与贸易逆差

贸易的表现形式

贸易顺差

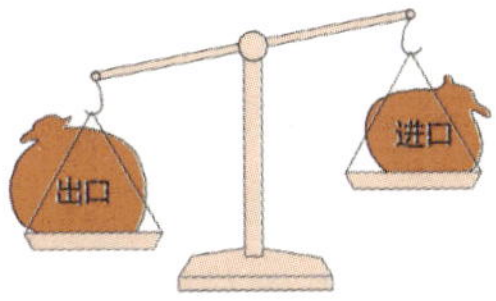

出口大于进口，净出口为正，一国出售的物品与劳务大于其从其他国家的购买。

贸易平衡

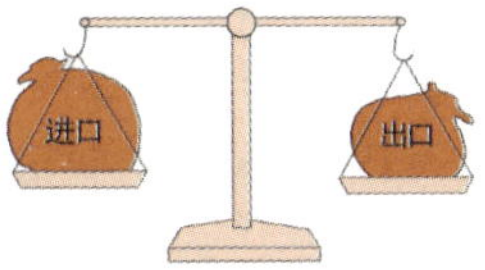

出口等于进口，净出口为零，一国出售的物品与劳务等于其从其他国家的购买。

贸易逆差

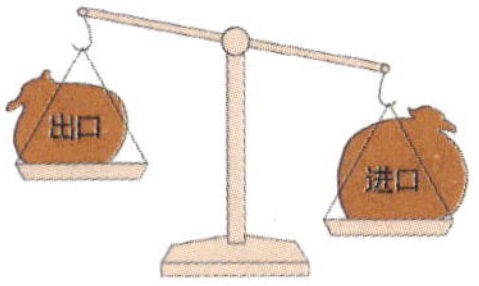

出口小于进口，净出口为负，一国出售的物品与劳务小于其从其他国家的购买。

多数人认为贸易顺差会为本国的经济带来有利的影响，而贸易逆差则会使本国在国际贸易中处于不利地位，但事实上并非绝对如此。

贸易顺差的坏处

- 为本国带来贸易争端，造成资源浪费，导致资本净流入增加，增加本国货币升值的压力。
- 巨额的顺差还会转化为货币大量投放的压力，引起通货膨胀率上升。

VS

贸易逆差的好处

- 缓解短期贸易纠纷，使贸易长期稳定增长。
- 提高生产能力、增加就业以及增加经济总量。
- 减少货币升值的预期，减缓资本净流入的速度。
- 缓解通货膨胀的压力，加大货币政策的操作空间。

即出口小于进口，这表明一国在国外出售的物品与劳务小于它向其他国家的购买。在这种情况下，可以说该国有贸易赤字。如果净出口为零，它的出口与进口完全相等，可以说该国有平衡的贸易。影响净出口的因素大抵有以下6点。

（1）消费者对国内与国外物品的嗜好。

（2）国内与国外物品的价格。

（3）人们可以用国内通货购买国外通货的汇率。

（4）国内与国外消费者的收入。

（5）从一国向另一国运送物品的成本。

（6）政府对国际贸易的政策。

那么，净出口值究竟是正好，还是负好呢?

国际收支逆差会导致本国外汇市场上外汇供给减少，需求增加，从而使得外汇的汇率上涨，本币的汇率下跌。如果该国政府采取措施干预，即抛售外币，买进本币，政府手中必须要有足够的外汇储备，而这又会进一步导致本国货币的贬值。政府的干预将直接引起本国货币供应量的减少，而货币供应量的减少又将引起国内利率水平的上升导致经济下滑，失业增加。

贸易顺差反映一国的国际储备或对外支付能力增强。传统贸易观念认为出口为了创汇，顺差是好事，逆差是坏事。这一观念长期主导着我国的贸易政策和实践，其实过度的出口并非一定有利。

出口的增加，如果在生产不能相应扩大的条件下，必然会抑制国内需求，影响本国人民物质文化生活的需要。过高的贸易顺差是一件危险的事情，意味着本国经济的增长比过去几年任何时候都更依赖于外部需求，对外依存度过高。因此，一国的对外贸易应追求长期的进出口基本平衡，而不是长期的贸易顺差。

在对外贸易问题上，我们应当转变观念，放弃以出口创汇、追求顺差为目标的传统观念和做法，确立以国际收支平衡为目标的政策。一般来说，一国政府在对外贸易中应设法保持进出口基本平衡，略有结余，这样才有利于国民经济健康发展。

金融资源的流动：资本净流出

从前有两座岛屿，名字分别叫作“勤俭岛”“挥霍岛”。勤俭岛的居民人如岛名，很是勤劳、节俭，每天努力工作以产出更多的食物。食物除了满足本岛居民的需要外，还能出口到挥霍岛。居民们节衣缩食，把储蓄下来的钱用于扩大再生产。与勤俭岛不同，挥霍岛上有些居民没有工作，却很喜欢消费。他们用本岛发行的债券作交换，从勤俭岛进口食物。债券、食物均以“挥霍岛币”计价。

随着手中债券的大量增加，勤俭岛居民开始少收债券，转为直接收取“挥霍岛币”，再大量购买挥霍岛土地。最终，他们似乎有望买下整个挥霍岛。然而，失业者不见得就比别人笨，挥霍岛人不甘心成为地主家的佃农，大量涌入印钞厂，开足马力地发行挥霍岛币。俗话说得好，物以稀为贵。货币发行量过大之后，挥霍岛币及其化身——债券都变得不值钱了，数量保持不变的土地因而变得很值钱。这给勤俭岛人带来了很大的麻烦，多年积蓄下来的挥霍岛币、债券一天天地贬值，本来想在挥霍岛买套别墅，现在却连一个车位也买不起了。

伤敌一千，自损八百，挥霍岛人的情况也不太妙。货币贬值之后，有些勤俭岛人拒收挥霍岛币、债券。从勤俭岛进口食物变得不太容易，轮到挥霍岛人节衣缩食了。这反过来又导致了勤俭岛上的食物销售困难，生产停滞，大量香喷喷、白生生的牛奶不得不被倒入河中。两败俱伤之后，二岛居民都开始反思了。勤俭岛人发觉，刺激消费、启动内需太重要了，既然食物生产过多，每个人就都得多吃一些，也别减肥、储蓄了。挥霍岛人也认识到，没什么不能没工作，有什么也不能有过多的债务。如此过了几年，勤俭岛人挥霍，挥霍岛人勤俭。然后角色互换，再来一次轮回……

“勤俭岛和挥霍岛”是美国投资大师巴菲特讲过的一则寓言故事，他以挥霍岛的贸易逆差来比喻美国的巨额贸易逆差，并指出它会给国家带来巨大危害——导致美国的净资产以惊人的速度向海外转移。

巴菲特讲的寓言故事已涉及资本净流出的概念。资本净流出指本国居民购买的外国资产减外国人购买的国内资产，其公式为：资本净流出=本国居民购买的外国资产-外国人购买的国内资产。

资本净流出可以是正的，也可以是负的。当它是正的，国内居民购买的外国资产多于外国人购买的国内资产，此时可以说资本流出一国。当资本流出是负的时，国内居民购买的外国资产少于外国人购买的国内资产，此时可以说资本流入一国。当一国的资本净流出是负的时，该国有资本流入。

影响资本净流出的主要因素主要有以下几种。

（1）国外资产得到的真实利率。

（2）国内资产得到的真实利率。

（3）持有国外资产可以察觉到的经济与政治风险。

（4）影响国外拥有国内资产的政府政策。

例如，一位中国投资者决定购买日本政府债券还是中国政府债券，在做决策之前，这位投资者要比较着两种债券提供的真实利率。债券的真实利率越高，也就越有吸引力。但是，在进行这种比较时，中国投资者还应该考虑到这些政府中的某一个会拖欠其债务的风险，以及日本政府对在日本的外国投资者所实行的任何一种限

资本流出的形式

资本流出到国外有以下两种形式：

形式一　到国外直接投资。比如，国内企业直接到国外某地开设分公司或者分店。

在这种情况下，中国所有者主动管理投资。

形式二　国外有价证券投资。比如，一个中国人买了一家美国公司的股票，这就是国外有价证券投资的例子。

在这种情况下，中国所有者起了较为消极的作用。

在这两种情况下，中国居民都购买了位于另一国家的资产，因此，这两种购买增加了中国的资本净流出。

制，或未来可能实行的任何一种限制。

微观角度来讲，资本净流出也指某个交易项目的流动资金减少量。资本净流出的计算公式：流入资金-流出资金，如果是正值表示资金净流入，负值则表示资金净流出。上涨时的成交额计为流入资金，下跌时的成交额计为流出资金。

资金流向在国际上是一个成熟的技术指标。其计算方法很简单，举例说明：在9:50这一分钟里，某一板块指数较前一分钟是上涨的，则将9:50这一分钟的成交额计作资金流入，反之则计作资金流出，若指数与前一分钟相比没有发生变化，则不计入。每分钟计算一次，每天加总统计一次，流入资金与流出资金的差额就是该板块当天的资金净流入。

这种计算方法的意义在于：指数处于上升状态时产生的成交额是推动指数上涨的力量，这部分成交额被定义为资金流入；指数下跌时的成交额是推动指数下跌的力量，这部分成交额被定义为资金流出；当天两者的差额即是当天两种力量相抵之后剩下的推动指数上升的净力，这就是该板块当天的资金净流入。资金流向测算的是推动指数涨跌的力量强弱，这反映了人们对该板块看空或看多的程度到底有多大。

资金流向能够帮助投资者透过指数涨跌的迷雾摸清楚其他人到底在干什么。指数上涨一个点，可能是由一千万资金推动的，也可能是由一个亿资金推动的，搞清楚这两种情况之间的区别，对投资者具有完全不同的指导意义。

向发展中国家资本输出会制造伤害吗

在讨论向发展中国家进行资本输出是否会伤害高工资国家的工人这个问题之前，我们应该先明确一下资本输出的概念和内涵。

“资本输出”是资本主义发展高级阶段对外经济侵略的主要手段。“资本输出”指资本主义国家为获得高额利润，用过剩资本向其他国家投资或贷款。资本主义列强对华经济侵略在19世纪70年代以前以商品输出为主，但也开始了早期的资本输出。19世纪末叶后，西方侵华以资本输出为主，商品输出为辅。

对于发达的资本主义国家来说，资本输出有着其不可抹杀的必要性，其主要体现在这些国家里出现了大量的过剩资本。一方面，是因为在资本积聚和集中的过程中，有越来越多的货币资本需要寻找投资场所；另一方面，则是因为资本主义生产的唯一目的是利润，要使资本能够投下去，就必须保证它能够“按照资本主义生产过程的‘健康的、正常的’发展所需要的剥削程度来剥削劳动”。如果不向欠发达地区进行资本输出，就会导致有一部分资本被闲置起来，形成过剩资本。

明确了资本输出的必要性，我们再来看一下资本输出对于高工资国家工人的影响。从1970年到2000年，美国共损失了250万个制造业岗位，制造业在总就业中的比重从26.4%下降到了14.7%。英国的制造业就业岗位在1970～1998年之间减少了350万个，在总就业中的比重从34.7%下降到18.6%。英国的情况可以说比较极端，但其他国家的大趋势也是相似的：德国的制造业就业比重在1970年为39.5%，相当高，到了1999年已经下降到24.1%。

资本输出的影响

对输出国的影响

- 资本输出使输出国获得了大量财富，经济实力大为增强。
- 因此产生了食利阶层，而且由于大量资本投向国外而使国内投资减少，从而造成本国经济发展的停滞和缓慢。

对输入国的影响

- 有利
  - 在客观上加速了输入国自然经济的解体，带来了先进技术、管理经验。
  - 在一定程度上缓解了资金短缺的矛盾。
  - → 促进了输入国资本主义生产方式的产生和发展，推动了经济和社会的进步。
- 不利
  - 资本输出会破坏、阻碍当地民族资本主义的发展。
  - 使输入国的民族资本处于从属地位。
  - → 造成了落后国家经济的畸形、缓慢发展，阻碍输入国的经济发展和社会进步。

整体评价

- 是先进的资本主义生产方式向全世界扩张的反映。
- 加速了资本主义世界体系的形成。
- 加强了世界各地之间的联系。
- 推动了资本和生产的国际化。
- 促进了世界经济的发展。

在1995～1999年间，中国的制造业工人的年平均成本只有730美元，而德国工人是35000美元，美国是29000美元，英国是24000美元。那么，德国、美国和英国的工人的工资会被中国人拖下去，这不是显而易见的前景吗？实际情况远非这么简单，而且基本不会。中国的人工成本便宜是因为生产率比较低。每位美国工人每年能创造81000美元的附加价值，德国工人是80000美元，英国工人是55000美元，而每名中国工人只能创造2900美元。因此，尽管发达国家的工人的工资水平高出很多，但他们的竞争力未必会受到影响。

关于发展中国家的超级竞争力浪潮会导致发达国家的就业、产业和经济活动出现巨大浪费的观点都是不科学的。不过，这对于国家之间的竞争还是存在一定的借鉴意义。当一个发展中国家，根据自己的比较优势为美国或欧盟提供产品的时候，进口国的贸易条件和真实收入水平将会改善。这意味着，它们进口的产品的价格相对于出口产品来说会下跌，也就是以相同的出口产品能买到更多的进口产品，自然代表着改善。

实际上，对于那些给中国提供其需要的高级产品和服务的高收入国家来说，这正是鼓励中国加入世界市场对自己有利的原因。贸易不是零和博弈，而是双方都有利的事情。

第二节　跨国公司的市场制高点

跨国经营，新形势下的全球性趋势

跨国经营是指以国际需求为导向，以扩大为目标，进行的一切对外经营活动，即在获取、产品生产和销售、市场开发目标的确立等方面，将企业置身于并发挥自身比较优势，开展对外经济技术交流，参与国际协作和竞争等一系列经营活动。一般来说，跨国经营是指国内企业通过对外直接投资，在国外建立子公司或分支结构，并以此为基础所展开的跨国界的以赢利为目的的生产经营活动。

1979年6月1日，中国铁道建筑总公司所属中国土木工程公司经国务院批准正式成立，作为我国第一批参与国际市场竞争的四家外经公司之一走上了国际竞争的舞台。

27年间，中国铁建先后抓住了中东劳务合作、香港房地产开发、香港修建西部铁路、澳门回归、中非经济合作等几次重大机遇，经营领域不断拓宽，已逐步形成了以工程承包为主业，以铁路工程为特色，多业并举的经营格局。经营业务遍及世界20多个国家和地区，市场覆盖地域不断扩展，市场布局初具网络框架，并成功承揽实施了一大批投资金额大、建设周期长、技术复杂的大中型综合项目，资产规模不断扩大，净资产规模稳步增加，综合实力不断增强。

2006年以来，中国铁建先后中标土耳其高速铁路项目，合同金额12.7亿美元；与中信联合，中标阿尔及利亚东西高速公路中、西两个标段工程，框架合同总金额约62.5亿美元；10月30日，中标总投资83亿美元的尼日利亚拉各斯到卡诺现代化铁路项目；中国铁建对外工程承包事业由此跨入一个新的发展阶段。2006年1月至10月，中国铁建新签署海外合同额136.3亿美元。2006年5月，该集团公司两位工程师由于工程质量优秀、工作出色获得尼日尔国家骑士勋章。

跨国经营已经有了悠久的历史，其最早可以追溯到17世纪在印度及远东进行掠夺性贸易的殖民地公司，以英国的东印度公司为先导，他们主要是输出产品和掠夺资源。18世纪下半叶，工业革命迅猛向前推进，一些拥有技术垄断优势的企业在国内站稳脚跟后相继到国外设厂开始跨国经营。1865年拜尔公司通过间接投资购买了美国纽约州爱尔班尼苯胺工厂的股票，不久又把它吞并为自己的分厂。1866年诺贝尔公司在德国汉堡投资办起了一家炸药工厂，从此走上了跨国经营的道路，创建了庞大的世界炸药工业体系。这几家企业是开展跨国经营的先驱。

19世纪末20世纪初，欧美先后完成了产业革命。新技术革命使企业的生产规模进一步扩大的同时还推动企业的资本输出，许多大企业纷纷抢占国际市场，加速海外扩张，如杜邦公司、通用电气公司、巴斯夫公司等都先后进入跨国经营的行列。到第一次世界大战以前，资本主义国家对外投资总额为440亿美元。那时资本输出只限于英、法、德等少数国家，跨国公司也主要集中在这些国家。

两次世界大战给世界经济和贸易带来极大的创伤，给跨国公司的经营带来了很大的困难。而美国借助于先进的新兴工业技术及“效率革命”加快了跨国经营的步伐。1914～1938年美国187家大公司新建了785家海外子公司，超过世界跨国公司总数的50%。到1945年世界各国对外直接投资累计为200亿美元。

“二战”结束后，由于科学技术的显著进步，世界经济持续增长，欧美各国的跨国公司重整旗鼓，日本也开始大规模地开展海外经营，发展中国家如韩国、印度、墨西哥的跨国公司日益增多。企业再也没有必要在空间上集于一处，而是在成本最低的地点落脚，以高效的通信设施组成整体，以求得产品价值链各环节总体最大收益。

而在经济一体化高度发展的今天，跨国经营已经成为一种全球性趋势，这对发展中国家影响重大，特别是发展中国家经济的向前发展还是会无情的打击发展中国家的经济发展，是每一个国家都在苦心研究的问题。

企业跨国经营根据对外直接投资的重点和面向海外经营的性质，可分为以下6种类型。

1.资源确保型

一些企业为了取得本国稀缺的原材料等资源，直接投资于资源国进行生产开发，以确保廉价而稳定的资源供应。

2.市场开拓型

向海外投资经营的目的旨在开拓新市场，扩大企业产品的市场覆盖面。

3.劳动力指向型

企业将劳动密集的产品生产或加工转移到劳动力价格较低的国家和地区去，在

跨国公司的经营方式与特征

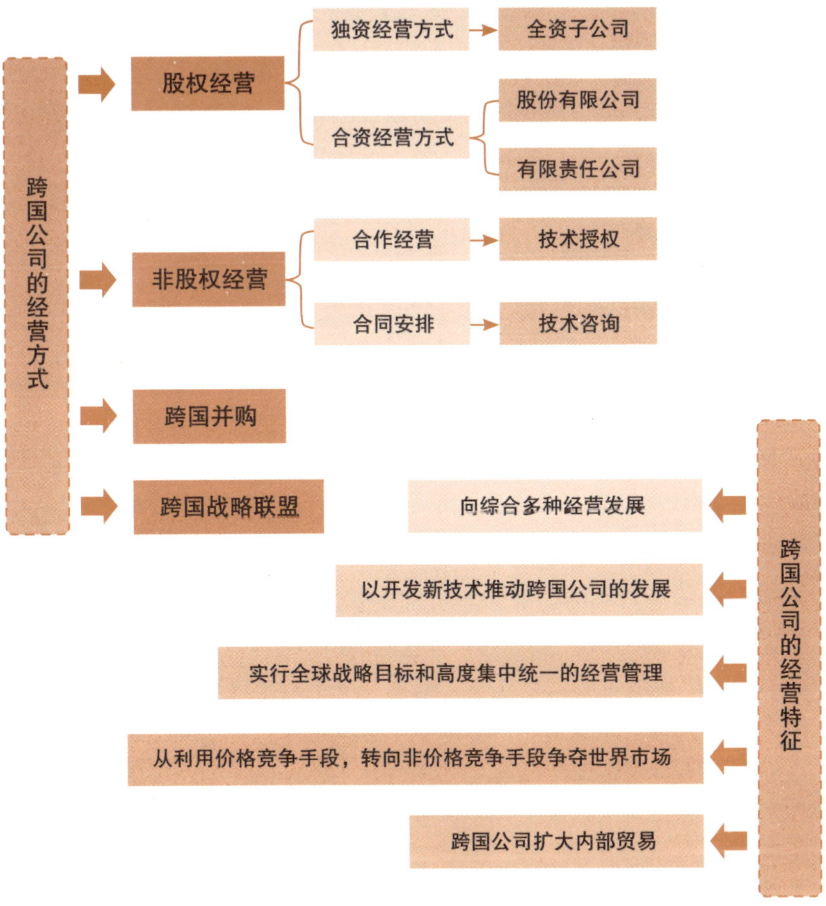

这些国家和地区投资建厂，利用当地廉价劳动力来降低产品成本，获得比较利益，以谋取在国际竞争中的有利地位。

4.贸易壁垒对应型

一些国家和地区为了平衡国际收支，保护本国经济，采取贸易保护主义措施。为了绕过种种障碍，企业都将产品出口改为在国外投资办厂生产、销售。

5.技术指向型

通过到技术先进国家投资设厂的方式，利用当地科研机构和人才资源，获取国内难以得到的先进生产技术和管理技能。

6.全球战略型

经济发达国家的大型跨国公司，为了以自己的优势称霸世界，采取全球性的发展战略，将企业的商品贸易、技术贸易、资本进出进行全球统筹，并根据不同的国际市场类型，采取多种发展方式，在世界范围内建立最佳的生产地区、销售地区和原材料供应基地。全球战略型，是企业跨国经营发展到成熟阶段的最高标志。

欧美已经从多边贸易体制中受益了几十年。尽管中国的贸易现在排在世界第二位，出口排在世界第一位，但我们绝大多数产品属于产业链低端，都是在为世界上的跨国公司打工干苦力。实现结构性转型，发展自己的跨国公司，充分的利用世界资源，将是中国经济今后长时期内面临的课题。

跨国公司给海外带来的是发展还是问题

翻开你穿的衣服，你会在衣角发现“made in”的字样，不出意外后面跟的一定是一个劳动力资源丰裕的国家的名称，如中国、孟加拉国或斯里兰卡。若果真如此，那么按西方标准，生产那些服装的工人只获得了很低的工资：据所能获得的最新数据显示， 2002 年在斯里兰卡工厂的工人，其平均的报酬是每小时0.33 美元。这是不是就意味着斯里兰卡的工人待遇很差？

大多数经济学家对此的回答是否定的。我们不应该将支付给贫穷国家出口产业工人的工资拿来与富裕国家工人的工资作比较，而应该与贫穷国家在没有出口产业的情况下工人所获的报酬进行比较。斯里兰卡人之所以愿意在如此低的报酬下工作，是由于在不发达的经济中拥有大量的劳动力及极少的如资本等其他生产要素，对于工人而言，他们可获得的机会是有限的。几乎可以肯定，国际贸易使斯里兰卡及其他低工资国家的工人获得了相对较高的工资，这减缓了他们不参与国际贸易的贫困程度。

尽管如此，发达国家里的许多人特别是学生，一想到他们所消费的产品是由所获报酬如此之低的工人所生产的，就会产生困扰，他们希望这些工人获得更高的报

如何应对跨国公司的挑战

1.团结起来，组建上下游一体化的供应链网络，用整个产业的供应链来和跨国企业竞争，而不是一个企业和其竞争。

2.做出品牌，中国人自己的民族品牌。

3.加大自主研发投入和产品创新能力，只有技术上超过对方，成本上领先对方，品牌上有自主优势，又是全产业链的竞争，不管是什么跨国企业都可以应对。

为了能够及时有效地抓住机遇，我们应该不断通过提高技术水平降低生产过程中的成本，扩张自身的经验规模，努力实现跨国发展和集团经营。只有这样，才能让跨国公司为我们带来机遇，而不是毁灭。

酬和更好的工作环境。在不阻碍国际贸易的前提下，保留工作岗位与高报酬和更好的工作环境同时并存是一种两难的局面。

全球最大的500 家跨国公司中，已有近400 家在华投资设厂。随着中国加入世贸组织，将有更多的跨国公司来华投资。这些跨国公司来华投资办企业，有效地促进了中国经济的发展，并加快了中国经济融入世界经济一体化的进程。跨国公司来华投资，对中国经济的影响还表现在就业、税收、国企改革等诸多方面。

我们以可口可乐公司与中国市场的关系为例进行分析。

外国直接投资为中国提供了大量的就业机会。1998 年中国的41.4 万个就业机会同可口可乐的生产和销售有直接或间接的关系。可口可乐系统直接雇用了1.4 万员工，可口可乐的独立供应商雇用了35 万名中国员工，可口可乐的独立销售商、批发商和零售商则雇用了5 万名中国员工。

外国直接投资对中国的经济总产值也产生了积极作用。可口可乐公司直接注入资金80 亿元人民币，间接创造了220 亿元人民币的增加值，每年通过乘数效应使中国经济增加300 亿元人民币的产值。据有关部门的统计，1999 年外商投资企业工业增加值增幅明显高于全国平均水平，占全国工业增加值的比重达到20%。

外国直接投资对中国的税收也作出了贡献。1998 年可口可乐生产、经营和销售者直接和间接提供了16 亿元人民币的利税。据税务部门的统计，1999 年外商投资企业缴纳税收比上年增长33.78%，纳税额占全国工商税收的16%，并且成为增长最快的税源之一。北京大学林毅夫教授指出，调查中发现可口可乐通过其在全国21 个省份和城市的装瓶厂网络，实现了对效率低下的国有企业向高效、成功合资企业的转型。引进了先进的管理和营销经验，提高了企业的生产技术。可口可乐在中国的经营还带动了玻璃、塑料、铝罐和制糖等相关产业的发展。

那么如何看待跨国公司进入中国市场的负面效应呢？可口可乐进入中国市场确实使国内的一些碳酸饮料企业陷入困境，甚至倒闭。但是中国目前国产饮料品种之多，市场销量之大，也与可口可乐进入中国市场所带来的竞争是分不开的。所以说，在面对跨国企业的竞争之时，只有不断地提高自身的竞争能力，才能保住生存空间。

对廉价劳动力的恐惧和去工业化的误区

人们又重新热议所谓“血汗工厂”的话题：发达国家的工人们怎么可能和中国人竞争呢？工作机会流失到海外以后，人们怎么可能实现再就业呢？生产能力过剩、通货紧缩和大规模失业这些现象，我们如何可以避免？以下是一个在国际贸易中常见的争论：

孟加拉国能生产一些比我们生产要便宜得多的产品，如服装，但其成本优势只是建立在低工资的基础之上。事实上，在美国生产一件衬衫所花的劳动时间比在孟加拉国少。因此，进口由廉价劳动力（被支付很低工资的工人）生产的产品，引发了是否会降低美国生活水平的质疑。

产生这个错觉的原因在于比较优势和绝对优势被混淆了。生产一件衬衣，美国的确比孟加拉国花费更少的劳动力。但是对比较优势起决定作用的，并不是生产一件产品所使用资源的数量，而是生产该产品的机会成本——也就是生产一件衬衣，为此须放弃生产的其他产品的数量。

在像孟加拉国这样的国家，低工资反映出相对于国外，劳动生产率呈低水平。因为在孟加拉国的其他产业中，劳动生产率也非常低，使用很多劳动力去生产一件衬衫，不需要放弃大量其他产品的生产。但在美国，情况恰恰相反：其他产业（如高科技产品）具有的高生产率，意味着在美国生产一件衬衫需要牺牲很多其他的产品。所以在孟加拉国生产衬衫的机会成本比美国低。虽然美国拥有绝对优势，但劳动生产率较低的孟加拉国在服装生产上具有比较优势。从孟加拉国进口服装结果使美国的生活水平提高了。

去工业化或称为非工业化、逆工业化。其本质是指制造业就业比重持续下降。

去工业化现象最早始于美国，其制造业劳动力占总劳动者的比例，从1965 年最高值的28% 下降至1994 年的16%。在日本，其制造业就业比重的最高值是 27%（1973 年，比美国晚8 年），而到1994 年则下降到23%。在欧盟15 个国家中，制造业就业比重的最高值是30%（1970 年），到1994 年则迅速地下降到20%。同时，发达国家服务业就业人数的比重均在上升。美国服务业中的就业人数占劳动者总数的比重，则从1960 年的56% 上升至 1994 年的73%。从1960 年开始，其他发达国家均出现类似现象。

在工业发达国家和地区，受去工业化影响最大的主要是一些大城市地区以及那些以资源为基础、传统的衰退产业相对集中的老工业基地。这些地区出现去工业化的主要原因：

一是由于大城市地区土地和工资等生产成本较高，劳动和环境保护意识较强，加上市中心区生活和环境质量的下降，导致企业家把制造工厂由发达国家大城市迁移到中小城镇和农村地区，甚至迁移到国外；

二是由于资源的枯竭和生产成本的上升，工业发达国家的一些传统产业如钢铁、造船、工程机械和纺织等，逐步走向衰退。这些衰退产业主要集中在一些老工业基地，由此导致这些地区制造业出现严重的下降；

三是随着技术发展，企业可以把生产过程的某些部分，尤其是劳动密集型的加工装配环节，分散到国外。虽然日本人一向有危机感，而且“油断”和“列岛沉

去工业化的特点

去工业化是指制造业就业比重持续下降。一般来说，去工业化有以下两个特点：

制造业发展停滞。比如最先出现工业化现象的美国，其工业生产值与其增长幅度在过去十几年迅速下滑。

制造业大规模裁员，就业从第二产业转向服务行业，导致制造业就业人数占总就业人数的比例下滑。

对我国的启示：中国还没有完全实现工业化，应深思欧美教训，加快转型升级，摆脱传统工业化、传统重化工业和传统制造业发展模式的问题，走出一条以大力培育发展战略性新兴产业为先导的现代工业化道路没”的噩梦时时使日本人担忧不已。但是，自泡沫经济破灭以来，日本仍然失去了前进的方向，仍然在谷底徘徊了20年而不能自拔。曾经发生的丰田汽车召回事件更对日本工业造成了严重冲击，大大地刺激了国民的神经。日本向何处去？——日本人惶恐不安。

就当今世界各国产业结构的现实来看，只有美国已经真正实现了整个国民经济的“去工业化”，在这之后美国最突出的特点是形成了以金融为立国之本的局面。凭借着美元的霸权地位，美国人以金融为法宝呼风唤雨，积累了巨额的物质财富，维持了国民极高的生活水平，而日本对此无疑是艳羡不已的。很多日本人都明白，在金融立国方面日本恐怕力有不逮。何况，本次金融危机已经暴露了以金融主导国民经济的风险性、脆弱性，美国人自己也察觉到这一点，奥巴马政府目前所推行的政策已经有“再工业化”的趋势。在除金融业外的其他现代服务业或者高端制造业上下功夫，对日本来说是一个很现实的选择。

所以我们可以得出这样的结论。首先，所谓“不可抗拒的中国竞争力”是头脑发热的臆想，因为真实劳动力成本必然会随着生产率提高。其次，发达国家的制造业就业岗位下降的主要原因是需求的相对疲软和生产力的迅速提高，而不是源于贸易赤字。再次，即使原材料商品价格的大幅上涨对于发达国家的贸易条件有极大影响，对于真实收入水平的影响还是有限的。总之，有关去工业化和廉价劳工的世界竞争的担忧并没有必要。

和而不同，跨国公司治理结构的全球化

1998年11月，奔驰汽车的制造者德国戴姆勒-奔驰公司，以400亿美元的价格收购了美国的克莱斯勒公司——这一价格比克莱斯勒当时的市值高出大约130亿美元。合并后的新公司被命名为戴姆勒-克莱斯勒公司。只有合并后的公司市值超过合并前两家公司的市值之和，这一交易才有商业价值。事实上，考虑到戴姆勒-奔驰公司为获得克莱斯勒公司而付出的高价，这次兼并至少应该创造出130亿美元的市值。这市值从何而来？

尽管两个公司都处于汽车行业中，但它们占据的几乎是完全不同的市场：戴姆勒-奔驰公司主要在上等的豪华汽车这一档次有良好的品牌声誉，而克莱斯勒公司关注的则是低端市场：它的标志性车型是小型货车和越野车。所以不管在营销还是在生产效率方面是否能有大的收益，这一点并不清楚。

而由于国家风格的不同和相关人员性格的差异，这笔交易不仅未能取长补短，反而引发了一些新的问题：最初的交易被视为是同等地位的公司合并，但是事实很快表明德国公司是地位较高的一方，许多克莱斯勒的管理人员在合并后一年内就离开了公司；部分受到这些人离职的影响，克莱斯勒的产品研发和营销开始慢慢滞后，

两年后，克莱斯勒由合并前的巨额赢利转为大幅亏损。新公司股票价格大幅下降。

合并完成的两年后，公司市值不仅没有超过合并前两家公司的市值之和，反而比合并前任何一家公司的单独市值都要小。

跨国公司在国际化的经营管理过程中，势必会遇到各式各样大大小小的阻力，其中文化差异就是不可小觑的一个方面。

从发展阶段角度看，处于多国阶段的跨国公司倾向于使用本土人才，而处于全球阶段的公司更倾向于忽略国籍差别。

目前，世界上的跨国企业发展程度参差不齐，其人员配置的本土化程度也有很大的区别。现在世界上处于在第三阶段，即国际阶段的跨国公司和日常生活最为接近。此时跨国公司在跨国经营中，对当地市场的反映相当灵敏。由于跨国公司在不少国家均有分支机构，因而其经营重点必然存在地区的分类，从而体现出多国国内战略，奉行这种战略的行业包括饮料、餐饮业、服装、食品和造纸等。这些行业中的跨国公司更倾向于聘请本土人员进行管理。而对于一些处于第四阶段，即全球阶段的跨国公司来讲，其经营的重点是在全球范围内寻求成本减少的最佳点，把全球作为一个统一的大市场看待，在节点的安排下寻找最佳生产、销售点，从而使整个行业获得最大经济利润。处于此阶段的行业一般有飞机制造业、化工、计算机、家用电器和汽车制造业等，其经理人员日益呈多国籍趋势。

大部分全球阶段的行业、如计算机、化工、家用电器、石油天然气以及汽车业人员本土化比例都比较低，尤其以汽车业为典型。而大部分处于国际阶段，实行多国国内战略导向行业人员本土化比例都高于平均水平，如食品和造纸行业。金融业管理人员本土化程度最低，其原因可能在于跨国公司希望通过母国人员对金融业实施有效的控制，而当地市场知识的重要性则促使跨国公司在广告代理、商务和管理服务业大量启用东道国人员担任管理职位。

从人员配置的层次上看，跨国公司更倾向于在高职位上使用母国外派人员，同一级别的不同职位的人员配置也有所不同。

一般说来，跨国公司在高级管理职位上总是大量地使用母国外派人员，在中级管理职位上更多地使用东道国人员，而在低级管理职位上则主要是启用东道国人员，基本上不使用或仅使用少量外派人员。

同一级别的职位表现出来的本土化程度也不相同。根据哈尔茨网站对2689家跨国公司人员本土化问题的考察数据，总经理职位由东道国人员担任的比例为59.2%，本土化程度最低。而在级别相同的职位中，东道国人员担任财务总监的比例为82.8%，担任营销总监的比例为89.9%，担任人力总监的比例最高，达到97.8%.人事职能是本土化程度最高的职能，因为人事工作需要遵守当地的雇用法律和规章制度，并且还要适应雇员的不同文化背景。营销职能也是以当地市场为导向的。相

解决我国跨国经营高级人才缺乏的途径

1.加强和完善经贸高等院校教育，增设能适应跨国经营的课程，提高经贸院校毕业生的适应能力。

2.加强海外企业在职人员的培训，进一步充实和更新他们的业务知识和外语水平，使其适应跨国经营的需要。

3.采取必要的人才地化策略，直接聘用当地的我国海外留学人员和国外的高科技人才。

优势

- 获得人才的速度较快。
- 这些人熟悉经营环境、了解市场需求、善于同当地政府和有关部门打交道，能力较强。

缺点

- 外方人员的工资一般要大大高于国内人员，增加了劳动力成本。
- 由于中外方员工收入差距悬殊，可能影响中方人员工作的安定。
- 人员当地化与我国所处的国际化经营阶段的战略目标不相符。

这说明了我们企业在跨国经营的过程中，应该在分析本公司经营状况的基础上，全面考虑来自本国和东道国的诸多因素，在成本与收益、优点与不足的比较中作出选择。

对于前两种职能，有关当地情况和偏好的知识对财务职能而言重要性是最低的，而且，许多跨国公司认为就外派人员的控制功能而言，财务总监和总经理所起的作用是同等重要的，所以财务总监的本土化比例相对较低。

根据上述阐释，我们可以总结出在华跨国公司人员配置的几个显著特征：

（1）外派人员在外商投资企业总体雇员人数中所占比例相对于企业建立初期呈下降趋势，其中美资企业甚至出现了外派人员绝对数量的减少。

（2）中方职员担任中高级管理职位的比例相对于企业建立初期有所提高，但目前该比例仍然偏低。

（3）专业技术人员本土化比例相对于企业建立初期都明显提高，其中美资企业甚至出现了外派技术人员绝对数量的减少。

（4）日资在华企业严重依赖母国人员进行经营管理，美资企业则比较多地依赖第三国人员，第三国人员在外派人员中所占比重甚至超过了母国外派人员，而欧盟企业中第三国人员在外派人员中所占比重则居于美资和日资企业之间。

在全球化的今天，中国经济日益与国际紧密接轨，我国企业不断走向国际市场，从事海外投资和跨国经营活动。与世界知名的跨国公司相比，我国大型企业的跨国经营还处于国际化经营的第二、三阶段，在人员的任命上更多地使用外派人员。我国企业的国外分支机构急需一大批既懂经济又懂技术，既懂贸易又懂工业的复合型的高级人才。

面对国际分工，我们不应该盲目乐观

2008年12月10日，世界最大的集装箱货轮“爱玛·马士基号”抵达我国深圳盐田港，这艘货轮将载着至少1630集装箱有待循环加工的废塑料、废铁返航，这些废旧材料将在中国被加工成玩具、电脑外壳等商品，并再度运往欧洲销售。

而在此一个月前，这艘被戏称为“圣诞号”的货轮首站抵达英国，并沿途驶经荷兰、德国、瑞典、丹麦、西班牙，为欧洲各国送去了圣诞礼物——1.1万集装箱满载“中国制造”的商品。这些曾被西方媒体广泛列举的物品包括：“5吨圣诞饼干、17集装箱玩具、1集装箱数码相机、1236小箱日历、10800件男式衬衫、1集装箱化妆品、65万个塑料包、12吨厨房用具、188.6万个圣诞装饰品、1939双皮鞋、9000双运动鞋以及T恤衫、裙子、皮沙发等。”

这也许能够描述出“全球化”的一个经典图景，在一个自由、开放的贸易世界里，“圣诞号”的往返，似乎也暗喻着中国在全球生产链条中所扮演的角色。

自2001年加入WTO以来，中国开始更加广泛地参与国际分工体系，并与世界经济紧密融合，不断攀升的贸易额更是从一个侧面反映出中国经济在扩大开放征途中愈加稳健的步伐。

中国目前稳居世界第二大贸易国之位，2001年中国进出口贸易总额为5000亿美元，至2005年已经猛增到1.4万亿美元。然而，伴随着WTO的一声“中国，请进”，中国开放步伐不断加快的同时，也为自身经济发展带来一定的隐忧，面对当下中国在国际分工中所处的地位，我们实在不应该为几个数字所安慰，而感到盲目乐观。

纵观近15年来的GDP及进出口贸易数据，从20世纪90年代初至今，我国外贸依存度提高了30个百分点，而中国加入WTO这一年，成为外贸依存度增速上升的一个重要转折点，相关数据表明，2002～2004年，我国外贸依存度几乎以每年增长10个百分点的速度上升，即使2005年略有下降，也达到了63.89%。

事实上，持续增长的外贸依存度不仅反映了中国参与全球一体化进程的加速，也表明国外市场需求已经成为中国经济增长的一个重要动力。

对此，也有学者提出，由于我国出口产业中大多数是组装型的生产环节，增值率较低，如果用包含加工贸易的进出口额与GDP相比，计算出的外贸依存度夸大了国民经济对国际市场的依存度。

无论采取怎样的计算方式，我们都要正视中国外贸依存度过高的问题，即使剔除加工贸易的影响，我国仍旧保持着较高的外贸依存度。而作为邻国的日本在贸易立国时期，外贸依存度也没有超过20%，而我国外贸依存度增长速度过快，对外部依赖越来越大，将增加经济的系统风险。过高的对外贸易依存度将使得我国产品供给结构受国际需求和国际分工约束较大。一方面中国经济更容易受到外部冲击，另一方面过多投资进入加工贸易部门，也将导致产品结构长期停留在中低端产品领域。

尽管中国制造业规模居世界前列，但国内拥有自主知识产权核心技术的企业数量少，对外技术依存度高，自有品牌产品出口较少。对此，有专家指出，贸易增长模式转变的前提，是整个国家经济增长方式的转变，产业结构的优化升级，也取决于中国的经济能力与人才储备。

为推动外贸增长方式的转变，商务部提出以自主创新为核心提高出口竞争力，提升对外贸易的综合效益，调整加工贸易发展模式，逐步从代加工向代设计和自创品牌发展，并引导加工贸易逐步向中西部地区转移。此外，商务部还提出要建立与转变外贸增长方式相适应的外贸调控机制。

除美、欧等中国传统的贸易伙伴外，中国也开始继续深化与其他贸易合作伙伴的战略关系。

第一代“世界工厂”英国逐步实现了以金融服务和创意产业为支柱的产业结构调整，服务业占GDP总量的74.4%，是国民经济的支柱产业。服务业比制造业更具活力和弹性，因此也成为GDP增长的主要源泉。钢铁、煤炭、纺织等传统制造业经过产业结构调整已严重萎缩，农业比重很小，人均GDP达到22467.09美元。

第二代“世界工厂”美国，第一产业比重进一步减小，第二产业比重逐步下降，只有第三产业比重处于不断增长的态势。进入21世纪以后，美国的产业结构仍

国际分工

国际分工(International Division of Labor)是指世界上各国（地区）之间的劳动分工，是各国生产者通过世界市场形成的劳动联系，是国际贸易和各国（地区）经济联系的基础。它是社会生产力发展到一定阶段的产物，是社会分工从一国国内向国际延伸的结果，是生产社会化向国际化发展的趋势。

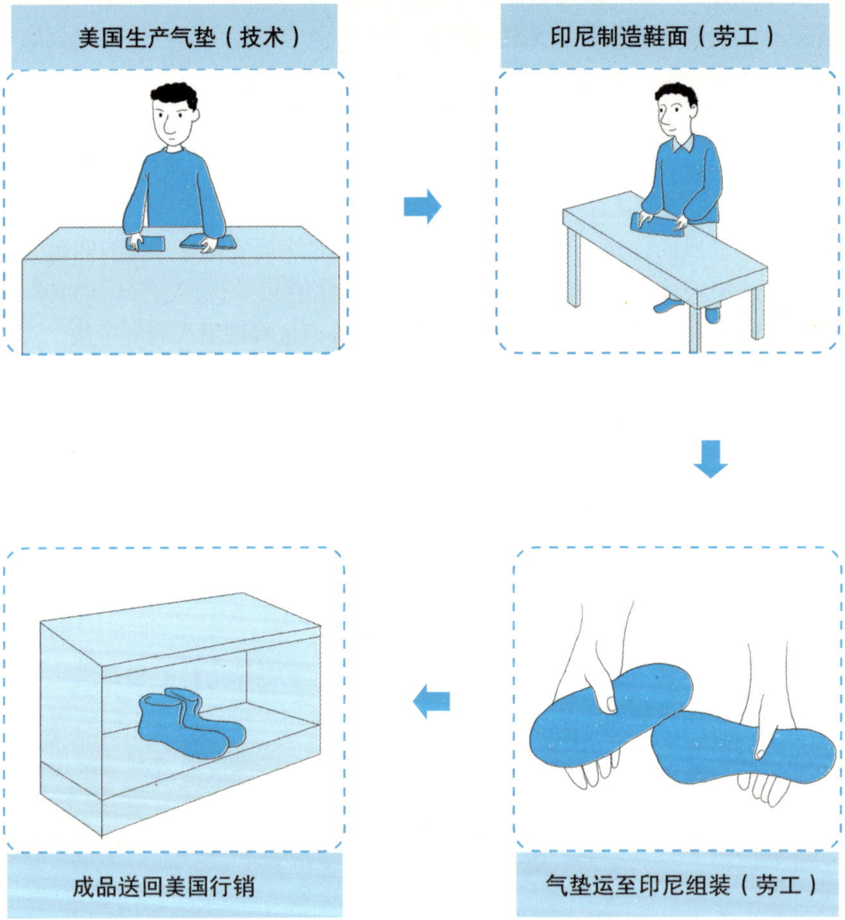

然保持着这一发展方向，人均GDP达到47132亿美元。

中国目前在国际上的地位仍处于“世界加工厂”，而不是“世界工厂”的地位，人均GDP较少，中国的国际地位急待提升。目前中国是以制造业为主的劳动密集型产业，随着中国老龄化社会的加剧，中国人口红利消失，中国应该从劳动密集型产业转到技术密集型产业。

目前，中国服务业占全国GDP比重依然偏低。在这样的情况下，中国应该积极发展服务业，制定服务业相关法规，把中国现在依旧混乱的服务业规范起来。一些高端产品中国并没有掌握真正的技术，仅仅只是参与制造环节，其实中国在制造的过程中应该抓紧时间进行自己的研发，积极寻求发展自己的品牌，把中国从“世界加工厂”真正的变成“世界工厂”，才能让中国的生活水平显著提高。从中国上海把劳动密集型产业逐步地向内陆转移，并且发展新兴行业可以看出来，中国正在逐步实现技术密集型产业的发展中。

从不参与世界分工，到参加世界分工的外围环境，到积极寻求提升中国在国际分工中地位的方法，中国的GDP明显地显示出来了参与国际分工中国的生活水平显著的提高，而提升中国在国际分工中的地位使中国的生活水平进一步地提高。

第三节　谁在制造贸易障碍

开在故宫的星巴克和卖到美国的瓷器

1979年1月，中美两国正式建立外交关系。同年7月，两国政府签订《中美贸易关系协定》，相互给予最惠国待遇。中美经济贸易从此进入迅速发展时期。据中国方面的统计，1979年中美贸易额为24.5亿美元，1996年达到428.4亿美元，18年累计2606亿美元；从1979年起，美国成为中国第三大贸易伙伴，1996年成为第二大贸易伙伴。双方的贸易统计都表明，在过去18年中，两国贸易年均增长18%以上。这是中美经济贸易发展的主流。

1996年，按各自的统计，中国自美国的进口占中国进口总额的11.6%，美国自中国的进口占美国进口总额的5.42%。美国是中国出口增长最快的市场之一，中国也是美国出口增长最快的市场之一。从1990年至1996年，美国对华出口额，双方统计都是年均增长16%以上，大大高于同期美国出口增长速度，居美国对各国出口增长速度的前列。

中美两国贸易迅速增长的根本原因，在于两国资源条件、经济结构、产业结构以及消费水平存在着较大差异，经济具有互补性。中国是发展中国家，劳动成本低，但资金短缺，科技相对落后。美国是经济发达国家，资本充足，科技发达，但劳动成本高。中国主要向美国出口纺织品、服装、鞋、玩具、家用电器和旅行箱包等劳动密集型产品。美国主要向中国出口飞机、动力设备、机械设备、电子器件、通信设备和化工等资本技术密集型产品，以及粮食、棉花等农产品。贸易产品结构的互补性和互利性，有力地推动了两国贸易的发展。

星巴克开在了中国，自然不会拿着枪逼迫喜爱喝茶的中国人接受咖啡。麦当劳开在曼谷，也不会逼着当地人接受汉堡。人们吃麦当劳是因为他们想吃。如果他们不想吃，他们就不会去吃。如果没人去吃，那么快餐店就会赔钱，然后关门。可以说，麦当劳改变了当地文化。

印度尼西亚有自己的快餐文化，而且比科诺内尔的纸板盒与泡沫盘更加实用。在小摊上买的食品是由香蕉叶和报纸包起来的。这种大绿叶可以保温而不渗油，还可以打成整齐的小包。但逐渐地，香蕉叶似乎败给了纸板盒。这是对贸易之中文化壁垒的一种突破。然而还有更加不可突破的因素存在于国际贸易之中。

自建交以来，中美贸易已经取得了长足的发展。然而多年来，美国对中国采取的一些歧视性出口管制政策，仍是制约美国对中国出口，影响双边贸易平衡的主要障碍。中国如今已经成为世界加工厂，“中国制造”更是遍布世界各地，但与此同时，国际社会不断传来对“中国制造”的反倾销、反补贴措施，世界空前的贸易壁垒正在袭击“中国制造”。

据世界贸易组织秘书处发布的数据显示，2008年全球新发起反倾销调查208起、反补贴调查14起，中国分别遭遇73起和10起，占总数的35%和71%。对我国实施反倾销的国家不仅有欧美、澳大利亚、加拿大、日本等发达国家，也包括土耳其、印度等一些发展中国家，案件涉及钢铁、鞋、玩具、轮胎、铝制品、日用品、机电、矿产、养殖品等中国在出口方面具有优势的行业。

美欧的各项措施，对我国出口行业带来了重大冲击。一个个贸易保护措施，将我国的产品拒之门外。这样的现象在全世界非常普遍，国与国之间的贸易摩擦也是频频上演。这些现象足以说明中国出口遭遇世界范围内的贸易壁垒。

贸易壁垒又称贸易障碍，是指对国与国之间商品劳务交换所设置的人为限制，主要是指一国对外国商品劳务进口所实行的各种限制措施。贸易壁垒一般分关税壁垒和非关税壁垒两类。所谓关税壁垒，是指进出口商品经过一国关境时，由政府所设置海关向进出口商征收关税所形成的一种贸易障碍。按征收关税的目的来划分，关税有两种：一是财政关税，其主要目的是为了增加国家财政收入；二是保护关税，其主要目的是为保护本国经济发展而对外国商品的进口征收高额关税。保护关税愈高，保护的作用就愈大，甚至实际上等于禁止进口。

除关税以外的一切限制进口措施所形成的贸易障碍被称为非关税壁垒，可分为直接限制和间接限制两类。直接限制是指进口国采取某些措施，直接限制进口商品的数量或金额，如进口配额制、进口许可证制、外汇管制、进口最低限价等。间接限制是通过对进口商品制定严格的条例、法规等间接地限制商品进口，如歧视性的政府采购政策，苛刻的技术标准、卫生安全法规，检查和包装、标签规定以及其他各种强制性的技术法规。

在世界经济日趋一体化的今天，贸易壁垒的存在为自由贸易添加了不和谐的因素。国际间竞争的加剧，导致发达国家和发展中国家都纷纷采取了各种贸易壁垒。但发达国家技术先进，这使得他们能够更有效地突破发展中国家的贸易壁垒，冲击

贸易壁垒对我国的影响

诸多的调查结果显示，我国处于不利地位。在各国先后树立起来的贸易壁垒背后，中国很“受伤”。

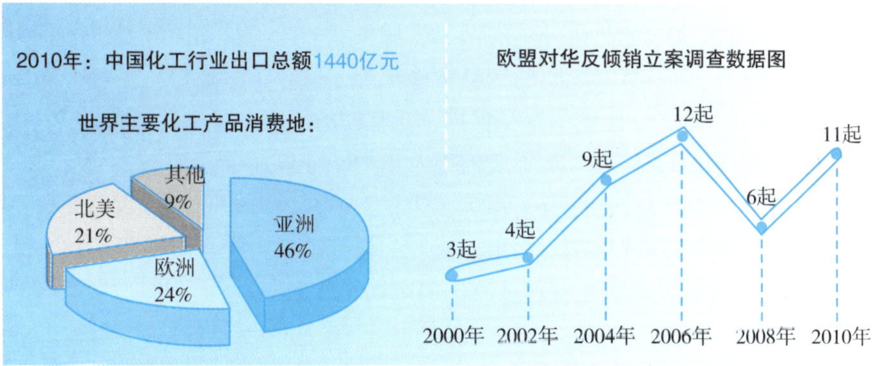

中国外贸发展面临的新挑战就是技术性贸易壁垒，而作为发展中国家，我国出口的产品多是低技术含量产品，被发达国家的众多指标卡在国门之外。

企业应对方法：

1.尽快努力提高技术创新和培育自主品牌的能力，变“以廉取胜”为“以质取胜”。

2.通过对外直接投资、兼并收购当地企业等方式，将跨境出口转化为企业的内部贸易，有效避免贸易摩擦。

发展中国家的市场，相反，发展中国家的产品往往要受到发达国家的严苛管制。基于此，各国之间也产生了贸易争论。

作为发展中国家之一的中国，同样也面临众多贸易壁垒。并且，根据相关资料显示，我国因国外贸易壁垒所造成的损失十分巨大。

1990年以来，针对中国的反倾销案件占世界总量的1/7 ~ 1/6，而在中国加入WTO后，更成为各国反倾销的“众矢之的”。

中国有3/5以上的出口企业和2/5以上的出口产品面临技术性贸易壁垒的限制。且根据中国国家质检总局2008年12月30日公布的最新调查结果表明，仅2007年一年，国外技术性贸易措施让中国出口企业损失上百亿美元。全年出口贸易直接损失494.59亿美元，占同期出口额的4%以上，企业新增成本264.31亿美元，比2006年增长72.76亿美元。

实际上，贸易壁垒的形成是对自由贸易经济的一种障碍。虽然贸易壁垒的形成有保护国内产业发展、增加政府财政收入及保住短期工作机会等好处，但从长期来说，会阻碍经济发展。在一来一往进出口贸易壁垒下，会使国际贸易形成恶性循环，使各国都不能真正获益。现代企业已经走向全球化分工，国家之间贸易的频繁往来，事实上就是执行专业化分工的结果，如果我们为了排除国际竞争的压力而建立贸易壁垒，必定会阻断国际间的贸易往来，等于放弃了专业分工的机会而导致整体生产力下降，可见，实施贸易壁垒保护，对长期的经济发展反而不利。

因此，必须从国家层面、地方政府以及出口企业层面上采取有效的应对之策。国家应该从国际合作层面在世贸组织等多边框架下，大力呼吁反对贸易保护主义，督促有关国家采取实际行动履行承诺。同时积极推动新一轮世贸谈判，与有关国家加强双边谈判，争取使更多国家承认我国的市场经济地位。

其实，贸易保护主义也有潜在正确性

2004 年4 月14 日，在对外贸易领域同时发生了两件事：一是新西兰正式承认中国的市场经济地位；二是美国商务部对出口到美国的中国彩电做出终裁，裁定中国企业存在倾销行为。两件事都是有关反倾销中的市场经济地位问题，结果却迥然不同。为什么中国在经过20多年改革开放、已经建立起市场经济体制并加入WTO 的情况下，仍被包括美国、欧盟在内的许多西方国家称为非市场经济国家呢？

这是因为，中国不断发展的对外贸易让许多国家暗怀戒心。当物美价廉的“中国制造”在世界市场遍地开花时，美国把中国视为非市场经济国家，从而采用对中国不利的反倾销规则。该规则规定，对非市场经济国家，“只要用来确定正常价值的方法是合适与合理的”，就可用某一市场经济国家相似产品的价格作为标准来确定是否是倾销以及倾销的幅度，并施以对应的高征税措施。这样一来，中国很多出口产品没有倾销而被判定为倾销，本来倾销幅度轻微而被裁定为高度倾销，从而经济受到严重打击。

实际上，这就是贸易保护主义的一种形式。它与自由贸易模式正好相反，后者使进口产品免除关税，让外国的产品可以与国内市场接轨，而不使它们负担国内制造厂商背负的重税。

理论上，贸易保护会限制一国经济的发展，但为什么很多政府还是热衷于搞贸易保护呢？这是因为我们在理论证明时暗含了一个假设，就是假设政府在制定政策过程中都是以本国家的整体利益最大化为目的的，但实际上政府在一些势力的影响下也可能偏离这个目标。贸易保护对生产者有利，生产者虽然人数较少，但贸易保护分摊给每个生产者的平均收益较大，因而该利益集团要求政府实施贸易保护政策的热情高，对政府的影响就大；贸易保护对消费者不利，消费者虽然人数众多，但不实施贸易保护分摊给每个消费者的平均收益较小，所以该利益集团反对政府实施贸易保护政策的热情低，对政府的影响就小。这样一来，政府的贸易保护政策便得以盛行。

举个例子来说，美国番茄质次价高，墨西哥番茄质高价低，无论从哪个角度看，美国让墨西哥番茄进入都是有利的。但是1996 年克林顿政府却限制墨西哥番茄出口到美国，番茄进口受益的是消费者，而每个消费者收益并不大；受损的却主要是佛罗里达州的种植者，他们虽然人数少，但分摊到每个人身上的损失却不小。

当然，有时为了保护国内某些行业的发展，适当的贸易保护主义还是必要的。在20世纪50 年代时，日本汽车质次价高。为了扶植汽车工业，日本政府不仅限制外国汽车的进口，而且通过日本发展银行为国产车提供优惠贷款，其他促进出口的措施还包括出口补贴、出口贷款、特殊优惠税收条款等。这些措施帮助日本汽车工业快速发展，到20世纪60 年代中期，日本汽车具有了国际竞争力，在美欧市场上占有了很大份额。

支持关税和进口配额有许多理由。三个最为普遍的理由是国家安全、创造就业和保护幼稚产业。

（1）国家安全的理由是基于海外产品的来源比较脆弱且易于受到国际冲突的阻断，因而国家应保护国内重要产品的供应商，以自给自足作为这些产品的目标。从20世纪60年代起，美国已经着手把进口石油作为国内石油减少的储备缓冲。美国对石油实施进口配额，证明是基于国家安全角度考虑的。一些人认为，我们应该再次制定不鼓励石油进口的政策，特别是对来自中东的石油。

（2）创造就业的理由指出新的就业机会的产生是贸易保护的结果。经济学家认为这些就业机会的产生抵消了其他产业的失业，如那些使用进口投入品的产业现在要面对更高的投入成本。但人们还未找到有关这一观点有说服力的证据。

（3）保护幼稚产业常常发生在新兴的工业化国家，它们认为新兴产业需要一段短暂的贸易保护时期才能建立。例如在20 世纪50 年代，许多拉丁美洲国家对制造业产品征收关税和实施进口配额，为的是从传统原材料出口者的角色向工业化国家新角色的转变。

尽管自由贸易对各国都是好事，但自由贸易的实现是有条件的。在条件不具备时通过征收关税、制定配额、出口补贴等措施限制进口，鼓励出口，以保护本国产业仍是必要的。

贸易保护主义

贸易保护主义，是指在对外贸易中实行限制进口以保护本国商品在国内市场免受外国商品竞争，并向本国商品提供各种优惠以增强其国际竞争力的主张和政策。

- 特点
  - 主要保护手段由关税转到非关税措施
  - 保护政策对产品的针对性越来越强
  - 实行保护政策所针对的国家和地区的区分加强了
- 保护的目的 → 主要是为了保护国内市场以促进国内生产力的发展
- 保护的重点 → 对国家独立自主和经济发展有重要意义的工业
- 限制进口的方式
  - 关税壁垒 → 通过征收高额进口关税阻止外国商品的大量进口。
  - 非关税壁垒
    - 进口许可证制
    - 进口配额制
    - → 限制外国商品自由进口

这里一个很重要的问题是本国什么产业值得保护，什么产业不值得保护，因为不可能所有产业都保护。在这方面保护幼稚产业论值得借鉴。

所谓幼稚产业，是指处于成长阶段尚未成熟，但具有潜在优势的产业。当某一产业规模较小，其生产成本高于国际市场价格的时候，如果任其自由竞争，该产业必然会亏损。如果政府给予一段时间的保护，使该产业发展壮大具有一定规模了再去面对国际间的自由竞争，就有可能获得利润。比如上文所说的20 世纪50 年代日本的汽车工业就是幼稚产业，对这样的产业，政府加以保护是值得的。

无论动机如何，保护主义都是一种障碍

如果说有一种产品是欧盟和美国都没有比较优势的，那就是糖。生产糖最廉价的方法就是种植甘蔗，而甘蔗是一种适宜热带气候的农作物。在美国的一些地方能够种植甘蔗（在夏威夷和临近墨西哥湾的地方），但是它们的种植能力不能和典型的热带国家相比。而在欧洲西部种植甘蔗则根本不可能。

然而，欧洲却是糖的净出口者，并且美国在糖的消费中只有一部分是进口的。这怎么可能，又为何会发生？这是可能的，因为生产糖有另外一种效率稍低的方法：采用可以在寒冷的气候条件下生长的甜菜来进行生产。在大西洋两岸，糖的生产商受到政府的大力支持。在美国，进口配额使得糖的平均价格保持在世界市场价格的两倍以上。在欧洲，政府对农民实施巨额补贴来维护进口限制。这些贸易保护的原因是什么？政府几乎都懒得去找理由：大西洋两岸都有实力强大的农民议员。事实上，工业化国家对农业的巨额补贴，是以牺牲消费者和纳税人的利益为代价的。

消费者和纳税人的利益将会在贸易障碍中受到损害，这是毫无疑问的事情。而贸易保护主义同样会伤害一个国家整体的市场经济发展程度。

近年来，随着经济全球化的发展和多边贸易体制的逐步加强，关税、配额、许可证等传统贸易保护措施的作用大为削弱，而贸易保护主义并未因乌拉圭回合协议实施带来的贸易自由化的强化而退潮，反而正随着国际竞争的日趋激烈而更趋猖獗。

许多国家，特别是发达国家频频采取表面与国际贸易规则不直接冲突的各种保护措施，这些措施常常以保护人类健康、生态环境和消费者权益以及推进所谓的“公平贸易”面目出现，其理论依据、政策手段、目标对象和实施效果都与传统的贸易保护主义有着显著的区别，因而被冠以“新贸易保护主义”“新重商主义”或“经济民族主义”等名称。

中国与墨西哥的工业状况及经济结构很相似，也同属于发展中国家。我们可以来分析一下两国之间的贸易关系存在哪些问题。

首先，两国都担负着吸引外资、发展本国国民经济的重任。也就是说，为了生存和发展的需要，都存在着保护本民族工业、本国企业利益的问题，这突出表现在墨西哥对中国产品实行的反倾销关税即关税壁垒政策上，以保持其产品在国内市场上的垄断地位。

其次，鉴于中国产品对北美市场的冲击，迫使墨西哥政府采取一系列鼓励政策，比如以实行双重收税等手段来实现互惠国间的贸易。这就造成了中墨贸易和墨西哥与其他国家间的贸易起点的不一致。

最后，由于中墨两国的政治经济制度不同，墨西哥曾对中国运作市场经济的能力缺乏了解。比如银行系统、证券市场及对国际市场规则的了解，以及法律法规体系的建立等。

在主观上，两国都有达成贸易协议、增加贸易规模与数量的共同愿望。有专家提出，我国对北美市场的出口将以墨西哥为拓展基地。

从客观的角度来看，中国是亚洲的经济大国。近年来中国国民生产总值的增长和经济发展速度是有目共睹的，而且中国的市场需求及未来的市场潜力对每个国家都具有吸引力。同时，墨西哥也是拉美第二经济大国，是中国在拉美的重要合作伙伴。近年来中墨两国的双边贸易不断增长。对中墨双方来讲，从未来发展考虑，加强贸易合作，也是共同繁荣与发展的必由之路。

在这样的大环境下，势必要求我们采取一些措施来打破贸易保护的壁垒。

从政府的角度看，需要充分发挥政府的主导作用，强化职能部门的管理职能。我国政府应该着手尽快调整、制定与国际标准相一致的国家标准。中国的产品质量标准种类多、门槛低、不规范是事实，政府应借着入世有关法规大调整的有利时机，尽快调整、制定与国际标准相一致的国家标准。同时要组织专门人力研究国外技术性贸易壁垒体系、反倾销调查体系和绿色壁垒体系，建立国外贸易保护预警机制，及时向企业传递国际市场的新情况，及时发布预警信息，帮助并指导国内企业突破国外新贸易保护主义的障碍。此外，应坚决反对任何国家针对中国实施的歧视性政策，一旦发生贸易摩擦，政府应充分利用WTO解决双边和多边贸易纠纷的协商机制，帮助国内企业维护正当权益。

在全球化经济的趋势下，贸易保护主义盛行，对任何国家都不是好事，我们一方面既要拆除贸易壁垒，同时又要采取必要措施，保护本国经济的健康发展。我们应该冲开贸易保护的种种壁垒，开创自由贸易的新时代。

我国企业应如何冲破贸易保护主义

全面了解WTO规则，学会利用世界贸易组织规则依法保护企业自身合法权益，不能对新的贸易保护主义漠然置之。

要注重支持和培育具有自主知识产权和自主品牌的商品出口，提高出口商品附加值。

不应盲目扩大出口，避免在国际贸易中打价格战，自相残杀，给新贸易保护主义者提供口实。

除此之外，企业在遭遇技术性贸易壁垒时，加强与政府联系和代理商的沟通，争取他们的支持与帮助。唯其如此，才能在国际竞争中立于不败之地。

商品倾销与反倾销的维权之争

位于西班牙东部的埃尔切市是个以制鞋业闻名的小城。从2004年9月14日开始，一向平静的埃尔切街头出现了一些匿名传单，在鞋店比较密集的商业区甚至还出现了一些标语。这些传单和标语的内容都差不多，让人触目惊心——“不用再为我们的鞋店担忧了，起来做点实事吧。让我们把那些进入我们城市的亚洲鞋倒出来烧掉吧！”另外，传单还鼓动当地鞋商于16日晚7时在卡鲁斯商业区进行示威游行。

尽管街头的大部分标语被一些善意的市民撕去，但到16日下午，卡鲁斯商业区还是聚集了四五百名当地鞋厂主、鞋商和工人。他们高举着“把亚洲鞋倒出来烧掉”的标语，喊着口号，向位于该区的几家中国鞋店拥来。

这时一辆载有一集装箱鞋子的货车正好停在华商陈九松的仓库门口准备卸货，这些游行的人见状立即包抄过来。他们一边向货车投掷石块，一边恶意谩骂。继而，人群中的一些过激分子拿来汽油将货车点燃。熊熊大火不仅吞没了整辆货车，还将旁边的仓库点燃。当地消防员和防暴警察接到消息后赶来驱散了闹事者，并花了几个小时将大火扑灭。然而，那辆货车上的一集装箱温州鞋子以及仓库已被付之一炬，直接经济损失达80万欧元。

西班牙“烧鞋事件”属于极端的民间反倾销行为，但近年来中国企业被国外指控倾销的事件屡屡发生，中国已经成为世界上遭受反倾销最多的国家。在关注反倾销事件的时候，我们首先应该明晰，“倾销”究竟是怎样的经济行为呢？

倾销是指某国的制造商或出口商将某种产品以低于正常价值的价格出口到另一国的贸易行为。1994年关贸总协定第6条的协议规定，如果在正常的贸易过程中，一项产品从一国出口到另一国，该产品的出口价格低于在其本国内消费的相同产品的可比价格，即以低于其正常的价值进入另一国的商业渠道，则该产品将被认为是倾销。

按照倾销的目的，商品倾销可分为偶发性倾销、间歇性倾销和持续性倾销三种形式。其中偶然性倾销持续时间短、数量小，比如公司为了处理在国内市场上的积压库存，而以低价在国外市场上倾销就属这种情况。它对进口国没有明显的不利影响；相反，该国的消费者还会受益，所以，一般不会遇到反倾销的打击。而间歇性倾销是指为了打击竞争对手、形成垄断，以低价的方式在国外市场销售，一旦目的达到，就会利用垄断力量提升价格，从而获得高额利润。这种倾销显然破坏了公平的市场竞争原则，进而破坏了国际贸易秩序，所以是各国反倾销的打击对象。持续性倾销是指无期限的、持续的以低于国内市场的价格在国外市场销售商品。

由此可以看出，倾销通常具有以下若干特征：

第一，倾销是一种人为的低价销售措施。它是由出口商根据不同的市场，以低于有关商品在出口国的市场价格对同一商品进行差价销售。

倾销与反倾销

倾销是一种不公平竞争行为，会给进口方的经济或生产者的利益造成损害，因此遭遇倾销的国家有权对外国商品在本国市场上的倾销采取相应的抵制措施。

A国鞋在国内售价为300元。

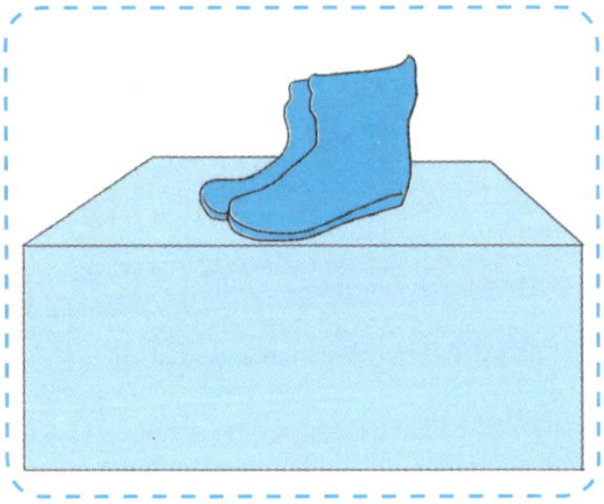

B国同类鞋售价为400元。

A国将鞋出口B国定价为200元，出口产品低于国内价格出售，因而形成倾销。

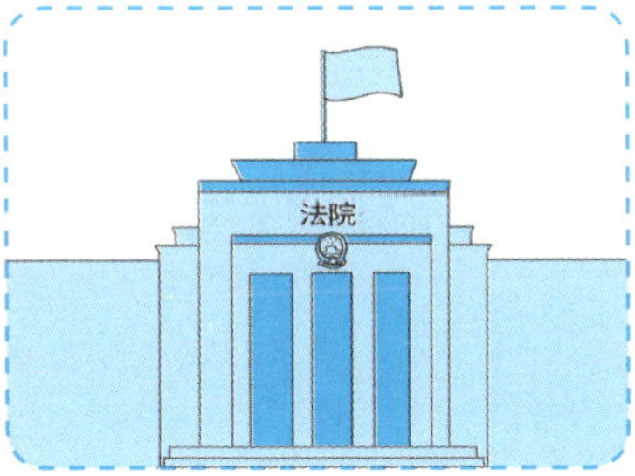

B国提出倾销控诉。

B国法院裁定A国有鞋商品向本国倾销的行为，向A国征收145%的反倾销税。

A国出口定价策略受到影响，不得不提高商品价格。

第二，倾销的动机和目的是多种多样的，有的是为了销售过剩产品，有的是为了争夺国外市场，扩大出口，但只要对进口国某一工业的建立和发展造成实质性损害或实质性威胁或实质性阻碍，就会招致反倾销措施的惩罚。

第三，倾销是一种不公平竞争行为。在政府奖励出口的政策下，生产者为获得政府出口补贴，往往以低廉价格销售产品；同时，生产者将产品以倾销的价格在国外市场销售，从而获得在另一国市场的竞争优势并进而消灭竞争对手，再提高价格以获取垄断高额利润。

第四，倾销的结果往往给进口方的经济或生产者的利益造成损害，特别是掠夺性倾销扰乱了进口方的市场经济秩序，给进口方经济带来毁灭性打击。

从倾销的特征来看，温州鞋出口欧洲并不能构成倾销行为。温州鞋之所以价格如此低廉，在于中国产品具有成本优势。制鞋业是比较典型的劳动密集型产业，廉价的劳动力使得中国劳动密集型产品具有明显的比较优势。中国制造产业工人的每小时薪酬大约为1美元/小时。与此相对应，最高的联邦德国地区达到28.28美元/小时，最低的斯里兰卡为0.5美元/小时，就此而言，中国的劳动成本确实很具有优势。

但是，国际贸易中的倾销行为会破坏公平的市场竞争原则，进而破坏国际贸易秩序，所以各国都非常重视反倾销。反倾销是指进口国主管当局根据受到损害的国内工业的申诉，按照一定的法律程序对以低于正常价值的价格在进口国进行销售的、并对进口国生产相似产品的产业造成法定损害的外国产品，进行立案、调查和处理的过程和措施。

为了制止倾销而采取反倾销措施应该说是合理的，但如果反倾销措施的实施超过了其合理范围或合理程度，反倾销措施也会成为一种贸易保护主义措施，从而对国际贸易的扩展造成阻碍性影响。

随着中国外贸的不断扩大，中国正遭遇越来越多的反倾销案。对于中国出口企业而言，当务之急是在应对反倾销时，做好充分的准备，合理利用世界贸易组织的《反倾销协议》等条例，通过调节争端的机制维护自己的利益。

许多美国企业将制造基地设在中国或印度

曾有这样一个故事：美国从中国进口“芭比娃娃”玩具，进口价为2 美元，在美国的零售价为9.99 美元。在付给中国的这2 美元中，1 美元是运输和管理费用，65 美分用于进口原材料，中国只获得35 美分的劳务费。故事是10 多年前的老故事，价格也是10多年前的旧价格，然而时至今日，中国对外贸易中加工贸易的情形并没有多大的改变，拿的依然是低利润，扮演的仍旧是“世界加工厂”的角色。

“中国制造”之所以遍布世界，其主要的原因在于价廉物美。“中国制造”的主体贸易有一半以上是加工贸易，其产品完全按照外国提供的要求和标准生产，产品的附加值很少。因此，即使有了这样辉煌的出口成绩，中国还不能称作真正的世界工厂，最多只能称作一个世界加工厂。

与日韩制造相比，客观而论，“中国制造”也有一些产品具有高端、高质、节能、环保和可持续发展的特性，但就整个出口产业来说，“中国制造”还普遍缺乏创新能力和自主知识产权。

美国汽车市场2007 年的销售统计表明，排在前五位的汽车品牌中，日本汽车占据四席。在此之前的2005 年，美国《消费者报告》便将现代索纳塔评为可信赖度第一的汽车。像丰田、本田、雅马哈、索尼、佳能、东芝、松下等日本产品，也被世界各地消费者接受。值得一提的是，在现代汽车刚刚进入美国市场的时候，曾经标着5000 美元的低价，由此导致美国消费者对其质量产生怀疑，而“日本制造”在美国也经历过被认为“劣质产品”的阶段，但日本企业用了不到10 年的时间便将其变为高质量的代名词，现在许多美国人都觉得日本产品的质量已经高于本国。

我们再来看看下面这些数字：据统计，近年来我国设备投资的2/3 依赖进口，光纤制造装备的100%、集成电路芯片制造设备的85%、石油化工装备的80%、轿车工业设备、数控机床、纺织机械、胶印设备的70% 被进口产品占领；中国每年要花费6000 亿元从国外进口重大设备；劳动生产率大概只是美国的1/23……世界知名品牌少，核心技术创新少，拥有自主知识产权企业少，依靠低廉的劳动力和价格占领市场，要摆脱这些问题，“中国制造”还有很长的路要走。

除了自身具有的短板之外，“中国制造”还面临着诸多挑战。第一，随着中国国家经济水平逐步缩短与西方发达国家的差距，人民生活水平不断提升，低工资、低待遇的中国劳动力初期开发阶段已经成为历史，以往的核心竞争力是拥有低劳动力成本优势，但目前这种优势正在衰退，而且这将是一个不可逆转的发展大势。第二，各种原材料、能源价格的不断上涨，成本优势更加面临丧失殆尽的危险。此外，全民环保意识的提升，以及知识产权保护的加强，更加对原有的中国制造业企业提出了挑战。

另外，在“中国制造”大规模经济的背后，是严重的资源和环境问题。现在的中国每日耗水量世界第一，污水排放量世界第一，能源消费和二氧化碳排放量世界第二，这些问题都已经对中国的长期发展产生严重影响。种种情况表明，“中国制造”必须走转型之路，摆脱“世界加工厂”的帽子，开拓一条新型工业化之路。只有在政府、企业、机构以及个人的共同努力下，才能真正提升“中国制造”的国际形象。

取消进口关税是否意味着本国产业会走衰

关税是销售税的一种，一种向进口产品征收的税。举个例子，美国政府宣布凡从哥伦比亚引进的玫瑰，必须征收每支2美元或一箱（100支）200美元的关税。在过去相当长的一段时间，关税是一种重要的政府收入来源，因为关税的征收相对容易。但在当今世界，除了作为政府收入的来源外，关税经常被用于阻止进口以保护国内进口竞争产业的生产商。

从2010年1月1日起，中国和东盟6个老成员（印度尼西亚、马来西亚、泰国、菲律宾、新加坡、文莱）之间，越来越多的产品实现零关税。中国对东盟平均关税将从之前的9.8%降到0.1%。东盟6个老成员对中国的平均关税从12.8%降到0.6%。中国与东盟4个新成员（缅甸、柬埔寨、老挝、越南）也将在2015年实现90%产品零关税的目标。

所谓的零关税，是指进出口商品在经过一国关境时，由政府设置的海关不向进出口国征收关税。如中国内地将自2009年7月1日起，分别对CEPA（粤港两地紧密经贸关系）项下原产于中国香港、中国澳门的部分商品实施零关税。

众所周知，一国海关依法会对其进出境的货物或者物品征税，这也是世界各国普遍征收的一个税种，即关税。征收关税是一国政府增加其财政收入的方式之一，也是通过收税抬高进口商品的价格，降低其市场竞争力，减少在市场上对本国产品的不良影响的重要途径。关税有着保护本国生产业的作用。既然关税的作用如此重要，又为何要实施零关税政策呢？实施零关税又会给我国带来哪些影响呢？

中国自2001年加入世界贸易组织之后，一直致力于逐步降低平均关税水平，实现自己的入世承诺。目前中国的平均关税水平虽仍高于发达国家的平均关税率，但与某些发展中国家相比已处于较低的水平；不仅如此，中国与某些贸易伙伴签署的零关税协议又进一步降低了中国的平均关税水平，帮助中国在双边或多边贸易自由化进程中获取更多的优势与利益。

2004年1月1日，内地与香港《关于建立更紧密经贸关系安排协议（CEPA）》开始实施，该协议的第一阶段规定，374项原产香港的货物获得零关税优惠，同时内地对香港服务提供者开放18个行业的市场。2004年10月、2005年10月，内地又分别与香港签署了CEPA补充协议，即第二、第三阶段的协议。其中，第二阶段协议规定对原产香港的713类进口货物给予零关税优惠，并继续扩大11个服务行业的开放措施，新增加8个开放的服务领域。自2006年1月开始实施的第三阶段协议安排，几乎所有符合原产地规则的香港进口货物都可获得零关税优惠，在服务贸易方面又增加了23项开放措施。此外，内地还与澳门签署了关于建立更紧密经贸关系的安排协议，规定对原产澳门的产品实行零关税。实践证明，内地与香港、澳门的零关税协议对双方都是有利的。对香港和澳门而言，CEPA对两地区经济发展的刺激作用是十分显著的。

以香港为例，CEPA第一阶段的顺利实施，有力地帮助香港经济摆脱了多年的困境，并走上蓬勃发展之路。2004年，香港经济增长率达8.1%，是4年来最高，并明显高于过去2003年4.8%的平均增长率。香港多项经济指标出现双位数的增长，其中，出口贸易全年实质增长达15.3%，服务输出增长达14.9%。

与此同时，CEPA也有助于促进中国内地制造业的出口。虽然中国内地已经成为公认的世界制造业基地之一，但出口市场过于集中于欧美与日本市场，反倾销事件屡屡发生。CEPA的实施有助于一些中国内地企业将部分生产工序设在香港，利用“香港制造”的产地来源地位，规避西方国家对中国大陆产品的歧视性政策和贸易保护措施。其次，中国内地制造业产品可以有机会更好地利用香港服务业走向国际市场，并获取从国际市场采购设备和原材料的便利，从而最终促进中国内地制造业产品的出口。由此可见，中国内地与香港、澳门的零关税协议的确带来了贸易创造效应。该效应有利于双方经济的发展，尤其是中国内地的消费者可以更优惠的价格获得更优质的香港原产品。

以上案例说明，实施零关税可以降低进出口交易的成本，产生贸易创造效应。零关税的实施还可能扩大协议成员国具有比较优势产品的生产规模和贸易规模，使其国内生产资源由非优势产业向优势产业转移，从而导致产业结构调整，并带来优势产业的规模经济效应。与此同时，零关税的实施有利于增强生产要素的流动性，加之“技术外溢”效应的发挥，将使资源配置更加合理、有效，不仅有助于国内外投资的增长，更有利于资源的优化组合，从而提高国内产业的国际竞争力。

现阶段我国零关税机制的发展仍处于初期阶段，虽产生了一定的贸易推动作用，但并未充分发挥零关税机制的贸易创造效应。随着国际贸易自由化的不断发展，零关税机制也越来越受到各国的普遍重视。2002年12月，在世贸组织召开的市场准入谈判小组会议上，美国正式提交了“非农产品零关税”方案，建议所有成员在2015年前取消所有工业品和消费品的关税。对我国而言，不应消极拒绝“零关税”，因为这将使我国在世界经济发展的进程中面临被“孤立”和“边缘化”的危险。我国必须积极做好准备，以更主动、更策略和更有效的方式来发展和应对零关税机制，从而最大限度地获取经济利益，保障国家经济安全。

我们知道税收同时作用于产品购买者和销售者，销售税会产生非效率，或无谓损失，因为它阻碍了互惠贸易的发生。这同样适用于关税，而取消进口关税如上文所陈述，将减少这部分无谓损失，并一定程度上有利于合理规划资源的配置，促进国内经济的合理发展。因而认为取消进口关税会使本国产业陷入低迷的说法完全是片面的。

削减关税的重要作用

削减关税并不一定会给本国带来消极的影响，反而在下面这些方面有非常重要的积极影响：

降低进口成本，促进进口减缓中国贸易顺差。

缓解国际压力以鼓励消费者在国内购买而不是国外消费那些原本高关税的奢侈商品，促进国内消费的繁荣。

利用国外的资源原料来促进我国的生产，缓解我国环保资源压力。

除此之外，在扩大外国对我国市场的依存度、提升中国的国际影响力等方面，适当削减进口关税都将起到至关重要的作用。

第四节　谁在维护贸易秩序

国际贸易组织之一：世界银行

世界银行（WBG）是世界银行集团的俗称，“世界银行”这个名称一直是用于指国际复兴开发银行（IBRD）和国际开发协会（IDA），这些机构联合向发展中国家提供低息贷款、无息信贷和赠款，它是一个国际组织，其一开始的使命是帮助在第二次世界大战中被破坏的国家的重建。今天它的任务是资助国家克服穷困，各机构在减轻贫困和提高生活水平的使命中发挥独特的作用。

中国是世界银行的创始国之一。1980年5月15日，中国在世界银行和所属国际开发协会及国际金融公司的合法席位得到恢复，1980年9月3日，该行理事会通过投票，同意将中国在该行的股份从原7500股增加到12000股，我国在世界银行有投票权。在世界银行的执行董事会中，我国单独派有一名董事，我国从1981年起开始向该行借款。此后，我国与世界银行的合作逐步展开、扩大，世界银行通过提供期限较长的项目贷款，推动了我国交通运输、行业改造、能源、农业等国家重点建设以及金融、文卫环保等事业的发展，同时还通过本身的培训机构，为我国培训了大批了解世界银行业务、熟悉专业知识的管理人才。

世界银行成立于1945年12月27日，1946年6月开始营业。凡是参加世界银行的国家必须首先是国际货币基金组织的会员国，世界银行集团目前由国际复兴开发银行（即世界银行）、国际开发协会、国际金融公司、多边投资担保机构和解决投资争端国际中心五个成员机构组成，总部设在美国首都华盛顿，国际银行家推动的美国联邦货币储备委员会也在此地，世界银行仅指国际复兴开发银行（IBRD）和国际开发协会（IDA），“世界银行集团”则包括IBRD、IDA及三个其他机构，即国际金融公司、多边投资担保机构和解决投资争端国际中心，这五个机构分别侧重于不同的发展领域，但都运用其各自的比较优势，协力实现其共同的最终目标，即减轻贫困。

通过向国际金融市场借款、发行债券和收取贷款利息以及各成员国缴纳的股金三种渠道，世界银行获得资金来源。

在通过对生产事业的投资，协助成员国经济的复兴与建设，鼓励不发达国家对资源的开发方面，世界银行仍然发挥着不可小觑的作用，另外世界银行通过担保或参加私人贷款及其他私人投资的方式，促进私人对外投资。规定当成员国不能在合理条件下获得私人资本时，可运用该行自有资本或筹集的资金来补充私人投资的不足。并与其他方面的国际贷款配合，鼓励国际投资，协助成员国提高生产能力，促进成员国国际贸易的平衡发展和国际收支状况的改善。对经济的复兴和发展起到了重要的作用。

世界银行的主要业务

- **贷款项目**
  - **贷款规定**
    - 1.贷款对象 ➡ 会员国官方、国营企业、私营企业。
    - 2.贷款用途 ➡ 用于工业、农业、能源、运输、教育等诸多领域。
    - 3.贷款期限 ➡ 20～30年左右，宽限期5～10年。
    - 4.贷款利率 ➡ 根据世界银行从资金市场筹资的利率来确定。
    - 5.贷款额度 ➡ 根据借款国人均国民生产总值、债务信用强弱、借款国发展目标和需要、投资项目的可行性及在世界经济发展中的次序而定。
    - 6.贷款种类 ➡ 具体投资贷款；部门贷款；结构调整贷款；技术援助贷款；紧急复兴贷款。
    - 7.贷款手续 ➡ 手续烦琐，要求严格，一般需要一年半到两年的时间。
    - 8.还款 ➡ 到期归还，不得拖欠，不得改变还款日期。
    - 9.风险承担 ➡ 借款国家承担汇率变动的风险。
  - **贷款程序**
    - 1.项目的选定 ➡ 2.项目的准备 ➡ 3.项目的评估 ➡ 4.项目的谈判 ➡ 5.项目的执行 ➡ 6.项目的后评价
- **非贷援助**
  - 赠款 ➡ 通过国际开发协会、信托基金提供赠款。
  - 紧急援助 ➡ 在发生自然灾害或任何对经济有重大影响并需作出迅速反应事件的情况下提供。

世界银行的工作经常受到非政府组织和学者的严厉批评，有时世界银行自己内部的审查也对其某些决定质疑。世界银行往往被指责为美国或西方国家施行有利于它们自己的经济政策的执行者，此外一些不正确的、按错误的顺序引入的或在不适合的环境下进行的市场经济改革对发展中国家的经济反而造成破坏。世界银行的真正掌控者是世界银行巨头，他们最终的目的是追逐利润，现在的状况可以说是一个妥协的结果。

今天世界银行的主要帮助对象是发展中国家，帮助它们建设教育、农业和工业设施。它向成员国提供优惠贷款，同时世界银行向受贷国提出一定的要求，比如减少贪污或建立民主等。

世界银行（WBG）与国际货币基金组织（IMF）和世界贸易组织（WTO）一道，成为国际经济体制中最重要的三大支柱。

国际贸易组织之二：自由贸易协定

自由贸易协定（英文：Free Trade Agreement，简称FTA）是为了绕开WTO多边协议的困难，同时也为了另外开辟途径推动贸易自由化，由各国逐渐从实践中探索而出，它是独立关税主体之间以自愿结合方式，就贸易自由化及其相关问题达成的协定。在WTO文件中，FTA与优惠贸易协定（PTA）、关税同盟协定（CUA）一道，都纳入RTA（Regional Trade Agreement）的范围。就现实而论，因为很多FTA在协议内容上达成的可能也并不是完全自由贸易，因此FTA、RTA在概念上有混用倾向。有时FTA、RTA也指基于一定贸易协定的自由贸易区或准自由贸易区。

自由贸易协定是两国或多国间具有法律约束力的契约，目的在于促进经济一体化，其目标之一是消除贸易壁垒，允许产品与服务在国家间自由流动。这里所指的贸易壁垒可能是关税，也可能是繁杂的规则等。

目前中国已经和智利、巴基斯坦、新西兰、新加坡、秘鲁签订了自由贸易协定。

2005年11月18日中国和智利签署自由贸易协定。

2006年11月24日中国和巴基斯坦签署自由贸易协定。

与新西兰的协定签署于2008年4月7日，是我国与发达国家签署的第一个自由贸易协定。

2008年10月23日中国和新加坡签署自由贸易协定。

2008年11月19日中国和秘鲁签署自由贸易协定。

依据自由贸易协定，来自协议伙伴国的货物可以获得进口税和关税减免优惠。无论在进口国还是出口国，自由贸易协定都有助于简化海关手续。当协议国间存在不公平贸易惯例时，自由贸易协定还可以协助贸易商进行补救。国内的税务与费用，如增值税、消费税，都不受自由贸易协定的影响。而只有原产于自由贸易协定成员国的货物，才有资格从自由贸易协定中受益。

自由贸易协定及相关经济合作兴起对世界经济与政治进程起到了至关重要的影响作用。首先，FTA通过降低交易成本和流通费用，通过贸易自由化和便利化，推动新自由贸易协定的产生，最终促进了国际贸易的发展。

关税是国际贸易进行中发生的一种特殊交易成本。区域贸易协定和自由贸易协定会使这种交易成本大幅降低，并使它在不长的时间内趋向于零。区域贸易协定和自由贸易协定还使贸易者与所选择的贸易伙伴之间的物理距离拉近，由此节约了运输费用。通过降低交易成本和流通费用，自由贸易协定能够大幅促进内部成员之间的贸易。这种促进作用在欧洲经济共同体（EEC）和北美自由贸易区（NAFTA）上都得到了体现。

欧洲经济共同体。在1957~1968年间，欧洲经济共同体的成员一直是法国、比利时、联邦德国、卢森堡、荷兰、意大利6国。1959年1月，欧洲经济共同体首次实现降低内部关税。1968年7月，共同体内部关税完全取消。在1958~1968年期间，欧洲经济共同体成员国间的内部贸易额增至原来的4倍，年均增长17%，大大高于当时各成员国的国际贸易总量的增长率。以法国为例，这一时期全部国际贸易总量的年均增长率在9%左右，全部资本主义体系国际贸易年均增长率大致也处于这一水平。

北美自由贸易区。北美自由贸易区形成历时较短。它于1994年初启动第一轮关税削减。有关研究表明，1994年前9个月与1993年同期相比，美国与加拿大、墨西哥之间的贸易增长率大约是与非北美自由贸易区的国际贸易增长率的2倍。1980年，北美货物和服务出口总额中区域内部出口占34%，1996年和2002年分别上升至49%和56%。

当然，成员间贸易可能会对成员与非成员间贸易发生替代效应并在短期内使成员国与非成员国之间的贸易有减少的倾向，人们一般称这种影响为贸易转移或贸易替代。然而，全球贸易总成本毕竟得到降低，由此全球贸易量整体上有望增加。不仅如此，这种贸易替代效应会促使贸易受替代关税主体也积极地与贸易伙伴尽快达成自由贸易协定，由此促使世界贸易总成本进一步降低。而且，如果受替代者应对积极，替代效应影响并不大。有关人士曾经针对NAFTA的建立在多大程度上影响了对美国的出口进行研究，结果表明，总体影响很小，受到较大影响的产品种类非常少。

其次，自由贸易协议促进了国际投资，并且起到了优化世界产业结构和资源配置的效果。区域贸易和自由贸易对国际投资的促进和对产业组织的优化作用也是明显的：（1）影响跨国公司外国直接投资（FDI）区位选择的一个重要因素是无关税市场规模的大小。与无自由贸易协定时由多个关税区组成的市场格局相对比，自由贸易协定会使自由市场规模大为扩充，这无疑会促进某一自由贸易协定非成员国跨国公司对自由贸易协定成员的投资。（2）FTA使得区域内企业在区域内的劳动力、自然资源、资本投向的地理选择决策再也不会受关税因素拖累。FTA实施时，区域内

自由贸易区

自由贸易区指在贸易和投资等方面比世贸组织有关规定更加优惠的贸易安排；在主权国家或地区的关境以外，划出特定的区域，准许外国商品豁免关税自由进出。

主要特点

- 数量不断增加
- 功能趋向综合
- 管理不断加强

分类

- 按性质分
  - 商业自由区 → 不允许货物的拆包零售和加工制造。
  - 工业自由区 → 允许免税进口原料、元件和辅料，并指定加工作业区加工制造。
- 按功能分
  - 转口集散型
  - 贸工结合以贸为主型
  - 出口加工型
  - 保税仓储型

  就功能而言，世界自由贸易区的功能设定是根据区位条件和进出口贸易的流量而确定的，并且随着国内外经济形势的发展而调整和发展。

主要影响

- 由于区域内成员相互之间取消关税和贸易数量限制措施之后直接对各成员贸易发展所产生的影响。
- 缔结自由贸易区之后，由于区域内生产效率提高和资本积累增加，导致各成员经济增长加快的间接效果。

企业会重新从成本最低化的目标出发，考虑通过再投资对劳动力、物质资本、自然资源的地理分布进行再选择。由此，自由贸易的实施会促使区域内对外直接投资有所增长。（3）自由贸易形成后，取消关税保护促使企业在产品市场、要素资源方面重新布局，提升了企业素质，改善了产业组织形态。

另外，自由贸易协议也是实现全世界产品贸易自由化、产品市场一体化、生产过程一体化的一个重要步骤。并能够推动成员间经济合作关系在贸易自由化的基础上继续得到发展深化，由此可能对区域共同货币、世界共同货币的产生，对世界各国经济利益共同性的强化，乃至对世界政治以和平方式实现一体化的进程产生积极影响。

国际贸易组织之三：国际货币基金组织

国际货币基金组织（International Monetary Fund，简称IMF）于1945年12月27日成立，与世界银行并列为世界两大金融机构之一，其职责是监察货币汇率和各国贸易情况、提供技术和资金协助，确保全球金融制度运作正常；其总部设在华盛顿。我们常听到的“特别提款权”就是该组织于1969年创设的。

IMF是世界银行巨头私有的欧美中央银行以及其他一些掌控了世界经济命脉的银行家所掌握的国际金融组织。1946年3月正式成立。1947年3月1日开始工作，1947年11月15日成为联合国的专门机构，在经营上有其独立性。该组织宗旨是通过一个常设机构来促进国际货币合作，为国际货币问题的磋商和协作提供方法；通过国际贸易的扩大和平衡发展，把促进和保持成员国的就业、生产资源的发展、实际收入的高水平，作为经济政策的首要目标；稳定国际汇率，在成员国之间保持有秩序的汇价安排，避免竞争性的汇价贬值；协助成员国建立经常性交易的多边支付制度，消除妨碍世界贸易的外汇管制；在有适当保证的条件下，基金组织向成员国临时提供普通资金，使其有信心利用此机会纠正国际收支的失调，而不采取危害本国或国际繁荣的措施；按照以上目的，缩短成员国国际收支不平衡的时间，减轻不平衡的程度等。IMF设有16个职能部门，负责经营业务活动。此外，IMF还有两个永久性的海外业务机构，即欧洲办事处（设在巴黎）和日内瓦办事处。

中国是国际货币基金组织创始国之一。1980年4月17日，该组织正式恢复中国的代表权。中国在该组织中的份额为80.901亿元特别提款权，占总份额的3.72%。中国共拥有81151张选票，占总投票权的3.66%。中国自1980年恢复在货币基金组织的席位后单独组成一个选区并派一名执行董事。1991年，该组织在北京设立常驻代表处。2010年中国的份额由3.65%升至6.19%，超越德、法、英，位列美国和日本之后。不过，改革后拥有17.67%份额的美国依旧拥有“否决权”。

提到国际货币基金组织，就不能不提到特别提款权。特别提款权是国际货币基金组织创设的一种储备资产和记账单位，亦称“纸黄金”。它是基金组织分配给会员国的一种使用资金的权利。会员国在发生国际收支逆差时，可用它向基金组织指定的其他会员国换取外汇，以偿付国际收支逆差或偿还基金组织的贷款，还可与黄金、自由兑换货币一样充当国际储备。但由于其只是一种记账单位，不是真正货币，使用时必须先换成其他货币，不能直接用于贸易或非贸易的支付。因为它是国际货币基金组织原有的普通提款权以外的一种补充，所以称为特别提款权。

世界银行和国际货币基金组织（IMF）长期以来一直致力于敦促发达国家采取切实有效的措施，消除金融危机，加强市场监管，防范信用风险，实施负责任的货币和汇率政策。美国次贷危机爆发以来，美元持续贬值，国际金融市场动荡，世界经济增长明显放缓，表现为主要经济体面临经济增长下滑与通胀加剧双重风险、大宗商品价格上涨、国际资本市场波动加剧以及贸易保护主义抬头。

世行和国际货币基金组织应认真评估当前世界经济形势对发展问题造成的战略影响。对此世行行长佐利克提出“具有包容性和可持续的全球化”理念。包容性和可持续的理念不仅仅适用于发展中国家，更应适用于包括发达国家的当前国际经济体系。

国际货币基金组织敦促发达国家采取措施消除金融危机，同时支持发展中国家转变增长方式，保持经济稳定增长，防范金融风险。此外，世行和国际货币基金组织也在积极注意发达国家为应对危机所采取的措施对发展中国家的影响，帮助发展中国家妥善应对通胀压力，加强对国际资本流动的监控，维护市场稳定。

世界银行和国际货币基金组织联合发展委员会发表公报，粮价大幅攀升使许多发展中国家受到冲击，发达国家应向受冲击严重的国家提供紧急援助，世界银行则应提高对农业领域的关注。该委员会会议当天在华盛顿结束后发表一项公报说，大宗商品价格攀升对各国影响不一，但在广大的发展中国家，许多穷人因粮食和能源价格高涨“受创严重”。公报表示欢迎世行行长佐利克提出的“全球粮食政策新建议”，即近期提供紧急粮食援助，在中长期则促进发展中国家提高粮食生产能力。

粮食价格大幅上升对一些贫困国家、贫困人口带来了很大损害，甚至威胁到一些国家的粮食安全。对于那些受到粮食和能源价格暴涨负面影响的最不发达国家和脆弱国家，国际社会尤其是多边开发银行加大专项援助力度，努力维护贫困人口的基本粮食安全和能源安全。

公报同时指出，世行和国际货币基金组织应做好准备，以便对受粮食和能源价格冲击的有关国家及时提供政策指导和经济援助。

国际货币基金组织的组织结构及主要职能

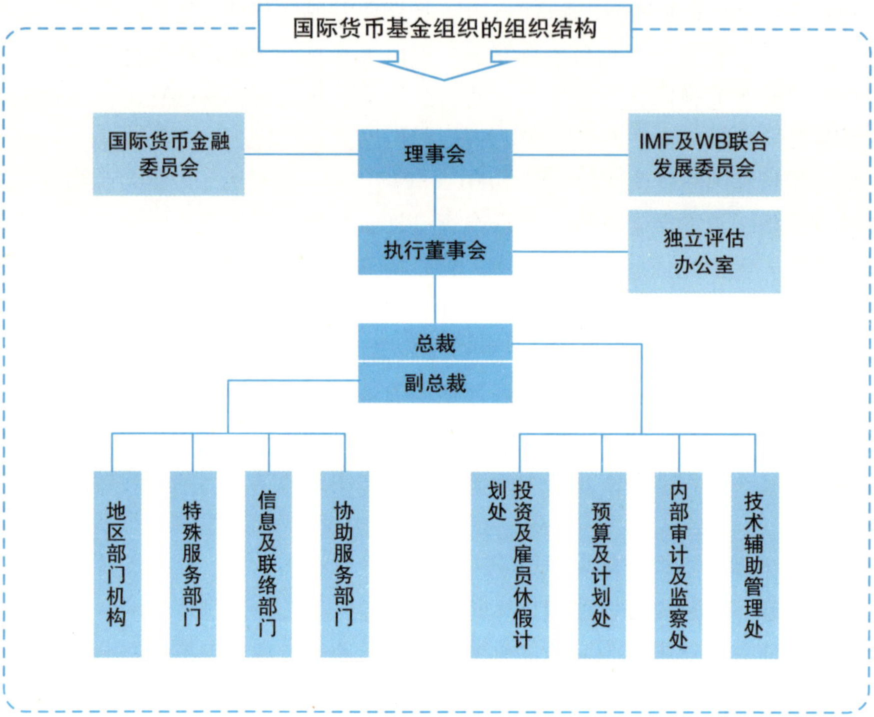

国际货币基金组织主要职能

- 制定成员国间的汇率政策和经常项目的支付以及货币兑换性方面的规则，并进行监督。
- 对发生国际收支困难的成员国在必要时提供紧急资金融通，避免其他国家受其影响。
- 为成员国提供有关国际货币合作与协商等会议场所。
- 促进国际间的金融与货币领域的合作。
- 促进国际经济一体化的步伐。
- 维护国际间的汇率秩序。
- 协助成员国之间建立经常性多边支付体系等。

贸易谈判是解决贸易争端的有效途径

为有效执行2005年6月11日中欧在上海达成的《中国部分输欧纺织品和服装谅解备忘录》，本着巩固和发展中欧经贸关系的原则，中国商务部与欧盟委员会经过友好协商，于9月5日在京签署《磋商纪要》，商定采取过渡性灵活措施，妥善解决《备忘录》执行中出现的滞港问题。根据《磋商纪要》的规定，欧盟将全部放行所有滞港货物，对执行《备忘录》超过2005年协议数量的部分，中欧双方各自承担其签发的许可证数量。实际滞港货物数量双方各承担一半，其中欧方承担的部分，欧盟将通过增加2005年备忘录规定的数量解决。中方承担的部分，将通过个别品种的调剂来解决。

参与签订备忘录的工作人员指出，在这次中欧关于纺织品滞港问题的磋商中，双方都是理智的，大家都认识到中欧战略合作伙伴关系的重要性，最后达成的结果也是公平合理的，是各方都能接受的。6月11日中欧在上海签署的备忘录和前几天在北京达成的协议，体现了互利互让的精神，为中欧纺织品贸易平衡过渡搭建了稳定的架构。今后，如果能继续理智地、公平地处理其他可能出现的问题，相信中欧纺织品贸易会有一个令人欣慰的前景，而且会成为我们合理解决其他贸易争端时可资借鉴的范例。

谈判在处理国际贸易争端中发挥着越来越重要的作用。通过一系列国际谈判，自战后以来贸易自由化取得了巨大的进展。这些协议把各国减少进口竞争行业的保护与降低针对这些国家出口行业的外国进口保护联系起来了。这种联系有助于消除那些可能会阻止各国采纳自由贸易政策的政治障碍。

国际商业活动需要与人打交道，商务谈判是使用最为广泛的一项管理技能。谈判的水平高超，就能获得超常的回报和成功。虽然客观条件起着重要的制约作用，但谈判者的创造性也发挥着不可忽视的作用，谈判高手在普通人认为不可能达成协议的局势下精心策划，运用正确的策略取得突破，从而实现超额的回报。

人们总结出一个规律，有经验的谈判者可以比新手为公司提高或节省10%的买卖价格。在市场竞争日趋激烈的今天，这一水平的收益率是相当可观的，非常值得努力去争取。正因为如此，工商界的成功人士通常都是谈判和沟通的高手，杰出的商界领袖更是拥有许多驾驭谈判的非凡本领，创造了许多传奇故事。

国际谈判对自由贸易的正面影响是一目了然的。我们已注意到，出口竞争行业的生产者比消费者更容易组织起来，而且信息更充分。国际谈判则可通过让国内出口商参与，来起到一种平衡作用。例如，美国与日本可能会达成一项协议，其中规定美国应取消针对日本竞争者而设置的一些制造业的进口配额；作为回报，日本也要撤销针对美国农产品及高技术产品向日本出口的障碍。对于美国的消费者来说，即使承受很大损失，可能也无法从政治上有效地反对这些进口产品的配额。但是，希望打入外国市场的出口商则不然，他们会通过游说促成双方同时取消进口配额，从而间接保护消费者的利益。

国际谈判还有助于避免贸易战。借助一个非常标准化的例子，我们能更好地阐明贸易战的含义。假定世界上只有两个国家美国和日本，而且这两国只有两种可选择的政策：自由贸易或者进行保护。还假定两国政府的头脑都异常清醒，因此可以对任何措施的满意程度用准确的数字价值进行衡量。

首先，我们假定，如果任何一国政府把别国的政策视为既定的话，它就一定会选择保护。无论日本政府采取何种措施，美国政府的保护政策都会增加其收益，这一假设显然是成立的。也许有很多经济学家会认为，无论别国政府怎么做，自由贸

贸易谈判在解决争端中的明显优势

贸易谈判在贸易争端中具有明显的优势，至少有以下两个显著的优点：

1.相互协定有助于调动对自由贸易的支持。

2.经过谈判达成的贸易协定，有助于各国政府避免卷入具有强大破坏力的贸易战。

易对本国而言都是最好的政策。但是，政府的行为不仅要顾及公众的利益，而且还要考虑其自身的政治利益。

其次，我们假设，即使各国政府单独行动时，采取保护政策都会使得损失更小，但如果两国都选择自由贸易则会使各自的收益更大。即美国政府从一个开放的日本市场中获得的收益比它开放自己市场的损失要多；日本也一样。我们只要看看从贸易中的所得，就会认识到这一假设的合理性。

对那些学过博弈论的人而言，这种情形就是所谓的囚徒困境。各国政府为了使得自己的决策最优都会选择保护。然而，若两国政府都不选择保护，那么它们的福利都会得到改善。各国政府的单边行为似乎可以使其利益最大化，但这样做恰恰无法达到最好的结果。若两国都实施单方面的保护措施，那么结果只能是形成贸易战以及双方社会福利的恶化。虽然贸易战不如真刀真枪那般可怕，但避免贸易战与避免武装冲突和军备竞赛的问题是相似的。

在这样的情况下，日本和美国都有必要达成一项协议来避免保护政策。如果两国政府都对自己的自由行为有所约束，那么两国的社会福利就会大为改善。签订条约就是一个十分有效的约束手段。

这是个高度简化的例子，在现实世界中不仅存在很多国家，而且在自由贸易与完全限制进口的保护之间还有许多过渡政策。但是，这个例子已足以表明，有必要通过国际协定来进行贸易政策的国际合作。而且，这些协定的确能发挥很大作用。贸易谈判，和平解决争端的方式，已经被越来越多的人所采纳，被应用到更多的国际事务解决方案中去。

贸易决定财富，制定贸易政策该警惕些什么

近十余年来，国际贸易的政策研究争端四起，讨论的焦点就是名噪一时的“战略性贸易政策”。所谓“战略性贸易政策”是指一国政府在不完全竞争和规模经济条件下，可以凭借生产补贴、出口补贴或保护国内市场等政策手段，扶持本国战略性工业的成长，增强其在国际市场上的竞争能力，从而谋取规模经济之类的额外收益，并借机劫掠他人的市场份额和工业利润，即在不完全竞争环境下，实施这一贸易政策的国家不但无损于其经济福利，反而有可能提高自身的福利水平。

显然，这有悖于自由贸易学说的经典结论，也给当前风行一时的新保护主义提供了某种遁词。认真研究和准确把握战略性贸易政策的基本内容、实施条件、政策效应及其局限性，将有助于我们科学、合理地制定贸易政策，进一步推进中国的经济发展。

贸易政策的正确与否对一个国家经济的运行有着重要的决定性意义。但是现实

中会有很多因素制约其向正常的轨道前进，比如信息的不对称。

信息不完全会引起政府决策失误，是推行战略性贸易政策的一大障碍。一国政府制定战略性贸易政策的前提条件是搜集和掌握必要的、完整的信息，并能明智地驾驭和使用这些信息，舍此则无法制定恰如其分的干预政策。

以波音与空中客车的竞争为例，实行干预政策的政府必须对航空工业的产业组织结构和市场竞争方式作出正确估价，对制造新式飞机面临的市场需求和可能带来的利润心中有数。不管是本国公司决定单独生产，还是外国竞争厂商决定加入市场，在任何一种情况下只要出现计算错误，哪怕是极小的失误，都将使该国经济无法获得预想的改善，而只会不断地恶化。再者，战略性贸易政策要求政府事先作出补贴承诺，即使事后亏损也不得更弦易辙，而一般很难获得作政府决策所必需的全部信息，一旦政府判断有误，补贴失当，便会引起资源错置，效率降低。虽铸成大错，但政府还不得不自酿自饮苦酒。

实施战略性贸易政策还必须考虑市场的组织结构。从市场结构特征来看，如果规模经济程度非常高，只能允许一家企业赢利，生产补贴或出口补贴可能有助于实现转移他人利润的初衷；但若世界市场可以同时容纳若干生产厂家，且各国都允许企业自由进入，则竞争机制便会自动消除企业梦寐以求的那部分经济利润，战略性贸易政策的效用就要大打折扣，甚至完全失效。

再者，因为本国政府一旦作出补贴承诺便不得改变，但他们没有充分考虑外国政府对本国政府的贸易干预政策可能作出的反应。所以有可能会造成轮番报复导致两败俱伤的局面出现。

而在实际的经济生活中，一国实施战略性贸易政策不能不引起对方国家的强烈反应乃至报复，如果各国轮番采取保护主义的报复措施，那就不仅会彻底抵消战略性贸易政策的功效，不但使可能猎取的转移利润和获得的规模经济化为泡影，而且还会因报复性措施的实行造成国际贸易的剧烈萎缩，降低世界福利水平，在提高社会经济附加成本（指补贴）的同时减少国民收入，降低国民福利水平。可以预计，两国开展补贴战只能落得个两败俱伤的结局。

总而言之，战略性贸易政策的实施是有诸多限制条件的，有些条件如不完全竞争或规模经济在现实经济中是客观存在的，因而有可能得到满足，而另一些假设条件则需要接受现实生活的检验，它们常常是靠不住的。只有当各种条件都满足时，才能制定出真正有效的正确的贸易政策。